영어학의 최근 논점

의미론·응용언어학

영어학의 최근 논점

의미론 · 응용언어학

양혜순 · 이성범 · 이창봉 엮음

한국문화사

영어학의 최근 논점 의미론·응용언어학

초판 1쇄 2005년 2월 24일
초판 2쇄 2007년 10월 20일

엮은이   양혜순·이성범·이창봉
펴낸이   김 진 수
펴낸곳   **한국문화사**
주소   서울특별시 성동구 성수1가2동 656-1683번지 두앤캔B/D 502호
전화   (02)464-7708 / 3409-4488
팩시밀리 (02)499-0846
등록번호 제2-1276호
등록일   1991년 11월 9일
홈페이지 www.hankookmunhwasa.co.kr
이메일   hkm77@korea.com
가격   16,000원

잘못 만들어진 책은 바꾸어 드립니다.
이 책의 내용은 저작권법에 따라 보호받고 있습니다.
Copyright ⓒ 한국문화사

ISBN 978-89-5726-261-0 93740

저자와의
협의하에
인지생략

『영어학의 최근 논점』 간행에 부쳐

　3권으로 구성된 이 책은 대학원생들을 비롯하여 영어학 연구에 입문하는 독자들에게 길잡이가 될 수 있도록 서울대학교 영어영문학과 동문들에 의해 기획되었다. 『영어학의 최근 논점』이라는 제하에 1권은 음성학·음운론·형태론, 2권은 통사론, 3권은 의미론·화용론·응용언어학을 다루고 있다. 수록된 32개의 글들은 제목이 말해 주듯 영어학의 각 분야에서 최근 들어 주목을 받고 있는 주제를 선정하여 다룬 것이다. 내용 전개는 먼저 선택된 주제가 영어학에서 차지하는 역할과 위상을 논한 다음 현재까지의 연구 실태를 소개하고 향후 연구에서 논점이 될 만한 사항을 지적하는 방식을 따르고 있다.

　이와 유사한 성격의 책으로 최근 Blackwell사에서 간행된 *Blackwell Handbooks in Linguistics* 총서가 있다. 이 시리즈는 기성학자들이 언어학의 각 분야별 최근 동향을 가늠하는 데에는 큰 도움이 되겠지만 이미 발간된 것만 15권이 될 정도로 분량이 방대하고 내용도 만만치 않아 영어학 연구를 시작하는 초년병들에게는 어떤 주제가 연구하기에 적당한지 찾아내기도 어려울 정도이다. 반면에 『영어학의 최근 논점』은 그 분량에 있어서는 Blackwell 총서와 비교가 되지 않지만 나름대로의 장점을 지니고 있다. 우선 한국인으로서 연구해 봄직한 영어학 주제가 무엇인가를 안내해 주고 있다는 점을 내세울 수 있다. 이제는 우리 나름대로 색깔을 가질 수 있는 연구가 바람직하기 때문이다. 또한 이 책은 선정된 주제에 관하여 외국 학자들뿐만 아니라 한국인 학자들의 연구 실태도 소개하여 최근의 국내외 연구 동향을 한 눈에 볼 수 있도록 배려하고 있다는 점에서 국내 학계의 요구에 부응하고 있다.

몇 가지 아쉬운 점도 있다. 우선 각 분야별로 쟁점이 될 만한 주제를 미리 선정하여 저자들에게 의뢰하여 집필하였다면 보다 폭넓은 주제를 다룰 수 있었고 문체와 내용에서 보다 짜임새 있는 책이 되지 않았을까 한다. 또한 용어의 통일이 완벽하지 못한 면도 있다. 저자들 대부분이 연구 논문을 영어로 작성해 온 탓에 한국어 용어 사용에 특별한 주의를 기울이지 못한 면도 있고 국내 학계에 통일된 용어가 정착되지 않은 탓도 있다. 편집위원회에서 각 분야별 정전(正典)이 될 만한 책들을 선정하여 참고하도록 했으나 완벽을 기하지는 못한 것 같다. 책의 내용을 보다 충실하게 하는 데 기여할 수 있는 많은 분들이 참여하지 못한 점 또한 아쉽게 생각한다.

이 책의 32분의 저자들은 1970년대에 서울대학교 영어영문학과에 본격적으로 영어학 교과목들이 등장한 이래 지난 30여 년 동안 성장한 재목들이라 할 수 있다. 저자별로 그 동안 자라온 환경과 토양이 천차만별이어서 그 색깔과 결실의 양적 질적인 차이는 있을 수 있겠지만 학부 또는 대학원 과정에서 동일한 스승의 학문을 계승하였다는 점에서 어딘지 모르게 통일성을 찾을 수 있을 것 같다. 화이부동(和而不同)이라는 말이 실감이 난다. 이러한 재목들을 길러주신 김석산, 김인숙, 김한곤, 박남식, 양동휘, 이병건, 조병태, 조준학 교수님들은 금년 2월 은퇴하시는 박남식 교수님을 끝으로 이미 학교를 떠나시고 후학들이 그 자리를 대신하고 있다. 그 동안 한번도 은퇴 기념 논문집을 마련해 드리지 못해 제자들 모두 늘 마음이 편치 않았던 것이 사실이다. 늦게나마 이 책을 내어 그 빚의 일부나마 덜게 되어 무척 다행스럽게 생각한다. 면구스럽다는 말씀을 이

제야 올린다.

  끝으로 간사로 수고하신 홍기선 교수와 각 권의 편집위원 한은주 (음운론), 채희락, 김선웅, 서성기 (통사론), 양혜순, 이성범, 이창봉 (의미론·응용언어학) 교수께 깊은 감사를 드린다. 책의 편집과 교정을 도와준 서울대학교 영어영문학과 대학원생 안미연, 윤소연, 이정미, 정자연과 한국문화사의 문소진 씨께도 감사드린다.

2005년 2월
공동 편집위원장
이봉형, 이동국

서문

『영어학의 최근 논점』 시리즈 제3권인 이 책에서는 영어 의미론과 화용론과 담화분석 분야의 주요 현상이나 구문 혹은 이론적으로 중요한 주제를 다루고 있는 논문 7편과 코퍼스 언어학과 제2언어 습득과 영어교육학 분야의 중요 주제와 이론을 다루고 있는 응용언어학 분야의 논문 4편 등 총 11편의 논문이 실려 있다.

의미론과 화용론 분야의 논문들은 주제의 성격상 특정 분야의 시각에서만 접근한 것이 아니라 해당 의미 현상과 관련 있는 근접 분야인 어휘의미론과 통사론과 화용론과 담화분석 분야 등의 시각에서 다양한 분석을 제시하고 있는 것들이 먼저 눈에 띄인다. 홍기선의 "동사의 어휘화: 보편적 인지와 개별언어의 상호작용"은 어휘의미론 분야의 주제를 다루고 있지만 이 주제와 깊은 연관이 있는 언어습득과 인지과학적 시각의 분석도 다루고 있다. 이성범의 "극성 민감성과 부정 극어"는 극성 민감성과 부정 극어 현상을 다루면서 통사구조적 관점, 진리조건적 의미론적 관점, 화용론적 관점, 어휘의미론적 관점 등에 속한 최근 분석들을 비판적으로 비교 검토하고 있다. 이혜경의 "영어 부정의 의미와 화용론"에서는 영어 부정문의 새로운 분류법을 제시하면서 전제 부정과 함축 부정을 집중적으로 분석하고 있다.

의미론과 화용론 분야의 나머지 4편 논문들은 특정 의미 현상보다는 의미론과 화용론 및 담화분석 분야의 핵심 이론의 이해를 위한 이론의 성립과 발달 배경 및 최신 이론 소개 그리고 그 이론의 적용을 통해 설명할 수 있는 여러 의미 현상들을 비교적 상세히 소개하고 있다. 노은주의 "언어적 상위 표상과 관련된 화용론적 이슈들"은 언어적 상위표상과 관련된 이론적 배경과 쟁점들을 깊이 있게 다루고 있다. 전종섭의 "의미의 합성: 개념 의미론이 생성 어휘부 이론을 만났을 때"는 현대 의미 이론의 핵심 가정인 의미의 합성성(compositionality)에 대한 중요한 이론적 쟁점들을 소개하고 비판적 관점에서 논의하고 있다. 이창봉의 "담화 속에서의 정보구조와 흐름 연구"는 담화 흐름 속에 나타나는 언어 표현의 정보 상태를 분석하고 연구하는 '주어진 정보-새 정보 분류층'(Given-New Taxonomy) 이론의 발달 배경과 이 이론의 적용 연구 분야와 그 연구 성과를 비교적 상세히 소개하고 있다. 채숙희의 "중심화이론(Centering)과 정보구조"는 현대 담화분석 분야의 핵심 이론인 중심화이론의 발달 배경과 이론 체계를 상세히 소개하고 이 이론으로 어떻게 담화 속 정보구조의 흐름 분석을 체계적이고 정교하게 할 수 있는지를 설명하고 있다.

응용언어학 분야의 논문 4편은 중요 언어 현상의 이해뿐만 아니라 관련 이론의 소개 및 그 응용 분야에 대한 매우 유용한 논의를 제공하고 있다. 권혁승의 "코퍼스 언어학과 영어 연구"는 코퍼스와 코퍼스 언어학에 대한 이해를 바탕으로 코퍼스를 이용한 언어 연구와 응용에 대해 자세한 소개를 하고 있다. 박용예의 "대화분석과 영어교육"은 대화분석의 기본 개념과 중요 대화 구조에 대한 논의를 바탕으로 대화분석이 영어교육 분야의 여러 분야의 연구에 어떻게 유용하게 적용될 수 있는지를 소개하고 있다. 송미정의 "결정적 시기 가설과 제2언어 습득"은 제2언어 습득의 핵심 이론인 '결정적 시기 가설'의 이론적 쟁점과 그 연구 전망을 비판적으로 소개하고 있다. 김신혜의 "제2언어 학습 동기 이론 및 연구 방법론"은 언어 습득에 영향을 끼치는 중요한 요인으로 오래 동안 분석과 연구의 대상이 되어 온 '학습 동기'와 관련된 이론을 이론의 발달 배경과 최근의 연구 경향 및 앞으로의 전망을 중심으로 종합적으로 소개하고 있다.

이 서문의 나머지 부분에서는 개별 논문의 내용을 책에 나오는 순서대로 좀더 자세히 살펴보기로 한다.

언어적 상위 표상과 관련된 화용론적 이슈들 (노은주)

상위표상과 관련된 여러 화용론적 이슈들을 살펴본다. 철학이나 심리학에서 관심을 갖고 있는 "theory of mind"와 의사소통 과정에서의 상위표상 능력의 역할에 대해 알아본다. 또한, 언어적 상위표상에 관한 이론적 배경, 상위표상이 사용된 다양한 언어 표현들에 대한 분석, 상위표상 요소들이 있는 발화의 명제적 의미 등에 관하여 다루고 있다.

극성 민감성과 부정 극어 (이성범)

이 논문에서는 극성 민감성과 부정 극어 현상을 다루고 있다. 우선 극성 민감성이란 무엇이며, 극어와 허가자는 무엇인지, 이들 사이의 관계는 어떠한지를 살펴 보고, 주요 연구 과제들을 정리하고 있다. 극성 민감성과 부정 극어는 현대언어학의 다른 어느 주제보다도 다양한 관점에서 분석이 전개되고 있기 때문에 핵심적인 주요 이론들의 각축장이라고 해도 과언이 아닌데, 특히 통사구조적 관점과 진리조건적 의미론적 관점, 화용론적 관점, 어휘의미론적 관점 등에 속한 최근 분석들을 비판적으로 비교 검토하면서 쟁점을 부각하는 동시에 앞으로의 연구 방향을 제시하고 있다.

담화 속에서의 정보구조와 흐름 연구 (이창봉)

담화 흐름 속에 나타나는 언어 표현의 정보 상태를 분석하고 연구하는 '주어진 정보-새 정보 분류층'(Given-New Taxonomy) 이론은 형태론-통사론과 화용론-담화 분석 접속 분야의 중요 연구 과제로서 이 핵심 주제를 연구하는 데에 있어서 광범위하게 적용되어 왔다. 이 논문에서는 E. Prince와 G. Ward와 B. Birner 등의 학자들이 어떻게 이 이론의 체계를 정립해 왔는가를 살피고 그들의 연구를 통해 영어의 전치구문, 도치구문, 후치구문 같은 비정치구문(non-canonical)의 정보적 특성이 어떻게 연구 규명되어 왔는지를 소개한다. 또한 이창봉(2000)의 연구 소개를 통해 자연담화의 흐름 속에서의 조건절의 정보적 특성에 대해서도 알아본다.

영어 부정의 의미와 화용론 (이혜경)

이 논문은 영어 부정문의 새로운 분류법을 제시하고 있다. 기존의 화용론에서 이루어지고 있는 묘사적 부정(descriptive negation)과 상위언어적 부정(metalinguistic negtation)의 이분법 대신에 전제 부정과 함축 부정을 중간적인 범주로 설정해야 한다고 저자는 주장한다. 이 주장을 뒷받침하는 여러 언어 현상을 제시하고 있다.

의미의 합성: 개념 의미론이 생성 어휘부 이론을 만났을 때 (전종섭)

현대 의미 이론의 핵심 가정인 의미의 합성성(compositionality)에 대한 전통적인 견해는 형태 통사의 최소 단위가 의미 합성의 최소 단위와 일치한다는 생각이다. 이와 달리 Jackendoff(1997, 2002)는 통사부와 의미부의 상호 독립성을 주장하면서 풍부 합성(enriched composition)을 제안하는데, 이에 따르면 의미의 합성은 문장 성분의 형태 통사적 구성 뿐 아니라 단어 내부의 의미 구조까지 참조하여 이루어진다. 본 논문에서 저자는 영어의 다양한 자료를 풍부 합성에 대한 증거로 제시하면서 Pustejovsky(1995)의 생성어휘부이론(Generative Lexicon Theory)에 근거한 특질 구조 상의 사건 기술(event description)을 람다 추출에 의해 개념구조(conceptual strucure)에 표상하는 구체적인 방법을 발전시킨다.

중심화이론과 정보구조 (채숙희)

이 논문은 대화참여자의 관심의 이동을 통하여 국지적 문맥일관성을 설명해주는 담화모형인 중심화이론을 소개하고, 기존의 정보구조에서 다루던 개념과의 연관성을 조명한다. 비록 두 이론이 모든 경우에 완벽하게 조화를 이루는 것은 아니지만, 두 이론의 연결을 통하여 다소 모호하던 정보구조의 개념에 조작적인 정의들이 가능해지고, 이를 통하여 중심화이론 자체도 보다 정교화되는 효과를 갖는다고 할 수 있다.

동사의 어휘화: 보편적 인지와 개별언어의 상호작용 (홍기선)

이 논문은 언어에 대해 인지적인 접근방식을 취하는 연구들에서 최근 다시 활발히 연구되고 있는 언어상대성 가설(linguistic relativity hypothesis)에 대한 소개이다. 아이들의 언어습득과 성인화자의 언어사용 양 면에서 언어보편적 인지와 개별언어적 특징이 어떤 역할을 하는가를 다루는 연구들을 비판적으로 소개하고 특히 개별언어의 특징에 기초한 언어수행적 요소들이 우리의 인지구조에 영향을 미친다는 주장들을 자세히 살펴본다.

코퍼스 언어학과 영어 연구 (권혁승)

이 논문은 코퍼스를 이용한 언어 연구와 응용에 대한 간략한 소개이다. 1장에서는 코퍼스와 코퍼스 언어학의 정의를 알아본다. 2장에서는 1950년대 이후 코퍼스 발달의 역사를 3세대로 나누어 각 세대의 대표적인 코퍼스를 개관한다. 3장은 코퍼스를 활용한 영어 연구 및 응용을 어휘, 문법, 연어, 사전, 영어교육 분야로 구분하여 연구와 활용의 예를 제시한다. 4장은 코퍼스를 분석하기 위한 소프트웨어에 대한 소개이며, 5장은 코퍼스언어학의 현재와 미래를 조망한다.

제2언어 학습 동기 이론 및 연구방법론 (김신혜)

학습 동기는 언어 습득에 영향을 끼치는 중요한 요인으로 많은 연구의 주제가 되어왔다. 이 논문에서는 Gardner를 중심으로 한 고전적인 동기 이론과 이후 다양하게 전개되어 온 동기연구의 흐름을 소개한다. 또한 동기연구에 주로 활용되어 온 양적연구 방법과 최근에 시도되고 있는 질적 연구 방법론을 살펴봄으로써 언어학습 동기 이론 연구의 기본 방향을 제시하고자 한다.

대화분석과 영어교육 (박용예)

 이 논문은 먼저 대화분석이 어떤 것인지를 간략하게 소개하고 대화의 구조나 기본적 대화의 특성에 대해 살펴본 후, 이러한 대화분석의 기본 개념이나 중요 대화 구조가 어떻게 언어의 사용과 관련이 되는가를 제시한다. 마지막으로 영어교육 분야와 관련하여 교재분석과 제2언어 사용자 담화 분석 및 제2언어습득 연구 분야에서 대화분석을 이용한 연구들과 논점들은 어떤 것이 있는지, 방법론으로서 대화분석이 유용한 측면은 어떤 것인지를 소개한다.

결정적 시기 가설과 제2언어 습득 (송미정)

 제2언어 습득에 있어서 과연 '결정적 시기'가 존재하는가에 관한 문제는 수많은 학자들의 관심을 끌어왔다. 본 논문에서는 그동안 이 문제에 관해 진행되어 온 최근까지의 주요 연구들을 비판적으로 개관함으로써 이 분야의 주요 핵심 쟁점에 대해서 소개하고, 앞으로 이 분야의 연구가 발전하기 위해 해결되어야 할 문제점과 향후 연구 방향을 제시하고자 한다.

제1권 · 제2권 논문 목록

제1권: 음운론

차용어의 음운론	강 윤 정
강세와 음률	고 언 숙
운율구의 정의에 관하여: 음운론과 통사론의 상호작용	김 노 주
그림법칙과 자음 연쇄추이	문 안 나
중세영어의 음량변화	손 창 용
고대영어의 파생어 연구	이 동 국
음운론적 유표성	이 봉 형
영어에서의 음운론적 비대칭	이 재 영
모음-자음-모음 동시조음 현상	한 정 임

제2권: 통사론

전치사 수동구문의 통시적 설명	고 광 윤
부사 연구	김랑혜윤
확대투사원리의 이해	김 선 웅
제자리 의문사구	김 연 승
결정론과 구문분석	서 성 기
양화현상과 통사구조	유 은 정
이중목적어구문과 여격구문	이 병 춘
대용화 현상과 결속이론	이 차 훈
대명사 격 형태의 변화	이 필 환
최적성 이론과 통사론	이 한 정
약교차	정 윤 선
tough-구문	채 희 락

차례

『영어학의 최근 논점』 간행에 부쳐   5
서문   9
제1권・제2권 논문 목록   15

의미론

노은주   언어적 상위표상과 관련된 화용론적 이슈들   19
이성범   극성 민감성과 부정 극어   49
이창봉   담화 속에서의 정보구조와 흐름 연구   109
이혜경   영어 부정의 의미와 화용론   139
전종섭   의미의 합성: 개념 의미론이 생성 어휘부 이론을
            만났을 때   163
채숙희   중심화이론과 정보구조   189
홍기선   동사의 어휘화: 보편적 인지와 개별언어의 상호작용   213

응용언어학

권혁승   코퍼스 언어학과 영어 연구   241
김신혜   제2언어 학습 동기 이론 및 연구방법론   275
박용예   대화분석과 영어교육   321
송미정   결정적 시기 가설과 제2언어 습득   365

저자 및 편자 소개   393
찾아보기   397

언어적 상위표상과 관련된 화용론적 이슈들

노 은 주*

1. 상위표상 능력과 의사소통

우리는 여러 다른 종류의 내적(mental), 외적 표상(public presentation)을 구성할 수 있는 능력을 가지고 있다. 어떤 표상들은 감각적이다: 우리는 우리 마음 속에 전날 들었던 음악, 오늘 아침에 본 장미꽃, 이태리 식당에서 먹었던 파스타를 표상할 수 있다. 우리는 이런 표상들을 외적으로, 즉, 사진으로, 그림으로, 행동으로 표상할 수도 있다. 우리는 또한, 말(utterance)로, 논문으로 표상하기도 한다.

우리는 이런 표상들을 재표상(상위표상)할 수도 있다. 친구의 발화나, 책에서 읽은 이론, TV에서 본 뉴스와 같은 표상을 내적으로 혹은 외적으로 재표상한다. 이 상위표상의 능력, 즉, 표상을 재표상하는 능력은 최근 철학이나 심리학, 인지과학 등 여러 학문 분야에서 많은 관심의 대상이 되고 있다. 이 관심들은 주로 "theory of mind"에 초점을 두고 있는데, theory of mind란 "어떤 사람이 어떤 믿음이나, 의도, 소망 등을 가지고 있다고 봄으로써, 그 사람의 행동을 설명하고 예측하는 능력"을 말한다. (theory of mind에 대해서는 다음을 참조. Astington, Harris and Olson (eds.) 1988; Byrne and Whiten (eds.) 1988; Carruthers and Smith (eds.) 1996; Wellman 1990; Gopnik 1993; Leslie 1994)

---

* 인하대학교 영어영문학과 (ejnoh@inha.ac.kr)
  2004년도 인하대학교 저서발간 연구비(INHA-32362)의 지원을 받았음.

theory of mind에 대한 연구는 대략 세 가지 분야에 집중되었다: 하나는 어린아이들의 theory of mind의 발달 과정에 관한 연구이고 (e.g. Wellman 1990; Perner 1991), 또 하나는 유인원들에 있어 theory of mind 존재 가능성 여부(e.g. Premack and Woodruff 1978), 마지막으로, 특정부류의 사람들, 특히 자폐증을 앓는 사람들의 theory of mind의 부재 등에 관한 연구이다 (e.g. Baron-Cohen et al. 1985; Happé 1993).

인간의 추론적 의사소통도 내재된 믿음이나, 의도, 소망 등을 추측하는 능력에 의존하고 있다. 상위표상 능력이 인간의 의사소통에 어떻게 기여하는지에 대하여 간단히 살펴보고, 다음 장에서는 본론으로 들어가 언어 표현상의 상위표상에 대하여 자세히 살펴보도록 하겠다.

발화 해석을 추론의 과정으로 설명하는 Grice(1989)의 이론은 발화자의 의도를 상위 표상하는 청자의 능력에 기초하고 있다. Grice의 이론틀에서는, 청자는 화자의 발화를 협동의 원리(Co-operative Principle)와 격률(maxims of truthfulness, informativeness, relevance and clarity)을 만족시킬 것이라고 가정함으로써 이에 바탕을 두고 화자의 의도를 추론해 낸다. (1)을 보자.

(1) Peter: Where are you going?
    Mary: We need coffee.

Grice 에 의하면, (1)에서 Mary의 대답은 요구되는 만큼의 정보를 주고 있지 못하다. Mary가 협동의 원리와 그 격률들을 지키고 있으리라고 가정하고 Peter는 그것들을 만족시키는 해석을 찾으려 하게 된다. 예를 들자면, 그는 Mary가 커피를 사러 가고 있다고 생각하고, 그 해석을 Mary가 의도한 해석으로 보게 된다. 이렇게 해서 Grice의 협동의 원리와 격률들은 발화의 생성이나 해석에 적용되는 상위표상 능력이 통합된 이론으로 볼 수 있다.

Grice의 추론의 이론들이 상위표상 능력의 이론들과 그대로 맞아 떨어지는 것은 아니다. 이에 대한 비판은 Sperber and Wilson 1986/1995; Sperber 1994, Noh 2000 등을 참고). 의사소통과 상위표상 능력에 관하여서는 더 이상 다루지 않고, 다음 장에서는 상위표상에 관한 이슈 중 언어 표현으로 나타나는 상위 표상들을 살펴보겠다.

2. 기술적 용법과 상위표상 용법

우리는 어떤 것을 표상할 때 그것과 유사한 다른 사물을 사용한다. 볼펜을 가지고 결투를 묘사한다든지, 손바닥을 펼쳐서 책을 나타내기도 한다. 도표나 초상화, 복사, 번역, 지도, 이런 것들이 모두 이런 표상의 예가 될 것이다. 발화문들도 무언가를 표상하는 데에 사용될 수 있다. 일반적으로 발화문은 사상(states of affairs)을 표상하는데 사용된다고 받아들여지고 있다. John이 Mary를 사랑한다면, 우리는 우리의 머릿속에 그것을 생각할 수도 있고 (mental representation), 그것을 외적으로 발화할 수도 있다 (public representation). 이런 의미에서 Sperber and Wilson(1986, 1995)은 모든 발화는 화자의 생각을 표상한 것이라고 하고 있다.

어떤 표상(representation)과 원 표상 사이의 유사성의 정도는 다양하다. 자질(properties)들을 더 많이 공유하면 할수록 유사성의 정도는 커지고, 더 적게 공유하면 할수록, 유사성의 정도는 낮아진다고 할 수 있다.

논리적 혹은 명제적 유사성은 분석적, 문맥적 명제들을 얼마나 공유하느냐에 따라 달라지는데, 모든 명제들을 공유하면, 문자적 해석(literal interpretation), 그렇지 않으면 대강의 해석(loose, less-than-literal interpretation)이라고 불린다. (2)를 보자.

(2) I worked at the computer for 10 hours.

(2)의 화자는 실제 컴퓨터를 정확히 10시간 했을 수도 있고, 9시간 50분, 10시간 20분을 했을 수도 있다. 일반적으로 친구간의 대화에서 우리는 (2)를 대강의 표상으로 이해하고, 실제 9시간 30분을 했다 해도, (2)를 대화의 격률을 어겼다고 보지 않는다. (3)을 보자.

(3) This computer is my wife.

relevance theory에서는 (3)과 같은 metaphor도 화자의 생각을 대강 해석(loose interpretation)한 것으로 분석한다. 즉, (3)과 '컴퓨터와 오래 함께 지낸다', '컴퓨터가 나를 많이 도와준다', '컴퓨터를 좋아 한다' 등과 같은 원 표상은 함축되는 명제를 얼간 공유하고 있다. 즉 화자의 생각을 원 표상으로 볼 때 (3)의 발화문은 그것을 "대강 재표상"(loose interpretation)한 것에 지나지 않는다는 것이다. (2)와 (3)은 둘 다 원 표상의 literal interpretation이 아니고, less-than-literal interpretation인 것이다. 따라서 (2)와 같은 loose talk와 (3)과 같은 은유(metaphor)를 어떤 화용적 규칙이나 격률을 어겼다고 볼 필요도 없고 둘을 구별할 필요도 없다. 이는 은유를 진실성의 격률(maxims of truthfulness)을 어긴 것으로 보고, 원래의 의도된 의미를 함축으로 추론해 낸다는 Grice(1975)의 이론과는 대조된다. 화자의 생각을 재표상한 발화와 관계된 논의는(아래 도표에서 (c)에 해당), 은유를 공부하는 사람들에게는 흥미로운 주제가 되겠지만, 여기서는 더 이상 다루지 않겠다.

[표1]

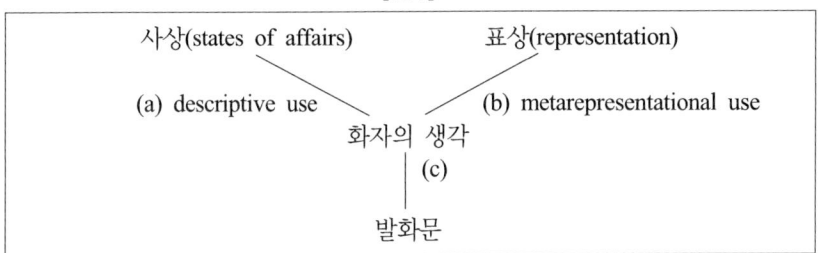

우리의 발화가 우리의 생각을 표상한 것이라는 일차적 재표상은 여기서는 다루지 않고, 우리의 생각이 사상(states of affairs)을 기술하고 있는 것인가((a)의 경우) 아니면 다른 표상을 재표상하고 있는가((b)의 경우)를 논의의 대상으로 삼는다. 즉, 앞에서도 언급한대로 우리는 사상을 기술하기도 하고, 사상을 기술한 다른 사람의 표상을 재표상하기도 한다. 사상(states of affairs)을 기술하기 위하여 사용된 언어 표현을 기술적 용법(descriptive use)이라고 하고, 다른 표상을 재표상하기 위하여 사용된 언어 표현을 상위표상적 용법(metarepresentational use)이라고 한다.

언어 표현에 나타난 상위표상들을 보자.

(4) a. Mary believes that Tom sent the letter.
  b. Mary says that Tom sent the letter.
  c. It is false that Tome sent the letter.

(4a)에서 "Tom sent the letter"는 Mary의 생각이고, (b)에선 Mary의 말이며, (c)에선 추상적 명제이다. 이들은 각기 하나의 표상들로서 각 발화에서 상위표상되고 있다. 상위표상의 원표상은 이렇게 구체적(attributed) 표상일수도 있고, 추상적(abstract) 표상일 수도 있다. 이들 표상들은 모두 원표상의 내용을 재표상한 것으로 (4)와 같이 내용상의 유사성에 의한 상위표상을 해석적 용법(interpretive use)이라고 한다.

형태상의 유사성에 의한 상위표상은 상위언어적 용법(metalinguistic use)이라고 부른다.

(5) a. Mary said "I sent the letter".
　　b. Mary said "He seems like to think like I sent like the letter".

(5)의 화자는 Mary의 발화를 직접 인용함으로써 청자로 하여금 원 발화의 형태를 알려 주고 있다. 이것이 형태를 중심으로 한 재표상, 즉 상위언어적 용법이다.

3. 상위표상의 특징

본 장에서는 상위표상의 의미적, 화용적 특징들을 살펴보겠다. 우선, 상위표상 되었다는 정보는 언어적으로 표시가 될 수도 있고, 추론되도록 표시되지 않고 사용될 수 있다. (6)을 보자.

(6) Mary: So what did Jane say about the party?
　　Peter: a. She said that it was fantastic.
　　　　　 b. It was fantastic.

(6a)에서는 Peter가 Jane의 말을 전달하고 있다는 것이 "she said"를 통하여 표시되고 있지만, (6b)에서는 그런 표시가 없다. 따라서 (6b)는 최소한 두 가지로 해석될 수 있을 것이다. 하나는 Peter가 파티에 대한 자신의 생각을 말하는 것이고, 다른 하나는 Jane의 말을 옮기고 있는 것이다. 위와 같은 상황에서는 Jane의 말을 상위표상하고 있는 것으로 해석되기가 쉽다.

이런 추론에는 관련성에 대한 고려가 중요한 역할을 했다고 볼 수 있다. 우선 Mary의 질문을 고려해 볼 때 가장 먼저 접근가능한 해석이 바로 Mary의 질문에 대답이 될 수 있는 상위표상적 해석일 것이다. 따라서 이 해석이 청자가 선택해야 할 해석이 된다.

상위표상의 두 가지 세부 형태(subtypes)는 해석적 용법과 상위언어적 용법인데, 이 두 가지 모두 (6)과 같이 정보 전달을 목적으로 할 수도 있고, (7)-(8)과 같이 상위 표상되는 원표상에 대한 화자의 태도 표현이 목적이 될 수도 있다.

(7) A: He is very kind.
    B: (happily) He IS very kind, indeed.

(8) A: Do sit [si:t] down.
    B: (critically) Do sit [si:t] down.

(7)에서는 B가 A의 발화를 상위표상하면서 동의를 표시하고 있다. 여기서 동의를 표시하는 대상은 원표상의 내용이다. 대조적으로 (8)에서는 B가 A의 발화를 상위표상하면서 거부의 태도를 표시하는데 그 대상은 원표상의 형태인 발음이 된다 ("[slt]"이 아니고 "[si:t]"이라는 것을 B가 알고 있는 경우).

화자는 발화문을 이해하는데 있어 어떤 이해전략을 따르게 되는데 relevance theory에서는 이것을 다음과 같이 보고 있다.

(9) Relevance-Theoretic Comprehension Strategy
    (a) Start deriving cognitive effects in order of accessibility (follow a path of least effort);
    (b) Stop when the expected level of relevance is achieved.

즉, 최소의 노력으로 얻은 해석이 원하는(관련된) 정보이면, 그것을 의도된 해석으로 본다는 것이다 (Sperber and Wilson 1986, 1995 참고).

(7)로 돌아가서 (A)가 방금 "He is very kind."라고 말했으므로, (B)의 발화의 명제적 내용 자체는 어떤 인지적 효과도 내지 못하므로 관련성이 없다고 하겠다 (인지적 효과에 대해서는 Wilson & Sperber 1990 참고). B의 말에서 가장 쉽게 도달되고, 관련성이 있는 해석은 A의 말에 대한 상위 표상과 함께 그것에 대한 B의 태도일 것이다. 목소리의 어조와 얼굴 표현, 다른 문맥적 정보로 인하여, 그 태도는 "동의"라는 것이 추론될 수 있다. 마찬가지로 (8)에서도 B의 발화는 어떤 정보를 전달해 주기 보다는, 화자의 태도를 나타내기 위해 이전 발화를 상위표상하고 있다는 것을 청자는 알게 된다. 그런데, A의 발화 내용보다는, 발음 "[si:t]"이 과장되거나, 강조됨으로써 형태상의 유사성이 더 부각되고, 모음의 장단에 관하여 논의한 적이 있다면, 형태에 대한 반대의 태도가 더욱 쉽게 드러나게 될 것이다. 이와 같이 가능한 많은 해석 중에서, 가장 쉽게 도달할 수 있는 해석이 원하는 인지적 효과를 주게 되면 청자는 그것을 화자의 의도된 해석으로 받아들이게 된다.

상위표상되는 원표상이 내적 표상이냐, 외적 표상이냐, 추상적 표상이냐, 구체적 표상이냐, 또는 원표상의 출처, 즉, 누구의 생각을 표상한 것인가, 또는 상위 표상과 원표상의 유사성의 정도, 이런 모든 것들은 언어로 표시되어 있기도 하지만 추론에 맡겨진 경우도 있다 (자세한 내용은 Noh 2000: chapter 2 참고). 이런 미결정적 요소들은 화용적 이해전략에 따라 추론된다.

3.1 상위표상의 화용적 의미 보강

상위표상적 요소가 있는 발화문의 진리조건적 의미는 무엇인가? 다시 말하자면, 어떤 상황에서 화용적 요소가 있는 발화문은 참이 되는가?

(10)을 보자 ((6)에서 반복).

(10) Mary: So what did Jane say about the party?
　　Peter: a. She said that it was fantastic.
　　　　　 b. It was fantastic.

(10a)의 진리조건적 의미(truth-conditional content), 즉, 명제적 의미(the proposition expressed)는 "Jane said that it was fantastic"이다. 다시 말하자면 종속절의 내용이 Jane의 말에 적절히 충실한 표상이면 된다. 얼마나 충실해야(유사해야) 하는 가는 상황에 따라 다르겠다. (10b)는 어떤가? (10b)는 파티에 대한 Peter의 생각인가, 아니면 (10a)와 마찬가지로 Jane의 말을 상위표상하고 있는 것인가? 즉, 기술적으로 해석했을 때와 상위표상으로 해석했을 때의 진리조건이 달라지게 된다. 후자라고 하면, (10b)는 Jane의 말을 적절한 정도로 충실하게 상위표상하고 있으면 참이 될 것이다. 결국, Jane의 말을 상위 표상했을 때의 진리조건적 의미는 화용적 보강(pragmatic enrichment)을 거쳐 "Jane said that it was fantastic"이 된다. 결국, (10a)와 (10b)는 모두 (11a)와 같은 명제를 전달하며, (11b)와 같은 상위명제(higher-level explicature)를 전달하고 있다고 본다.

(11) a. Jane said that it was fantastic.
　　　b. I say/believe that Jane said that it was fantastic.

(10b)와 같은 예는, 발화문의 진리조건적 의미, 즉, 명제적 의미의 결정에 화용적 보강이라는 절차가 선행되고, 그 결과가 명제적 의미에 기여함을 보여 주는 예가 된다. 여기에 의미론과 화용론의 접촉지점이 있다고 보겠다. 즉, 진리 조건적 의미는 의미론이 다루고, 비진리조건적 의미는 화용론이 다룬다는 이분법은 적절치 않다는 것을 볼 수 있다. 발화문

의 진리조건적 의미를 얻기 위하여서는 화용적 절차가 필요하다는 것을 보여 주고 있다.

예를 몇 가지만 더 보자.

(12) A: Oh, she's a pretty girl.
　　　B: Well, I saw the pretty girl yesterday.

(12)에서 B는 "pretty girl"을 상위표상, 특히, 형태를 표상한 상위언어적(metalinguistic) 표상으로 쓰이고 있다. 여기서 B가 그 소녀를 예쁘다고 생각하는가 보다는 그것이 원표상과 적절한 유사성을 지니고 있는가가 중요하다. 따라서 명제적 의미는 "그 예쁜 소녀를 어제 보았다 (I saw the pretty girl yesterday)"라기보다는 "네가 예쁜 소녀라고 하는 그 여자를 어제 보았다 (I saw the one you call a pretty girl yesterday)"가 될 것이다. 이렇게 상위표상의 존재는 비록 언어적으로 표시되어 있지 않았더라도 발화문의 진리조건에 영향을 준다는 것을 보았다. 사실, (12)는 화자가 특정의 소녀를 지시하기 위하여 "the pretty girl"을 사용하면서 (referential use), 동시에 그 형태(표현)를 청자의 것으로 돌리고 있다는 의미에서 혼합인용(mixed quotation)의 경우라고 하겠다.

(13)을 보자.

(13) a. You should say compu[D]er, not compu[t]er in the United States.
　　　b. You should say computer, not computer in the United States.

(13a)에서 강세를 받지 않는 음절에서의 /t/ 발음의 영국영어와 미국영어의 차이가 표상되고 있다. 이 발음의 차이가 고려되지 않으면 (13b)와 같은 모순된 명제적 의미를 갖게 된다. 따라서 청자는 화자의 발화를 관련성 있는 정보로 해석하기 위하여, 두 개의 발음이 상위표상되고 있고 이

것이 명제적 의미에 포함되어 있는 것으로 해석하게 될 것이다.

지금까지, 발화문의 상위표상적 요소는 화용적 보강이 필요하며, 이 보강의 결과가 문장의 명제적 의미에 기여함을 보았다. 다음에는 상위표상이 사용되는 다양한 형태의 발화문을 간단히 살펴 볼 것이다. 자세한 내용은 안내된 해당 서적을 참고하기 바란다.

4. 다양한 상위표상 용법의 실례 I

본 장에서는 상위표상이라고 일반적 동의를 얻고 있는 언급(mention) 용법, 전달문, 혼합인용의 경우를 차례로 살펴보겠다.

4.1 언급

언어적 상위표상이란 앞에서 밝힌 대로 어떤 다른 표상을 나타내기 위하여 발화문을 사용하는 것이다. 현재의 저서들에서는 언어적 상위표상의 두 가지 형태가 광범위하게 거론되고 있다: 추상적 언어 표현을 표상하기 위하여 사용된 언급(mention) (또는 순수인용(pure quotation))과 발화 당시 화자 이외의 사람의 발화나 생각들을 표상하는 전달문이 그것이다. 우선 언급의 경우를 보기 위하여 (14)와 (15)의 예를 비교해 보자:

(14) a. "Life" is monosyllabic.
    b. "Life" has four letters.
    c. "Life" is a noun.

(15) a. Life is valuable.
    b. His life was in danger.

(14)의 각 예에서 "life"는 언어 표현 그 자체를 "언급"하고 있으며, (15)에서는 "life"를 "사용(use)"하여 어떤 대상을 가리키고 있다 (언급(mention)과 사용(use)의 두 용법은 Quine 1965, Garver 1965 등을 참고).

(14)에서 "life"는 추상적 단어의 형태를 상위표상하고 있으며, 각 문장의 명제적 의미는 (16)과 같을 것이다.

  (16) a. The word "life" is monosyllabic.
       b. The word "life" has four letters.
       c. The word "life" is a noun.

상위표상의 존재를 고려하지 않으면 잘못된 명제적 의미를 얻게 될 것이다.
   다른 예들을 보자.

  (17) "John is a bachelor" entails "John is a man".

함의 관계는 두 명제간의 논리적 관계로, 추상적 명제가 상위표상된 경우이다.
   다른 예들을 보면, (18)의 "Susan", "Suzan", (19)의 전제절의 "***Kellogg's***"는 그 글자나 형태가 상위표상된 경우이다.

  (18) Her name is Susan, not Suzan.

  (19) If you don't see ***Kellogg's*** on the box, it isn't Kellogg's in the box.

이렇게 하여, 일반적으로 언급이라고 부르는 순수인용은 추상적 언어 표현이나 형태가 상위표상된 경우로 볼 수 있으며, 추론에 의한 화용적 의미 보강이 명제적 의미에 포함된다는 것을 볼 수 있다. 예로 (18)에서

"Susan"은 Susan이라는 이름을 가진 여자를 말하는 것이 아니라 단어 그 자체를 말하는 것으로 명제적 의미에 그 사실이 포함되어야 할 것이다.

4.2 전달문: 특정의(attributed) 발화문이나 생각들의 상위표상

전달문의 경우도 전달동사가 있건 없건 상위표상의 경우이고, 이 때의 원표상은 추상적인 단어나 명제가 아니라 누군가가 가지고 있는/있었던 구체적 표상이 된다.

(20) a. She said, "Where are they all gone?"
b. She thought, "Where are they all gone?"

(21) a. She asked where they were all gone.
b. She wondered where they were all gone.

(22) a. She asked, where were they all gone.
b. Where were they all gone, she wondered.

(20)은 직접화법, (21)은 간접화법, (22)는 자유간접화법(free indirect speech)이라고 불린다. 이것은 모두 상위표상들을 포함하고 있는데, 직접화법에서는 원표상의 형태를, 간접화법에서는 내용을, 자유간접화법에서는 원표상의 형태는 유지하면서 시제와 인칭은 변이되어, 부분적으로 형태와 내용 둘 다를 상위표상하고 있다.

상위표상이라는 것이 외부적으로 표시되어 있지 않은 경우도 있다.

(23) [A mother is reading a storybook to her son.]
The woodcutter approached the princess in the dark.
Who are you? Stay away from me.

(24) A: What did Jane say?
   B: She was going to resign.

(23)은 자유직접화법(free direct speech), (24)는 자유간접화법(free indirect speech)인데 전달문이라는 것이 외부적으로 표시되지 않고 있다. (23)에서 청자는 책에 나온 주인공의 말이 인용되고 있다는 것을 추론해야 한다. 이것은 문맥상, 엄마가 갑자기 아들에게 "누구냐?"고 물어 볼 일은 없기 때문에 어려운 일은 아닐 것이다. 상위표상으로 사용되었다는 것을 추론해 낸 뒤에도 누구의 말이 상위표상되었는지도 추론해야 한다. 마찬가지로 (24B)의 경우에도 화용적 추론과정이 필요하다.

위에서 우리는 표상은 그 대상을 똑같이 재구성하는 것이 아니라 유사성에 의해 표상하는 것이며, 그 유사성의 정도는 관련성에 따라 달라진다는 것을 지적하였다. 상위표상의 경우도 마찬가지로 원표상과 동일성(identity)의 관계가 아니라 유사성(resemblance)의 관계에 있다고 주장되고 있다.2) (25)를 보자.

(25) A: What did Peter say?
   B: Well, he said "There's no way."

(25)에서 실제 Peter는 "I cannot help you with this matter"나 "It seems to be impossible", "Try some other way"와 같이 말했을 수도 있다. 전달문에서 원발화와 상위표상, 즉 전달문 간의 관계도 문법에서 말하는 동일성의 관계가 아니라 유사성의 관계에 있다는 것은 명백한 사실임에도

---

2) Sperber and Wilson(1986, 1995: chapter 4, section 7)은 직접전달문이나 간접전달문이 동일성이 아니라 형태적, 혹은 내용적 유사성에 바탕을 두고 있음을 강조하고 있고, Blakemore(1993, 1994)도 재표상이 최적의 관련성에 의해 제약을 받는다고 하면서 유사성을 강조하고 있다. 최근에는 철학계에서도 전달문이 원발화와 동일하지 않을 수 있다는 것을 주장하고 있다 (Cappelen and Lepore 1997).

사람들의 관심을 끌고 있는 것은 최근의 일인 것 같다.
 동일성(identity)이 아니라 유사성에 의거해 상위표상하고 있다는 것을 보여 주는 예를 하나 더 보자.

(26) Woman: Kiss! [Dogs around her attack the target violently.]
     Colombo: You said "K[keI]-I[aI]-S[es]-S[es]". Why don't they kiss?
     Woman: It's an attack word.
                                     [수사 드라마 <형사 콜롬보>에서]

 (26)에서 Colombo의 직접전달문은 원표상과 일치하지 않고, 유사하기만 하다.
 상황에 따라 유사성의 정도는 달라진다. 논문의 인용문에서는 틀린 철자도 그대로 옮기는 반면, 친구간의 대화에서는 매우 느슨한 유사성이 유지된다. 이 유사성의 정도는, "Relevance theory"에서는, 화자의 능력, 호의(willingness), 그리고 기대되는 관련성 등을 고려한, 최적의 관련성(optimal relevance)에 의해 제약 받는다고 설명된다.

4.3 혼합인용: 특정 표현(attributed expression)의 상위표상

 아래와 같이 상위 표상의 형태가 재표상되면서 그 의미가 화자에 의해 사용되는 경우를 혼합인용(mixed quotation)이라고 한다.

(27) The teacher used "the rod of love" to make us learn better.

 여기서 "the rod of love"는 누군가의(아마도 선생님의) 표현을 상위표상하면서도 문장 내에서 그 의미도 사용되고 있다. 즉 사용(use)과 언급(mention)이 다 관여되어 있다 (Noh 2000: chapter 1, sections 1.2.3 and 1.4.1. 참고). (28)을 보자.

(28) A: He went to New York [juː jɔrk].
　　B: New York [juː jɔrk] is too big for us to find him there.

B의 발화에서 B가 New York의 발음이 [n]으로 시작된다고 것을 알고 있는 상황에서 (28)같이 발음하였다면, 그 때의 "New York [juː jɔrk]"은 그것이 한 도시를 지시하는 동시에 A의 발음을 상위표상하고 있는 것으로 볼 수 있다. 틀린 발음에 대한 그의 놀림 같은 것이 수반될 것이다.

혼합인용에서도 마찬가지로 대강의 유사성(loose resemblance)의 예를 볼 수 있다.

(29) A: This is a matter of life and death.
　　B: Then, shall we talk about the deadly important matter?

(29B)에서 "the deadly important matter" 구절은 A의 "a matter of life and death"를 유사하게 상위표상하고 있다.

5. 다양한 상위표상 용법의 실례 II

다음에서는 일반적으로 인용(quotation)으로 인정되고 있지 않는, 논의의 여지가 있는 상위표상 용법의 예들을 간략히 소개하겠다.

5.1 특정의 발화문이나 생각들의 상위표상

5.1.1 상위언어 부정문(metalinguistic negation)
전제와 관련된 다음의 문장을 보자.

(30) The king of France is bald.

(31) The king of France is not bald.

(30)-(31)에서 "프랑스에 왕이 있다"는 것은 전제이고, (30)에서는 "그 왕이 대머리이다"라고 단언되고 있고, (31)에서는 "그 왕이 대머리가 아니다"라고 단언되고 있다. 이와 같이 전제는 긍정문이나 부정문 모두에서 참으로 간주된다.

전제와 관련된 이 예문은 Russell(1905) 이래 전제를 연구하는 철학자나 언어학자들의 많은 관심을 끌어 왔다. 왜냐하면 일반적으로는 (31)은 "프랑스에 왕이 있는데 그 왕이 대머리가 아니다"라는 뜻으로 해석이 되지만, (32)과 같은 경우는 그 전제가 더 이상 살아남지 못하기 때문이다:

(32) The king of France is not bald; there is no king of France.

이 "전제-취소"의 부정문은 의미적 전제(semantic presupposition)의 존재 유무와 함께, 많은 논쟁의 대상이 되었다.

Horn(1985)은 이 유표적 부정(marked negation)을 확대시켜, 전제의 취소뿐만이 아니라, 함축, 어휘, 발음 등등의 비-진리조건적 요소의 부적절성으로 인해 사용되는 부정문을 함께 묶어 상위언어부정문(metalinguistic negation)으로 분석하였다.

다음의 부정문들을 보자.

(33) A: You trapped two mongeese.
    B: I didn't trap two mongeese; I trapped two mongooses.

(34) A: Do you like tom[eIDoUz]?
    B: I don't like tom[eIDoUz]; I like tom[a:toUz]

(35) A: She is sometimes late.

　　B: She is not sometimes late; she is always late.

　위의 예를 보면 (33)에서 B는 두 마리의 mongoose를 잡지 않았다는 것이 아니라 mongoose의 복수형은 mongooses이지 mongeese가 아니라는 것이고, (34)에서 B는 토마토를 좋아하지 않는다는 것이 아니라 토마토의 발음은 tom[a:toʊz]라는 것을 말하고 있다. (35)에서도, "sometimes late"이 아니라고 해서 "never late"이 아니라 "sometimes"라는 표현이 너무 약하다는 뜻으로 쓰이고 있다. Horn(1985)은 이런 부정문을 모두 상위언어부정문이라 부르고 "I object to U(U: 부적절한 표현을 담고 있는 이전 발화)"를 의미한다고 주장하였다.

　그렇다면, 부정의 not은 "전제-유지"의 not과 "전제-취소" not의 두 가지로 나누어지는가? 나아가서, 명제적 의미가 거짓(false)이라는 진리함수적(truth-functional) 부정과 이전의 발화를 반대한다는 의미의 비진리함수적(non-truth-functional) 부정, 두 가지인가? 의미적으로 not이 두 개라고 보는 의미적 중의성을 주장하는 학자들은 많지 않다. 그렇다면, 어떻게 하나의 not이 때로는 명제적 의미를 부정하는 진리함수적 부정을 의미하고, 때로는 비명제적 내용이나 형식을 반대하는 비진리함수적 부정을 의미하게 될까?

　여기에 대한 이론은 여러 가지로 다양하다. Horn(1985, 1989)은 의미적 중의성이 아닌 화용적 중의성(pragmatic ambiguity)이라는 개념을 이용하여 설명을 시도하였다. 진리함수적-not과 비진리함수적-not이 있으며, 이것은 화용적 중의성에 속한다고 주장하였다. (36)을 보자.

(36) A: You kissed a woman on the street yesterday.

　　B: I didn't kiss a woman; I kissed my wife.

(36B)에서, 화자는 자기가 키스한 사람이 여자가 아니라기 보다는 "a woman"이라고 하는 데서 오는 함축(즉, 그녀가 화자의 부인이나 누이가 아니라는 함축, Grice 1975 참고) 때문에 A의 발화가 부적절하다는 것을 말하고 있다는 것이다. Burton-Roberts(1989), Carston(1996), Carston and Noh(1996), Van der Sandt(1994) 등은 Horn의 화용적 중의성이 사실은 의미적 중의성에 가깝다는 것을 지적하였다.

한편 Burton-Roberts(1989)는 의미적 모순(semantic contradiction)과 화용적 재분석(pragmatic reanalysis)이라는 개념으로 설명을 시도하였다. 즉, 진리함수적-not으로 해석했을 때 의미적 모순이 생기면, 화자는 다시 해석을 시도하여, 모순이 생기지 않는 비진리함수적-not으로 해석하게 된다는 것이다. 위 (36)에서 부인이 여자인 경우(대부분 부인은 여자이므로) (36B)는 의미적으로 모순이고, 청자는 화자가 모순된 말을 할 리 없다는 가정에서 다른 해석을 찾게 된다. 이 과정에서 A의 발화를 반대한다는 의미를 찾게 된다는 것이다. 이에 대한 비판은 Noh(2000: chapter 3 참고).

Cartson(1996), Carston and Noh(1996), 또 Noh(2000: chapter 3)는 not은 의미적으로 진리함수적-not 하나로 보고 부정의 영역에 드는 요소가 기술적으로 쓰였나, 상위언어적, 혹은 상위표상적으로 쓰였는가에 따라 달라진다고 하였다. 또한 상위표상 요소는 화용적 보강을 거쳐 부정의 대상이 되기 때문에 보강된 의미 하에서는 상위언어 부정문도 의미적 모순을 가지고 오지 않는다는 것을 보여 주고 있다.

상위언어 부정의 논의는 앞에 잠깐 언급한 대로 전제(pressuposition) 문제와도 연결되어 있다. 전제와 관련된 논의는 Russell(1905), Wilson (1975), Kempson(1986), Burton-Roberts(1989), 그리고 최근으로는 Cartson (1999)과 Burton-Roberts(1999)의 공방에 잘 소개되어 있다.

5.1.2 반향의문문(echo questions)

다음과 같은 반향의문문은 이전 발화문의 형태(form)를 묻는 것으로 간주되어 왔다.

(37) A: I'm leaving on Tuesday.
     B1: You're leaving on Tuesday?
     B2: You're leaving WHEN?

(38) A: Have you read 'Great Expectations'?
     B1: Have I read 'Great Expectations'?
     B2: Have I read WHAT?

(39) A: Talk to a fortune-teller.
     B1: Talk to a fortune-teller?
     B2: Talk to WHAT/WHO?

(37)-(39)에서 화자가 청자의 말을 잘 못 알아들어서였건 아니면 그 내용을 믿을 수 없어서 였건 간에, 그 발화에 대한 의문의 태도를 나타내고 있다.

Blakemore(1994)의 relevance theory에 바탕을 둔 설명을 발전시켜 Noh(1998b)는 반향의문문을 상위표상 용법의 한 형태로 분석하고 있다. 이에 따르면 이전 발화문 뿐만 아니라 말로 나타나지 않은 생각까지도 반향의문문에서 상위표상된다고 보고 있다. 이 반향의문문들도 다른 상위 표상들과 마찬가지로 특정의 표상을 똑같이 또는 유사하게 상위표상하고, 내용이나 형태에 대해 의문의 태도를 보여 주고 있다. 따라서, 상위언어 부정과 반향의문문은 그 대상에 많은 공통점을 가지고 있다.

Noh(1998b)는 또한, 화용적 의미 보강을 통하여 명제적 의미가 결정되면, 반향 의문문도, 일반 의문문과 같은 의문문(interrogative mood)이라고 주장하였다. 이 주장은 최근 Iwata(2003)에 의하여 일부 받아들여지고, 일부는 반박되었으며, 논의는 아직 진행 중에 있다.

5.1.3 상황조건문

마지막으로, 선행절이 이미 문맥상 주어져 있는 "상황조건문(given conditionals)"의 경우를 보겠다.

(40) A: Two and eleven makes thirty.
B: If two and eleven makes thirty, you need more work on maths.

(40)에서, B의 조건문의 전제절은 (41)과 같이 A의 발화를 표상하고 있는 것으로 이해된다.

(41) If you believe/say two and eleven makes thirty, you need more work on maths.

(41)에서 전제절은 A의 발화의 상위명제(higher-level explicature)까지 상위표상하고 있다는 것을 보여 주고 있다.
발화문 뿐만이 아니라, 쓰인 글이나 말하여지지 않은 생각도 상위표상된다.

(42) [Seeing a road sign "ROADWORKS AHEAD, DELAYS POSSIBLE"]
Driver: If delays are possible, delays are necessary.

(43) [Mother raises a finger to her lips, indicating the baby's cot]
Boy: If I have to be quiet, I will play outside.

여기서 선행절은 쓰인 글이나 말하여지지 않은 생각을 상위 표상하고 있다.

　이들 상위표상 요소들은 진리조건적 의미를 갖기 전 화용적 보강이 필요하다는 것을 앞에서 밝힌 적이 있다. (42)에서 전제절은 "They say delays are possible"을, (43)에서 전제절은 "If you mean I have to be quite"와 같은 의미를 전달하고 있다고 할 수 있다.

　언어적 형태(표현)의 유사성으로 상위표상 된 예는 다음과 같다.

　　(44) A: I like tom[eɪDoʊz](American pronunciation of 'tomatoes').
　　　　 B: If you like tom[eɪDoʊz], you must be from America.

　　(45) A: I trapped two mongeese.
　　　　 B: If you trapped two mongeese, you trapped two mongooses.

(44)-(45)에서 전제절에 상위표상된 것은 이전 발화의 내용이 아니라 각기 이전 발화의 발음, 어휘와 같은 것들이다. 이들 조건문에서 형태상의 특징이 고려되지 않으면 올바른 진리조건적 의미를 가질 수 없다. 예를 들면 (44B)는 "네가 토마토를 좋아하면 너는 미국인이다"가 아니라 "네가 좋아한다는 토마토의 발음을 [eɪDoʊz]이라고 한다면, 너는 미국인이다"와 같은 의미를 가지고 있다.

　정리하면, 상위표상 부정문, 반향의문문, 상황조건문들은 특정의 표상(attributed metarepresentation)들을 상위표상하고 있으며, 그 대상도 함축을 가져오는 표현이나, 발음, 어휘 등의 언어 표현상의 자질들이라는 공통점을 갖는다. 또한, 이들 상위표상이 사용된 발화문들은 진리조건적 의미 혹은 명제적 의미를 갖기 전에 상위표상에 대한 화용적 보강을 거침으로써, 상위표상 요소가 포함되지 않은 일반적인 부정문, 의문문, 조건문과는 다른 의미를 가지게 된다.3)

---

3) 특정의 표상에 대한 상위표상 이외에 바람직한(desirable) 발화나 정보의 상위표상과 관련된 경우도 있다. Wilson and Sperber(1988a)는 의문문(interrogative mood)

5.2 반향적 상위표상

5.2.1 반향용법(echoic use)

relevance theory에서 정의하고 있는 반향용법이란 어떤 표상에 대하여 화자가 자신의 태도를 나타내기 위해 상위표상하는 용법으로, 정보를 전달하기 위하여 상위표상하는 전달문과는 대조된다. 예문 (46)을 보자.

(46) A: She is beautiful
     B: She is beautiful, I agree.

(47) A: She performed the concerto very well.
     B: She did very well.

(46)에서 B는 A의 발화를 상위표상하면서, 동의를 표하고 있다. 한편, (47)에서는 상위표상을 하면서도 태도는 명시적으로 표시하고 있지 않다. 의도된 태도를 이해하기 위해서 청자는 어조나 표정의 도움을 받아, 화용적 추론 과정을 거치게 된다.

화자의 태도를 명시적으로 표시를 하고 있건 하고 있지 않건, (46)-(47)의 B는 반향적으로 상위표상을 하고 있다는 것을 알 수 있다. 왜냐하면 내용 그 자체는 이미 청자가 말한 것이므로, 내용 전달은 어떤 인지적 효과를 가지고 오지 못하기 때문이다. 따라서 A는 B의 발화를 듣고 B가 그 내용에 대해 자신의 태도를 표시하기 위하여 재표상하고 있다고 추론하게 된다. 그 태도가 (46)에서는 외부적으로 표시되어 있고, (47)에서는 표시되어 있지 않다.

화자의 태도는 대강 세 가지로 나뉘어진다.

을 Noh(1998a)는 speech act conditionals을 각기 바람직한 정보와 바람직한 발화의 상위표상으로 보고 있다.

(48) Peter: That was a fantastic film.
　　 Mary: a. [happily] Fantastic!
　　　　　　b. [puzzled] Fantastic?
　　　　　　c. [scornfully] Fantastic!

(48)에서 Mary는 각기 동의(endorsing), 의문(questioning), 그리고 거부(dissociating)의 태도를 표현하고 있으며, 이 세 태도가 대표적인 태도의 종류라 할 수 있다. 상위표상의 원표상은 이런 발화문 뿐만이 아니라 말하여지지 않은 생각(unspoken thoughts)이 될 수도 있다. (49)의 예를 보자.

(49) [A couple is quarrelling.]
　　 Wife: You are judging me!
　　 Husband: (sarcastically) You are not judging me!　[한 TV 드라마에서]

(49)에서 부인이 "You are judging me"하고 비난하자, 남편이 "You are not judging me"라고 하고 있다. 여기서 남편은 부인에게 자신의 생각을 알려 주고 있는 것이 아니라 "I am not judging you"라는 부인의 생각을 재표상하면서, 부인의 생각에 대한 거부의 태도를 표시하고 있다고 보인다.
　　형태에 대해서도 마찬가지이다.

(50) [after staying in the United States for one week]
　　 Peter: Well, I need some tom[eɪDoᴜz].
　　 Mary: Oh, you need some tom[eɪDoᴜz].

(50)에서 Mary는 Peter의 발화를 형태로 상위표상하면서 "거부(dissociating)"의 태도를 나타내고 있다.

5.2.2 아이러니: 묵시적 반향용법

전통적 이론에서는 아이러니(irony)를 "언어적으로 표현된 것의 반대를 전달하려고 하는 비유법(a figure of speech which communicates the opposite of what was literally said)"으로 분석하였다 (Muecke 1969; Booth 1974 참고).

Grice(1975)는 아이러니는 화자가 의도적으로 진실성의 격률(질의 격률)을 어기면서 명백히 관련된 다른 정보, 즉, 언어적으로 말하여진 것의 반대되는 명제를 함축하고 있는 것이라고 보았다.

Sperber and Wilson(1981)은 irony를 언어의 비유법으로 보는 위의 분석들의 문제점을 지적하고, irony를 use/mention의 개념을 이용하여, use 된 것이 아니라 mention된 것으로 보자고 제안하였다 (이에 대한 비판은 Martin(1992)). 이 제안은 Wilson and Sperber(1992)에서 발전, 정립되었다. Wilson and Sperber(1992)는 irony를 implicit(즉, 상위표상하고 있다는 표시를 하지 않은) echoic use로서 화자의 태도는 "거부(dissociating)"로 분석하고 있다.

전형적인 예가 (51)이다.

(51) Peter: It's a lovely day for a picnic.
   [They go for a picnic and it rains.]
   Mary: (sarcastically) It's a lovely day for a picnic, indeed.
   [adapted from Sperber and Wilson 1986/1995: 239]

(51)에서 Mary는 Peter의 발화를 상위표상하면서 자신의 반대하는 태도를 암시하고 있다.

이에 의하면, 위 예문 (49)-(50)도 반향적 표현에 해당된다. 상위표상적 용법은 어떤 격률도 위반하는 것이 아니므로 아이러니를 격률 위반으로 보는 Grice의 이론과는 구별된다 하겠다.

또한, 상위표상 부정문이나 반향의문문들도, 각기, 화자의 부정적 태도와 의문의 태도를 나타내는 반향적 용법(echoic use)으로 볼 수 있으며, irony와의 차이는 화자의 태도가 명시적으로 나타나고 있다는 것이다.

6. 결론

지금까지 상위표상과 관련된 여러 화용적 이슈들을 살펴보았다. 먼저, 철학이나 심리학에서 관심을 갖고 있는 theory of mind에 관하여 알아보고, 또 의사소통 과정에서의 상위표상 능력의 역할을 알아보았다.

본론에서는 언어적 상위표상에 관한 이론적 배경을 소개하고, 상위표상이 사용된 여러 가지 다양한 언어 표현들을 알아보았다. 3장에서는 상위표상의 특징을 살펴보고 4장에서는 일반적으로 상위표상으로 인정되는 인용(quotation)의 예를 다양하게 알아보았다. 언어 표현 자체를 가리키는 언급(mention), 다른 사람의 말이나 생각을 전달하는 전달문, 또 내용과 형식이 모두 부분적으로 상위표상된 혼합인용의 경우를 살펴보았다. 5장에서는 상위표상으로 분석하자고 주장되고 있는 것들을 살펴보았다. 먼저 특정의 발화나 생각을 상위표상하는 경우들을 보았고 (상위표상 부정문, 반향의문문, 상황조건문), 화자의 태도를 표현하기 위해 상위표상하는 반향용법과 그 대표적인 예로 아이러니(irony)를 보았다.

이런 모든 상위표상 용법들은 언어를 사용하는 한 방법(mode)으로, 사상(states of affairs)을 기술하는 기술적 용법과 함께 언어 사용의 두 맥을 형성한다고 보인다. 그리고 상위표상 요소들은 전체 발화의 명제적 의미에 결정에 앞서 화용적 보강을 필요로 하는 경우가 많으며, 이는 문장의 명제적 의미 결정에도 화용적 고려가 기여함을 보여 주는 중요한 증거가 된다.

참고문헌

Astingtion, J. W., P. L. Harris and D. R. Olsen. eds., 1988. *Developing Theories of Mind.* Cambridge: Cambridge University Press.
Baron-Cohen, S., A. Leslie, and U. Firth, 1985. "Does the Autistic Child Have a 'Theory of Mind'?" *Cognition* 21, 37-46.
Booth, W. 1974. *A Rhetoric of Irony.* Chicago, IL: University of Chicago Press.
Burton-Roberts, N. 1989. "On Horn's Dilemma: Presupposition and Negation," *Journal of Linguistics* 25, 95-125.
Burton-Roberts, N. 1999. "Presupposition-Cancellation and Metalinguistic Negation: A Reply to Carston," *Journal of Linguistics* 35.2, 347-364.
Byrne, R. W. and A. Whiten, eds. 1988. *Machiavellian Intelligence: Social Expertise and the Evolution of Intellect in Monkeys, Apes, and Humans.* Oxford: Clarendon Press.
Cappelen, H. and E. Lepore. 1997. "On an Alleged Connection between Indirect Speech and the Theory of Meaning," *Mind and Language* 12, 278-296.
Carnap, R. 1947. *Meaning and Necessity.* Chicago, IL: University of Chicago Press.
Carruthers, P. and J. Boucher, eds., 1998. *Language and Thought: Interdisciplinary Themes.* Oxford: Oxford University Press.
Carruthers, P. and P. K. Smith, 1996. "Introduction," in P. Carruthers and P. K. Smith, eds., *Theories of Theories of Mind,* 1-8. Cambridge: Cambridge University Press.
Carruthers, P. and Smith, P. K., eds. 1996. *Theories of Theories of Mind.* Cambridge: Cambridge University Press.
Carston, R. 1996. "Metalinguistic Negation and Echoic Use," *Journal of Pragmatics* 25, 309-330.
Carston, R. 1999. "Negation, 'Presupposition' and Metarepresentation: A Response to Noel Burton-Roberts," *Journal of Linguistics* 35.2, 365-389.
Carston, R and E. -J. Noh. 1996. "Metalinguistic Negation is Truth-functional Negation, with Evidence from Korean," *Language Sciences* 18, 485-504.
Clark, H. and R. Gerrig. 1984. "On the Pretense Theory of Irony," *Journal of Experimental Psychology: General* 113.1, 121-126.
Clark, H. and R. Gerrig. 1990. "Quotations as Demonstrations," *Language* 66, 764-805.
Garver, N. 1965. "Varieties of Use and Mention," *Philosophy and Phenomenological*

Research 26, 230-238.

Gopnik, A. 1993. "How We Know Our Minds: The Illusion of First-person Knowledge of Intentionality," *Behavioral and Brain Sciences* 16, 1-14.

Grice, H. P. 1975. "Logic and Conversation," in P. Cole and J. L. Morgan, eds., *Syntax and Semantics 3: Speech Acts*, 41-58. New York: Academic Press.

Grice, H. P. 1981. "Presupposition and Conversational Implicature," in P. Cole, ed., *Radical Pragmatics*, 183-198. New York: Academic Press.

Grice, H. P. 1989. *Studies in the Way of Words*. Cambridge, MA: Harvard University Press.

Happé, F. 1992. *Theory of Mind and Communication in Autism*. Ph.D. Dissertation, University of London.

Happé, F. 1993. "Communicative Competence and Theory of Mind in Autism: A Test of Relevance Theory," *Cognition* 48.2, 101-119.

Ifantidou, E. 1993. "Parentheticals and Relevance," *Lingua* 90, 69-90.

Ifantidou, E. 1994. *Evidentials and Relevance*. Ph.D. Dissertation, University of London.

Iwata, S. 2003. "Echo Questions Are Interrogatives? Another Version of a Metarepresentational Analysis," *Linguistics and Philosophy* 26, 185-254.

Kempson, R. 1986. "Ambiguity and the Semantics-Pragmatics Distinction," in C. Travis, ed., *Meaning and Interpretation*, 77-103. Oxford: Blackwell.

Leslie, A. 1994. "Pretending and Believing: Issues in the Theory of ToMM," *Cognition* 50, 211-238.

Muecke, D. C. 1969. *The Compass of Irony*. London: Methuen.

Noh, E.-J. 1998a. "A Relevance-theoretic Account of Metarepresentative Uses in Conditionals," in V. Rouchota and A. Jucker, eds., *Current Issues in Relevance Theory*, 271-304. Amsterdam: John Benjamins.

Noh, E.-J. 1998b. "Echo Questions: Metarepresentation and Pragmatic Enrichment," *Linguistics and Philosophy* 21, 603-628.

Noh, E.-J. 2000. *Metarepresentation*. Amsterdam: John Benjamins.

Perner, J. 1991. *Understanding the Representational Mind*. Cambridge, MA: MIT Press.

Premack, D. and G. Woodruff. 1978. "Does the Chimpanzee Have a Theory of Mind?" *Behavioral and Brain Sciences* 1, 515-526.

Quine, W. V. 1965. *Word and Object*. Cambridge, MA: MIT press.

Sperber, D. 1994. "Understanding Verbal Understanding," in J. Khalfa, ed., *What is*

Intelligence?, 179-198. Cambridge: Cambridge University Press.
Sperber, D. and D. Wilson. 1981. "Irony and the Use-mention Distinction," in P. Cole, ed., *Radical Pragmatics*, 295-318. New York: Academic Press.
Sperber, D. and D. Wilson. 1985/1986. "Loose Talk," *Proceedings of the Aristotelian Society* 86, 153-171.
Sperber, D. and D. Wilson. 1986/1995. *Relevance: Communication and Cognition*. 2nd edition (with Postface) in 1995. Oxford: Blackwell.
Sperber, D. and D. Wilson. 1995. "Postface," in D. Sperber and D. Wilson, *Relevance: Communication and Cognition*, 2nd edition, 255-279. Oxford: Blackwell
Wellman, H. M. 1990. *The Child's Theory of Mind*. Cambridge, MA: MIT Press.
Wilson, D. 1975. *Presuppositions and Non-truth-conditional Semantics*. London: Academic Press.
Wilson, D. 1995. "Is There a Maxim of Truthfulness?" *UCL Working Papers in Linguistics* 7, 197-212.
Wilson, D. 2000. "Linguistic Metarepresentation," in D. Sperber, ed., *Metarepresentations*, 411-448. Oxford: Oxford University Press.
Wilson, D. and D. Sperber. 1981. "On Grice's Theory of Conversation," in P. Werth, ed., *Conversation and Discourse*, 155-178. London: Croom Helm.
Wilson, D. and D. Sperber. 1988a. "Mood and the Analysis of Non-declarative Sentences," in J. Dancy, J. Moravcsik and C. Taylor, eds., *Human Agency: Language, Duty and Value*, 77-101. Stanford, CA: Stanford University Press.
Wilson, D and D. Sperber. 1988b. "Representation and Relevance," in R. Kempson, ed., *Mental Representations: The Interface between Language and Reality*, 133-153. Cambridge: Cambridge University Press.
Wilson, D. and D. Sperber. 1990. "Outline of Relevance Theory," *Hermes* 5, 35-56.
Wilson, D. and D. Sperber. 1992. "On Verbal Irony," *Lingua* 90, 1-25.
Wilson, D. and D. Sperber. 1998. "Pragmatics and Time," in R. Carston and S. Uchida, eds., *Relevance Theory: Applications and Implications* 1-22. Amsterdam: John Benjamins.
Yus Ramos, R. 1998. "A Decade of Relevance Theory," *Journal of Pragmatics* 30, 305-345.

극성 민감성과 부정 극어

이 성 범*

1. 극성 민감성에 민감해지기

1.1 비타민과 정부와 언어

'극성 민감성'과 '부정 극어'는 그 용어부터 난해해서 이를 처음 접하는 언어학 초심자들을 주눅 들게 한다. 하지만 그 내용을 찬찬히 살펴보면 그렇게 감당 못할 정도로 어마어마한 것은 아니다. 잠시 언어학을 접어두고 다른 쪽에서부터 설명하자면, 잘 알려진 대로 비타민에는 수용성 비타민과 지용성 비타민이 있다. 어떤 종류의 비타민, 예를 들어 비타민 C는 물에서는 잘 녹지만 기름이나 유기용매에서는 녹지 않는 수용성 비타민인 반면 비타민 E는 이와는 반대로 기름과 같은 유기용매에서만 녹는 지용성 비타민이다. 즉 "비타민 C는 물에 대해 민감한(sensitive) 반면, 기름에 대해서는 민감하지 않다 (not sensitive)"라고 말할 수 있다. 우리가 살펴보고자 하는 언어에서의 극성 민감성이란 바로 이런 것과 기본적으로 크게 다르지 않다. 눈을 돌려 정치의 세계를 보자. 만약 어떤 정부가 노사 문제에 있어 노동자들의 주장에 더 귀를 기울인다면 "노동자에 대해 민감한 정부"이고, 기업가들의 주장에 우선순위를 부여한다면 "기업가에 대해 민감한 정부"라고 부를 것이다. 유사한 예로 진보와 보수라는 큰 축 또는 극(pole) 중 어느 한 쪽에 심정적으로 이끌리는 것도 사상

---

* 서강대학교 영어영문학과 (sblee@sogang.ac.kr)

적인 면에서 극성 민감성 현상으로 볼 수 있다. 축이란 선악을 떠나서 우리의 존재와 사고가 닻을 내리는 곳이며, 축이 있는 한 극성(polarity)은 존재하고 극성이 있는 한 이에 민감한 극성 민감성은 존재하기 마련이다. 이처럼 극성 민감성은 우리 주위의 자연 현상이나 사회 현상에서 쉽게 찾아볼 수 있다.

마찬가지로 언어 현상에도 민감성과 관련된 경우가 많이 있다. 예를 들어 영어의 yet과 already를 보자. 현재 발화시점에 비추어 사건의 발생 여부를 나타내는 표현 중에 yet은 문장이 기술하는 사건이 아직 실현되지 않은 부정(negation)의 맥락에서 쓰이는 반면, already는 반대로 그 사건이 이미 실현된 긍정(affirmation)의 맥락에서 쓰인다. 만약 이들이 긍정과 부정이 바뀐 맥락에 오게 되면 그 문장은 어색한 문장이 된다.

(1) a. People in this neighborhood have not discussed the government proposal **yet**.
 b. ?People in this neighborhood have discussed the government proposal **yet**.

(2) a. People in this neighborhood have **already** discussed the government proposal.
 b. ?People in this neighborhood have not discussed the government proposal **already**.

일단 언어에서 어떤 표현 A가 B라는 것에 민감하다는 말은 A는 B인 맥락에서만 나올 수 있다는 말로 볼 수 있다. 즉 위 예에서 yet은 부정에 민감한데, 이는 부정의 맥락에서만 나올 수 있고 already는 긍정에 민감하여 긍정의 맥락에서만 나올 수 있다. 의미상으로 유사한 표현이 상반된 민감성을 보이는 것은 영어뿐 아니라 한국어에서도 볼 수 있다. 즉 아래 예에서 보듯 '아직'은 부정의 맥락에서, '이미'는 긍정의 맥락에서만 자연스럽다.

(3) a. 주민들은 정부의 제안에 대해 **아직** 결정을 내리지 않았다.
    b. ?주민들은 정부의 제안에 대해 **아직** 결정을 내렸다.

(4) a. 주민들은 정부의 제안에 대해 **이미** 결정을 내렸다.
    b. ?주민들은 정부의 제안에 대해 **이미** 결정을 내리지 않았다.

이때 부정이나 긍정처럼 어떤 표현들을 자기 쪽으로 끌어들이는 상반된 기준을 극성이라고 부르며, 어떤 표현들이 이런 극성에 예민하게 반응하는 것을 극성 민감성(polarity sensitivity)이라고 부르고 극성에 민감한 표현을 극성 민감어(polarity sensitive items: PSIs)라고 부른다. 특히 부정 극성(negative polarity)에 민감한 표현을 부정 극어(negative polarity items: 줄여서 NPIs)라고 부르고, 긍정 극성(affirmative polarity)에 민감한 표현을 긍정 극어(affirmative polarity items: 줄여서 APIs)라고 부른다. 또한 극성에 민감한 반응을 보이지 않는 표현은 극성 중립어(polarity neutral items: PNIs)라고 부른다.

언어에서 표현들의 민감성을 유발하는 극성에는 비단 부정과 긍정만 있는 것은 아니다. 예를 들어 시제 중에는 발화가 일어나는 시점을 기준으로 하는 절대 시제(absolute tense)와 문장 중에 제시된 다른 시간적 표현을 기준으로 하는 상대 시제(relative tense)가 있다. 이와 관련하여 in an hour라는 시간을 나타내는 전치사구는 '발화시점으로부터 1시간'이라는 것을 표현하는 수식어구로 절대시제에 민감하며, 비슷한 개념인 an hour later라는 또 다른 시간 표현은 '문장 중에 제시된 어떤 시점으로부터 1시간'이라는 것을 표현하므로 상대시제에 민감한 표현이다.

(5) I am going to come back <u>in an hour</u>.

(6) I am going to the place at 11 and leave there <u>an hour later</u>.

예를 들어 (5)와 (6)이 오전 10시 30분에 발화되었다고 하자. 그럴 경우 (5)에서의 주어는 11시 30분까지 돌아오겠다는 것이지만, (6)에서의 주어는 발화 시간으로부터 한 시간 뒤가 아닌 문장 중에 나온 시간, 즉 11시로부터 한 시간 뒤에 떠나겠다는 것으로 해석된다. 이런 차이는 시제라는 개념에 두 가지 유형이 있기 때문이다. 즉 절대시제와 상대시제를 사건의 시간적 위치를 문법화하는 서로 다른 극(pole)으로 생각할 때, 시간을 구체적으로 표현하는 어구들은 각 극으로 이끌리는 극성 민감성에서 차이를 보이는 것이다.

겉으로 보기엔 전혀 다른 비타민과 정부, 언어이지만, 극성과 민감성이라는 관점에서 보면 이 셋에서 비슷한 점을 찾을 수 있다. 단 지용성인 비타민을 물에 넣으면 아무 일도 일어나지 않고, 노동자에 민감한 정부가 대기업 회장들을 만나면 떨떠름해지지만, 부정 극어를 긍정문에 쓰면 말이 안 되는 일이 벌어지는 점이 다를 뿐이다. 인간의 언어는 긍정 극어나 부정 극어를 통해 특수한 의미 효과를 체계적으로 전달할 수 있는데, 이 글에서는 긍정과 부정을 가르는 부정 극성과 이 극성에 대해 민감성을 보이는 다양한 영어 표현, 즉 부정 극어를 집중적으로 살펴보기로 한다.

1.2 극성 표현의 종류

극성 민감성을 이해하기 위해서는 무엇보다 극성 민감 표현들이 무엇인지를 아는 게 필요하다. 영어에는 다양한 종류의 긍정 극어와 부정 극어가 있는데, 우선 긍정 극어로는 다음 예문에서 이탤릭체로 표시한 *someone*, *already*, *would rather*, *just as well*, *pretty*, *far*, *some*, *somewhat* 등을 들 수 있다. 이들은 모두 부정문에서는 나타날 수 없다.

(7) a. Travis saw *someone* on the street.
    b. *Travis didn't see *someone* on the street.

(8) a. The telephone company has *already* installed the internet cable.
    b. *The telephone company hasn't *already* installed the internet cable.

(9) a. I'm tired and so I *would rather* stay home.
    b   *I'm tired and so I *would*n't *rather* stay home.

(10) a. You could *just as well* have taken the bus.
     b. *You couldn't *just as well* have taken the bus.

(11) a. My son did *pretty* well on the exam.
     b. *My son didn't do *pretty* well on the exam.

(12) a. Mary is *far* taller than her mother.
     b. *Mary isn't *far* taller than her mother.

(13) a. Steve took *some* time off.
     b. *Steve didn't take *some* time off.

(14) a. We were *somewhat* disappointed with the movie.
     b. *We weren't *somewhat* disappointed with the movie.

반면에 영어에는 부정 극성에 민감한 부정 극어도 많이 있다. 이를 몇 가지 유형별로 나누면 다음과 같다.

(15) 양화사로 쓰이는 부정 극어
     any, much, many

(16) 동사로 쓰이는 부정 극어
mind, matter, fathom, bother to, can help, last long, last long, take long, be long, to speak of

(17) 부사적으로 쓰이는 부정 극어
at all, any more, yet, all that (+ adj/adv), too (+ adj/adv), the hell, in the world

(18) 양상을 나타내는 부정 극어
dare, can seem to, care to

(19) 시간을 나타내는 부정 극어
ever, in weeks, in ages, in a coon's age, in donkey's years, in the longest time, until, before

(20) 숙어화된 동사구로 쓰이는 부정 극어
budge an inch, spend a red cent, do a thing, bat an eye, lift a finger, drink a drop, touch a drop, sleep a wink, give a damn, worth a shit, move a muscle, walk a step, eat a crumb, have a thin dime

위에서 말했듯이 이런 부정 극어는 독자적으로 쓰이는 것은 아니고, 자신이 문장 중에 나올 수 있게 해 주는 다른 표현, 즉 자신의 허가자 (licensor 또는 trigger)가 있어야 한다.

(21) a. *John has been here *in weeks*.
　　 b. John has**n't** been here *in weeks*.

(22) a. *David *bothered* helping the little children.
　　 b. David did**n't** *bother* helping the little children.

(23) a. *I *can seem to* find my wallet.
    b. I *can't seem to* find my wallet.

위의 예문에서는 이탤릭체로 표시한 부정 극어가 같은 문장 중에 부정을 나타내는 n't가 있을 때에만 나올 수 있음을 알 수 있다. 물론 일반적으로 부정을 나타내는 not이나 no 등이 이들 부정 극어의 허가자가 될 수 있지만 그 밖에도 부정 극어가 나올 수 있도록 허가해 주는 허가자들이 많이 있는데 몇 가지 예를 들면 다음과 같다.

(24) 영어의 부정 극어 허가자
   1) 부정 표현: *not, no*
   2) 역경의 술어(adversatives): *doubt, lack, prevent*
   3) 부정이 포함된 동사나 형용사: *improbable, unlikely, dislike, dissatisfied, dissuade*
   4) 부정의 빈도 부사: *seldom, rarely*
   5) 부정의 정도 부사: *hardly, barely, scarcel.*
   6) 부정의 양화사: *few, little*
   7) 의문문: *yes/no* 의문문, 부정 의문문, *wh*-의문문, 부가 의문문, 종속 의문문 *the question of*
   8) 일부 종속절: if-절, when-절, 종속 whether-절, 양보의 wh-X-ever-절
   9) 일부 비교 구문: *less*-비교급, 어휘적 비교급(*prefer*), 숙어적 비교급(*would rather*), 동등 비교구문(*at least/exactly as ___ as ___*), 최상급 + *of*-phrases, 어휘적 최상급(*first, last, ultimate*), 부정적 최상급(*no more/not any more than ___, not much ___-er*)
   10) 일부 술어: *be + surprised, odd, strange, hard, tough, difficult, missing*
   11) 일부 접속어: *by the time, except, unless,* (반사실적) *before, beyond*

단일 주제만 놓고 볼 때 극성 민감성 및 부정 극어야말로 현대언어학에서 가장 고난도의 주제라고 생각할 수 있다. 겉보기엔 긍정 극어 또는

부정 극어라는 몇 안 되는 표현들의 분포와 허가 조건 등만 연구하면 되는 것처럼 듯 보이지만, 이를 제대로 다루기 위해서는 가히 이론언어학의 전분야--음운론, 형태론, 통사론, 의미론, 화용론--에 두루 정통해야 하며, 어느 하나만 알아서도 완전한 그림을 그릴 수 없다. 따라서 마치 장님이 코끼리 만지는 격이 되기 쉬운 주제가 바로 극성 민감성과 부정 극어라고 할 수 있는데, 그런 만큼 또 언어학자들이 도전해 보고 싶은 충동을 느끼는 매력적인 주제라고 할 수 있다. 특히 부정 극어는 1960년대초 생성문법의 출현과 더불어 통찰력 있는 연구가들의 집요한 공격의 대상의 되어 왔고, 현대언어학에서 명멸한 제 이론의 타당성을 시험하는 시금석이 되어 왔다. 하지만 아직도 그 실체를 완전히 공개하지 않은 신비로운 영역으로 남아 있고 지금까지 찾은 것보다 앞으로 찾아야 할 것이 더 많은 금맥이라고 할 수 있다.

이제까지 in an hour와 an hour later의 차이에 민감하지 못했던 사람들이나 yet과 already를 혼동했던 사람들은 좀더 'sense' 있는 영어를 하기 위해서라도 이런 sensitivity에 보다 'sensitive'해질 필요가 있다. 뿐만 아니라 언어학에 관심을 갖는 연구자들은 이에 대해 더욱 더 지적 감수성을 키울 필요가 있다. 이를 위해 다음 장에서는 현대언어학 초기에 극성 민감성과 부정 극어의 문제가 어떻게 연구되었는지를 굽어보고, 그 다음 장에서는 주요 문제점에 대해 기술한 후, 계속해서 주요 이론과 분석에 대해 보다 상세하게 비판적으로 따라잡도록 한다.

2. 옛날 옛적에 언어학자들이...: 초기 이론 돌아보기

제목에서 "옛날 옛적"이라고 했는데, 언어학에서 극성 민감성과 부정 극어에 대해 본격적으로 논의가 시작된 것은 1960년대 중반이라고 할 수 있다. 보통 사람들의 시간 개념으로는 아주 최근일 수도 있지만, 1년 사이에도 이론이 몇 차례 바뀔 수 있는 현대언어학의 시간 개념으로는 아주 오래 전의 일이라고 할 수 있다. 이 장에서는 현대언어학의 요람기라 할 수 있는 60년대 중반부터 70년대 중반까지 극성 민감성 및 부정 극어에 대한 Klima, Jackendoff, Baker 등의 분석을 잠시 살펴보기로 한다.

2.1 Klima

우선 책장에서 먼지를 고이 뒤집어쓰고 있는, Fodor and Katz라는 거인들이 1964년에 편집한 *The Structure of Language: Readings in the Philosophy of Language*라는 책의 246~323쪽을 보면 Klima의 Negation in English이라는 논문이 있다. 이 글에서 Klima는 영어의 부정문은 기본적으로 긍정문과 거의 같은 심층구조를 공유하며 이 구조에 부정 변형 규칙이 적용되어 나온다는 고전적인 통사 분석을 제시하고 있는데, 그 중 우리의 관심을 끄는 것이 some과 any에 대한 분석이다. 그에 의하면 이 두 표현은 모두 수나 양을 나타내는 양화사로서, some은 긍정 극성에 민감하고, any는 부정 극성에 민감하다는 차이만 있을 뿐 모두 정해지지 않는 개체를 가리킨다는 점에서 의미상으로 큰 차이가 없다. 따라서 당시 변형문법의 이론에 의하면 의미상 같은 표현은 심층구조를 공유하기 때문에 이들은 모두 심층구조에서 [+Indeterminate]이라는 자질(feature)을 가진 추상적인 양화사로 설정된다. 다만 이 추상적인 양화사에 아무런 변형 규칙이 적용되지 않으면 some으로 결정되고, 반대로 여기에 Indefinite Incorporation이라는 변형 규칙이 적용되면 표면구조에서는 any라는 모습으로 실현된다. any를 포함한 문장을 도출하기 위해서는 some과 같은 심층구조에 변형 규칙이 적용되도록 [+Affective]라는 추상적 의미 자질을 설정해야 한다고 한다. 모든 긍정문이 다 변형 규칙에 의해 부정문이 되게 할 수는 없으므로, 부정문이 되려면 원래 심층구조에서부터 별도의 의미 자질이 필요하다는 것이다. 이는 마치 Push the button과 같은 명령문은 You push the button과 같은 평서문의 심층구조에서 출발하되, 명령형을 위한 주어 You를 삭제할 변형 규칙을 촉발하는 Imp와 같은 추상적 요소를 설정하는 것과 유사한 아이디어라고 할 수 있다.

그러나 Imp가 그랬듯이 Klima가 "문법-의미론적 자질(grammatico-semantic feature)"이라고 하는 [+Affective]란 추상적인 장치를 별다른 증거도 없이 사용할 수 있는지 지금의 관점으로 보면 잘 이해가 안 되지만, 1960년대만 해도 획기적이고도 "과학적인" 아이디어로 받아들여진 것이다. 다만 부정문이 긍정문과 기본적으로 동일한 심층구조에서 변형되어 나와야 할 이유가 없고, any는 some에서는 볼 수 없는 다른 의미가 있다는 점, 그리고 많은 극어는 some-any처럼 항상 짝을 지어 나타나지는 않는다는 점, 때때로 다른 조건이 충족되면 극어가 상반된 허가 맥락에서 나올 수 있다는 점 등은 Klima의 분석의 한계로 생각되는데 이는 다음 Jackendoff의 분석을 검토할 때 다시 언급하겠다.

2.2 Jackendoff

통사론에서 가능한 한 추상적인 심층구조를 설정하고 이로부터 표면구조를 도출하는 데 있어 변형 규칙에 큰 역할을 부여하는 생성의미론(Generative Semantics) 진영에 속한 Klima와는 달리, 변형 규칙의 역할을 축소하여 심층구조로부터 표면구조로의 도출 과정을 최소화하되 잘못 생성된 문장은 표면구조에서 걸러내는 통사론을 발전시킨 이른바 해석의미론(Interpretive Semantics)에 속한 Jackendoff는 해석의미론자답게 극성 민감성과 부정 극어를 변형 규칙이 아닌 해석 규칙(interpretive rule)으로 다루고 있다. 예를 들어 John has talked to any of the students라든지 John hasn't already talked to some of the students와 같은 문장이 비문인 이유는 심층구조에 변형 규칙이 잘못 적용되어서가 아니라, 이들 문장이 해석 규칙을 위배하였기 때문이라고 한다. Jackendoff의 분석에 의하면

some이나 any와 같은 비한정적 극성 민감어는 일단 [+Indeterminate]라는 자질을 갖는데 이 중에서 some은 [+X]라는 자질을 갖고 any는 정반대로 [-X]라는 자질을 갖는다. 그리고는 각기 적절한 통사 규칙에 의해 문장이 도출된 후 의미 해석 단계에서 문장의 의미 표상(semantic representation)에 다음과 같은 해석 규칙이 적용된다.

(25) [+Indeterminate] → [-X] in construction with Affective; [+X] elsewhere.

만약 Affective가 있는 문장에서 [+X], 즉 some같은 긍정 극어가 나오면 위의 해석 규칙에 어긋나기 때문에 그 문장은 잘못된 문장으로 걸러지게 되고, [-X]인 부정 극어가 있으면 해석 규칙에 부합하기 때문에 좋은 문장이 된다.

얼핏 보면 Klima와 Jackendoff는 변형 규칙과 해석 규칙이라는 상이한 성질의 규칙으로 극성 민감어를 다루고 있기 때문에 전혀 다른 분석으로 보이지만, 둘 다 모두 Affective라는 요소를 인정하고 부정 극어와 이 요소 사이의 연결 관계로 극성 현상을 접근한다는 점에서 공통점이 있다고 하겠다. 따라서 이 두 분석의 공통적인 문제점은 Affective라는 추상적 요소가 자의적이지 않도록 별도의 동기를 제시하지 못하고 있다는 점이며, some과 any 이외의 다양한 극어 표현을 일반적으로 설명할 수 있는 보다 폭넓은 장치가 필요하다는 점을 들 수 있다. some-any, already-yet, too-either 등은 긍정과 부정의 양 극에 각기 민감한 극어의 쌍인데, 이렇게 긍정 극어와 그것의 짝인 부정 극어를 모은 것을 '쌍대(dual)'라고 한다. 언어에는 이처럼 긍정과 부정의 쌍대가 정해져 있는 것도 있지만 그렇지 않은 극어들도 많이 있다. 예를 들어 budge an inch와 같은 표현은 부정 극어인데, 이것과 쌍대인 긍정 극어는 생각하기 어렵다. 따라서 부정은 특별한 조건하에 긍정에서 출발한다는 Klima식의 분석이나 긍정 극어와 부정 극어는 같은 자질에 대해 상반되는 값을 취한다는 Jackendoff

식의 분석에서는 budge an inch처럼 쌍대를 이루지 못하는 부정 극어는 어떻게 처리되는지 알 수 없다. 이울러 부정에는 모순적 대립(contradictory opposition)의 부정과 대조적 대립(contrary opposition)의 부정이 있는데 [+Affective]를 설정하는 Klima의 분석은 부정의 이런 차이를 잘 구별하지 못하는 문제점을 갖는다. 뿐만 아니라 이들의 분석은 명시적인 부정이 아닌 경우에도 부정 극어가 허가되는 경우는 다루지 않고 있고, 다양한 부정 극어의 행태를 꿰뚫는 원리를 제시하지 못하고 있으며, 무엇보다 부정 극어와 긍정 극어의 의미적, 화용적 특성에 대해 아무런 설명을 하지 못하고 있다.

2.3 Baker

극성 민감어에 대한 통사적 분석의 한계를 제한적으로나마 인식한 첫 번째 연구라 할 수 있는 Baker의 1970년 연구는 부정 극어를 포함하는 문장의 의미 표상에 적형성 조건(well-formedness condition)을 다음과 같이 제안한다.

(26) 부정 극어는 부정의 영역 안에 있는 구조에서 적절하고, 긍정 극어는 그 밖의 구조에서 적절하다.

이것은 만약 어느 문장의 의미 표상에서 부정 극어가 구조상 부정의 영역 안에 있으면 그 문장은 의미상으로 적형인 문장이고 긍정 극어는 그 밖의 경우에 있으면 적형 문장으로 간주하라는 매우 일반적인 규칙인데, 문제는 다음과 같은 문장의 의미 표상에서는 긍정 극어인 would rather라든지 still이 부정(n't)의 영역 안에 있음에도 불구하고 의미상 적형문이라는 점이다.

(27) There isn't anyone in this camp who *would*n't *rather* be in Montpelier.

(28) You can't convince me that someone isn't *still* holed up in that cave.

따라서 이런 이중 부정 구문에서 긍정 극어의 사용을 허가하기 위해서 Baker는 (26)번 조건에 다음 조항을 추가한다.

(29) 어떤 의미 표상 P1과 P2가 다음과 같을 때
   (A) $P_1 = X_1 + Y + Z_1$ and $P_2 = X_2 + Y + Z_2$
   (B) P_1 entails P_2;
   P_2의 Y에 적절한 어휘 표상은 P_1의 Y에도 적절하다.

이 조항에서 'entail'이란 논리적 함의를 말하는데 "P_1 entails P_2"이란 'P_1이 참이면 P_2도 참'인 경우를 말한다. 이 조항이 부정 극어의 분석에 어떻게 적용되는지를 알기 위해 위에 제시된 (28)의 예를 보자. 완전하지는 않지만 우선 (28)의 의미 표상을 다음 (30)에서와 같이 P_1으로 표시하고, 이와 관련이 있는 P_2를 다음과 같이 설정한다.

(30) P_1 = You can't convince me that someone isn't + still + holed up in that cave.

   P_2 = You can convince me that someone is + still + holed up in that cave.

still은 X_1 Y Z_1와 X_2 Y Z_2에서 공통적인 부분, 즉 Y에 해당하는데, 이때 이중부정문인 P_1이 참이면 긍정문인 P_2도 참이므로 P_1은 P_2를 함의한다. 따라서 긍정 극어 still이 P_2에서 적절하다면, 비록 P_1에서는 still이 부정의 영역 안에 있지만 P_1이 P_2를 함의하기 때문에 P_1에서도 적절한 표현이 되어 전체 문장이 적형문이 된다는 것이다.

이처럼 이중 부정에 대한 Baker의 논문은 "긍정 극성(positive polarity)"

과 "부정 극성(negative polarity)"이라는 용어를 처음으로 사용한 연구로서 극어가 등장하는 환경은 엄격하게 통사적으로 국부적(local)인 환경일 필요가 없다는 것을 발견했다는 점에서 주목할 만하다. 즉 긍정 극어는 그 문장 안에 부정의 요소가 없어야 한다는 식의 국부적 조건만을 고수한다면 위의 (27)-(28)과 같은 예는 설명하기 어려울 것이다. 대신 Baker는 극어의 분포가 한 문장 안의 (추상적인) 연산자나 극성전환규칙만으로는 설명되지 않는다는 점을 지적하고 있다. 극성 현상에 대한 보다 개념화된 분석에도 불구하고 Baker의 연구가 지니는 근본적인 한계점은 부정 극어와 긍정 극어에 대한 일반적 정의를 내리지 못했다는 점과 의미표상의 적형성 조건에서 "...안에서 구조를 같이 하는 (in structures within...)" 및 "함의(entail)"의 개념을 보다 명확히 할 필요가 있다는 점을 들 수 있으며, 이중 부정이 아닌 경우까지 적용할 수 있는 보다 일반적인 원리의 필요성을 간과했다는 점이다.

3. 무엇이 문제인가?: 주요 연구 과제

1980년대에 들어오면서 언어학의 제분야가 발전을 거듭하면서 언어 현상을 연구하는 데 있어 새로운 시각과 도구를 갖추게 됨에 따라 극성 민감성과 부정 극어에 대한 연구도 비약적으로 발전하게 된다. 그 결과 무엇이 시급하게 풀어야 할 문제인지 그 윤곽이 드러나기 시작하는데, 2장에서 본 극성 민감성 및 부정 극어에 대한 초기 연구를 거울삼아 극성 민감성 및 부정 극어와 관련해서 우리가 우선적으로 밝혀야 할 문제를 정리하면 다음과 같다.

3.1 극어의 문제

어떤 표현들이 극성 민감어 또는 극어가 되는가? 왜 어떤 요소는 극성에 민감하며 다른 요소는 민감하지 않은가? 극어는 공통점을 찾아 볼 수 없는, 우연히 극성 민감성을 보이는 표현들의 집합인가 아니면 겉으로는 다르게 보여도 뭔가 내면적으로는 공통점을 갖고 있는 표현들의 집합인가? 비타민의 경우와 비교해 보자. 유기용매에 잘 녹는 지용성 비타민인 비타민 A, D, E, F, K와 물에만 녹는 수용성 비타민인 비타민 B1, B2, B12, C, P 등과 화학적 조성이 다르다. 즉 탄소, 수소, 산소로만 구성되어 있는 지용성 비타민과는 달리 수용성 비타민은 탄소, 수소, 산소에 추가하여 질소나 황과 코발트 등을 함유하기 때문에 이런 내적인 조성의 차이가 극성 민감성에 차이를 가져온다고 한다. 마찬가지로 극성 민감어는 그들 나름대로의 다른 속성이 있기 때문에 극성에서 차이를 보이는 것으로 일단 생각할 수 있다. 다만 그것이 통사적 속성인지, 의미적 속성인지, 아니면 그것들을 사용하는 화용적 책략의 일부인지는 아직 확실치 않다. 이와 관련해서 긍정 극어나 부정 극어는 어떤 동기에서 사용되는지, 예를 들어 다음 문장들은 각기 어떤 차이가 있는지에 대해서도 관심을 가질 수 있다.

(31) He didn't pay attention to the news.

(32) He didn't pay any attention to the news.

(33) He didn't pay attention to the news at all.

(34) He didn't give a damn about the news.

2장에서 본 초기 연구에서 부정 극어는 Affective인 맥락에서 나올 수 있는 표현이라고 했지만, Affective가 가리키는 것이 무엇인지 확실치 않기 때문에 부정 극어의 실상을 파헤치는 데 미흡했음을 보았다. 예를 들어 any는 some과는 달리 Affective한 맥락에서 나올 수 있는 말이라고 했는데, 이는 부정 극어로서 any가 갖는 의미적 특성을 설명했다기 보다는 any의 분포만을 추상적인 용어로 기술한 것이라고밖에 볼 수 없다. 우리는 이보다 한 걸음 더 나아가 영어에서 비슷한 양화사 all이나 every가 있음에도 불구하고 any가 또 존재하는 것은 무슨 이유인지, any는 왜 때로는 전칭양화사처럼 또 때로는 존재양화사처럼 쓰이는 것인지, 극성 민감어인 any는 극성 중립어인 all과는 달리 왜 화용적 함축을 유발할 수 있는지, 또한 부정과 관련해서 중의성을 일으키지 않는지도 밝혀야 한다. 또한 any는 필연, 당위, 확신 등을 나타내는 양상 표현들과는 왜 같이 쓸 수 없는지, 다른 의미적 영향권(scope)을 갖는 표현들과 함께 쓰일 경우 왜 any가 항상 가장 넓은 의미 영향권을 갖는지 등의 문제에 대해서 더 연구해야 한다. 현재 연구가 집중되고 있는 any뿐 아니라 다른 많은 극어들에 대해서도 쌍대로 존재하는 극성 표현과 그렇지 못한 표현들의 차이는 왜 발생하는지, 어떤 표현은 한때 부정 극어였다가 극성 중립어로 바뀌기도 하고 그 반대의 과정을 보이는 표현도 있는데 그런 변화의 이유는 무엇인지도 알아내야 한다. 마지막으로 3.5절에서 다시 자세히 언급하겠지만 영어에만 존재하는 극성어는 무엇이고, 다른 언어에는 없는 이유는 무엇인지도 흥미로운 주제이다. 이를 위해 우리는 보다 구체적으로 그리고 꼼꼼하게 극성 민감어의 형태적, 통사적, 의미적, 화용적 특성을 살펴볼 필요가 있다.

3.2. 허가자의 문제

다시 정치의 세계로 눈을 돌리면, 가끔 '진보'와 '보수'라는 양대 극성이 무엇이길래 추종자들을 그렇게 민감하게 끌리도록 하는지 의문을 가질 때가 있다. '진보' 또는 '보수'라는 이름에 포함될 수 있는 성질들은 무엇이 있는가? 어떤 사회가 이 점에서 양극화되다시피 했다면 그럴수록 무엇이 '진보'이며, 무엇이 '보수'인지 개념을 확실히 해야 할 것이다. 마찬가지로 언어에서도 부정 극어나 긍정 극어를 극성에 민감하게 만들어 주는 허가자들은 대체 어떤 표현들인가? 긍정 극어는 단지 부정 극어가 아닌 맥락에서만 나오는가? 1장의 (24)에서 본 것처럼 다양한 부정 극어의 허가자들은 서로 공통점을 찾을 수 없는 목록에 불과한가? 아니면 이들을 아우를 수 있는 공통적 속성이 있는가? 만약 있다면 그것은 무엇인가?

앞에서도 보았듯이 부정 극어를 허가하는 가장 대표적인 허가자는 부정인데, 자연 언어에서의 부정은 명제적 연산자로서의 논리적 부정과는 달리 전체 명제뿐 아니라 문장의 구성 성분에도 작용할 수 있다. 논리적 부정은 명제 내용을 부정하는 기술적 부정인데 영어에서의 부정은 이와는 별도로, 명제를 전달하는 방식에 대한 부정인 상위언어적 부정(metalinguistic negation)도 있고, no나 not과 같은 명시적인 부정도 있지만 doubt, lack, regret 등에서 볼 수 있는 암시적인 부정도 있으며, impossible, unreliable, disclaim 등에서 볼 수 있는 접사 부정(affixal negation)도 있는데, 이런 부정의 여러 용법은 부정 극어의 허가에 어떤 영향을 미치는지도 연구해야 할 것이다. 즉 The baroness is happy라는 긍정문에 대해 논리적 부정은 The baroness is not happy처럼 모순적 대립 관계만 보이는데, 자연언어의 부정에는 이밖에도 The baroness is unhappy처럼 원래 긍정문과 대조적 대립 관계를 보이기도 한다. 또한 자연 언어의 부정은 강세와 초점과 같은 음성학적 자원을 지닐 수 있으며, 담화에서의 기능적 차이도 보인다. 예를 들어 "No milk"라는 말은 다음과 같이 여러 가지 해석이 가능하다.

(35) "No milk"에서 부정의 기능
   1) Non-existence: There is no milk (in the bottle).
   2) Denial: That is not milk (but barley tea).
   3) Prohibition: You should not drink (my) milk.
   4) Rejection: I won't drink milk.

더 나아가 부정으로 야기되는 모순은 논리학적으로는 어느 한 쪽이 참이면 다른 한 쪽은 반드시 거짓으로서 받아들일 수 없지만, 심리학적으로는 가능한 경우도 있어서 논리와 심리가 교차하는 언어에서는 이로 인한 극성 민감성을 어떻게 처리할 것인지가 문제될 수 있다. 반어법이라고도 하는 아이러니에서 부정은 실제 강한 긍정이 될 수 있다는 점도 지적할 수 있다. 부정은 부정 극어 연구에 핵심이 되는 부분이기 때문에 부정 극어를 제대로 설명하기 위해서는 이처럼 다양한 부정의 용법과 형식을 충분히 고려해야 할 것이다.

3.3. 극어와 허가자 사이의 관계 문제

극어와 허가자 각각에 대한 이해가 어느 정도 이루어졌다면 우리는 이들 사이의 관계에 주목한다. 허가자와 극어는 어떤 관계에 있는가? 이 관계는 기본적으로 구조적, 통사적 관계인가? 그렇다면 표면구조 상의 문제인가 LF나 심층구조적 문제인가? 아니면 국부적인 통사 구조만으로는 포착할 수 없는 의미적 관계인가? 의미적 관계라면 의미 영향권으로 다룰 것인가 아니면 다른 개념이 필요한가? 극어와 허가자를 둘러싼 다른 화용적 요인도 작용하는가? 허가자와 극어 외에 다른 제3의 요소도 이들 관계에 영향을 주지는 않는가? 예를 들어 다음 예문을 볼 때 부정 극어인 anybody는 허가자인 few women이 있다고 해서 무조건 허가되는 것이 아님을 알 수 있다.

(36) Few women met a man who liked *anybody*.

(37) *Few women met the man who liked *anybody*.

(38) *Few women met both men who liked *anybody*.

위의 예문의 문법성 차이는 결국 허가자와 부정 극어 사이에 온 a man/the man/both man 때문에 비롯되었다고밖에 볼 수 없다. 그런데 이 점은 통사론에서 Fiengo and Higginbotham(1981)이 제안한 특정성 제약(Specificity Constraint)과 매우 유사하다. 특정성 제약은 Who did you see pictures of?같은 문장은 정문인데 Who did you see the pictures of?같은 문장은 비문인 것을 설명하기 위해 제안된 것으로 the pictures와 같은 한정적인(definite) 명사구가 있을 경우 의문사 이동이 일어날 수 없다는 것인데, 위의 예에서도 부정 극어와 그 허가자를 연결할 때 중간에 한정적인 표현이 간섭하면 안 된다는 점에서 비슷하다. Zwarts(1995)는 이에 대해 (36)-(38)에서 anybody에 대한 잠재적인 허가자인 few women은 자신과 부정 극어 사이에 어떤 종류의 말이 끼어드는가에 따라 허가를 할 수 있는지가 결정된다고 본다. (36)에서는 이 글의 4.1절에서 자세히 다루고 있는 상향 함의적인 a man이 끼어들어 문법적인 문장이 된 반면, (37)과 (38)에서는 상향 함의적이지 않은 the man 또는 both men이 끼어들어 좋지 않은 문장이 되었다는 것이다. 이런 예문들로부터 Zwarts는 부정극어는 단순히 자신을 성분 통어(c-command)하는 허가자의 영역 안에 있으면 나타날 수 있다고 생각해서는 안 되며, 더 나아가 (36)에서 anybody를 허가한 것은, 4.1절에서도 보겠지만, few women 자체의 하향 함의성 때문이 아니라 anybody를 제외한 부분, 즉 few women met a man who liked 전체가 하향 함의성을 띠기 때문이라고 주장한다. 이런 복합 표현의 상향/하향 함의성은 다음과 같이 결정된다.

X, Y, Z가 집합이고 X에서 Y로의 함수 f와 Y에서 Z로의 함수 g가 있다고 할 때
(a) f가 상향 함의적이고 g가 하향 함의적이면 g∘f는 하향 함의적이며,
(b) f가 하향 함의적이고 g가 상향 함의적이면 g∘f는 하향 함의적이며,
(c) f가 상향 함의적이고 g가 상향 함의적이면 g∘f는 상향 함의적이며,
(d) f가 하향 함의적이고 g가 하향 함의적이면 g∘f는 상향 함의적이다.

따라서 문장의 통사 구조상 함수적 결합(function composition)과 의미의 결합에서 차이가 있을 수 있는데, 이런 경우는 위에 제시된 메카니즘에 따라 부정 극어를 제외한 표현의 함의 유형을 계산하여 그것이 하향 함의로 결정될 때에만 부정 극어가 가능하다고 보고 있다. 따라서 이런 간섭 효과는 의미적인 면과 구조적인 면이 동시에 고려되어야 함을 시사하며 어떤 이론적 틀 속에서 부정 극어를 연구하든 누구나 풀어야 할 과제이다. 그런데 문제는 다음 예문들을 보면 위의 함수 합성 방식에 의거하여 a man처럼 비한정적인 명사구가 문장에 나올 경우에는 부정 극어가 허가자와 결합할 수 있다고 단언할 수는 없다는 점이다.

(39) ??A man who liked anyone was kissed by few women.

(40) The man who liked anyone was kissed by few women.

(41) *Both men who liked anyone were kissed by few women.

(42) *Every man who liked anyone was kissed by few women.

마지막으로 부정 극어와 허가자의 유형에 대해 주목할 필요가 있다. 모든 부정 극어가 모든 허가자에게 허가를 받아 문장 어디든 나올 수 있는 것이 아니다. 예를 들어 다음 문장에서 any는 few나 no, not에 의해 모두 허가를 받지만 lift a finger는 no와 not을 제외한 few에 의해 허가를

받지 못하며, a bit은 오직 not에 의해서만 허가를 받는다.

(43) a. Few students ate any fruit.
　　 b. No students ate any fruit.
　　 c. The students didn't eat any fruit.

(44) a. *Few golfers lifted a finger to help him.
　　 b. No golfers lifted a finger to help him.
　　 c. The golfers didn't lift a finger to help him.

(45) a. *Few doctors were a bit sorry about the result.
　　 b. *No doctors were a bit sorry about the result.
　　 c. The doctor wasn't a bit sorry about the result.

이에 대해 Zwarts(1995)는 부정 극어를 허가하는 표현의 함수적 속성에 따라 부정 극어의 강도(strength)가 달라진다고 보고, 이에 따라 부정 극어를 약한 부정 극어(weak NPIs), 강한 부정 극어(strong NPIs), 초강 부정 극어(superstrong NPIs)로 세분하고 있다.

(46) 부정 극어의 유형
　　 1) 약한 부정 극어: 단조 감소적 허가자에게 허가받는 부정 극어
　　　　 English: any, ever, cared to
　　　　 Dutch: hoeven 'need'
　　　　 German: brauchen 'need'
　　 2) 강한 부정 극어: 반부가적 허가자에게 허가받는 부정 극어
　　　　 English: lift a finger, bat an eyelash, anything at all
　　　　 Dutch: ook maar iets 'anything (at all)'
　　　　 German: auch nur irgendwas 'anything (at all)'

3) 초강 부정 극어: 반형태적 허가자에게 허가받는 부정 극어
English: a bit, either
Korean: amwuto 'anybody', NP-pakkey 'anyone but NP'
Japanese: daremo 'anybody', NP-sika 'anyone but NP'

위의 정의에서 허가자의 함수적 성격을 나타내는 개념들은 다음과 같이 정의된다.

(47) 허가 함수
1) 단조 감소적 함수
$f \in [A \to B]$ is monotone decreasing iff
for all x, y $\in$ A, if x $\subseteq$ y then f(y) $\subseteq$ f(x)
2) 반부가적 함수
$f \in [A \to B]$ is anti-additive iff
for all x, y $\in$ A, f(x$\vee$y) = f(x)$\wedge$f(y)
3) 반배증적 함수
$f \in [A \to B]$ is anti-multiplicative iff
for all x, y $\in$ A, f(x$\wedge$y) = f(x)$\vee$f(y)
4) 반형태적 함수
$f \in [A \to B]$ is anti-morphic iff
f is anti-additive and anti-multiplicative

예를 들어 영어의 fewer than four는 다음 (48)에서 보듯이 단조 감소적 표현이기 때문에 약한 부정 극어만 허가할 수 있는 반면, no는 (49)에서 보듯이 반부가적 표현이기 때문에 초강 부정 극어를 제외한 약한 부정 극어와 강한 부정 극어를 허가할 수 있고, it is not the case는 반형태적 표현이기 때문에 모든 종류의 부정 극어를 허가할 수 있다.

(48) fewer than four
    a. Fewer than four students run → Fewer than four students run fast
    b. Fewer than four students run or sleep
        ≠ Fewer than four students run and fewer than four students sleep.
    c. Fewer than four students run and cry
        ≠ Fewer than four students run or fewer than four students sleep

(49) no
    a. No child runs → No child runs fast
    b. No child runs or sleeps = No child runs and no child sleeps
    c. No child runs and cries ≠ No child runs or no child cries

(50) it is not the case
    a. It is not the case that Amy smokes (i.e., Amy doesn't smoke)
        → It is not the case that Amy smokes heavily
    b. It is not the case that Amy smokes or gambles
        = It is not the case that Amy smokes and it is not the case that Amy gambles
    c. It is not the case that Amy smokes and gambles
        = It is not the case that Amy smokes or it is not the case that Amy gambles

따라서 no와 not은 서로 다른 종류의 허가자인데, 그렇다면 예를 들어 Not a single student와 No student는 다른 종류의 허가자인가? 앞에서 본 접사 부정(affixal negation)에 의한 허가 표현들은 어떤 종류의 허가자인가? 이 구별은 언어들 사이에서 보편적인 것인가 아니면 언어마다 다르게 정해지는가? 이 세 가지 유형적 구별은 부정 극어의 종류별 허가 이외에 다른 용도는 없는가? 이런 문제들에 대해서도 정밀한 연구가 필요하다고 하겠다.

3.4 이론적 설명의 문제

극성 민감성 및 부정 극어에 대한 분석이 최소한의 타당성을 갖추기 위해서는 어떤 점들이 필수적으로 충족되어야 하는가? 더 나아가 이들 분석 중에서 가장 타당한 분석은 무엇이며 이를 평가하는 기준은 무엇인가? 단순히 관찰적이거나 기술적인 타당성에 머무르지 않고 인간의 언어 능력에 가장 근접한 설명을 하기 위해서는 어떤 이론을 택해야 하는가? 그 이론에서 극성 민감성이나 부정 극어 이외의 다른 현상을 설명할 때에 비해 추가적인 비용을 들여야 한다면 이를 최소한으로 지불할 수 있는가? 널리 통용되는 기준인 간결성, 일반성, 학습가능성, 경제성 등의 기준에 비추어 효율적인 설명이라고 할 수 있는가? 극어를 잘못 사용한 문장은 통사적으로 잘못된 문장인가? 아니면 의미/화용적으로 잘못된 문장인가? 또한 극어의 처리는 언어학의 여러 부문(components) 중 어느 부문에서 주로 일어나는가?

이에 대한 답으로 여러 학자들이 제각기 의미 있는 연구 업적들을 쏟아내고 있다. 이들을 크게 분류하면 극성 민감어와 부정 극어의 통사적 구조에 우선을 두는 연구와 의미적 요인에 초점을 맞추는 연구, 극어와 허가자의 어휘의미적 속성에 주목하는 연구로 나눌 수 있다. 다음 4장에서 더 자세히 보겠지만 일단 중요한 용어들만 일별하면, Progovac(1994)는 극성 민감어의 문법적 정형 구조(configuration)에 주목하여 기존 통사론의 결속 이론(Binding Theory)의 원리로써 극어의 분포를 설명하려고 하며, Linebarger(1987) 역시 통사적 개념인 "직접 영향권(Immediate Scope)"을 일차적으로 사용하되 보조적으로 의미화용적 개념인 "부정 함축(Negative Implicature)"을 함께 사용하는 통합적 분석을 제안하고 있다. 반면에 부정 극어를 허가해 주는 의미 요인에 대해 Ladusaw(1979, 1980)는 Fauconnier(1975)의 "화용적 등급(pragmatic scale)과 등급 역전(scale reversal)"에서 유래한 "하향 함의(downward-entailment)"라는 개념을 제시한 반면, Heim(1984)은 이를 수정하여 "제한된 하향 함의(limited downward entailment)"를 사용하고 있으며, Krifka(1991)는 형식의미론의 테두리에서 "대안적 표현(alternatives)"을, Hoeksema(1986)는 진리조건적인 "단조감소성(monotonicity)"이라는 개념을 사용하고 있다. 마지막으로 Israel(1996)은 극어 표현이 갖는 "q-value와 i-value"를 이용한 어휘의미적 분석을 제시하고 있고, Zwarts(1993)와 Giannakidou(1998)는 각 극성 표현들과 관련된 "비진언성"의 개념을, von Fintel(1999)은 "Strawson-함의와 맥락 의존성"을 허가자의 핵심적 요건으로 각각 제시하고 있다. 이들 가운데 대표적인 연구들은 4장에서 다시 살펴 보도록 한다.

3.5 언어 보편성의 문제

모든 언어는 극성 민감성을 보일 것이라고 가정할 때, 극성 민감성이 이처럼 언어 보편소가 되는 이유는 무엇인가? 민감성은 언어마다 차이가 있는가? 있다면 어느 정도까지, 또한 어떤 방식으로 차이가 있는가? 다시 말해 극성 민감성과 부정이 보편문법(Universal Grammar)의 일부라면 극성 민감어 및 부정 극어도 모든 자연 언어에 공통적으로 적용될 수 있는 보편적 원리로써 설명할 수 있는가? 그렇다면 개별언어적 차이는 어느 정도까지 특수한 장치들로 설명해야 하는가? 이런 주제는 극성 민감성과 부정 극어를 연구하는 모든 연구자들에게 매력적인 동시에 엄청난 도전이라고 할 수 있다. 예를 들어 Giannakidou(1998, 1999)는 극성 민감성에 있어 거대 담론을 펼치면서 영어와 그리스어의 유사점과 차이점에 대해 자세히 언급하고 있고, Progovac(1994)는 주로 Serbian/Croatian과 영어의 부정 극어에 대해 비교하고 있다. 그런데 이 문제는 3.4절에서 언급한 것처럼 극어를 기술할 때 어떤 이론을 선택하는가와 무관하지 않다. 만약 극성 민감성은 기본적으로 통사 구조로 설명할 수 있는 것이라고 믿는다면 그는 이를 보편문법의 일부로 생각하고 각 언어에서 볼 수 있는 세부적 차이는 보편문법에 대한 매개변수(parameter)의 차이로 규정할 것이다. 반면에 극성 민감성은 기본적으로 요소들 간의 의미 속성과 그 상호작용에 기인하는 것이라고 본다면 보편적인 의미적 원리를 설정하고, 개별 언어에서 볼 수 있는 차이점은 그 언어의 어휘구조의 차이나 구체적 맥락에서 언어사용자들의 맥락의존적 용법이 관습화한 결과로 보려고 할 것이다. 따라서 극성 민감성의 문제만 본다면 언어의 극성은 비타민의 극성보다 훨씬 더 복잡하고 어려운 고차원적인 문제이며 단순한 실험과 관찰, 이론화만으로는 해결될 수 없는 인간의 사고와 언어에 대한 심층적 이해가 요구된다고 할 수 있다.

4. 이론과 분석: 최근 연구 따라잡기

1960년대 중반에 이론적 맹아를 틔운 극성 민감성 및 부정 극어에 대한 연구는 1980년대초부터 급격한 발전을 거듭하게 된다. 이 시기는 현대언어학에서 거의 독점적 지위를 누리던 통사론의 상대적 영향력 감소와 문법 기술에서 의미에 대한 고찰이 필수적임을 인식하게 된 시기하고 할 수 있다. 이때부터 최근까지 약 20여년 간 중요한 연구들을 살펴보도록 하자.

4.1 하향 함의 이론: Ladusaw

그의 1979년 박사 학위 논문을 정리한 Ladusaw(1980)의 연구는 Polarity Sensitivity as Inherent Scope Relations라는 제목에서 알 수 있듯이 극성 민감성을 일정한 표현들이 갖는 의미적 영향권(scope)의 관계로 처리하고 있다. 그의 기본 아이디어는 부정 극어를 설명하기 위해서는 문장의 구조, 변형 규칙 등에 의존하는 통사적 접근만으로는 한계가 있으며, 극성 민감성을 갖는 표현들의 논리-의미적 속성에 주목해야 한다는 것이다. 그 점에서는 2장에서 본 Baker(1970)와 유사하다고 볼 수 있지만, Baker와 달리 부정 극어는 하향 함의적(downward entailing) 연산자의 의미 영역 안에서 나올 수 있다고 주장한다. 그렇다면 하향 함의적 연산자란 무엇인가? '하향 함의'(downward entailment)를 알기 위해서는 우선 '함의'(entailment)와 '상향 함의'(upward entailment)를 이해해야 한다. 2.3절에서도 잠시 보았지만 함의를 다시 정의하면 다음과 같다.

(51) 함의
어떤 표현 A가 참일 때 다른 표현 B도 반드시 참이면 A는 B를 함의한다,

예를 들어 John sang an old song at the party가 참이면 John sang a song at the party는 반드시 참이다. 따라서 John sang an old song at the party라는 문장은 John sang a song at the party를 함의한다. 물론 그 역은 성립하지 않으므로 John sang a song at the party는 John sang an old song at the party를 함의하지 않는다. 아직 확실치 않은 사람들을 위해 또 다른 예를 보자. Mary Kim and Jane Lee are biology majors는 Mary Kim is a biology major란 문장을 함의한다. 그 이유는 앞의 문장이 참이면 뒤 문장은 반드시 참이기 때문이다. 함의를 정의할 때 '참', '반드시' 같은 용어를 사용한 것으로 알 수 있지만 함의는 누가, 언제, 어디서 말하든 상관없는 논리적 개념이다.

함의에 대해 이해가 되었다면 상향 함의와 하향 함의는 쉽게 이해할 수 있다. 하향 함의는 일단 함의 관계에 있는 표현들에 제3의 표현이 같은 조건으로 결합되어 각기 더 큰 표현들이 되었을 때 그 결과 표현들 사이의 함의가 원래 표현들 사이의 함의와 반대의 방향으로 바뀌는 경우를 말한다. 이와 달리 상향 함의는 더 큰 표현이 되어도 원래 부분을 이루는 표현들 사이의 함의 관계를 그대로 유지하는 것을 말한다. 이를 정

의하면 다음과 같다.

(52) 상향 함의와 하향 함의
   1) 상향 함의
      어떤 표현 A가 B를 함의할 때 이들 표현 A, B에 각기 X라는 표현이 적용될 경우 그 적용된 결과인 X(A)가 X(B)를 함의하면 X는 A, B에 대해 상향 함의적 연산자이다.
   2) 하향 함의
      어떤 표현 A가 B를 함의할 때 이들 표현 A, B에 각기 X라는 표현이 적용될 경우 그 적용된 결과인 X(B)가 X(A)를 함의하면 X는 A, B에 대해 하향 함의적 연산자이다.

상향 함의와 하향 함의의 개념을 보다 잘 이해하기 위해 다음 예를 보자.

(53) ran fast → ran
     A   B
     Every student in my class + ran fast → Every student in my class + ran
     X   A   X   B

위의 정의 (52)에서 A에 해당하는 ran fast는 B에 해당하는 ran을 함의한다. 이때 위 정의의 X에 해당하는 Every student in my class라는 명사구 표현을 A와 B에 각각 적용하면 그 결과인 X(A), 즉 Every student in my class ran fast 는 X(B), 즉 Every student in my class ran을 함의한다. 따라서 위의 정의대로 X, 즉 Every student in my class는 ran fast, ran에 대해 상향 함의적 연산자가 된다. 일반적으로 a, some, a lot, at least + 숫자 등의 한정 표현과 every + 명사, all + 명사, each + 명사와 같은 명사구, always, often, sometimes 등의 부사, try, expect 등의 동사는 상향 함의적 표현이다.

반면에 이번에는 X를 No students in my class로 바꿔 보면 조금 전과는 달리 함의의 방향이 바뀌게 되는 것을 알 수 있다.

  (54) ran fast → ran
     No students in my class ran fast ↛ No students in my class ran
     No students in my class ran → No students in my class ran fast

따라서 no students in my class는 하향 함의적 연산자라고 할 수 있다. 이와 같은 하향함의 개념은 Fauconnier(1975a, b)의 '함의 역전(reversing entailment)'에서 유래한 것으로 볼 수 있으며, Barwise(1980)의 '단조감소(monotone-decreasing)'와 같은 개념으로 볼 수 있다. Ladusaw(1980)는 하향 함의라는 개념으로 부정 극어의 분포를 설명하는 원리를 다음과 같이 제안한다.

  (55) 부정극어는 자신을 허가하는 하향함의적 표현의 영향권 안에 나타나야 한다. 만약 이 허가자가 부정 극어와 같은 절 안에 오게 되면 허가자는 부정극어를 반드시 선행해야 한다.

하향 함의적 연산자에는 not, no, at most + 숫자, each, all, every 등의 한정사와 no + 명사, at most + 숫자 + 명사 등의 명사구, never, rarely, seldom, hardly ever 등의 부사, fail (to) 등의 동사 등이 있는데 부정 극어는 이런 하향 함의적 연산자의 의미 영역 안에 있어야 하며, 동시에 통사적으로 허가자보다 후행해야 한다는 것이다. 다음과 같은 부정극어가 나오는 문장을 Ladusaw는 어떻게 설명하는지 살펴보자.

  (56) a. At most three students who had *ever* read *anything* about semantics attended the lecture.
      b. *At least three students who had *ever* read *anything* about semantics attended the lecture.

(57) a. Every student who had *ever* read *anything* on semantics attended the lecture.
   b. *Some students who had *ever* read *anything* on semantics attended the lecture.

(58) a. *Every student who attended the lecture had *ever* read *anything* about semantics.
   b. *Some students who attended the lecture had *ever* read *anything* about semantics.

우선 (56a)는 정문이지만 (56b)는 비문인 이유는 부정 극어인 ever나 anything이 (56a)에서는 하향 함의적 표현인 at most three의 의미적 영향권 안에 있지만, (56b)에서는 상향 함의적 연산자인 at least three의 영향권 안에 있기 때문이다. 마찬가지로 (57a)에서 every는 하향함의 한정사이므로 그것의 의미 영향권인 명사구 안에 있는 부정 극어를 허가하지만, some은 상향 함의 한정사이므로 그렇지 못하다. (58)에서 every student와 some student로 시작하는 명사구는 모두 상향 함의적 표현이므로 그것의 의미 영향권인 동사구안에 부정극어를 허가하지 못한다. 이밖에도 Ladusaw는 문장 부사, 전치사, 접속사 등이 부정 극어를 허가하는 것을 하향 함의 속성으로 분석할 수 있음을 보여준다.

(59) a. If you have a pet, you'll not be allowed in.
   b. If you have a dog, you'll not be allowed in.
   c. If you have *any* pets, you will not be allowed in.

(59a)는 (59b)를 함의하므로 영어의 if-조건절은 하향 함의적 연산자라고 볼 수 있다. 따라서 조건절 (59c)에는 any와 같은 부정극어가 나올 수 있다. 다만 주의할 것은 if는 하향 함의적 연산자이기 때문에 다음 (60a)처

럼 부정 극어를 허가하지만, if절 자체는 하향 함의적 표현이 아니므로 (60b)처럼 부정극어를 허가할 수 없다는 점이다.

(60) a. If *anyone* ever catches on to us, we're in trouble.
   b. *If Mary spills the beans, then John will *ever* stop.

Ladusaw의 이론이 발표된 후 Linebarger(1980, 1987)나 Heim(1984)은 하향 함의 개념이 부정 극어를 설명하는 데 필요하지도 않으며 충분하지도 않다고 반론을 제기한다. 이들에 의하면 어떤 경우에는 하향 함의 허가자가 없는데도 부정 극어가 나오는 경우가 있으며 또 다른 경우에는 하향 함의의 맥락인데도 부정 극어가 나올 수 없는 경우도 있다는 것이다. 예를 들어 영어의 most는 다음 예문에서 보듯이 하향 함의적이지 않다.

(61) Most women marry in their early twenties
   ↛ Most women with academic careers marry in their early twenties.

따라서 most는 다음 문장에서 부정 극어 ever를 허가해 줄 수 없기 때문에 다음 문장은 비문이 된다.

(62) *Most students who had *ever* read anything about semantics attended the lecture.

그런데 문제는 most가 때때로 부정 극어를 허가해 주는 것처럼 보일 때가 있다는 것이다. 예를 들어 다음 예문에서 most는 하향 함의적이지 않음에도 불구하고 any가 자신의 영향권 안에 나올 수 있도록 허가하고 있다.

(63) a. Most men with *any* brains eat broccolis.
   b. Most mountaineers with *any* experience still need a guide for this tour.

이 문장 중 most를 포함하여 어느 것도 하향 함의적인 표현은 없지만 (63a, b)가 적형문이라는 사실은 Ladusaw의 하향 함의 이론에 심각한 문제점을 제기한다. 뿐만 아니라 다음 예문의 허가자들은 모두 하향 함의적 표현은 아니지만 부정 극어를 허가한다.

(64) a. Anyone can answer this question.　　[양상 조동사]
　　　b. Any cat hunts mice.　　　　　　　　[총칭 구문]
　　　c. Nobody but Paul saw anything.　　　 [비단조적 양화 표현]
　　　d. Only Paul saw anybody.　　　　　　 [only 구문]

또 한편으로 다음 예문 (65a)에서는 하향 함의적 연산자인 every restaurant의 의미 영역 안에 부정 극어인 so much as a dime이 올 수 있는데 반해 (65b)에서는 똑 같은 상황인데도 부정 극어가 올 수 없음을 지적하고 있다.

(65) a. Every restaurant that charges so much as a dime for iceberg lettuce ought to be closed down.
　　　b. ??Every restaurant that charges so much as a dime for iceberg lettuce actually has four stars in the handbook.

Ladusaw의 이론에 의하면 일단 하향 함의적인 연산자이면 부정 극어가 나올 수 있어야 하며, 다른 것은 고려할 필요가 없는데, 위 예문은 하향 함의적 연산자인 every restaurant의 의미적 영향권 밖에 위치한 술어구의 의미 내용이 부정 극어가 나올 수 있고 없음에 영향을 주는 것처럼 보인다. 즉 '그까지 형편없는 음식에 10센트나 받는 음식점은 모두 문을 닫아야 한다'는 것은 주어와 술어가 의미적으로 자연스럽게 연결되는 반면 '그까지 형편없는 음식에 10센트나 받는 음식점은 안내책자에 별 4개로 나와 있다'는 의미 관계가 자연스럽지 못하다. Heim(1984)과 Linebarger

(1980)는 이런 예문을 통해 Ladusaw의 하향 함의 이론이 문제가 있다고 주장한다. 그러나 예문 (65)는 Ladusaw의 이론에 아무런 문제점을 제기하지 않는다. 예문 (65b)가 의미상으로 이상한 것은 부정 극어인 so much as가 있어서가 아니라, 주어와 술어 사이의 의미 관계가 어색하기 때문이다. 비유적으로 영어에서 하나의 문장 안에 같은 대상을 지시하는 표현이 반복해서 나올 때 그 중 하나는 재귀대명사로 바뀐다는 이른바 재귀대명사화(Reflexivization)라는 규칙이 있다. 예를 들어 다음 문장에서 주어인 John과 목적어인 John이 같은 대상을 지시한다고 할 때 두 번째 John은 himself로 바뀐다.

(66) John$_i$ killed John$_i$ ---Reflexivization→ John killed himself.

그런데 다음 문장을 보면 (67a)는 의미상으로 자연스러운 반면, (67b)는 자연스럽지 않다.

(67) a. John killed himself because he hated himself.
　　 b. ??John killed himself because he went home early.

(67b)는 John이 자살한 이유로서는 어울리지 않는 표현이 왔는데, 그렇다고 해서 (67b)에서 재귀대명사화 규칙에 문제가 있다고 말할 수는 없다. 재귀대명사는 because와는 상관없이 조건이 맞으면 일어나는 규칙이기 때문에 재귀대명사가 (67b)의 의미적 일탈성을 초래했다고 볼 수 없다. 마찬가지로 (65b)에서 so much as a dime이란 부정 극어는 하향 함의적 연산자에 의해 제대로 나온 것이지만, 그 다음에 주어를 서술하는 술어부가 의미상으로 연관성이 없는 말이 왔기 때문에 전체 문장이 의미적으로 일탈한 문장이 된 것으로 보아야 할 것이다. 이와는 달리 실제적으로 문제가 되는 것은 Ladusaw가 하향 함의라고 본 구문 자체에서 부정 극

어가 허가되지 않는 것이다.

(68) a. *Every man who *budged an inch* was a member of the 33rd Division. [관계절]
b. *The mule sighed before it *moved an inch*. [before-절]

이들은 모두 하향 함의적 맥락이지만 부정 극어가 허가되지 않는데 이는 하향 함의만으로는 부정 극어 허가에 충분하지 않다는 것을 의미한다. Ladusaw의 이론은 하향 함의라는 단일 개념만으로써 부정 극어를 일사불란하게 설명하고 예외를 인정하지 않는다는 점에서 Linebarger(1987)의 말대로 "algorithmic"한 아름다움이 있지만, 지나치게 편협한 진리조건적 의미론의 틀을 고수함으로써 스스로를 속박하는 결과를 낳게 되었다. Linebarger(1987, 1993)는 이를 극복하기 위해 대안을 제시하고 있는데 다음 절에서 이를 살펴 보자.

4.2 통사-화용적 접근: Linebarger

Linebarger(1987, 1991)의 부정 극어 이론은 Baker(1970)의 2단계 이론과 기본적으로 같은 아이디어에서 출발한다고 볼 수 있다. 그녀는 부정 극어가 "문법과 의미의 상호 작용을 보여주는 창(window)"과 같다고 말하면서 부정 극어를 제대로 기술하기 위해서는 문법적 접근이나 의미적 접근 그 어느 한쪽만으로는 불충분하며, 둘 다 모두 고려되어야 한다고 주장한다. 즉 그녀는 부정 극어는 일차적으로 문법에서 다루되, 여기서 다룰 수 없는 것들은 문법의 영역을 벗어나 화용적인 사항을 고려해서 다루어야 한다고 생각한다. 즉 그녀는 부정 극어의 문제가 문법 기술에 화용적 제약이 통합될 필요가 있다는 것을 보여주는 사례라고 생각한다.

먼저 그녀가 전형적인 경우(paradigm case)라고 부르는 것은 문장 중에 부정을 나타내는 허가자가 나와 있는 경우이다. 이때 부정 극어는 LF에서 부정어의 직접 영향권(immediate scope) 안에 있어야 허가된다. 그런데 만약에 부정 극어가 부정의 직접 영향권 안에 있지 않다든지, 같은 문장 내에 명시적 부정어가 없는 경우에는 직접 영향권을 적용할 수 없으므로 대신 그 문장의 숨은 의미인 부정 함축(negative implicature)에 의해 허가될 수 있다고 본다. 예를 보자.

(69) George doesn't starve his cat because he loves her.

(70) John didn't budge an inch because he was pushed.

먼저 예문 (69)에서는 의미적 영향권을 가질 수 있는 부정 표현(n't)과 이유를 나타내는 because-clause가 나와 다음 두 가지 해석 사이의 중의성을 갖고 있다.

(71) a. It is not because he loves her that George starves his cat; it's because...
b. It is because he loves her that George doesn't starve his cat.

이유를 나타내는 연산자를 CAUSE로 나타내고, 부정을 NOT으로 나타내어 이 두 가지 해석의 LF 표상을 필요한 부분만 그리면 다음과 같다.

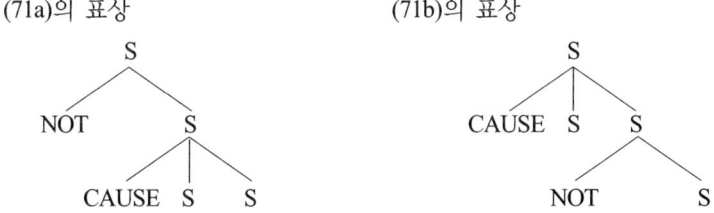

(71a)에서는 부정(NOT)이 이유(CAUSE)보다 넓은 영향권을 갖고 있는 반면, (71b)에서는 부정은 이유보다 좁은 영향권을 갖고 있다. 그런데 문제는 부정 극어인 budge an inch를 포함하는 예문 (69)는 (68)과는 달리 영향권에 의한 중의성을 보이지 않으며 오직 부정이 이유보다 좁은 영향권을 갖는 해석만 가능하다. 즉 다음 (72a)는 가능하지만 (72b)는 (69)의 가능한 해석이 될 수 없다.

(72) a. CAUSE (John was pushed, NOT (John budged an inch))
b. NOT (CAUSE (John was pushed, John budged an inch)

예문 (69)가 (72b)의 해석이 불가능하다는 것은 다음과 같은 문장을 보면 알 수 있다.

(73) a. *John didn't budge an inch because he was pushed, did he?
b. *John didn't budge an inch because anyone pushed him.
c. *John didn't budge an inch because he was pushed, but because he fell.

(73)에 나온 예문들은 모두 NOT이 CAUSE보다 넓은 영향권을 갖는 문장인데 이 모두가 의미상으로 적형문이 아니기 때문에 NOT이 CAUSE보다 넓은 영향권을 가질 수 없다는 증거가 된다.

이를 토대로 Linebarger는 부정 극어는 자신을 허가하는 부정 표현에 의해 성분 통어되어야 하며, LF 표상에서 자신과 부정 연산자 사이에 다른 의미적 영향권을 갖는 연산자가 끼어들지 말아야 한다는 직접 영향권 제약(Immediate Scope Constraint)이라는 통사적 제약을 제안한다. 이 제약은 다음 문장의 비문법성을 잘 설명해준다.

(74) *Harry didn't give a red cent to every charity.

이 문장은 NOT (∀x (Harry gave-a-red-cent-to x))라는 표상을 갖는데 부정 극어인 give a red cent와 허가자인 NOT 사이에 전칭양화사가 개입하여 부정 극어가 NOT의 직접 영향권에 있지 않기 때문에 비문이 되었다. 또한 두 개의 양화 표현의 영향권이 두 가지 가능한 조합을 갖기 때문에 겉으로 보기엔 중의적인 예문 (75)가 실제로는 하나의 해석밖에 없는 것을 설명해준다.

(75) She didn't wear any earrings to every party.

(76) a. NOT (∃x (∀y (she wore x to y)))
       'There are no earrings that she wore to every party.'
    b. NOT (∀y (∃x (she wore x to y)))
       'It wasn't to every party that she wore any earrings.'

즉 (75)은 실제 (76a)의 해석만 가능하고 (76b)는 불가능한데, 그 이유는 (76a)에서만 부정의 연산자가 여기서는 부정의 연산자 안에서 존재양화사(∃x)로 표시된 부정 극어 any를 자신의 직접 영향권에 두기 때문이다. 그런데 이 직접 영향권 제약은 다음과 같은 경우에 문제를 보인다.

(77) I didn't help him because I sympathize with urban guerrillas.

(78) I didn't help him because I have any sympathy for urban guerrillas.

NOT과 CAUSE의 영향권의 상대적 크기에 따라 두 가지 해석이 가능한 (77)과는 달리, 부정 극어를 포함한 (78)은 NOT (CAUSE (ANY))의 표상만 가능하여 '나는 도시 게릴라를 동정해서 그를 도와준 것은 아니다'라는 뜻만 있는데 그렇다면 부정 극어가 부정 표현의 직접 영향권이 있지 않다. 그럼에도 불구하고 (78)은 문법적인 문장이다. 따라서 Linebarger가 앞에서 제안한 직접 영향권 제약만으로는 설명할 수 없다. 뿐만 아니라 문장 중에 부정 표현이 명시적으로 나와 있지 않는 경우는 직접 영향권 제약이 아예 적용될 수 없다. Linebarger는 이런 경우를 "파생적인 경우 (derivative case)"라고 부르고 통사적 제약과는 성격이 다른 "부정 함축 (Negative Implicature, 줄여서 NI)" 분석을 별도로 제안한다. NI 분석이란 원래 문장이 비록 문장에 명시되어 있지는 않지만 그 문장이 가질 수 있는 부정 함축에 의해 부정 극어가 허가될 수 있다는 것이다. 이런 NI 분석의 예를 보자.

(79) The ocean isn't blue because it has any blue paint in it.

이 문장은 (78)과 같은 통사적 구조를 갖고 있는데, 이 문장은 'The ocean doesn't have any blue paint in it'이라는 NI를 갖는다. 이 NI에서 부정 극어는 부정 표현의 직접 영향권 안에 있으므로 (79)는 의미상으로 적형문이 된다. 또한 다음 예문을 (79)와 비교하면

(80) *Grass isn't green because it has any chlorophyll.

이 경우는 (78)이나 (79)와 통사 구조상으로 동일한데도 불구하고 비문이 되고 있는데 Linebarger의 NI 이론에서는 이 문장이 일단 다음과 같은 NI를 갖는다고 생각할 수 있다.

(81) Grass doesn't have any chlorophyll.

그런데 Linebarger는 (81)의 NI는 우리의 세상 지식과 일치하지 않으므로 (80)에서 발생한다고 볼 수 없다고 한다. 따라서 (80)은 (78)이나 (79)와 달리 부정 극어를 허가해 줄 부정함축이 없으므로 비문이 된다. 앞서 본

Ladusaw는 (79)와 (80)의 차이를 설명하지 못하는데, 특히 부정 함축이 세상 지식과 부합하는지의 여부에 따라 부정 극어가 허가가 결정된다는 것은 진리조건적 의미론의 개념인 하향 함의로는 결코 포착할 수 없는 것이다.

부정 함축 분석이 하향 함의 분석에서 다루지 못하는 경우를 일반적으로 처리할 수 있는 또 다른 예로서 다음 예문을 보자.

(82) Exactly four people in the whole room budged an inch when I asked for help.

이 문장에서 exactly four는 'Exactly four people ate a green vegetable'이 'Exactly four people ate kale'을 함의하지 않은 것으로 보아 하향 함의적 연산자가 아니므로 Ladusaw의 분석으로는 부정 극어가 나올 수 없다. 그럼에도 불구하고 (82)에서 부정 극어 budge an inch가 쓰일 수 있는데 Linebarger는 그 이유가 (82)가 다음과 같은 부정 함축을 가질 수 있기 때문이라고 한다.

(83) Most people didn't budge an inch when I asked for help.

이와 같이 Linebarger는 하향 함의 이론의 문제점 여러 예문을 통하여 지적하고 부정 극어 허가에 대한 설명에 있어 화용적 현상인 '함축 의미'가 중요한 역할을 한다는 것을 주장한다. 4.1절에서 본 Ladusaw는 하향 함의라는 단일한 논리적, 진리조건적 개념으로써 거의 기계적으로 NPI를 설명하려 했기 때문에 경제적이고 통합적인 "우아한" 이론을 제시했다고 볼 수 있다. 반면에 Linebarger는 ISC라는 통사적 제약뿐 아니라 이것과는 질적으로 다른 NI라는 화용적 개념으로 NPI를 나누어 설명하려 하기 때문에 겉으로 보기엔 비경제적인 이론처럼 보인다. 그럼에도 불구하고

NPI는 진리조건적으로만 설명할 수 없는 성격을 갖고 있고, DE만으로는 충분하지 않다는 그녀의 주장은 충분히 설득력이 있다.

그러나 그녀의 부정 함축 이론 역시 몇 가지 문제점을 지니고 있다. 우선 "부정 함축"의 범위가 어디까지인가 하는 문제이다. Linebarger는 Karttunen and Peters(1979)의 고정 함축 개념을 사용하고 있다고 하지만, 때로는 논리적 함의를, 때로는 대화상의 함축을 혼용하는 것처럼 보인다. 실제 그녀의 1987년 분석 방법에 의하면 모든 긍정 문장은 동치적인 이중 부정이 가능하므로 이론상 모든 문장에 부정 함축이 가능하다. 그러나 모든 부정 함축이 다 부정 극어를 허용하기 위해 사용될 수는 없기 때문에 부정 함축에 대한 적절한 제약이 필요하다. Linebarger(1991)는 이 점을 보완하기 위해 다음 세 가지 조건에 맞는 부정 함축을 가질 경우 그 부정 함축에 의해 부정 극어가 허가된다고 하여 NI 이론의 수정을 시도하였다.

(84) 부정 함축의 조건
   1. The availability requirement: The speaker must be actively attempting to convey NI by the utterance of S.
   2. The strength requirement: The truth of NI itself must virtually guarantee the truth of P.
   3. The foreground requirement: If NI is not identical to P, then the representation of the NPI may not occur as background information in either P or NI, nor may NI itself serve as background to P.

즉 명제 내용 P를 갖는 어떤 문장 S를 발화할 때 화자는 그 문장의 NI를 의도적으로 전달하려고 해야 하며, NI는 명제 내용 P의 진리치와 일치해야 하고, NI가 P와 의미상으로 동일하지 않을 경우 부정 극어는 P나 NI의 배경 정보로서 기능해서는 안 되며, NI 역시 P의 배경 정보의 일부가 되어서는 안 된다는 것이다. 그러나 'actively attempting'이라든지 'strength', 'background' 등 위의 조건에 동원된 개념들이 충분히 명확하지 않아서 부정 함축을 둘러싼 혼란의 여지가 여전하다고 본다. 아울러 수정된 부정 함축의 개념에도 불구하고 일부 조건문과 의문문에서는 화자가 부정 함축을 의식적으로 전달하는 지가 불분명할 수 있다는 점과 부정 함축이 과잉 생성될 수 있다는 점은 그대로 남아 있다. 마지막으로 전형적인 경우에 적용되는 직접 영향권 제약에서도 NOT과 부정 극어 사이에 간섭하는 요소에 따라 적형성의 차이가 있는데 이를 적절히 다루지 못한다는 문제점이 있다. 예를 들어 다음 (85)를 보자.

(85) *Paul didn't give a red cent to every charity.

위 예문은 LF에서 NEG (EVERY (...a-red-cent...)))의 구조를 갖는데 부정 극어인 a red cent가 허가자인 부정의 직접 영향권 안에 있지 않기 때문에 비문으로서 이는 직접 영향권 제약에 부합한다. 그러나 LF 표상에서 부정과 부정 극어 사이에 오는 표현이 bare NPs이거나 singular indefinites, definite DPs, any-DPs일 경우에는 NPI의 허가를 막지 못하는데 이런 문제는 Linebarger의 NI 이론이 풀어야 할 과제이다.

4.3 통사 구조적 접근: Progovac

앞 절에서 본 Linebarger(1987, 1991)가 부정 극어의 기술에 있어 통사적 접근의 한계를 토로했지만 그럼에도 불구하고 부정 극어를 통사적 관점에서 처리하려는 노력은 계속되고 있다. 극성 민감어에 대한 통사 중심적 분석의 계보를 잇는 대표적인 연구로 Progovac(1993, 1994)을 들 수 있다. 그녀는 극성 민감어와 허가자 사이의 관계가 대명사/재귀대명사와 선행사 사이의 관계와 같은 방식으로 포착될 수 있다고 본다. 그 결과 통사론의 결속 이론(Binding Theory)의 원리로써 긍정 극어와 부정 극어의 분포를 기술하고 있다.

(86) a. 부정 극어는 결속 이론의 Principle A를 따른다.
b. 긍정 극어는 결속 이론의 Principle B를 따른다.

여기서 결속 이론의 Principle A와 Principle B는 다음과 같다.

(87) Principle A: anaphor는 자신의 지배 범주 안에서 결속되어야 한다.
Principle B: pronoun은 자신의 지배 범주 안에서 자유로와야 한다.

이때 '지배 범주'가 무엇을 가리키는지는 이 글에서 논의하지 않겠다. 다만 anaphor란 himself/herself와 같은 재귀대명사라든지 each other와 같은 상호대명사를 일컫는 말인데 이 말은 자신이 속한 지배 범주 안에서 선행사에 의해 결속되어야 하는 반면, him/her와 같은 대명사는 지배 범주 안에 선행사가 나와서는 안 된다. 예를 들어 다음 문장에서 anaphor인 himself는 자신의 지배 범주, 즉 여기서는 같은 문장 안에서 동일한 대상을 지시하는 John에 의해 결속되어 같은 지표 i를 받았으므로 Principle A에 의해 정문이 되는 반면, 대명사 him은 만일 John에 의해 결속되어 같은 지표를 받으면 Principle B에 의해 비문이 된다.

(88) a. John$_i$ likes himself$_i$.
b. John$_i$ likes {*him$_i$/him$_j$}.

Progovac에 의하면 극성 민감어도 이와 유사한 모습을 보인다고 한다.

(89) a. Mary did not insult anyone.
b. Mary insulted someone.
c. *Mary did not insult someone.

위의 재귀대명사가 같은 절 안에 나온 선행사에 의해 결속되듯이 부정 극어인 anyone은 같은 절 안의 not에 의해 허가를 받으면 정문이 되고, 긍정 극어는 같은 절에 자신을 결속하는 표현이 없으면 정문이 되지만, 만약 not과 같은 반대 허가자(anti-licensor)가 나오면 비문이 된다. 따라서 부정 극어와 긍정 극어의 상보적 분포는 재귀대명사와 일반대명사의 상보적 분포를 설명하는 결속 이론으로써 설명할 수 있다는 것이다. 지시 표현의 분포를 설명하는 결속 이론은 당시 통사론에서 이미 받아들여지는 이론이기 때문에 이 이론으로써 극성 민감어의 분포까지 설명할 수 있다면 이는 이론적으로 전혀 비용이 들지 않을 뿐 아니라 겉으로 보기엔 거의 관련이 없는 것처럼 보이는 지시 표현과 극어 사이의 대응적 유사성(parallelism)을 밝힐 수 있다는 점에서 의의가 있다고 하겠다.

그런데 Progovac의 통사구조적 접근의 일차적인 문제는 실제 자료에서 Principle A나 B로써 설명할 수 없는 "예외적인" 극어들이 많다는 점이다. 예를 들어 Horn and Lee(1995: 407)는 긍정 극어도 부정과 같은 절 안에 나올 수 있음을 지적하고 있다. 즉 앞에서 본 Mary did not insult someone은 Progovac의 분석에서는 비문이 되어야 하지만 이 문장에서의 긍정 극어 someone이 not보다 의미적 영향권이 더 넓을 경우, 즉 ∃ x(¬(insult(m, x)))인 경우에는 통사구조상으로 someone이 비록 not에 의해 결속되지만 정문이 된다는 것이다. 뿐만 아니라 이들의 지적에 의하면 문장의 부정이 상위언어적 부정이거나 메아리 부정일 경우는 다음 문장에서처럼 긍정 극어가 얼마든지 나올 수 있다. (보통 부정과 구별하기 위해 대문자로 표시함)

   (90) a. I DON'T *sometimes* turn in my assignments late.
        b. He ISN'T *still* living in Chicago.
        c. She HASN'T *already* finished her thesis.
        d. He ISN'T *far* more capable than you are.

예를 들어 "나는 숙제를 이따금 늦게 제출하지 않고, 항상 늦게 제출한다"는 식의 표현에 쓰인 부정은 상위언어적 부정인데, 이럴 경우는 긍정 극어인 sometimes와 같은 절 안에 나올 수 있다는 것이다. 이상의 자료적인 문제점 외에 이론적인 문제점은 그녀의 주장을 뒷받침하기 위해 설정해야 하는 장치들이 과연 정당화될 수 있는 것인가 하는 점이다. 그녀가 주장하는 부정 극어의 결속 구조는 다음과 같다.

(91) 부정 극어의 선행사가 될 수 있는 것은 Infl의 negation이거나 또는 Comp의 진리조건적 연산자이다.

즉 문장 중에 부정 표현이 있을 경우에는 Infl에 NegP가 허가자로서 부정 극어를 결속하게 하고, 명백한 부정이 아닌 의문문이라든지 조건문의 전건, 전칭양화사가 이끄는 관계절 등에 나온 부정 극어를 허가하기 위해서 이들 문장의 Comp에 Op라는 연산자를 설정한다. 단 이 연산자 Op의 정확한 실체에 대해서는 Progovac 자신도 언급을 회피하고 있는데 마치 Klima의 Affective가 다시 살아 돌아온 느낌을 준다. 그런데 Horn & Lee(1995: 417)는 Op도 다음 문장에서의 부정 극어의 쓰임을 설명할 수 없다고 한다.

(92) a. Few of them *budged an inch.*
b. Kim gives few people *any* advice.
c. I rarely eat *any* meat.

이 문장들은 NegP도 없을 뿐 아니라, Op를 설정할 적절한 Comp 자리도 없는데도 불구하고 부정 극어가 쓰여 정문이 되고 있다. 이상의 예들을 통해 볼 때 극성 민감어의 분포를 순전히 통사구조적 원리로만 설명하려는 시도에는 한계가 있으며, 어떤 식으로든 의미적 원리의 고려가 필수적이라는 것을 알 수 있다.

4.4 어휘의미론적 접근: Israel

　Israel(1996)은 지금까지의 극성 민감성 및 부정 극어에 관한 연구가 언어 보편성을 추구한 나머지 극성의 복잡성과 다양성이 무시되어져 왔음을 지적하면서 이에 대한 대안으로 극성 민감어의 분포에 관한 설명을 어휘의미론(lexical semantics)의 관점에서 접근하는 분석을 제시한다.
　자연 언어에서 극성의 문제는 종종 문장 안에서 극성 표현의 분포의 문제로 환원된다. 이런 이유로 많은 학자들은 극어의 허용 가능성을 통사적으로 접근하려 한다. 그러나 앞에서도 보았듯이 통사적 기준을 만족하지 않는 상황에서도 극어가 허가되는 경우가 발견되면서 설명의 비일관성을 낳게 되었고, 이에 대한 대안으로 극어를 허가하는 조건을 의미화용론적으로 접근하기에 이르렀다. 이처럼 이제까지의 극성에 관한 연구는 크게 통사적 접근과 의미적 접근으로 분류될 수 있는데, 전자는 극어를 허가하는 주요한 조건으로 통사적 구조를 우선으로 다룬 점에 반하여, 후자는 기타의 논리적 또는 화용적 원리와 더불어 통사적 원리도 그 중의 하나로 취급하였다. 하지만 Israel(1996)은 극성 현상이 그렇게 간단한 몇 개의 제약이나 원리, 규칙으로 기술될 수 없다고 주장한다. 어떤 분석이 설령 기술적 타당성을 갖추었다고 하더라도 보다 근원적인 질문, 즉 왜 어떤 특정한 극어가 특정 맥락에서 민감한 이유는 무엇이며, 부정 극어는 어떤 이유로 사용되는지, 또한 어떤 특정 맥락이 어떤 특정 극어를 유발(trigger)하는 이유는 무엇인지 등에 대해서 연구가 필요하다는 것이다. Israel은 일단 맥락이 극성을 유발한다는 점을 통사적으로 분석하는 접근은 타당하겠으나, 이런 통사적 접근은 극어의 민감성에 대한 충분한 설명을 해주지 못한다는 점을 지적한다. 그에 의하면 이것은 의미(meaning)가 문법(grammar)을 설명할 수 없다는 이론적 편견에서 비롯된 것인데, 그는 부정 극어와 허가자의 관계를 문법에서 출발하기보다 역으로 개별 표현에 대한 어휘의미론적 접근을 통해 극어의 맥락 민감성뿐만 아니라, 극어를 유발하는 맥락까지를 밝혀보고자 한다. 이러한 접근의 첫 단계로, Israel은 두 개의 어휘의미론적 자질인 q-값(q-value)과 i-값(i-value)의 상호작용을 통해 극성이 발생한다고 주장한다. 여기서 q-value는 양(quantity)을 나타내는 자질로서 양에 따라 높고(high), 낮음(low)으로 구분된다. 그리고 i-value는 정보(information)을 나타내는 자질로서, 강조하기(emphatic)와 대강 말하기(understating)로 구분된다. 이 두 자질의 상호작용은 다음 표에서처럼 4개의 그룹을 형성하며, 각 그룹마다의 의미적, 통사적 특성으로 극성의 다양함을 설명해 낼 수 있다.

q-value i-value	high	low
emphatic	긍정 극어 scads, totally, as hell, far + 비교급, 등	부정 극어 a drop, a wink, at all, so much as, 등
understating	부정 극어 any, too, much, all that + 형용사, 등	긍정 극어 a tad, sorta, rather, a little bit, 등

〈표-1〉 극어의 4가지 그룹

위의 표에서 볼 때 q-value는 sleep a wink, drink a drop에서와 같이 부정 극어 표현 자체에서 명백한 양을 드러내는 경우도 있으며, adore-love-like에서처럼 의미적으로 관계가 있는 어휘들이 구성하는 하나의 등급(scale)에서의 상대적 위치에 의해 양이 결정되는 경우도 있다. 즉 love는 adore보다는 낮은 q-value를 갖지만 like보다는 높은 q-value를 갖는다. 마찬가지로 beautiful과 pretty, attractive라든지 그리고 care for와 mind도 이에 해당된다. 그러나, 한 가지 문제는 dance-walk-slither, silk-cotton-wool과 같은 어휘는 등급이 아닌, 다른 관점에서 양이 결정된다고 해야 한다. 더

불어, 상적인 연산자(aspectual operator)인 still, yet, already, anymore 등도 등급에 의해 명확하게 분류된다고 말하기는 어렵다. 이처럼, 극어의 양의 자질을 판단하는 방법은 매우 다양하며, 복잡한 일임을 Isreal은 스스로도 인정하고 있다.

q-value와 상대적인 개념의 i-value는 강조하기(emphatic)와 대강 말하기(understating)로 구별된다. 이들의 경계는 무를 자르듯 명확히 구분하기 어려운 점이 있으나, 쓰임면에서 볼 때 대체로 emphatic한 어휘는 부정문이나, 강조적인 맥락, 반어적 의문문 등에서 쓰이고, understating한 어휘는 긍정문, 정보적 의문문 그리고 비강조적 맥락에서 받아들여지고 있다. 그러나, 문제는 맥락에 상관없이 사용되는 어휘가 있다. 예를 들어, a-bit과 very와 같은 어휘는 emphatic 맥락과 understating 맥락 모두에서 허가되는 문제의 어휘들이다. 이들의 문제는 부정과 긍정의 맥락 모두에서 허가되는 even의 용법과 더불어, i-value를 결정하는데 화용적 힘(pragmatic force)이 작용하고 있음을 시사한다.

Israel은 이상의 분류를 바탕으로 극성 민감성에 대해 Fauconnier(1975a, b)가 화용적 등급(pragmatic scale)에서 설명했던 화용적 함의(pragmatic entailment)로 설명하려한다. 또한 Israel은 Kay(1990)의 문장의 명제 내용, 즉 tp(text proposition)와 맥락에서 가정되는 명제 내용, 즉 cp(contextual proposition)의 개념을 덧붙여서, 극어의 화용적 함의 과정을 포괄적이며, 다양하게 설명하려고 한다. 일단 함의의 방향을 명확하게 하기 위해서 q-value는 극어의 등급상의 위치를 결정하며, i-value는 명제의 정보성을 설명해주며, q-value가 등급상의 위치를 결정한다는 것은 극어가 등급연산자로 활동하고 있음을 나타낸다. 이를 이해하기 위해 다음 예문을 보자.

(93) a. Angela didn't *drink a drop* at that party.
　　　b. Huey got *awfully* drunk at that party.

(94) a. Abby wasn't *all that* happy with her frittata.
　　b. Jennifer was *pretty* pleased with her spinach quiche.

(93a)는 강한 tp(Andela didn't drink a minimal quantity)가 약한 cp(Angela didn't drink larger)를 아래에서 위쪽으로 바깥을 향하여 함의하고 있는 문장이고, (94a)도 강한 cp(Her happiness was not even equal to some default norm)가 약한 tp(Abby's happiness was not particular great)를 아래에서 위쪽으로 바깥을 향하여 함의하고 있는 문장이다. 이들의 함의의 방향은 등급상에서 아래에서 위로 바깥을 향하여 진행되고 있음을 알 수 있다. 반면, (93b)와 (94b)의 문장은 함의의 진행이 위에서 아래로 안쪽을 향하여 진행되고 있음을 알 수 있다. Israel은 이와 같은 화용적 함의의 방향을 통해 극어의 허가조건을 설명하려고 한다. 위의 예문 (93)-(94)에서 함의가 아래에서 위로 향하는 a의 문장은 부정 극어를 허가해주고 있고, 위에서 아래로 향하는 b의 문장은 긍정 극어를 허가해주고 있다. 이것은 Kilima가 [+Affective]의 조건으로 설명하려 했던 허가조건을 화용적 함의의 과정으로 다시 설명하려는 것이다. Israel은 두 가지 유형의 any, 즉 극성에 민감한 any(PS any)와 자유 선택의 any(FC any)에 관한 일관된 설명을 이끌어 낼뿐만 아니라, 기존에 Ladusaw의 하향 함의 조건에서 이탈하는 극어의 허가 조건에 대한 타당한 설명을 이끌어낼 수 있음을 주장한다. 그러나 Israel의 이런 제안은 본인도 인정하는 바처럼, 극어에 관한 기초적 신비를 헤쳐 보는 통찰적 단계라는 한계를 드러내고 있으며, 자신이 설정하고 있는 각 개념에 대해 보다 명쾌하고도 엄정한 정의가 요구된다.

4.5 진언성 이론: Zwarts and Giannakidou

Zwarts(1995)는 진언성(veridicality)이라는 포괄적 개념을 이용하여 부정 극성 현상을 설명하고 있다. 진언성은 Montague(1969)가 see와 같은 지각동사(perception verbs)가 보문절에 나타내는 개체의 존재를 함의한다는 것을 특성화하기 위한 시도로 제시한 개념이다. 이 후 Barwise(1981)도 같은 종류의 동사에 대해 진언성의 개념을 이용하여 설명한 바 있는데, 진언성이란 문장이 기술하는 어떤 사건에 대해 화자가 그 사건이 실제 발생한 것으로 믿어 참이라고 가정하는 것을 말한다. 예를 들어 다음 (95)에서 두 문장은 (96)이라는 사건의 실제 발생 여부에 대해 서로 다르게 기술하고 있다.

(95) a. John left the room without saying good-bye to the guest of honor.
b. John left the room after saying good-bye to the guest of honor.

(96) John said good-bye to the guest of honor.

위 예문에서 (95a)는 (96)이라는 사건이 일어나지 않았음을 가정하는 것인 반면, (95b)는 (96)이 일어났다고 가정하는 것이다. 이런 차이는 접속 표현인 without과 after의 의미 차이 때문인데, (95a)의 without은 그 다음에 기술된 사건에 대해 비진언적(nonveridical) 맥락을 만드는 표현인 반면 (95b)의 after는 진언적(veridical) 맥락을 만드는 표현이라고 부른다. 문제는 진언성이 부정 극어의 허가 여부와 직결된다는 것이다. 즉 예를 들어 anything과 같은 NPI는 비진언적 맥락에서는 허가되는 반면, 진언적 맥락에서는 허가되지 않는다.

(97) a. John left the room without saying *anything* to the guest of honor.
b. ??John left the room after saying *anything* to the guest of honor.

(97b)와 비교할 때 다음 (98)에서 before가 이끄는 부분은 비진언적 맥락으로서 any를 허가한다.

(98) John left the room before saying *anything* to the guest of honor.

영어에는 이외에도 진언성과 관련된 표현들이 많이 있다. 우선 예를 들어 다음 예문 (99)에서 It is possible that이라든지 It is likely that, It seems, They hope 등은 문장과 결합해서 다른 문장을 만드는 1항 문장 연산자(monadic sentential operator)로서 그 다음에 나오는 문장이 기술하는 사건에 대해 완전히 참이라고 단정할 수 없게 만드는 비진언적 연산자(nonveridical operator)라고 할 수 있다. 그와 비교할 때 (100)의 It is necessary는 내포문의 진리치를 그대로 인정하는 진언적 연산자(veridical operator)이다.

   (99) a. It is possible that Mary is interested in neurolinguistics.
        b. It is likely that Morris is a CIA agent.
        c. It seems that Muriel voted for Hubert.
        d. They hope that Senator Kerry will survive.

   (100) It is necessary that Osama wanted George to win.

반면에 다음 (101)에 나온 It is not the case that은 그와 결합한 문장이 갖고 있는 진리치를 반대로 생각하여 기술하는 반진언적 연산자(averidical operator)라고 할 수 있다.

   (101) It is not the case that John defeated George.

비진언적 연산자는 내포문의 진리치를 보류하는 반진언적 연산자와는 달리 내포문의 진리치를 뒤집어 반대로 가정하도록 한다. 이처럼 문장 p를 논항으로 택하는 1항 문장 연산자 중에서 진언적 연산자와 비진언적 연산자, 반진언적 연산자에 대한 Zwarts(1995)의 정의는 다음과 같다.

(102) 어떤 문장 연산자 O는 문장 p에 대해 Op → p가 성립하면 진언적(veridical) 연산자이며, 그렇지 않은 경우 O는 비진언적(nonveridical) 연산자이다. 또한 비진언적 연산자 중에서 Op → ~p가 성립하면 그 O는 반진언적(averidical) 연산자이다.

예를 들어 문장 부사 unfortunately는 문장 S와 결합했을 때 Unfortunately S → S가 성립하므로 진언적 연산자인 반면, maybe는 그런 함의 관계가 성립하지 않기 때문에 비진언적 연산자이며 문장 부정인 it is not the case that은 원래 문장과 반대의 진리치를 가져오므로 반진언적 연산자이다. Zwarts는 1항 연산자뿐 아니라 2항 연결사(dyadic connective)에 대해서도 진언성에 대한 정의를 아래와 같이 내리고 있다.

(103) 어떤 2항 연결사 C는 그것의 논항 p에 대해 pCq → p가 성립하면 진언적 연결사이고, 그렇지 않은 경우 C는 비진언적 연결사이다. 또한 비진언적 연결사 중에서 pCq → ~p가 성립하면 C는 반진언적 연결사이다.

2항 연결사 중에서 p and q의 and는 p와 q 모두 참으로 볼 수 있는 진언적 연결사인 반면, p or q, p if q, p only if q, p if and only if q의 or, if, only if, if and only if는 p와 q 모두에 대해 참이라고 단정할 수 없는 비진언적 연결사이다. p without q에서 without은 p에 대해서는 진언적이지만 q에 대해 반진언적 연결사이고, neither p nor q의 neither~nor는 p와 q 모두 거짓인 반진언적 연결사이다.

Zwarts(1995)는 이러한 진언성 개념이 any의 분포를 설명하는 데 유용하다고 주장한다. 이전까지 any를 둘러싼 논쟁에서 Ladusaw(1980)은 극성을 보이는 any는 하향 함의적 맥락에서만 나올 수 있고 자유선택(free choice)의 any는 총칭적이거나 내포적인 맥락에서만 나올 수 있다고 주장한 반면, Kadmon and Landman(1993)과 Horn and Lee(1994)는 any는 어느 경우에든 비한정적 한정사(indefinite determiner)로서 비한정적 표현들이 총칭적 해석을 받는 맥락에서 전칭 양화사로 해석된다고 주장했다. 이에 대해 Zwarts는 any는 기본적으로 모두 비진언적 맥락에서만 나올 수 있다고 한다. 예를 들어 아래의 예문 (104)는 모두 총칭적인 연산자를 포함하고 있는데 총칭적 연산자는 진언적 연산자로 볼 수 없으므로 any가 비진언적 맥락에서 나올 수 있다는 그의 주장과 일치한다고 주장한다.

(104) a. Arabella likes *anyone*.
b. *Any* animal hunts mice.
c. *Any* owl was dangerous.

그는 또한 아래 (105)와 같은 명령문 역시 진위를 가리기 어려운 비진언적 맥락으로 any가 나올 수 있다고 한다.

(105) Destroy any remaining evidence!

또한 Zwarts는 양상조동사(modal auxiliary)가 자유선택의 any를 허가한다는 Carlson(1981)의 주장에 대해 다음과 같은 예문 (106)에서 any는 조동사 can과 must의 영향권 안에 있지 않으므로 조동사가 any를 허가한다는 Carlson의 주장은 잘못된 것이라고 한다. 대신, Zwarts는 아래 문장 (106)에서 any를 허가하는 것은 총칭적인 연산자라고 주장하지만 이에 대해 자세한 언급은 피하고 있다.

(106) a. Any doctor can tell you what this means.
b. Any patient must be able to consult her.

진언성과 관련해서 몇 가지 시간 연결사(temporal connectives)를 다시 검토해 보자. 먼저, p before q의 before는 첫 번째 논항 p에 대해서는 부가적이고 진언적인 반면 두 번째 논항 q에 대해서는 반부가적이고 반진언적이다. 따라서, 아래 예문 (107)에서 보듯이, 첫 번째 논항 자리, 즉 주절에는 부정 극어가 나올 수 없고 두 번째 논항 자리, 즉 종속절에만 부정 극어가 나올 수 있다.

(107) a. The children left before *anyone* had arrived.
b. **Anyone* arrived before the children had left.

한편, p after q의 after는 두 논항 모두에 대해서 부가적이고 진언적이기 때문에, 아래 예문 (108)에서 보듯이, 두 논항 자리, 즉 주절과 종속절 어디에도 부정 극어가 나올 수 없다.

(108) a. **Anyone* left after the children had arrived.
b. *The children arrived after *anyone* had left.

과거시제와 같이 쓰인 as soon as도 after와 마찬가지로 두 논항 모두에 대해 부가적이고 진언적이므로, 아래 예문 (109)에서 보듯이, 주절과 종속절 어디에도 부정 극어가 나올 수 없다.

(109) a. *The children left as soon as *anyone* had arrived.
b. **Anyone* arrived as soon as the children had left.

반면에 미래적 의미의 as soon as는 첫 번째 논항에 대해서는 부가적이고 진언적인 반면 두 번째 논항에 대해서는 반부가적이고 반진언적이다. 따라서, 아래 예문 (110)에서 보듯이, 두 번째 논항 자리, 즉 종속절에서만 부정 극어가 나올 수 있다.

(110) The children will leave as soon as they discover anything.

또 다른 시제 접속사 중에서 since와 until은 두 논항 모두에 대해서 진언적이므로 주절과 종속절 어느 곳에도 부정 극어가 나올 수 없다.

　진언성 개념은 부정 극어 기술에 있어 많은 예외를 허용해야 했던 하향 함의보다 더 포괄적이면서도 불필요한 예외를 허용할 필요가 없다는 장점을 갖는다. 예를 들어 Zwarts에 따르면, any는 비진언적 맥락에서만 나올 수 있는 단일 어휘 항목으로, 극성을 보이는 any는 단조감소적인 비진언적 맥락에서 나올 수 있고, 자유 선택의 any는 단조감소적이거나 비단조적인 비진언적 맥락에서 나올 수 있다고 간단히 정리될 수 있다. 이처럼 Zwarts는 진언성이란 포괄적인 개념을 이용해서 부정 극어의 환경과 그것이 일어나는 조건을 설명하고 있고, 연결사가 연결하는 두 논항이 진언성에서 어떻게 다른가를 잘 보여주고 있다.

　Giannakidou(1998)는 Zwarts의 진언성 개념을 받아들여 그리스어의 강조적 부정 극어(emphatics)의 분포와 특성을 설명한다. 그녀의 분석에 의하면 강조적 부정 극어는 부정 극성 민감어(affective polarity items)의 하위 부류로서 반진언성(antiveridicality)에 의해 허가되며 보통의 부정 민감어는 비진언성에 의해 허가된다. Giannakidou(1998)가 제안한 부정 극성 민감어에 대한 허가 조건은 다음과 같다.

　　(111) 부정 극성 민감어의 허가 조건
　　　　1) 부정 극성 민감어 A는 어떤 문장 S에서 비진언적인 표현 B의 영향권 안에 있을 때 허가된다.
　　　　2) 그 밖의 경우 A는 S가 부정 함축 C를 갖고 있고 A가 C의 부정의 영향권 안에 있을 때 간접적으로 허가된다.

다음 예에서 강조적 부정 극어인 kanena는 전형적인 반진언적 연산자인 부정에 의해 주로 허가되지만, 다음 예에서 보듯 before-절도 반진언적 환경이므로 부정 극어가 허가될 수 있다.

(112) O pavlos pethane prin   na   di   *KANENA* apo ta egonial tu.
　　　 the paul died. 3sg before subj   see.3sg every from the
　　　 grandchildren his
　　　 'Paul died before he saw any of his grandchildren.'

만약 문장 중에 명백한 반진언적 허가자가 없는 경우 부정 극어는 Linebarger(1987)가 제안한 부정 함축에 의해 간접적으로 허가될 수 있다. 간접 허가는 반사실적 조건문과 수사의문문, too-clauses, as if-clauses, 비교 구문, 최상급 구문, 그리고 하향함의 한정사구의 영향권에서 극어가 나오는 것을 설명할 수 있다. 예를 들면 아래 (113)은 (114)에서처럼 부정 함축을 일으키고 이 부정 함축의 영향권 안에 부정 극어가 있으므로 극어를 허가한다.

(113) I Theodora ine   poli kurasmeni ja na   pai   *puthena*.
　　　 the Theodora be.3sg very tired   in-order-to go.3sg anywhere
　　　 'Theodora is too tired to go anywhere.'

(114) Theodora cannot go *anywhere*.

Giannakidou(1998)는 부정 극어가 하향 함의(downward entailing: DE) 환경에서 나타날 수 있다고 제시한 기존의 이론들에 강력한 문제제기를 하고 그 증거로 부정 극어가 실제로는 비단조적(non-monotone) 환경이나 단조증가적(monotone-increasing) 환경에서 나타날 수 있음을 제시하고 있다. 이를테면 서법동사, 조건문, 미래나 습관을 나타내는 문장, 의문문, 명령문, 감탄문 등은 부정 극어가 가장 많이 나오는 환경인데도 단조성 (monotonicity)이나 하향 함의 추론이 적용되지 않기 때문에 기존의 분석에서는 단조성과 무관한 보조적인 수단을 동원해야만 했었다. 그 이유는 의문문이나 명령문, 감탄문은 평서문과는 다르게 그 의미를 진리 조건에 의존할 수 없기 때문이다. Giannakidou는 이 구문들을 간단하고도 명료하게 '비진언적 환경'으로 규정하여 부정 극어에 대해 보다 일원화된 접근이 가능함을 제시하고 있고 또 자유 선택의 any와 극성에 민감한 any라고 이분법적으로 설명되어 온 any에 대해서도 진언성에 의해서 반대로 허가되는(anti-licensed) 하나의 어휘 항목으로 볼 수 있기 때문에 보다 일반적인 설명이 가능함을 보여주고 있다. 다만 진언성이란 개념이 단언성(assertiveness), 사실성(factiveness)과 같은 진리조건적 의미론의 기존 개념들과 어떻게 차별화되는지를 보다 명확히 할 필요가 있고 통사구조적 조건과는 어떻게 융합될 수 있으며, 그 동안 연구되어온 각종 연산자 외에 Israel의 분석에서도 보았던 극성에 민감한 어휘들의 개별적 속성에서 이들이 속한 전체 표현의 진언성을 계산하는 과정을 예측할 수 있는 방법을 제시할 수 있어야 할 것이다.

5. 맺음말

지금까지 우리는 부정 극어를 중심으로 극성 민감성에 대해 살펴 보았다. 일견 단순하게 보이지만 실제로는 엄청나게 많은 표현들이 극성 표현이라는 이름 하에 이 현상에 참여하는데 이들은 모두 극성 민감어라는 공통점을 갖지만 그러면서도 자기 나름대로의 독특한 문법적, 의미적, 어휘적 속성을 지니고 있다. 또한 이런 극성 민감어를 허가해주는 표현 역시 통사적으로 의미적으로 다양한데다가 극성 민감어와 허가자 사이의 관계 역시 단일하기는 커녕 서로 복잡한 관계를 형성하고 있기 때문에 이 모든 것을 설명하기 위한 언어학자들의 접근 방법도 다양할 수밖에 없음을 알 수 있었다. 그럼에도 불구하고 크게 통사적 접근과 의미화용적 접근, 어휘적 접근으로 세분하여 주요 이론을 살펴 보았고 각각의 이론의 장단점과 남은 문제점에 대해 알아 보았다.

물리학자들에 의하면 우주에는 궁극적으로 4가지 힘, 즉 중력, 전자기력, 강력, 약력이 존재하는데 모든 물리적 현상은 기본적으로 이들 4가지 힘으로 설명할 수 있다고 한다. 언어에도 이와 같은 힘이 존재한다고 생각할 수 있다. 그 중의 하나가 바로 사전에 깨알처럼 수록되어 있는 수많은 개별 단어들을 결합하여 더 큰 단위의 표현들로 결합시켜주는 힘인데 이 글에서 본 극성 민감성이 바로 그런 힘을 구성하는 것 중의 하나가 아닐까 생각한다. 이런 힘이 제대로 기능하기 위해서는 여러 가지 다양한 조건이 충족되어야 하는데 이 글에서 제시된 극어에 대한 여러 가지 이론과 분석은 이것을 밝히려는 시도들이라고 할 수 있다. 앞서 3장에서 연구 과제를 논할 때 언급했듯이 극성 민감성과 부정 극어는 현대언어학에서 이해하고 있는 것보다 그렇지 못한 것이 아직도 훨씬 더 많은 분야로서 언어학 각 부문에서의 이론적 발전에 따라 얼마든지 발전할 여지가 풍부한 원시림과 같은 분야라고 하겠다.

참고문헌

Baker, C. L. 1970. "Double Negatives," *Linguistic Inquiry* 1, 169-186.
Barwise, J. 1980. "Infinitary Logics," In E. Agazzi, ed., *Modern Logic: A Survey*. 93-112. Dordrecht: D. Reidel.
Carlson, G. 1980. "Polarity Any is Existential," *Linguistic Inquiry* 11, 799-804.
Carlson, G. 1981. "Distribution of Free-choice *Any*," *CLS* 17, 8-23.
Davison, A. 1980. "Any as Universal or Existential," In J. van der Auwera, ed., *The Semantics of Determiners*, 11-40. London. Croom Helm.
Dayal, V. 1998. "*Any* as Inherently Modal," *Linguistics and Philosophy* 21, 433-476.
Dowty, D. 1994. "The Role of Negative Polarity and Concord Marking in Natural Language Reasoning," *Semantics and Linguistic Theory* 4, 114-144. New York: Cornell University.
Fauconnier, G. 1975a. "Pragmatic Scales and Logical Structure," *Linguistic Inquiry* 6,

353-375.

Fauconnier, G. 1975b. "Polarity and the Scale Principle," *CLS* 11, 188-199.

Fauconnier, G. 1979. "Implication Reversal in a Natural Language," In F. Guenthner and S. J. Schmidt, eds., *Formal Semantics and Pragmatics for Natural Language*, 289-301.

Fiengo, R. and J. Higginbotham. 1981. "Opacity in NP," *Linguistic Analysis* 7, 395-421.

von Fintel, 1999. "NPI-licensing, Strawson Entailment, and Context Dependency," *Journal of Semantics* 16, 97-148.

Francescotti, R. M. 1995. "*Even*: the Conventional Implicature Approach Reconsidered," *Linguistics and Philosophy* 18, 153-173.

Giannakidou, A. 1998. *Polarity Sensitivity as (Non)veridical Dependency*. Amsterdam: John Benjamins.

Giannakidou, A. 1999. "Affective Dependencies," *Linguistic and Philosophy* 22, 367-421.

Giannakidou, A. 2001. "The Meaning of Free Choice," *Linguistics and Philosophy* 24, 659-735.

Giannakidou, A. and M. den Dikken. 2002. "From Hell to Polarity: 'Aggressively Non-D-linked' *Wh*-phrases as Polarity Items," *Linguistic Inquiry* 33, 31-61.

Giannakidou, A. 2003. "A Puzzle about U*ntil* and the Present Perfect," In A. Alexiadou, M. Rathert and A. von Stechow, eds., *Perfect Explorations*, (*Selected papers from the Workshop on the Perfect*, University of Thessaloniki, Greece, May 2000), 101-133. Mouton de Gruyter.

Heim, I. 1984. "A Note on Negative Polarity and Downward Entailingness," *NELS* 14, 98-107.

Hinds, M. 1974. "Doubleplusgood Polarity Items," *CLS* 10, 259-268.

Hoeksema, J. 1983. "Negative Polarity and the Comparative," *NLLT* 1, 403-434.

Hoeksema, J. 1986. "Monotonicity Phenomena in Natural Language," *LA* 16, 25-40.

Hoeksema, J. and H. Klein. 1995. "Negative Predicates and Their Arguments," *LA* 25, 146-180.

Horn, L. R. 1969. "A Presuppositional Analysis of *Only* and *Even*," *CLS* 5, 97-108.

Horn, L. R. 1985. "A Metalinguistic Negation and Pragmatic Ambiguity," *Language* 61, 121-174.

Horn, L. R. 1996. "Exclusive Company: Only and the Dynamics of Vertical Inference," *Journal of Semantics* 13, 1-40.

Horn, L. R. and Y. Kato. 2000. "Introduction: Negation and Polarity at the Millenium," In L. R. Horn and Y. Kato, eds., *Negation and Polarity: Syntactic and Semantic Perspectives*, 1-20. New York: Oxford University Press.
Horn, L. R. and Y.-S. Lee. 1995. "Progovac on Polarity," *Journal of Linguistics* 31, 401-424.
Israel, M. 1996. "Polarity Sensitivity as Lexical Semantics," *Linguistics and Philosophy* 19, 619-666.
Israel, M. 1997. "The Scalar Model of Polarity Sensitivity: The Case of Aspectual Operators," In D. Forget et al., eds., *Negation and Polarity: Selected Papers from the Colloquium of Negation in Ottawa 1995.* 209-229. Amsterdam, John Benjamins.
Jackson, E. 1995. "Weak and Strong Negative Polarity Items: Licensing and Intervention," *LA* 25, 181-208.
Kadmon, N. and F. Landman. 1993. *"Any,"* *Linguistics and Philosophy* 16, 353-422.
Karttunen, L. and S. Peters. 1979. "Conventional Implicature," In C.-K. Oh and D. Dinneen, eds., *Syntax and Semantics* 11. New York: Academic Press.
Kay, P. 1990. *"Even,"* *Linguistics and Philosophy* 16, 59-111.
Kempson, R. 1985. "More on *Any*: Reply to Ladusaw," *NELS* 15, 234-255.
Klima, E. 1964. "Negation in English," In J. A. Fodor and J. J. Katz, eds., *The Structure of Language*, 246-323. New Jersey: Prentice Hall.
von Klopp, A. 1998. "An Alternative View of Polarity Items," *Linguistics and Philosophy* 21, 393-432.
Krifka, M. 1990. "Polarity Phenomena and Alternative Semantics," In *Proceedings of the Seventh Amsterdam Colloquium*, 277-302.
Krifka, M. 1991. "Some Remarks on Polarity Items," In D. Zaefferer, ed., *Semantic Universals and Universal Semantics*, 150-189. Foris.
Krifka, M. 1995. "The Semantics and Pragmatics of Polarity Items," *LA* 25, 209-257.
Ladusaw, W. A. 1979. *Polarity Sensitivity as Inherent Scope relations.* PhD Dissertation, U. of Texas. Reprinted in 1980, Garland Publishing.
Ladusaw, W. A. 1996. "Negation and Polarity Items," In S. Lappin, ed., *The Handbook of Contemporary Semantic Theory*, 321-341.
Lee, C. 1996. "Negative Polarity Items in English and Korean," *Language and Science* 18, 505-523.
Linebarger, M. 1980. *The Grammar of Negative Polarity.* PhD Dissertation, MIT Press.

Linebarger, M. 1987. "Negative Polarity and Grammatical Representation," *Linguistics and Philosophy* 11, 325-387.

Linebarger, M. 1991. "Negative Polarity as Linguistic Evidence," *Papers from the Parasession on Negation, CLS* 27, 165-188.

Michaelis, L. A. 1993. "'Continuity' within Three Scalar Models: The Polysemy of Adverbial *stil*," *Journal of Semantics* 10, 193-237.

Nam, S. 1994. "Another Type of Negative Polarity Item," In M. Kanazawa and C. J. Piñón, eds,. *Dynamics, Polarity and Quantification.* CSLI.

Progovac, L. 1988. *A Binding Approach to Polarity Sensitivity.* PhD Dissertation, USC.

Progovac, L. 1993. "Negative Polarity: Entailment and Binding," *Linguistics and Philosophy* 16, 149-180.

Progovac, L. 1994. *Negative and Positive Polarity: a Binding Approach.* Cambridge University Press.

Puskas, G. 2002. "On Negative Licensing Contexts and the Role of N-words," In I. Kenesei and P. Siptar, eds., *Approaches to Hungarian* 8.

Reinhart, T. 1976. "Polarity Reversal: Logic or Pragmatics?" *Linguistic Inquiry* 7, 4-12.

Rullmann, H. 1996. "Two Types of Negative Polarity Items," *NELS* 26, 335-350.

Sánchez-Valencia, V., T. van der Wouden and F. Zwarts. 1993. "Polarity, Veridicality and Temporal Connectives," In P. Dekker and M. Stokhof, eds., *Proceedings of the Ninth Amsterdam Colloquium.*

Sells, P. 2001. "Negative Polarity Licensing and Interpretation," In S. Kuno et al., eds., *Harvard Studies in Korean Linguistics* 9.

Szabolcsi, A. 2004. "Positive Polarity—Negative Polarity," *Natural Language and Linguistic Theory* 22.2, 409-452.

Tonhauser, J. 2000. "An Approach to Polarity Sensitivity and Negative Concord by Lexical Underspecification," *Proceedings of the 7th International HPSG Conference.* UC Berkeley.

Tovena, L. 1998. *The Fine Structure of Polarity Sensitivity.* New York: Garland Publishing Co.

Traugott, E. C. 1988. "Pragmatic Strengthening and Grammaticalization," *BLS* 14, 204-214.

van der Wouden, Y. 1994. "Polarity and 'Illogical Negation'," In M. Kanazawa and C. J. Piñón, eds., *Dynamics, Polarity, and Quantification.* CSLI.

Yoshimura, A. 1994. "A Cognitive Constraint on Negative Polarity Phenomena," *BLS* 20, 599-609.

Zwarts, F. 1995. "Nonveridical Contexts," *LA* 25, 286-312.

담화 속에서의 정보구조와 흐름 연구

이 창 봉*

1. 도입

언어학의 중요 목표 중의 하나는 의미가 통사 구조 속에 어떻게 나타나고 있는지를 규명하는 일이다. 언어학의 역사에서 전통적으로 의미에 관한 문제는 의미론 분야에서 주로 다루어져 왔다. 그러나 문장의 의미를 논리적인 접근을 통해 참과 거짓의 상태와 조건을 분석하는 진리조건적 의미론(truth-conditional)으로 불리는 순수 의미론 분야의 연구에서는 설명할 수 없는 의미 현상들이 실제 담화 속에서는 셀 수 없이 일어나고 있다.

Vallduvi(1992: 2)에 제시된 (1)의 두 예문을 함께 살펴보자.

(1) a. He hates broccoli.
    b. Broccoli he hates.

(1a)와 (1b)는 진리조건적인 면에서는 같은 문장이지만 정보의 전달 방식 면에서는 다른 문장이다. 두 문장은 화자가 무엇을 말하고 있는가의 문제인 근본 의미 내용에 있어서는 같지만 화자가 그것을 어떻게 어떤 정보 순서로 말하는 방식에 있어서는 다르다. 화용론(pragmatics)과 담화 분석(discourse analysis) 분야의 학자들은 (1)에서의 예문과 같이 동일한 명

---

* 가톨릭대학교 언어문화학부 (cblee@catholic.ac.kr)

제의 내용(propositional content)을 가진 두 문장이 담화의 흐름 속에서 화자와 청자의 믿음과 의식 체계와 관련하여 어떻게 다른 정보를 전달하며 쓰이는지의 문제에 대해 연구해 왔다.

문장 속의 표현 특히 명사구(noun phrase) 표현의 정보 상태를 분석하는 연구의 가장 오랜 전통은 화제와 평언(topic and comment) 분야의 연구일 것이다. 화제와 평언에 관한 연구는 의미론과 화용론 분야의 많은 연구 주제들 중에서도 가장 오래되고 논쟁거리를 많이 만들어 온 주제들 중의 하나이다. 이제까지의 많은 연구들에서 화제(topic)는 여러 가지 다른 개념으로 정의되어 왔는데 크게 두 줄기의 개념 정의가 있다는 것을 알 수 있다.

하나는 Reinhart(1982: 55)에서 밝히고 있듯이 화제란 그 문장이 무엇에 관한 것임을 밝히는 그 무엇이라는 개념이다. Reinhart(1982)는 아래 (2)의 예를 들면서 '문장-화제'(sentence-topic)와 '담화-화제'(discourse-topic)을 구별하고 있다.

(2) Mr. Morgan is a careful researcher and a knowledgeable Semiticist, but his originality leaves something to be desired.

Reinhart의 분석에 따르면 (1)의 '문장-화제'(sentence-topic)는 Mr. Morgan이며 '담화-화제'(discourse-topic)는 (2)가 Mr. Morgan의 학자로서의 능력에 관한 것임을 아는 것이다. 즉 Reinhart의 정의에 따르면 '문장-화제'(sentence-topic)는 그 문장 속에 나타난 실제 표현이어야 하며 주로 주어 위치에 나타난 것인 반면 '담화-화제'(discourse-topic)는 좀더 추상적인 것이고 단위가 큰 구나 절 표현이 되는 경향이 있다. 이 두 가지 종류의 정의에서 중요한 것은 화제의 정의를 우리는 문장이든 담화이든 그것이 무엇에 관한 것 즉 '관함'(aboutness)에 초점을 맞추어 정의를 내리고 있다는 사실이다.

화제의 또 다른 중요한 정의는 바로 담화의 흐름 속에서 그것의 정보 상태에 초점을 맞추어 정의를 내리는 것이다. 많은 다른 언어에서도 마찬가지의 현상을 보이지만 영어에서도 발화(an utterance)에 있어서 '주어진 정보' 혹은 '구정보'(given or old information)가 '새 정보' 혹은 '신정보' 보다 먼저 위치하는 경향이 지배적이다. Kuno(1971)와 Chafe(1976)와 Prince(1981)의 연구에서 영어의 주어가 오는 자리는 담화적으로 매우 특별한 자리임을 주목하고 주로 '주어진 정보'를 가진 것들이 옴을 주목했다. 다음의 예를 고려해 보자.

(3) How has Felix's social life been lately?

(4) a. Felix goes out with Rosa.
    b. Rosa goes out with Felix.

(3)의 질문에 대한 답으로 (4a)와 (4b)가 다 가능한 대답이 될 수 있다. 그러나 여기서 우리는 직관적으로 (4a)가 (4b)보다 더 자연스럽다는 것을 알 수 있다. 그 이유는 바로 (4a)에서는 (3)에서 이미 언급된 표현인 Felix가 주어에 위치하고 나머지 새로운 정보가 제공됨으로써 '구정보-신정보'의 순서가 지켜진 반면 (4b)에서는 그 순서가 뒤바뀌어 있기 때문이다. 위의 학자들은 영어를 비롯한 많은 대부분의 언어에서 주어 자리에 오는 명사구 표현이 주로 Reinhart가 정의내린 '관함'(aboutness)의 측면에서 뿐만 아니라 정보상태의 측면에서도 '구정보' 혹은 '주어진 정보'를 전달하는 화제(topic)가 됨을 주목하고 집중 연구해 왔다.

위의 학자들이 화제를 단순히 그 문장에 관한 무엇 즉 '관함'(aboutness)의 측면에서만 정의를 내려서는 안 된다는 사실에 주목한 이유는 같은 주어에 위치에 오는 명사구 주어 표현이라고 하더라도 그 담화의 흐름 속에서 전달하는 정보의 성격이나 상태가 다르다는 것을 관찰했기 때문이다. Kuno(1972)가 이 방면의 연구에서는 선구자적인 공헌을 한 인물이다. Kuno는 복원성 화제(resumptive topic)와 대조성 화제(contrastive topic)를 구별해야 한다고 주장했다. Schiffrin(1994: 168)의 논증을 통해 이를 확실히 이해하도록 하자.

(5) a. Bill likes to go to any movie.
    b. (And speaking of Bill) *He* could see Casablanca forever.

(6) a. Ann likes to go to any movie.
    b. (But as for Bill) *Bill* only likes old movies.

(5b)에서 he는 Kuno가 정의내린 복원성 화제의 예이다. 반면 (6b)의 Bill은 대조성 화제의 예이다. Schiffrin은 (5)의 담화의 흐름에서는 Bill이 이미 이전의 문장에서 언급된 반면 (6)의 담화의 흐름에서는 Bill이 언급된 적이 없이 Ann과 대조를 이루는 새로운 정보임을 지적한다. 즉 (5b)와 (6b)에 나타난 he와 Bill은 Reinhart 식의 정의에 따르면 모두 '관함' (aboutness)의 측면에서는 각 문장의 화제이지만 정보 상태면에서는 다른 화제라는 것이다.

2. 이론: '주어진 정보-새 정보 분류층' (Given-New Taxonomy)

Chafe(1976:30)에 따르면 '주어진 정보'란 "발화시에 화자가 믿기에 이미 청자의 의식세계 속에 있을 것으로 믿는 지식"을 말하며 '새 정보'란 "화자가 말한 것에 의해 청자의 의식세계 속에 없던 새로운 지식을 도입하는 것"을 말한다. 다음 예를 보자.

(7) I'd like to show you a painting. I bought it last week.

위의 발화 상황에서 첫 번째 문장의 'a painting'은 화자가 이 말을 할 당시에 청자가 한번도 들어보지 못한 새로운 것을 소개하고 있으므로 '새 정보'이다. 하지만 같은 정보가 두 번째 문장에서는 이전 문장에서 이미 담화 속에 등장했으므로 화자는 청자가 같은 대상을 가리킴을 알 수가 있다고 기대함으로써 '주어진 정보'로 생각하여 대명사 'it'으로 표현하고 있다.

'주어진 정보'에 대하여 Prince(1981)와 Reinhart(1982) 등의 학자들은 예측가능성(predictability)과 공유되는 지식(shared knowledge) 혹은 가정된 익숙함(assumed familiarity) 등의 개념과 연관하여 서로 다른 정의를 쓰며 논쟁하고 연구해 왔다. Prince(1992)는 담화 속의 '주어진 정보'에 관한 그때까지의 연구를 정리하여 이제까지의 '주어진 정보'와 '새 정보'의 단순 이분법적 구분을 초월하여 담화(discourse)의 흐름과 청자의 의식 상태(hearer's consciousness)라는 두 축을 중심으로 '주어진 정보'와 '새 정보'를 나누는 4개의 정보 분류를 제안했다. 한 축은 청자의 머리 속의 상태(hearer's head)이며 다른 하나는 담화 모델(discourse model)이다. Prince(1992: 302)에 따르면 전자를 축으로 담화 속에 나타나는 표현의 정보 상태를 분석하는 경우에는 화자가 판단하기에 청자의 머리 속에 어떤 믿음 혹은 지식을 갖고 있는가에 초점을 둔다. 반면 후자를 축으로 판단할 때는 담화 속에서 나타나는 표현이 이전 발화 문장에 나타났었는지의 여부가 중요하다.

Prince(1992: 303)가 제시한 구체적인 예를 고려해 보자.

(8) a. I'm waiting for it to be noon so I can call *Sandy Thompson*.
    b. Why are you trying to get in touch with *Sandy Thompson*?

(8)에 제시된 담화의 흐름 속에서 같은 명사구 표현인 'Sandy Thompson'

은 (8a)와 (8b)에서 각기 다른 정보 상태를 가진 것으로 분석된다. (8a)을 발화하며 화자가 청자에게 담화를 처음 시작할 때 화자는 청자가 자신의 머리 속에 'Sandy Thompson'이라는 사람이 누구를 가리키는지를 알고 있을 것이라고 생각할 것이다. 이 상태에서는 (8a)의 Sandy Thompson 은 '담화상은 새 정보(discourse-new)'이지만 '청자에게는 주어진 정보(hearer-old)'이다. 그러나 같은 명사구 표현의 정보상태가 (8b)에서는 달라진다. 여기에서 Sandy Thompson이라는 표현이 이미 (8a)에 나타났으므로 우리는 '담화상은 주어진 정보(discourse-old)'임을 알 수 있다. 또한 (8b)에서도 여전히 청자가 자신의 머리 속에 'Sandy Thompson'이라는 사람이 누구를 가리키는지를 알고 있다고 판단이 되므로 이 상태에서도 '청자에게 주어진 정보(hearer-old)'이다.

이전의 연구에서와 달리 Prince(1992)에서는 위의 두 축을 모두 고려해도 전적으로 '새 정보' 혹은 '주어진 정보'라고 분석하기에 모호한 정보를 분석하는 용어를 주장했다. Prince(1992: 304)는 사실 화자가 담화의 흐름 속에서 쓰는 많은 표현들이 화자가 판단하기에 청자가 논리적인 연결이나 추론적인 연결(logical reasoning or inferential link)로 그 존재를 추론할 수 있는 경우가 많음을 주목하고 이를 '추론가능한 정보'(inferable information)이라고 불렀다. 예를 들어 Prince(1992: 305)의 다음의 예를 고려해 보자.

(9) a. He passed by the door of the Bastille and the door was painted purple.
b. He passed by the Bastille and the door was painted purple.

Prince에 따르면 (9a)에서 이탤릭체로 된 명사구 표현 *the door*는 이전에 이미 담화 속에 나타났다가 다시 언급되었으므로 '담화상 주어진 정보(discourse-old)'라고 할 수 있다. 반면 (9b)에서는 이것이 이전의 담화에서 언급된 적이 없으므로 '담화상 주어진 정보(discourse-old)'라고 할 수 없다. 하지만 이 경우 화자가 판단할 때에 청자가 당연히 그 존재를 알 수 있는 청자에게 이미 알려진 혹은 적어도 추측이 가능한 정보인 것으로 생각할 것이다. 모든 화자는 청자가 Bastille 감옥이라는 건물에 당연히 문이 달려있을 것이라고 논리적인 추론을 할 것으로 기대할 수 있기 때문에 이 표현의 앞에 정관사 *the*를 붙여 한정적 의미(definite expression)로 표현한 것이다. 이를 근거로 Prince(1992)는 (9b)의 *the door* 같은 표현을 '추론가능한 정보'(inferrable information)라고 분석하였다.

　Prince(1992)의 연구 이후 Vallduvi(1992), Birner(1994), Birner(1996), Birner와 Ward(1996), Birner와 Ward(1998) 등의 연구를 통해 담화에서 정확히 어떤 관계(relationship)와 연결(link)이 추론가능한 정보'(inferrable information)를 뜻하는지에 대해 연구하여 이 이론을 더욱 다듬고 정리하였다. 이들 연구에서는 주어진 담화 상황에서 부분적으로 정렬된 집합 관계에 의해서만(a partially ordered set or poset relation) 이전에 이미 나타난 정보에 연결된다고 주장하게 되었다. 여기서 부분적으로 정렬된 집합 관계란 가령 A와 B가 한 담화에서 인접하여 나타나는 정보일 경우에 A가 B보다 더 낮은 가치가 될 수도 있고 B보다 더 높은 가치가 될 수도 있거나 A와 B가 순서나 상하관계가 없이 같은 급의 가치가 될 수도 있다. 이와 관련하여 Ward and Birner(2003)은 다음의 예를 통해 상세히 설명하고 있다.

(10) A: Do you like this album?
　　 B: Yeah, *this song I really like.*

(11) A: Have you filled out the summary sheet?
　　 B: Yeah. *Both the summary sheet and the recording sheet I've done.*

(12) A: Did you get any more [answers to the crossword puzzle]?
　　 B: No. *The cryptogram I can do like that.* The crossword puzzle is hard.
Ward and Birner(2003: 122)

Ward and Birner(2003: 122)에 따르면 (10)에서 우리는 '어떤 것의 한 부분(is-part-of)' 관계에 의해 부분적으로 정렬된 집합 관계(poset relation)로 this album과 this song의 정보 관계와 연결을 잘 설명할 수 있다. 여기서 this song은 this album의 한 부분으로서 그것보다 낮은 가치의 정보를 전달하고 있다. 반면 (11)에서는 the summary sheet and the recording sheet은 the summary sheet보다 높은 가치의 정보를 전달하고 있다. the summary and the recording sheet은 [양식서류]라는 부분적으로 정렬된 집합(poset)에서 the summary sheet보다 더 큰 부분집합(super set)이기 때문이다. 그리고 (12)에서는 '어떤 것의 한 타입(is-a-type-of)' 관계에 의해 부분적으로 정렬된 집합인 {newspaper puzzles} 집합 내에서 the cryptogram과 the crossword이 동등한 가치를 나타내는 택일(alternate)의 관계에 있음을 보여 준다.

부분적으로 정렬된 집합안의 구성 분자는 어떤 실체, 속성, 사건, 활동, 시간, 장소 관계에 의해 정의될 수 있다. 또한 이 집합 관계는 훨씬 더 넓은 개념 즉 부분/전체, 실체/속성, 타입/서브타입, 집합/부분집합과 여러 종류의 동등 관계를 포함한다. 발화 속의 링크(link)란 이전의 발화 혹은 담화에 있는 어떤 정보와 상황적으로 허용이 되는 부분적으로 정렬된 집합 관계(a contextually licensed poset relation)에 있는 정보를 전달하는 언어표현을 말하며 이 링크는 이전 발화에 나타난 언어 정보와 현재의 발화를 통해 전달하는 언어 정보 사이의 연결 역할을 담당한다. 여기서 상황적으로 허용이 되는 부분적으로 정렬된 집합 관계란 청자가 담화의 흐름 속에서 나타난 언어 정보를 통해 자신의 인지체계 내에 생각하고 유추해낼 수 있다고 화자가 믿을 수 있는 집합 관계를 말한다. 구체적인 예로 Ward and Birner(2003: 122)의 예를 논의해 보자.

(13) a. I walked into the kitchen. On a/the counter was a large book.
　　 b. I walked into the kitchen. #On a/the jacket was a large book.

(13a)에서 우리는 청자가 kitchen과 counter라는 문화적으로 친숙한 부분적으로 정렬된 집합 {elements of a house}을 생각할 수 있다고 믿을 수 있다. 그러나 (13b)에서는 kitchen과 jacket의 관계를 연결할 수 있는 어떤 뚜렷한 의미와 유추 관계가 존재하지 않으므로 위와 같은 부분적으로 정렬된 집합을 생각할 수 없으며 바로 이 이유 때문에 이 발화는 화용적으로 적절치 못하다 (pragmatically infelicitous).

3. 이론의 적용 사례

담화 흐름 속에 나타나는 언어 표현의 정보 상태를 분석하고 연구하는 '주어진 정보-새 정보 분류층'(Given-New Taxonomy) 이론은 형태론-통사론과 화용론-담화 분석 접속 분야(the interface between morpho-syntax and pragmatics or discourse analysis)의 중요 연구 과제를 연구하는 데에 광범위하게 적용되어 왔다. 이 이론의 적용은 크게 2줄기의 성격의 언어 현상에 적용되어 왔다. 그 중 하나는 어떤 언어 표현이 특정의 통사 구문에서 보이는 제약 현상을 설명하는 것이며 다른 하나는 전치구문(preposing), 도치구문(inversion) 혹은 후치구문(postposing) 같은 비정치 구문(non-canonical)의 정보적 특성을 설명하는 것이다. 전자의 대표적인 예가 소위 'there-구문'으로 불리는 통사 구문에서 'there-is/are-NP'의 명사구 NP의 의미제약을 '주어진 정보-새 정보 분류층'(Given-New Taxonomy) 이론으로 설명한 것이다. 후자 방향의 연구는 매우 광범위하므로 기존의 연구들 중 몇 가지 중요한 것만을 살펴본다. 그리고 이 이론을 명사구와 같은 구단위의 언어 표현의 정보 분석뿐만 아니라 절단위의 언어 표현에도 효과적으로 적용한 예를 살펴보기 위해 최근 연구로서 필자의 논문인 이창봉(2001)을 간략히 살피는 것으로 이론의 적용 사례를 마무리할 것이다.

3.1 영어의 'there-구문'

영어에는 아래의 (14)의 예에서 보듯이 there-구문(there-sentences)이 존재하며 there-동사 다음에 오는 주어 역할을 하는 명사구가 특정의 의미 제약 현상을 보인다. 즉 이 명사구는 비한정적인(indefinite) 것만 허용이 되는 것처럼 보인다.

   (14) There was a/*the man in the room.

순수의미론 분야의 학자들은 이 구문의 특성과 그에 따른 주어 명사구의 의미제약을 명사 앞에 위치하는 한정사(determiner)의 의미적 자질 즉, 한정적(definite)인지 혹은 비한정적인지(indefinite)에 초점을 맞추어 설명해 왔다. 이 같은 전통 속에서 Milsark(1977)과 Barwise and Cooper(1981) 같은 학자들은 명사구 앞에 올 수 있는 모든 한정사를 a/an, some, many 등의 약한 한정사(weak determiners)와 the, most 등의 강한 한정사(strong determiners)로 분류하여 there-구문에는 오직 약한 한정사만이 허용된다는 이론을 전개하였다. 비록 이 이론이 의미론 분야의 이론으로서는 there-구문의 특성을 가장 효과적으로 설명한 이론이지만 다음과 같은 반례를 설명할 수 없다. 많은 학자들이 관찰하였듯이 우리는 (15)에서처럼 정관사 the가 붙은 명사구가 there-구문에 얼마든지 등장하는 예를 보게 된다.

   (15) a. There were the same people at both conferences.
        b. There was the usual crowd at the beach.

(15)의 두 예는 형태적으로 한정적인 즉 강한 한정사가 there-구문의 주어로 나타날 수 있음을 증명한다. 위의 예는 담화의 흐름과 그 흐름 속에

등장하는 언어표현의 정보 상태를 고려하지 않고는 there-구문의 특성을 설명할 수 없음을 강력히 시사한다.

Prince(1992)와 Ward and Birner(1995)에서 주장되었듯이 there-구문의 주어 명사구는 화자가 믿기에 청자에게 익숙하지 않은 정보만 전달해야 한다. 좀더 구체적으로 말하자면 '청자에게 새로운 정보(hearer-new)'를 전달해야 하는 것처럼 보인다. Ward and Birner(2003: 127)의 예를 보자.

(16) What can happen is a hangup such as Rocky Smith ran into, as the independent hauler was traversing Chicago with a load of machinery that just had to get to a factory by morning. "There was this truck in front of me carrying giant steel coils and potholes all over the place," he remembers.

(Wall Street Journal, August 30, 1989)

(16)에서 this truck in question은 담화 흐름 속에서 청자에게 처음 알려지는 '청자에게 새로운 정보(hearer-new)'를 전달하고 있다.

there-구문의 주어 명사구가 '청자에게 주어진 정보(hearer-old)'를 전달할 경우에는 그 문장은 화용적으로 적절치 못한 발화가 된다. 역시 Ward and Birner(2003: 127)의 예를 보자.

(17) a. I have some news you're going to find very interesting. #There was on the panel your good friend Jim Alterman.
b. President Clinton appeared at the podium accompanied by three senators and the Speaker of the House. #There was behind him the vice president.

위의 두 예문에서 Jim Alterman과 the vice president는 담화상으로는 새 정보이지만 청자에게는 이미 알려진 구정보를 전달하기 때문에 각각의 there-구문이 화용적인 면에서 볼 때 적절치 못하다.

만일 there-구문의 주어 명사구가 '청자에게 주어진 정보(hearer-old)'뿐만 아니라 '담화상으로도 주어진 정보(discourse-old)'를 전달할 경우에는 그 문장은 역시 화용적으로 적절치 못한 발화가 된다. (18)의 예를 보자.

(18) a. A: Hey, have you heard from Jim Alterman lately? I haven't seen him for years
   B: Yes, actually. #*There was on the panel today Jim Alterman.*
 b. President Clinton appeared at the podium accompanied by three senators and the vice president. #*There was behind him the vice president.*

이제까지의 분석을 종합해 보면 there-구문의 주어 명사구는 '청자에게 새로운 정보(hearer-new)'를 전달해야 하는 것으로 이 구문의 의미적 특성을 파악할 수 있는 듯하다.

그러나 상황은 그리 간단해 보이지 않는다. 여러 학자들이 관찰하였듯이 어떤 there-구문에서는 '청자에게 주어진 정보(hearer-old)'를 전달하는 주어 명사구가 올 때가 있다. Ward and Birner(2003: 128)의 예를 논의해 보자.

(19) a. There only lacked *the moon*; but a growing pallor in the sky suggested the moon might soon be coming.
 b. Suddenly there ran out of the woods *the man we had seen at the picnic.*

(19)의 두 예문에서 주어 명사구인 the moon과 the man we had seen at the picnic은 모두 발화 순간에 청자에게 이미 알려진 주어진 정보(hearer-old)를 전달하고 있다. 하지만 이 두 명사구 표현은 여전히 담화

상으로는 새로운 정보(discourse-new)를 전달하고 있다. 학자들은 (18)에 서처럼 주어 명사구가 청자에게 이미 알려진 주어진 정보(hearer-old)를 단순히 담화상에 새롭게 등장시켜 제시하는 기능을 하는 특징에 초점을 맞추어 이 같은 타입의 there-구문을 '제시적 there-구문(presentational there-sentences)'이라고 불렀다. 이 타입의 there-구문은 위에서 (14)에서 (18)까지의 예들을 통해 살펴 본 단순히 주어 명사구의 존재 여부를 언급하는 '존재적 there-구문(existential there-sentences)'과 구별된다.

이제까지의 논의를 정리하면 존재적 there-구문은 주어 명사구가 '청자에게 새로운 정보' 즉 담화의 흐름 속 정보들 중 '청자의 인지 상태에서 받아들이는 주어 명사구의 정보가 새것이어야 함'을 요구하는 구문인 반면 제시적 there-구문은 '담화상 이전에 언급된 적이 없는 담화상 새 정보이어야 함'을 요구하는 구문임을 알 수 있다. 결국 there-구문에 관한 이전의 연구에서는 단순히 '청자에게 새로운 정보'에만 이 구문이 민감하다고 분석했으나 이 구문이 청자의 인지 상태 측면의 정보 상태뿐만 아니라 담화상의 정보 상태에도 민감한 것으로 분석되어져야 하고 이런 분석으로 there-구문의 두 가지 중요한 타입을 체계적이고 설득력 있게 설명할 수 있다는 것을 알게 된 것이다.

3.2 전치 구문(Preposing)

영어에서 우리는 문장의 일부를 본래의 위치에서 문장의 앞으로 위치 시키는 비정치 구문(non-canonical structure)을 보게 된다. 이렇게 문장의 일부를 본래의 위치에서 벗어나서 문장의 앞으로 위치시키는 구문을 일반적으로 전치 구문(Preposing)이라고 부른다. 전치 구문들 중 중요한 분석의 대상이 된 구문이 바로 주제화 구문(Topicalization)이다.

Prince(1981)는 주제화 구문의 예로 아래의 (20)을 들고 있고 이 구문의 통사형식적 특징을 (20)에서와 같이 정리하고 있다.

(20) Beans I don't like.

[s [X₁]   [s --- NP[X₂] ---]]
X₁과 X₂는 공시지적(co-referential)이다.
X₂는 공백/흔적이다.
X₁은 비호격(nonvocative)이다.

Prince(1981)는 이 구문에서 어떤 특정의 NP 표현만이 앞으로 이동하여 주제화 구문을 이룰 수 있음을 파악하고 이 구문의 화용론적 제약을 밝히기 위하여 꾸준히 연구해 왔다. Prince(1981)는 (21)과 (22)의 예문들을 비교 분석하여 주제화 구문의 근본적인 화용론적 특성을 규명하였다.

(21) A: You want to see Stardust Memories?
    B: Stardust Memories I saw --- yesterday.

(22) A: Why are you laughing?
    B: #Stardust Memories I saw --- yesterday.

Prince(1981)는 (21)에서 Stardust Memories가 화자 A가 이전의 담화에서 이미 언급한 구정보(old information)이기 때문에 앞으로 이동하여 화용적으로 적절한(pragmatically felicitous) 주제화 구문을 만들 수 있는 반면 (22)에서는 Stardust Memories가 이전의 담화에서 언급된 적이 없는 새로운 정보이기 때문에 주제화 구문을 만들기 위해 앞으로 이동할 수 없는 제약에 주목하였다. 따라서 그녀는 주제화 구문의 전치된 NP는 일단 이전의 담화에서 언급된 정보를 표현해야 한다는 제약이 있다고 주장하였다.

그러나 그녀 자신이 곧 밝혔듯이 우리는 다음과 같은 예문 때문에 즉시 이 제약이 수정되어야 한다는 것을 알게 된다. (23)의 예를 고려해 보자.

(23) These guys knew they were being followed and they still continued the same shit. People like that you have no sympathy for ---.

(23)에서 밑줄 친 people like that은 이 담화에서 앞 문장에서 언급된 these guys의 한 부분집합 혹은 집합의 일원의 관계를 보여 준다. 이 예문은 결국 주제화 구문의 전치된 NP는 이전의 담화에서 언급된 정보 자체뿐만 아니라 그 정보와 현저한 집합관계(salient set relation)을 보이는 정보를 나타내는 것도 문장의 앞으로 이동하여 주제화 구문을 적절히 만들 수 있음을 보여 준다.

Prince(1981)의 연구 이후 Ward(1988)는 주제화 구문을 비롯한 일반적인 전치구문이 앞으로 전치된 NP가 이전의 담화에서 언급된 어떤 NP 표현과 여러 가지 다양한 방식으로 연결되는 한 모두 화용적으로 적절히 전치가 가능하다고 주장하였다. Ward(1988)에 따르면 전치된 NP와 이전 담화에서 언급된 NP와의 이런 다양한 종류의 연결 꼬리는 위에서 이미 살펴본 바와 같이 부분적으로 정렬된 집합 관계(poset relation)로 모두 파악할 수 있다고 한다. 이 집합 관계는 부분/전체, 실체/속성, 타입/서브타입, 집합/부분집합과 같은 다양한 관계를 포함한다. 예를 들어 먼저 Ward(1988)로부터의 (24)의 예를 고려해 보자.

(24) Customer: Can I get a bagel?
　　　Waitress: No, sorry. We're out of bagels. A brain muffin I can give you.

(24)에서 우리는 전치된 NP [A brain muffin]가 이전 담화에서 언급된 NP 표현인 a bagel과 아침 빵 종류라는 큰 집합의 한 원소로서 같이 부분적으로 정렬된 집합관계에 있음을 보게 된다. 그러므로 이 전치구문은 화용적으로 적절하다. 그러나 어떤 경우에는 두 NP 사이의 정보 관계가 명백한 집합 관계를 보이지 않으면서도 화용적으로 적절한 전치구문을 만들 때도 있다. Ward(1988)로부터의 (25)의 예를 생각해 보자.

(25) A: Where can I get a reading packet?
　　 B: In Steinberg. Six dollars it costs. (two students in conversation)

(25)에서 전치된 NP 표현인 six dollars는 이전의 담화에서 언급된 NP 표현인 reading packet과 어떤 특정의 집합관계라기보다는 위에서 살펴 본 '추론가능한 정보'(inferrable information)의 관계 속에 있다고 볼 수 있다. 이 예문은 결국 전치 구문의 화용적 제약의 광범위성을 파악하기 위해서는 담화의 흐름 속에서 두 NP 표현간의 논리적인 관계를 파악하는 부분적으로 정렬된 집합 관계(poset relation) 뿐만 아니라 담화 상황적인 관계에 주목하는 '추론가능한 정보'(inferrable information)도 고려해야 함을 보여 준다. 현재 이 분야의 연구는 영어뿐만 아니라 다른 언어에서의 전치 구문의 예들을 분석하여 위에서 언급한 제약을 더욱 일반화하고 체계화하는 방향으로 발전하고 있다.

3.3 후치 구문(Postposing)과 도치 구문(Inversion)

영어에서 우리는 문장의 일부를 본래의 위치에서 문장의 앞으로 위치시키는 전치 구문 이외에도 그것을 문장의 뒤로 위치시키는 후치 구문(postposing)을 보게 된다. Prince(1981)와 Ward(1988)와 Birner(1994) 등의 학자들의 연구를 종합해 보면 3.2에서 살펴 본 바와 같이 전치구문의 경우에는 앞으로 이동하는 NP의 정보상태가 이전의 담화에서 언급된 NP를 그대로 반복하여 언급한 구정보(old information)을 표현하거나 논리적으로 혹은 상황적으로 연결된 추론가능한 정보(inferrable information)를 표현해야만 화용적으로 용납되는 적절한 전치구문을 만들 수 있다. 반면 후치 구문의 경우에는 이 학자들의 연구에 따르면 이와 반대로 문장의 뒤로 위치시키는 NP 표현들은 새정보를 표현해야 화용적으로 적절한 구문을 만든다. 그렇다면 구체적으로 어떤 면에서의 새정보를 뜻하는지 살펴보자.

　Birner(1994)의 연구에 따르면 1,778개의 도치 구문들 중 78%의 구문이 전치구문이었고 22%가 후치 구문이었다. 앞에서의 연구에서 살펴 본 바와 같이 Birner의 자료들 중 전치된 NP 구문은 담화상 구정보(discourse-old information)이거나 이전의 담화에서 언급된 표현에서 추론 가능한 정보(inferrable information)이었으며 후치된 NP 구문은 담화상 새로운 정보(discourse-new information)을 표현하는 것이었다. Birner(1994)로부터의 (26)의 예를 보자.

> (26)　We have complimentary soft drinks, coffee, Sanka, tea, and milk. *Also complimentary is red and white wine.* We have cocktails available for $2.00. (Flight attendant on Midway Airlines)

(26)에서 전치된 형용사구 표현인 [also complimentary]는 이전의 담화에서 언급된 담화상의 구정보(discourse-old information)를 나타낸다. 반면 후치된 NP 표현인 [red and white wine]은 담화에 처음 언급된 새 정보(discourse-new information)이다. 이 예는 전치구문은 담화상 구정보를 후치구문은 담화상 새 정보를 표현하는 것들이 위치할 것을 요구하는 제약이 있음을 명백하게 보여준다. Birner(1994)는 자신의 언어 자료에서 이와 같은 성격의 정보 배치가 거꾸로 된 경우, 즉 전치된 표현이 담화상 새정보를 나타내고 후치된 표현이 담화상 구정보를 나타낸 예가 하나도 없다고 밝히고 있다. 따라서 전치구문과 후치구문에서의 이와 같은 대조적인 정보 상태 제약은 매우 명확한 이론으로 정립할 수 있는 것처럼 보인다.

　Birner(1994)가 위와 같은 언급을 했을 때 그녀의 언어자료에서 모든 전치된 표현과 후치된 표현의 짝이 담화상 구정보와 담화상 새 정보를 각각 나타내는 짝으로는 이루어져 있다는 뜻은 아니었다. Birner에 따르면 그녀의 자료 중 11%의 구문에서 전치된 표현과 후치된 표현이 모두 담화상 구정보를 나타내고 있다고 한다. 흥미로운 점은 전치된 표현이 후치된 표현보다 상대적으로 담화상 더욱 최근에 언급된 정보를 나타내는 경향이 있다는 점이다. Birner(1994)로부터의 (27)의 예를 살펴보자.

> (27) Each of the characters is the centerpiece of a book, doll, and clothing collection. The story of each character is told in a series of six slim books, each $12.95 hardcover and $5.95 in paperback, and in bookstores and libraries across the country. More than 1 million copies have been sold; and in late 1989 a series of activity kits was introduced for retail sale. *Complementing the relatively affordable books are the dolls, one for each fictional heroine and each with a comparably pricey historically accurate wardrobe and accessories.* (Chicago Tribune)

(27)에서 dolls라는 표현이 비록 이미 이전의 담화에서 언급된 적이 있지만 books보다는 덜 최근에 언급된 것을 관찰할 수 있다. 그렇기 때문에 books는 전치된 구문에 나타나고 dolls는 후치된 구문에 나타나고 있다. Birner(1994)가 지적하고 있듯이 만약 이 표현의 순서가 바뀌게 되면 (28)에서처럼 화용적으로 받아들일 수 없는 (pragmatically infelicitous) 담화가 된다.

> (28) Each of the characters is the centerpiece of a book, doll, and clothing collection. The story of each character is told in a series of six slim books, each $12.95 hardcover and $5.95 in paperback, and in bookstores and libraries across the country. More than 1 million copies have been sold; and in late 1989 a series of activity kits was introduced for retail sale. #*Complementing the relatively affordable dolls are the books, one for each fictional heroine.*

(27)과 (28)에서의 대조적인 사실은 전치된 표현과 후치된 표현이 모두 담화상 이미 언급된 담화상 구정보(discourse-old information)를 나타낸다고 하더라도 전치된 것이 후치된 것보다 더 최근에 언급된 것 즉 청자에게 더 알려진 것(more familiar)을 나타내는 제약이 존재함을 보여준다.

    Birner(1994)의 연구를 종합해 보면 결국 전치 구문과 후치 구문에서 전치된 표현이나 후치된 표현은 담화상 정보 상태와 청자에게 익숙한 정도라는 두 척도에 의해 그 화용적 제약이 정해짐을 알 수 있다. 즉 전치된 표현은 담화상 구정보이면서 청자에게 더욱 최근에 친숙해진 정보를 그리고 후치된 표현은 담화상 새 정보이면서 청자에게 덜 친숙한 정보를 나타낸다.

3.4 자연담화 속의 조건절의 정보 상태: 이창봉(2001)

    3.1에서 3.2까지의 연구 사례를 통해 우리는 '주어진 정보-새 정보 분류층'(Given-New Taxonomy) 이론이 영어의 there-구문이나 전치구문(preposing), 도치구문(inversion) 혹은 후치구문(postposing) 같은 비정치 구문(non-canonical)의 정보적 특성을 설명하는 데에 매우 유용함을 보았다. 이 연구들에서는 문장의 정치 구조에서 앞이나 뒤로 이동한 NP 구문의 정보상태를 중점적으로 분석하였다. 그러나 담화의 흐름에서 분명히 일개 단어나 구 표현이외에도 절 단위의 표현도 중요한 정보 단위이므로 절의 정보상태를 중점적으로 분석한 연구도 이 이론의 적용으로 의미 있는 주장을 할 수 있을 것으로 기대하게 된다.

    최근에 이창봉(2001)은 '주어진 정보-새 정보 분류층'(Given-New Taxonomy) 이론의 틀 속에서 자연 담화 흐름 속의 영어의 if-절의 정보 상태를 분석하였다. 그는 Haiman(1978)의 주장과는 달리 모든 조건절 if-절을 문장의 화제어(topic)로 분석할 수 없다고 주장하였다. 그는 그의 주장의 근거로 자연 담화 흐름 속에서 발생하는 if-절의 정보 상태는 한결같이 구정보일 수 없으며 구정보뿐만 아니라 새 정보 그리고 추론 가능한 정보 등 다양한 성격의 정보를 전달한다는 사실을 들고 있다.

3.4.1 조건절과 구정보

이창봉(2001)에 따르면 조건절이 구정보를 전달하는 전형적인 경우를 소위 '새로 알게 된 정보 맥락(newly learned context)'의 조건절 형식에서 발견할 수 있다. Akatuska(1986)는 아래의 (29)에서처럼 조건문의 선행절이 대화 상황에서 화자가 청자로부터 직접 들은 내용을 그대로 가정하는 형식의 조건문을 '새로 알게 된 정보 맥락'의 조건문이라고 불렀다.

(29) A: Ken says he lived in Japan when he was a kid.
　　 B: Gee. If he lived in Japan when he was a kid, why doesn't he have an accent?

(29)에서 if-절은 화자가 A가 이전의 대화에서 언급한 내용을 그대로 전달하고 있으므로 담화상 구정보(discourse-old)이자 이 내용 자체가 청자가 언급한 것이므로 청자에게도 주어진 정보(hearer-old)이다.

그러나 if-절이 구정보를 전달할 때 반드시 담화상으로도 청자에게도 모두 구정보 혹은 주어진 정보들을 표현하는 것은 아니다. 이창봉(2001)은 (30)의 예를 들어 if-절이 이 중 한 측면에서만 구정보를 전달할 수 있음을 보여 준다.

(30) (A and B open the refrigerator door and find some beer:)
　　 A: If there is some beer, we have to drink some.
　　 B: Absolutely!

Akatsuka(1986)는 (30)과 같은 형식의 조건문을 '급작스러운 깨달음(Sudden Realization)의 화자 태도(Speaker Attitude)를 나타내는 조건문

형식이라고 불렀다. 이창봉(2001)은 위의 예문에서 화자 A가 조건절 if-절을 사용했을 때 그 내용이 바로 화자 자신이 담화 상에서 방금 눈으로 목격하고 깨달은 것임을 주목하여 이 예문을 Akatsuka가 명명한 '급작스러운 깨달음(Sudden Realization)의 화자 태도(Speaker Attitude)를 나타내는 조건문의 예로 들고 있다. 그의 분석에 따르면 (30)에서 if-절의 정보 상태는 이전의 담화 상황에서 언급된 적이 없으므로 담화상 새 정보(discourse-new)이며 청자는 같은 상황을 목격하고 깨달았음에 틀림없으므로 청자에게는 주어진 정보(hearer-old)가 된다. 물론 같은 문장을 화자 혼자서 냉장고 문을 열어 보고 맥주가 있다는 것을 깨닫고 독백으로 말을 했다면 그 if-절의 내용이 담화상으로도 청자에게도 새 정보(discourse-new)임을 쉽게 알 수 있다. 이제까지의 짧은 논의에서 볼 수 있듯이 자연 담화 흐름 속의 if-절은 구정보 뿐만 아니라 새 정보도 전달할 수 있음을 알 수 있다. 다음 장에서 조건절이 새 정보를 전달하는 경우를 더욱 자세히 살펴보기로 하자.

3.4.2 조건절과 새 정보

3.4.1의 후반부 논의에서 언급되었듯이 if-절이 '급작스러운 깨달음(Sudden Realization)의 화자 태도(Speaker Attitude)'를 표현할 때 청자 없이 독백으로 화자가 조건문을 말할 경우 그 조건절은 담화상으로도 청자에게도 새 정보(discourse-new)를 전달함을 이미 확인한 바 있다. 이창봉(2001)은 이전의 연구에서 Van der Auwera(1986)가 '화행 조건문(Speech Act Conditionals)'이라고 부른 형식의 조건문에서도 if-절이 새 정보를 전달하는 것으로 분석하고 있다. Van der Auwera(1986: 199)의 다음 예문을 고려해 보자.

(31) a. If I can speak frankly, he doesn't have a chance.
    b. Open the window, if I may ask you to.

Van der Awuera는 위와 같은 조건문이 'if p, q'라는 조건문 형식에서 p와 q의 어떤 조건적 의미관계보다는 q라는 화행을 하기에 앞서 화자의 입장에서 볼 때 적절히 화행을 수행하기 위해 필요한 부수적인 언급을 하기 위한 성격의 조건절 표현임을 주목하고 이 같은 예문을 '화행 조건문(Speech Act Conditionals)'이라고 불렀다. 이 예문에서 이창봉(2001)은 if-절의 내용이 이전의 담화에서 언급된 적이 없을 뿐만 아니라 청자와는 상관없이 화자 자신이 화행상의 필요에 의해 일방적으로 언급한 부수적 조건 표현이므로 담화상으로도 청자에게도 새 정보일 수밖에 없다고 분석하였다.

이창봉(2001)은 또한 이전의 연구에서 Reilly(1986)가 '총칭적 조건문(Generic Conditionals)'이라고 부른 형식의 조건문에서도 if-절이 새 정보를 전달하는 것으로 분석하고 있다. 이창봉(2001)의 다음 예문을 살펴보자.

(32) (A and B are examining an electric appliance:)
    A: How do I turn this on?
    B: If you push this button, the power comes on.

(32)에서 화자 B가 언급한 조건문은 'if p, q'라는 조건문 형식에서 p와 q 사이의 어떤 규칙과도 같은 조건-결과 관계를 나타내고 있음을 우리는 관찰할 수 있다. 이 같은 의미적 특성을 주목하여 Reilly(1986)는 이와 같은 성격의 조건문을 '총칭적 조건문(Generic Conditionals)'이라고 불렀던 것이다. 본 논고의 논의 요지로 돌아가서 (32)의 if-절의 정보 상태 분석에 초점을 맞추어 보자. 이 예문에서 if-절의 정보 상태는 그것의 내용이 이전의 담화에서 언급된 적이 없고 화자가 이 문장을 말할 당시 그 내용을 청자가 알 것이라고 믿고 있는 상태가 아니므로 (어떻게 전원을 켜는지 몰라서 묻고 있는 사람에게 스위치의 위치를 새로 열어 주고 있는 상황이므로) 담화상으로 뿐만 아니라 청자에게도 새 정보로 분석할 수 있다.

3.4.3 조건절과 추론가능한 정보

이창봉(2001)의 분석에 따르면 자연 담화의 흐름 속에서 나타나는 if-절 표현은 구정보와 새 정보뿐만 아니라 여러 가지 성격의 추론가능한 정보도 전달한다. Prince(1992)에서 제시된 이론을 토대로 이창봉(2001)은 크게 다음 4가지의 추론가능한 정보 담화 맥락을 주목하고 있다.

3.4.3.1 현저한 집합 관계 (X. If a, c. If b, d.) [X={a,b}]

이창봉(2001)은 신약 성서로부터 다음의 예를 들어 조건절이 이전 담화에서 언급된 내용과 현저한 집합 관계와 관련된 추론가능한 정보를 전달하는 데에 전형적으로 쓰인다고 지적하였다. (33)의 예를 살펴보자.

(33) (From New Testament: Matthew 18:15)
If your brother does something wrong, go and have it out with him alone, between your two selves. *If he listens to you*, you have won back your brother. *If he does not listen*, take one or two others with you.

(33)에서 두 개의 if-절은 이전의 담화에서 언급된 'go and have it out with him alone, between your two selves'라는 명령문에 기반하여 가정 추론할 수 있는 대조되는 두 개의 결과를 표현하고 있다. 어떤 명령을 경청하여 따르느냐 안 따르느냐 우리가 기본적으로 추론할 수 있는 대조적인 결과 상황을 의미한다. 이런 면에서 볼 때 (33)의 각 if-절은 이전의 담화에서 언급된 정보를 기반으로 추론가능한 정보(Inferrable information)를 전달하고 있다.

3.4.3.2 예시 (일반적 진술 X. If x, y.) [x는 X의 한 예시]

이창봉(2001)은 조건절의 중요한 담화 기능 중의 하나가 이전의 담화 상황에서 언급된 어떤 내용의 많은 가능성 중의 하나를 표현하는 예시의 기능임을 관찰하고 이런 용법에서 if-절은 또 다른 성격의 추론가능한 정보를 전달한다고 주장하였다. 아래 (34)의 예를 보도록 하자.

(34) Everyone needs to take some time off. *If I have free time during the summer*, I travel to see a beautiful resort with my family.

(34)에서 if-절은 이전의 담화에서 언급된 것의 구체적인 예들 중의 하나를 표현하고 있다. 여기서 if-절은 이미 언급된 바 있는 'to take some time off(휴식의 시간을 갖다)'와 관련된 많은 가능성 중의 구체적인 상황 즉 '여름에 휴식 시간이 생기다'는 예시의 기능을 하고 있다. 이 용법에서도 각 if-절은 이전의 담화에서 언급된 것을 기반으로 추론가능한 정보(Inferrable information)을 전달하고 있다고 분석할 수 있다.

3.4.3.3 이전 주장에 대한 대조적 내용을 표현 (X. If -X, Y.)

이창봉(2001)은 또한 조건절이 이전에 언급된 정보와 추론가능한 연결로 이어지는 흔한 담화상황은 아래의 (35)에서처럼 if-절이 이전 문장에서 주장한 것의 반대 상황을 표현하는 용법임을 관찰하였다.

(35) I am sure $20 will be enough. *If $20 is not enough*, please call me when you get there.

(35)에서 if-절은 화자 자신이 이전 문장에서 주장한 '$20 will be enough'라는 문장의 반대 가정 상황을 표현하기 위해 사용되었다. 담화상황 속에서 우리 자신이 한 주장에 대해 그 반대의 주장 혹은 가능성을 얼마든지 상상할 수 있다는 점에서 화자가 if-절의 내용을 말할 때 청자가 충분히 그것을 이전의 주장과 관련하여 추론할 수 있는 정보라고 믿을 수 있다. 이런 면에서 볼 때 이 용법의 if-절도 추론가능한 정보를 나타낸다고 분석할 수 있다.

3.4.3.4 이전의 주장이나 언급이 대화상 함축한 것(conversational implicature) 과 연결됨

이창봉(2001)은 3.4.3.1에서 3.4.3.3까지의 예에서 if-절의 내용이 이전 담화에서 언급된 내용과 논리적으로 연결된 성격의 것인 반면 아래 (36) 의 예는 if-절의 내용이 이전의 주장이나 언급이 대화상 함축한 것(conversational implicature)과 연결되는 성격의 것임을 지적하였다.

(36) A: How are you doing these days?
　　　B: Well. I have so many things to do these days. *If I can afford some free time*, I would like to visit your place some time.

(36)에서 if-절의 내용은 이전에 언급된 어떤 구체적인 것과 연결되어 있지 않아 보인다. 그러나 화자가 'I have so many things to do these days' 라고 말했을 때 대화상 '요즘 매우 바쁘다는' 함축의 의미가 간접적으로 전달되고 있으므로 if-절의 내용은 이 대화상 함축의 표현을 기반으로 추론할 수 있는 정보를 나타내고 있음을 주목해야 한다. 이 때 if-절의 내용은 이 대화상 함축의 내용과는 대조되는 가상적인 내용 즉 바쁜데 시간을 낼 수 있는 상황을 표현하고 있다. 이런 면에서 볼 때 화자가 이 if-절의 내용을 말했을 때 청자가 충분히 그 내용을 추론하여 짐작할 수 있다는 점에서 이 if-절의 정보도 추론가능한 정보라고 분석할 수 있다.

3.4.4 조건절과 어순

Ford and Thompson(1986)은 그들의 코퍼스 자료 연구를 통해 문어 영어에서 영어의 if-절이 주절의 뒤에 위치한 경우가 23%가 되며 구어체에서는 이보다 약간 적은 10%가 절의 뒤에 위치하였다고 보고하였다. 결국 그들의 연구에 따르면 영어에서 if-절과 주절의 어순은 약 3대 1의 비율로 if-절이 주절의 앞에 오는 경우가 더 많다는 뜻이다.

Ford and Thompson(1986)은 화자나 필자가 if-절을 주절의 뒤에 위치시키는 문법적 요인 뒤에는 여러 가지 있는데 그 중 일부는 통사적이고 다른 부분은 담화적인 요인이라고 주장하였다. 이 곳에서 그들의 자세한 분석을 시간과 공간의 부족 때문에 소개할 수는 없다. 그러나 이제까지의 논의와 관련하여 주목할 것은 이창봉(2001)이 그들의 연구에서 지적한 담화적인 요인의 분석을 '주어진 정보-새 정보 분류층'(Given-New Taxonomy) 이론에 입각한 시각에서 조건절과 어순의 관계를 보다 명확히 밝혔다는 점이다.

  이창봉(2001)은 신약성서 자료를 예로 들어 영어의 if-절을 주절 뒤에 위치시키는 경우 화자는 주절의 내용이 이전의 담화에서 언급된 것의 구정보(old information)나 추론가능한 정보(inferrable information)로 연결될 때에 밀려서 뒤쪽으로 위치되는 경향이 있으며 이는 담화상 일반적인 제약인 '구정보-새 정보' 순의 어순 배열을 지키는 경향에서 벗어나지 않은 것임을 밝혔다.

  먼저 이창봉(2001)은 아래의 (37)의 예에서 if-절은 담화상으로도 또한 청자에게도 새 정보이기 때문에 뒤로 밀려 위치하게 되었음을 지적하였다.

   (37) (Hebrew 3:6)
         But Christ is faithful as a son over God's house. And we are **his house**, *if we hold on to our courage and the hope of which we boast.*

(37)에서 주절의 NP 표현인 his house는 이전의 문장에서 God's house가 이미 언급되었으므로 담화상 구정보(discourse old information)이다. 반면 if-절의 내용은 이전의 담화에서 언급된 적이 없으며 청자에게도 알려졌다고 믿을 수 없으므로 새 정보이다. 바로 이 차이 때문에 필자는 이전 문장과 담화상 구정보로 연결되는 주절을 앞에 위치시키고 새 정보를 전달하는 if-절을 뒤로 빼서 위치시킨 것이다.

이창봉(2001)은 아래의 (38)의 예에서 보듯이 주절이 이전의 문장과 추론가능한 정보로 연결될 때에도 같은 현상이 목격됨을 지적하였다. (38)의 예를 보자.

(38) (Luke 23:35)
The people stood watching, and the rulers even sneered at him.
They said, "He saved others; **let him save himself**, *if he is the Christ of God, the Chosen One*."

(38)에서 주절의 내용인 'let him save himself'는 이전의 담화에서 언급된 상황과 대조되는 가능성을 예시한 것이므로 추론가능한 정보를 전달하고 있다고 분석할 수 있다. 반면 if-절의 내용은 이전의 담화상황에서 언급된 적이 없고 청자도 알고 있으리라고 단정하기 어려운 새로운 정보이므로 담화상으로도 그리고 청자에게도 새 정보에 속한다. 이런 상황에서 필자는 이전의 문장과 추론가능한 정보로 연결되는 내용을 전달하는 주절의 내용을 앞에 위치시키고 새 정보를 전달하는 if-절을 뒤로 빼서 위치시켜서 '구정보-새 정보'라는 담화상 일반 제약을 지키고 있는 것이다.

이창봉(2000)은 그의 이전의 연구에서 한국어 조건절의 경우에는 문어체에서는 한국어의 '-면' 조건절을 주절의 뒤에 위치시키는 적이 전혀 발견되지 않으며 (647건 중 0 경우) 구어체의 경우에서도 극히 드물다고 (97건 중 3 경우) 보고하였다. 그의 주장에 따르면 이는 결국 영어와 달리 한국어는 통사적으로 핵을 뒤에 위치시키는(head-final) 언어이기 때문에 복합절의 핵이 아닌 조건절을 뒤에 위치시키는 것이 근본적으로 불가능하다는 것을 의미한다고 해석하였다. 덧붙여 그는 조건절과 어순의 관계와 관련하여 영어와 한국어 자료를 분석해 보면 우리가 언어 문법에 있어서 통사 문법(문장 문법)이 담화 문법보다 일차적으로 더 우선적으로 지켜지는 우위성이 있음을 알 수 있다고 하였다. 영어의 경우 통사적으로 핵을 앞으로 하는 언어(head-initial language)이므로 주절을 앞에 위치시키는 것이 통사적으로 가능하며 이 때 약 3분의 1의 경우 if-절을 뒤에 위치시킬 때에는 위에서 살펴 본 바와 같이 담화 문법적인 요인에 의해 그렇게 할 수 있는 문법적 탄력성이 있는 것이다. 반면 한국어의 경우에는 통사 문법상 조건절 '-면'절을 주절의 뒤에 위치시키는 것이 근본적으로 허용이 안 되므로 담화상의 이유로 예외적인 어순이 가끔 허용되는 구어체에서만 '-면'절이 매우 제한되게 발견된 뿐이라고 해석할 수 있다.

4. 연구 전망 및 결어

언어학의 핵심 주제들 중의 하나는 화자가 주어진 담화상황에서 왜 특정의 형태-통사적 형태 혹은 구문을 사용하며 어떤 성격의 의미를 전달하는지를 설명하고 그에 따른 여러 의미 제약 현상을 체계적으로 규명하는 것이다. 담화 흐름 속에 나타나는 언어 표현의 정보 상태를 분석하고 연구하는 '주어진 정보-새 정보 분류층'(Given-New Taxonomy) 이론은 형태론-통사론과 화용론-담화 분석 접속 분야(the interface between morpho-syntax and pragmatics or discourse analysis)의 중요 연구 과제로서 이 핵심 주제를 연구하는 데에 있어서 광범위하게 적용되어 왔다. 이 소고에서 살펴보았듯이 영어의 경우에는 E. Prince와 G. Ward와 B. Birner 등의 학자들이 '주어진 정보-새 정보 분류층'(Given-New Taxonomy) 이론의 체계를 정립해 오면서 전치구문(preposing), 도치구문(inversion) 혹은 후치구문(postposing) 같은 비정치구문(non-canonical)의 정보적 특성을 효과적으로 설명하는 연구를 꾸준히 발표하여 왔다. 이 소고에서 미처 소개를 하지 못하였지만 영어 이외에도 많은 다른 개별 언어의 화용적 특성을 밝히기 위해 이 이론이 광범위하게 적용되어 의미 있는 연구성과를 얻고 있다. 특히 한국어의 경우에는 이창봉(2000)의 조건절 연결 어미 '-면'의 연구를 비롯하여 많은 연구들이 발표되고 있는 실정이다.

한국어는 특히 다른 언어보다도 화용과 담화적 특성의 영향이 반영된 학문적으로 흥미로운 현상이 많으므로 앞으로 '주어진 정보-새 정보 분류층'(Given-New Taxonomy) 이론의 적용을 통한 활발한 연구 성과가 크게 기대된다. 뿐만 아니라 앞으로는 여러 언어 자료를 통합한 언어교차적인(cross-linguistic) 보편적인 성격의 연구가 활발하게 전개되어 자연언어의 보편적 화용적 특성을 규명하는 데에 크게 기여할 수 있을 것으로 전망된다.

참고문헌

Akatsuka, N. 1986. "Conditionals are Discourse-bound," In E. Traugott et al., eds., *On Conditionals*, 333-351

Van der Auwera, J. 1986. "Conditionals and Speech Acts," In E. Traugott et al., eds., *On Conditionals*, 309-331.

Barwise, J. and R. Cooper. 1981. "Generalized Quantifiers and Natural Language," *Linguistics and Philosophy* 4, 159-219.

Birner, B. J. 1994. "Information Status and Word Order: An Analysis of English Inversion," *Language* 70, 233-259.

Birner, B. J. 1996. "Form and Function in English *by*-phrase Passives," *Chicago Linguistic Society* 32, 23-31.

Birner, B. J. and G. Ward, 1996. "A Crosslinguistic Study of Postposing in Discourse," *Language and Speech: Special Issue on Discourse, Syntax, and Information* 39, 111-140.

Birner, B. J. and G. Ward, 1998. *Information Status and Noncanonical Word Order in English*. Amsterdam and Philadelphia: Benjamins.

Chafe, W. 1976. "Givenness, Contrastiveness, Definiteness, Subjects, Topics and Point

of Views," in C. Li, ed., *Subject and Topic*. New York: Academic Press.
Ford, C. and S. Thompson, 1986. "Conditionals in Discourse: A Text-based Study from English," in E. Traugott et al., eds., *On Conditionals*, 353-372.
Haiman, J. 1978. "Conditionals are Topics," *Language* 54.3.
Kuno, S. 1971. "The Position of Locatives in Existential Sentences," *Linguistic Inquiry* 2.3.
Kuno, S. 1972. "Functional Sentence Perspectives," *Linguistic Inquiry* 3, 269-320.
Lee, C. B. 2000. *Conditionals as a Discourse-bound Entity: Pragmatics of Korean Conditionals*. Ph. D. Dissertation, University of Pennsylvania. Seoul: Hankwuk Munhwasa.
Lee, C. B. 2001. "The Information Status of English If-Clauses in Natural Discourse," *Language Research* 37.3, 483-503. Seoul: Language Research Institute, Seoul National University.
Milsark, G. 1977. "Toward an Explanation of Certain Peculiarities in the Existential Construction in English," *Linguistic Analysis* 3, 1-30.
Prince, E. F. 1981. "Toward a Taxonomy of Given-New Information," in P. Cole, ed., *Radical Pragmatics*. New York: Academic Press.
Prince, E. F. 1985. "Fancy Syntax and Shared Knowledge," *Journal of Pragmatics* 9, 65-81.
Prince, E. F. 1992. "The ZPG Letter: Subjects, Definiteness, and Information Status," in S. Thompson, and W. Mann, eds., *Discourse Description: Diverse Analysis of a Fund Raising Text*, 295-325. Amsterdam/Philadelphia: John Benjamins Publishing Co.
Reilly, J. 1986. "The Acquisition of Temporals and Conditionals," in E. Traugott et al., eds., *On Conditionals*, 309-332.
Reinhart, T. 1982. "Pragmatics and Linguistics: An Analysis of Sentence Topics," *Philosophica* 27.1, 53-94.
Schiffrin, D. 1994. *Approaches to Discourse*. Cambridge, MA: Blackwell.
Traugott, E. et al. 1986. *On Conditionals*. New York: Cambridge University Press.
Vallduvi, E. 1992. *The Informational Component*. New York: Garland.
Ward, G. 1988. *The Semantics and Pragmatics of Preposing*. New York: Garland.
Ward, G. and B. J. Birner. 1995. "Definiteness and the English Existential," *Language* 71, 722-742.
Ward, G. and B. J. Birner. 2003. "Discourse and Information Structure," *The Handbook of Discourse Analysis,* 119-137. Blackwell.

영어 부정의 의미와 화용론

이 혜 경*

1. 도입

부정은 초점과 밀접한 관련을 가지고 있다. 즉, 초점이 어디에 있느냐에 따라 한 부정문의 해석은 달라질 수 있다. 예를 들어, *John did not kiss Mary*라는 문장은 초점이 어디에 있느냐에 따라 적어도 세 가지의 다른 해석을 가질 수 있다. 첫째, *Mary*에 초점이 있으면, 이 문장은 *John*이 *Mary*가 아닌 다른 누군가에게 키스를 했다는 것을 함축한다. 둘째, 동사 *kissed*가 초점을 받으면, 이 문장은 *John*이 *Mary*에게 키스가 아닌 다른 어떤 행동을 했다는 것을 함축한다. 셋째로, *John*에 초점이 있으면, 이 문장은 *John*이 아닌 어떤 사람이 *Mary*에게 키스했다는 함축을 가질 수 있다. 여하간, 이 세 가지 해석과 관련된 부정은 세상의 상태(states of affairs in the world)에 대해 언급하며 개념적 내용을 부정하는 묘사적 부정(descriptive negation)이다.

부정사 *not*은 개념적 내용을 부정하는 것 이외의 다른 한 가지의 기능을 더 가지고 있다. 즉, 부정사는 한 발화의 여러 상위언어적 자질들(metalinguistic properties)을 부정하는 데 쓰일 수 있다. 이때, 상위언어적 자질에는 한 발화의 전제, 함축, 음성, 음운적 자질, 스타일, 형태론적 자질, 어법 등 다양한 발화의 특성들이 포함된다. 이런 유형의 부정은 상위언어적 부정(metalinguistic negation) (MN)이라 불린다. 대다수의 부정을

---

* 아주대학교 영어영문학과 (hklee@ajou.ac.kr)

연구하는 의미, 화용론자들은 묘사적 부정과 MN이라는 이분법에 명시적으로 혹은 암묵적으로 동의를 하고 부정에 대한 연구들을 해 왔다.

본 논문에서는 이러한 이분법의 문제점을 전제 부정과 함축 부정의 여러 예들에서 나타나는 현상들을 들어서 지적하고자 한다. 자세히 말하면, 전제 부정과 함축 부정은 묘사적 부정과 MN의 중간적인 범주로 상정해야 한다는 것이 본 논문의 요지이다. 이와 더불어 본 연구를 비롯한 기존의 부정에 관한 연구를 바탕으로 해서 향후에 진행할 수 있을 연구 주제들을 제시하고자 한다.

2. 묘사적 부정과 상위언어적 부정

묘사적 부정과 MN의 구별은 연구자에 따라 다양한 방식을 취해 왔다 (Horn 1985, 1989, 1990, 1992; Seuren 1990; Burton-Roberts 1989a, 1989b, 1993/1997, 1999; van der Sandt 1991; Chapman 1996; Carston 1994/1996, 1998, 1999 등). 잠정적으로 묘사적 부정은 세상의 상태들, 진리조건적 내용(truth-conditional content), 혹은 개념적 내용(conceptual content)에 적용되고, MN은 이런 것들 이외의 상위언어적 자질에 적용된다고 하자. 이 둘의 차이는 다음의 예문에서 잘 나타난다.

(1) A: Mary saw two mongeese.
B1: Mary didn't see two mongeese. She saw two monkeys.
B2: Mary didn't see two mongeese. She saw two mongooses.

B1은 A가 언급한 동물의 종류를 부정하고 있는 것으로 A의 발화의 개념적 내용의 일부를 부정하고 있다. 따라서 B1이 사용한 부정은 묘사적 부정이라 할 수 있다. 반면, B2는 A의 발화의 개념적 내용보다는 그 발화

에 담겨있는 한 단어의 형태론적 자질을 부정하고 있다. 이런 식으로 사용된 부정을 MN이라 부른다. 여기에서 주의할 것은, 맥락을 배제한 상태에서는 부정문 자체가 묘사적으로 쓰였는지, 상위언어적으로 쓰였는지는 우리가 판단할 수 없다. 언어적 혹은 비언어적 맥락이 주어진 경우에만 부정문의 쓰임이 이해된다.

MN이라는 범주는 Horn(1985)에 의해 사용되었으며, 전통적으로 언어철학이나 언어학에서 외부적(external) 부정, 혹은 유표적(marked) 부정이라 불리던 (2)와 같은 전제 부정과 (3)에 나타난 예문들을 모두 포함한다.

(2) The king of France is not bald. There is no king of France.

(3) a. Some men aren't chauvinists, all are chauvinists.
　　b. I didn't eat tom[eiDoz], I ate tom[a:toz].
　　c. I didn't trap two mongeese, I trapped two mongooses.
　　d. Granny isn't feeling lousy, Johnny, she's badly indisposed.
　　e. The bottle isn't half empty, you pessimist, it's half full.

Horn이 (2)의 예문과 (3)의 예문들을 MN이라는 한 범주로 묶은 근거는 이 예문들이 이전 발화의 답으로 해석되는 것이 가장 자연스럽다는 것이었다 (Horn 1985: 135). Horn은 또한 이 예문들에서는 부정이 확장되어 사용(extended use)되어서 화자들은 이전 발화에서 나타난 말하기 방식을 부정할 수 있다고 덧붙였다. Horn(1985)의 연구에서는 묘사적 부정과 MN은 서로 상반되는 범주로 간주된다. 그러나 Horn이 MN이라는 범주를 설정한 근거는 이 후의 연구들에서 비판을 받았는데, 주로 MN의 목표가 반드시 명시적인 발화(utterance)일 필요는 없다는 것이 비판의 주된 근거였다. 다음 장에서는 세 명의 대표 학자들의 MN에 대한 연구를 살펴보도록 하겠다.

3. 상위언어적 부정에 관한 이전 연구들

3.1 부정과 '화용적 중의성'

Horn(1985, 1989) 이전의 부정에 관한 연구들은 전제가 유지되는 (4)와 같은 부정과 전제가 삭제되는 부정(presupposition cancelling negation)(PCN)인 (2)와 같은 예문들 사이의 관계를 규명하는데 관심을 기울여 왔다.

(4) The king of Japan is not bald. He is rather hairy.

이 현상은 부정사 *not*의 어휘적 중의성이나 범위적 중의성(scopal ambiguity)의 문제로 여겨져 왔다. 그러나 Horn은 MN을 '어떤 이유로 이전 발화에 반대하는 도구'(Horn 1985: 212)로 정의하며 PCN을 MN의 한 종류로 취급하기 시작했다. 묘사적 부정에 쓰일 때는 부정사는 진리 함수적인 연산자(truth-functional operator)이고, (2)나 (3)에서처럼 MN에서 쓰일 때는 비진리함수적 연산자로 '기본적으로는 진리함수적인 연산자의 확대된 상위언어적 사용'(Horn 1985: 122)을 보여준다고 설명한다. 그리고 여기에서의 부정사의 중의성은 단어의 의미에서 기인하는 것이 아니라 단어의 사용에서 오는 것이기 때문에 의미적 중의성이 아닌 화용적 중의성이라 주장한다.

Horn이 주장하는 화용적 중의성은 Carston and Noh(1996) 등에서 비판 받았다. Carston and Noh의 주장에 의하면, Horn의 MN의 논의에 2가지의 중의성이 내포되어 있다는 것이 비판의 주된 이유이다. 첫째, 부정사 자체가 진리함수적 연산자와 비진리함수적 연산자 사이에서 중의적이고, 둘째, 부정의 범위 내에서 부정의 대상이 되는 것 역시 명제(묘사적 부정의 대상)와 발화(상위언어적 부정) 사이에서 중의적이라는 것이다. 결국은, Horn이 의도하지는 않았지만 Horn의 분석에서 부정의 중의성은 부정소 *not*의 의미적 중의성인 셈이 된다.

　Horn의 연구에서 또 주목할만한 점은 MN에 대한 정의이다. Horn은 MN을 '이전의 발화(명제가 아닌)에 반대하는 도구'라고 정의하였다. 즉, MN은 이전의 발화가 있음을 전제로 하는 현상인 것이다. 이러한 관점은 Burton-Roberts(1989a, 1989b, 1997, 1999)와 Chapman(1996) 등에 의해 명시적으로 혹은 암묵적으로 받아 들여졌다. Carston(1994/1996)과 Carston and Noh(1996)는 이전의 명시적 발화가 없이도 MN이 가능한 예들을 제시하면서, Horn의 MN에 대한 정의에 비판을 가한다. 다시 말하면, 상대방의 이전 발화가 없는 상황에서도 적절한 맥락만 주어지면 MN이 가능하다는 것이다. Carston and Noh의 Horn에 대한 비판은 타당해 보이지만, 실제로 Horn 그도 아래의 (5), (6)과 예들을 사용함으로써, 이전 발화가 없는 예들도 MN으로 간주하고 있는 것을 볼 수 있다.

(5) U(tterances) need not even be a specifically linguistic utterance, as seen by the function of metalinguistic negation in the following musical scenario: Teacher: 'It's not [plays passing in manner *u*]. It's [plays same passage in manner *u*'].' (Horn 1985: footnote 12)

(6) This Birthday Card is NOT from one of your admirers!

It's from TWO of your admirers. Happy Birthday from Both of Us!
(Horn 1992: 166)

(5)에는 MN의 대상이 될 이전 발화가 없다. (6)은 실제 한 생일 축하카드의 바깥쪽, 안쪽에 쓰여 있는 메시지이다. (6)에서 부정된 것은 생일 축하 카드에 대해 우리가 일반적으로 가지고 있는 기대이다. Horn이 제시한 이러한 예문들에서 볼 수 있듯이, Horn 자신도 MN의 범주에 이전의

발화가 없는 경우들을 포함하고 있음을 알 수 있다.

Horn의 1985년과 1989년 논문들에서는 PCN이 MN의 한 하위 범주에 포함되어 다른 MN과 같은 방식으로 설명되고 있다. 하지만, 그의 1990년 논문에서 이러한 입장이 약간 변한다. Horn는 PCN과 다른 MN 예들의 동질성에 의문을 제기하면서 이 둘이 '기능적으로는 동질하지만, 의미적으로는 다르다'(Horn 1990: 496)라고 주장한다. 하지만 Horn은 '기능적 동일성'과 '의미적 이질성'이 정확히 무엇을 의미하는지는 밝히지 않고 있다. 다만 여러 가지 언어적 증거를 들어 자신의 주장을 뒷받침하고 있다. 그 중의 하나가 *it is not true that..* 구문과의 양립성이다.

(7) a. It's not true that the king of France is bald- there is no king of France.
 b. It's not true that I read the paper and got up- I got up and read the paper.
 c. ?It's not true that I'm his daughter- he's my father.
 d. *It's not true that Grandma is feeling lousy, Johnny, she's badly indisposed.
 e. *It's not true that I trapped two mongeese, I trapped two mongooses!

위 예문에서 볼 수 있듯이 (7a)와 (7b)에서처럼 PCN와 함축 부정은 *it is not true that...*으로 대치 될 수 있지만 여타의 MN에서는 그것이 불가능하다. 필자는 PCN이 MN과 다르다는 점에서 Horn과 의견을 같이한다. 그러나 앞에서 언급했듯이 기능적 동일성과 의미적 이질성이라는 표현이 정확히 무엇을 의미하는지가 명확하지 않다. 필자가 기능적 동일성을 이해한 바로는 PCN과 MN이 청자로 하여금 이중의 해석을 하게 한다는 것을 뜻하는 듯하다. 한편, PCN과 MN이 의미적으로 이질적으로 느껴지는 것은 PCN이 발화의 개념적 내용에 관여하는 반면, MN은 발화의 형식적인 특성에 관여를 하기 때문이다.

Horn의 연구를 요약하면, Horn이 주장하는 '화용적 중의성'은 결국

not이라는 부정소의 중의성인 의미적 중의성이고 또한 이중의 중의성, 즉, 부정소의 중의성과 부정의 대상의 중의성을 주장하고 있다. 그러나 Horn(1990)의 MN이라는 범주에 대한 회의는 상당한 설득력을 지닌다. 왜냐하면, 분명히 PCN/함축 부정과 MN은 다른 특성을 지니고 있기 때문이다 (4절 참조).

3.2 MN, 의도, 의미적/화용적 모순

Burton-Roberts(1989a, 1989b)는 전제가 의미론의 영역에 속한다고 주장하는 학자 중의 하나이다. 즉, 전제는 언어의 사용에 기인하는 것이 아니라 언어적 표현에서 온다고 주장한다. 그는 PCN을 포함한 MN의 공통적인 중요한 특성을 부정문과 부정문을 따라오는 수정문 사이의 의미적 모순이라고 주장한다. 다음 두 예문이 Burton-Roberts에서 어떻게 설명되는지 살펴보자.

(8) (=2) The king of France is not bald. There is no king of France.

(9) We don't eat tom[eiDoz] here, we eat tom[a:toz].

Burton-Roberts의 분석에 따르면, (8)의 첫째 문장인 부정문은 프랑스 군주의 존재를 전제한다. 그런데, (8)의 두 번째 문장은 그 존재를 부정하고 있다. 따라서 (8)은 전체적으로 모순이 된다. 같은 논리로, (9)에서는 한 단어의 두 가지 발음이 대조되고 있다. 발음의 차이는 의미론의 영역밖에 놓여 있기 때문에, (9)는 의미론적인 관점에서 보면 모순이 된다. 이러한 모순에 직면했을 때, 청자는 자신의 대화자의 의도를 알아내기 위해 재분석을 한다고 Burton-Roberts는 주장한다.

하지만 Burton-Roberts의 이러한 분석에 대한 반례들은 많이 있다. 다음의 말실수의 수정에 관여하는 부정문이 그 중의 하나이다.

   (10) a. He doesn't need FOUR MATS; he needs MORE FATS.
       b. A: You seem amused by my problem
          B: I'm not Amused by it; I'm BEmused by it.
       c. I didn't put him up; I put up with him.

(Carston 1994: 327)

문자 그대로 받아들이면, (10)의 예문들은 의미적 모순을 초래하지 않는다. 예를 들어 (10a)를 보면, 분명히 *four mats*와 *more fats*는 다른 대상을 가리키기 때문에 (10a) 전체적으로 모순은 없다. 그럼에도 불구하고 (10)의 예들은 MN과 유사한 기능 혹은 효과를 가진다. 같은 설명이 (10b)와 (10c)에도 적용된다.

  자신이 주장한 의미적 모순의 문제점을 파악한 Burton-Roberts는 1999년 논문에서 상위언어적 부정은 화용적 현상이라고 자신의 주장을 수정한다. 즉, MN에서 우리가 느끼는 모순은 화용적 모순이라는 것이다. Burton-Roberts(1999)는 화용적 모순을 화자의 의도와 연관지어 설명한다. 예를 들어 (10a)에서 *four mats*와 *more fats*는 문자대로의 의미로라면 다른 개념들을 나타내는 것이 사실이다. 하지만, (10a)는 이전의 화자가 한 말실수를 고치기 위한 의도로 발화된 것이 분명하다. 그렇다면 *four mats*라는 표현은 사실은 *four mats*라는 개념이 아니라 *more fats*라는 개념을 담고 있는 것이라 할 수 있다. 따라서 화자의 의도를 고려한다면, (10a)는 모순이 된다. 이 때의 모순은 의미적인 것이 아니라 화용적인 것이다. 왜냐하면, 의도(intention)는 화용의 영역에 속하기 때문이다. 만약 (10a)의 화자가 *four mats*와 *more fats*를 그 표현이 문자대로 가리키는 개념을 담기 위해 썼다면, 그 두 표현은 다른 개념을 나타낸다. 따라서 (10a)는 의미적으로나 화용적으로 모순이 되지 않고 따라서 상위언어적 해석이 불가능해 진다. 이러한 (10a)의 두 가지 해석을 아래처럼 나타낼 수 있다.

(11) a. He doesn't need more fats. He needs more fats.
     b. He doesn't need four mats. He needs more fats.

Burton-Roberts(1999)는 첫 번째의 해석에서만 부정이 상위언어적 부정이 된다고 설명한다. 그는 MN을 특징짓는 데 있어서 화자의 의도의 중요성을 아래의 예를 들어 입증한다.

(12) A: You look pensive.
     B: I'm not pensive- I'm just thinking.

(12B)는 어린 소년이 실제로 한 말이라고 한다. 아마도 그 나이의 아이라면 *pensive*가 *thinking*과 유사한 의미를 지닌 단어라는 것을 몰랐을 것이다. 만약 (12B)의 화자에 대한 이러한 정보가 고려되지 않는다면, (12B)는 모순이 될 것이다. 하지만 *pensive*의 뜻을 몰랐을 (12B) 화자의 개인방언(idiolect) 내에서는 이 발화는 모순이 되지 않는다. 따라서 (12B)는 Burton-Roberts의 정의대로 하면 MN이 되지 않는 것이다.

Burton-Roberts는 또한 MN의 중요한 다른 특성으로 사용과 언급의 혼합(use-mention mixture)을 들고 있다. 사용이란 한 표현이 개념적 의미를 나타내기 위해 쓰인 것을 가리키고, 언급이란 어떤 표현을 문자 그대로의 의미, 즉, 개념적 의미를 표현하기 위해서가 아니라 다른 표상을 재표상하기 위해 쓰인 현상을 말한다. 이 둘이 혼합되어 이중의 해석을 불러일으킬 때 부정은 MN이 된다고 Burton-Roberts는 주장한다. 아래의 예를 살펴보자.

(13) A1: What's the correct pronunciation of this word? It is eSOteric?
A2: Myra's poem is totally eSOteric.
B: It's not eSOteric- it's esoTEric.

(Burton-Roberts 1999: 359)

Burton-Roberts에 따르면, A1에 대한 대답으로서의 B는 MN의 예가 아니다. 왜냐하면 B의 발화에서 대명사 *it*은 한 단어의 발음을 가리킨다는 것을 우리가 직접적으로 알 수 있기 때문이다. 다시 말하면, *eSOteric*이라는 단어가 사용된 것이 아니라 언급되었다는 것이 단 번의 해석으로 이해된다. 따라서 사용과 언급의 혼합이 없다. 반면, B가 A2의 대답으로 해석될 때, B에 있는 대명사는 처음 해석에서는 *Myra's poem*을 가리키는 것, 즉 그 표현이 사용된(used) 것으로 이해될 가능성이 높다. 그렇게 되면 B는 발음을 제외하고는 동일한 두 술어가 한 주어에 대해 상반된 서술을 하여 모순을 일으키게 된다. 이러한 모순에 직면하면 청자는 재해석을 통해 대명사가 사용된 것이 아니라 언급된 것이라는 것을 이해하게 된다. 이렇게 사용과 언급의 해석이 관여 할 때만 부정이 MN이 된다고 Burton-Roberts는 주장한다.

요약하면, Burton-Roberts(1999)가 주장하는 MN의 가장 큰 특징은 화자의 모순을 일으키려하는 의도와 사용과 언급의 혼합이다. 따라서 Burton-Roberts의 MN에 대한 정의는 Horn의 정의나 뒤에서 살펴볼 Carston의 정의보다 더 좁다고 할 수 있다. Burton-Roberts의 것이 Horn의 것보다 좁은 이유는 Horn의 정의에 따르면 (10), (12)의 예 모두 MN이 되기 때문이다. 그러면 왜 MN의 화자는 모순을 일으키려 할까라는 질문을 할 수 있다. 그것은 아마도 어떤 수사학적인 효과를 불러일으키기 위해서라고 필자는 생각한다. 이 효과를 위해 사용과 언급의 혼합이 이용되고 이 수사학적인 효과는 MN의 가장 중요한 특성이라 여겨진다.

3.3 상위표상적 부정(Metarepresentational negation)

최근의 Relevance 이론가들은 부정을 상위표상과 관련지어 설명하려는 시도를 하고 있다.[1] 그 중 한 학자인 Carston(1999)에 따르면, 언어의 상위표상적 사용은 아래처럼 분류된다.

(14)

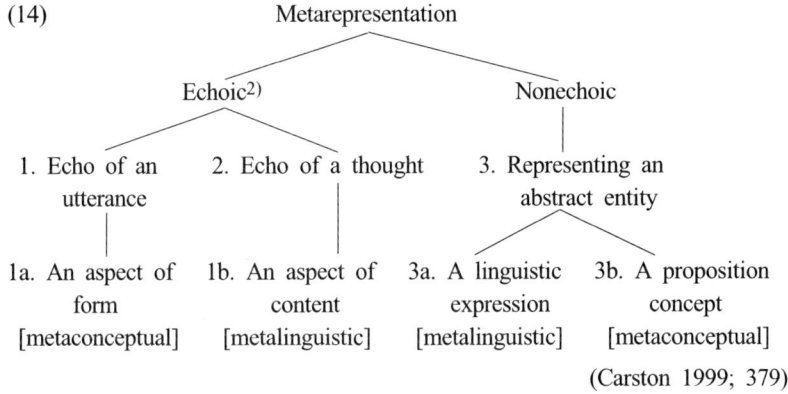

(Carston 1999; 379)

Carston은 각 유형에 대한 예를 아래처럼 들고 있다.

(15) A: I'd like tom[eiDouz] for lunch.
    B: I'm not keen on tom[eiDouz]. (1a)

(16) A: It's a lovely day.
    B: It's not a lovely day; it's humid and heavy. (1b)

---

1) Relevance Theory는 D. Sperber와 D. Wilson 등이 주창한 화용론의 한 이론으로서 런던 대학 출신의 여러 학자들을 중심으로 활발한 연구 활동이 이루어지고 있다. Relevance Theory는 Sperber and Wilson(1996) 등에서 자세히 소개되고 있다.
2) 어떤 표현이 타인이 말하거나 생각한 것과 그 것에 대한 태도를 전하기 위해 쓰였을 때, 그 표현은 그것을 반영(echo)한다고 한다. 이 때, 화자의 태도는 찬성일 수도 있고 반대일 수도 있지만 대부분 후자인 경우가 많다 (Carston 1994: 332).

(17) 'Boston' has two syllables. (3a)

(18) 'John is a bachelor' entails 'John is unmarried'. (3b) (인용부호 첨가)

(15), (16)에서 B는 이전의 발화의 한 부분을 반영(echo)하고 있다; (15B)는 단어 *tomatoes*의 발음을 반영하고 있고 (16B)는 이전 발화의 명제를[3] 반영하고 있다. 따라서 (15B)는 MN이라 불리고 (16B)는 해석적(interpretive) 혹은 상위 개념적(metaconceptual) 부정이라 불린다. 이 두 유형의 부정을 합하여 상위 표상적 부정이라 부른다 (Noh 2000). 한편, (17), (18)에서는 *Boston*이라는 단어와 'John is a bachelor', 'John is unmarried'라는 명제가 상위 표상적으로 쓰였다. 즉, 이 예들에 쓰인 단어나 명제들은 개념이나 상태(states of affairs)를 나타내기 위해 쓰인 것이 아니라 다른 표상(representation)을 나타내기 위해 쓰였다. Carston은 (17), (18)의 예들, 즉, 도표의 3a와 3b는 언급적으로 쓰였다고 주장한다.

(14)의 도표에 주목할 한 가지 점은 반영과 언급(mention)의 구별이다. 이 도표에 따르면 이 둘은 서로 상호배타적(mutually exclusive)이다. 왜냐하면 언급은 비반영적(non-echoic)이라고 정의되어 있기 때문이다. 그러나 이 둘이 상호배타적이라는 데에는 문제점이 있다. 아래의 예를 보자.

(19) A: Boston has three syllables.
    B: Boston does not have three syllables. It has two syllables.

이 예들에서는 반영과 언급이 동시에 나타나고 있다. (19B)에 *Boston*이라는 단어의 사용은, (19A)의 말을 반복하고 있으므로 반영적이다. 그와 동시에 *Boston*이라는 개념을 표현하기 위해 쓰인 것이 아니기 때문에 언급적이다. 아마도 언급의 개념은 반영적/비반영적과 연관지어 설명해서

---

[3] 명제(proposition)는 어휘(lexical item)가 아닌 문장(sentence), 혹은 발화(utterance)의 의미를 나타낸다 (Lyons 1977; Jaszczolt 2002).

는 안 될 것이다. 반영/비반영 구별은 어떤 표현의 출처가 있느냐 없느냐의 문제이고 언급/비언급의 구별은 그 표현이 개념적 내용을 가리키는지, 형식적 특징을 가리키는지의 문제이기 때문이다. 필자는 부정의 대상이 언급적으로 쓰일 때만 부정이 MN이 된다고 주장한다. 따라서 필자의 MN의 정의 하에서는 (19)과 같은 예는 MN이 되지 않는다. 왜냐하면 (19)에서 부정의 대상이 된 것은 언급적으로 사용된 *Boston*이 아니라 *three syllables*라는 표현이기 때문이다. Relevance 이론에서처럼 반영/언급된 요소가 있고 부정이 사용되면 MN이 된다는 주장은 (19)과 같은 예까지도 MN에 포함하게 된다. 다시 말하면, Relevance 이론에서의 MN의 정의는 앞에서 살펴본 Horn이나 Burton-Roberts의 MN에 대한 정의보다 훨씬 더 넓은 범위의 예들을 포함한다.

심지어 Carston(1994: 335)은 명제적 내용에 대한 부정, 즉 흔히 우리가 묘사적 부정이라 하는 것도 MN이 될 수 있다고 주장한다. 왜냐 하면 Horn이 MN을 'a device for objecting to a previous utterance on any grounds whatever'(Horn 1985: 121)라고 정의 내렸기 때문이다. 그러나 Carston의 Horn에 대한 이해는 정확하지 않다. Horn(1985: 212)은 아래의 인용문에서 보듯이 진리조건적 내용에 대한 반대는 MN에 속하지 않는다고 밝히고 있기 때문이다.

> It represents, rather, a metalinguistic device for registering objection to a previous utterance (*not proposition*) on any grounds whatever, including the way it was pronounced.

위 인용문에 볼 수 있듯이 Horn은 이전 발화의 진리조건적 (명제적) 내용에 대한 반대는 MN에 속하지 않는다고 주장하고 있다. 진리조건적 내용에 대한 반대가 MN에 포함되면, MN의 공통적 특성이라 할 수 있는 수사적 효과를 포착하기가 불가능해진다. 다시 말하면 상위 표상에 근거한 Relevance 이론식의 접근법들은 우리가 MN에서 직관적으로 느끼는 공통적 특성을 적절하게 포착하지 못하고 있다.

더 나아가서 Carston(1999: 380)은 다음처럼 설명한다.

> Cases of what are thought of as descriptive negation may, in fact, involve non-echoic metarepresentational use; they may metarepresent propositions or abstract hypotheses not attributed to anyone so fall into category (3b) in the diagram. This idea captures the widespread intuition that negative sentences/utterances are marked, relative to their corresponding positives, and that processing of a negative in some sense presupposes the availability of the corresponding positives (see Horn 1989: ch. 3)

만약 Carston의 설명을 따르면, 사실상 상위 표상적 부정이라는 용어는 필요가 없다. 왜냐하면 모든 경우의 부정문이 상위 표상적 부정으로 해석될 수 있기 때문이다. 다시 말하면, Relevance 이론식의 접근법에서는 묘사적 부정과 MN 모두가 상위표상적 부정이라는 범주에 속하게 되어 하나의 부정의 범주만 남게 되는 셈이 된다.

앞선 세 학자의 논의를 통해 필자가 직/간접적으로 주장하거나 동의하는 MN은 아래의 특성들을 가져야 한다.

i) 모순을 일으키려는 화자의 의도가 있어야 한다.
ii) 사용과 언급의 혼합이 있어야 한다.
iii) 부정의 대상이 언급되어야 한다.

4. 전제, 함축, 그리고 부정

4.1 부정 하에서의 전제

(20)과 같이 전제에 관한 부정은 학자들 간의 논란의 대상이었다. (Russell 1905; Strawson 1950; Wilson 1975, 2000; Kempson 1975, 1979; Atlas 1979, 1989; Horn 1985, 1989, 1990; Burton-Roberts 1989a, 1989b, 1990, 1993/1997, 1999; Carston 1994/1996, 1998, 1999 등)

(20) (=2) The king of France is not bald. There is no king of France.

이러한 전제의 부정이 MN의 한 갈래이냐 아니냐의 문제도 논란의 대상이다. Horn(1985, 1989)이나 Burton-Roberts(1989a, 1989b)는 PCN이 MN에 속한다고 가정하지만, 그 둘 사이에 차이가 존재함을 인정하는 학자들도 있다 (Kempson 1986; Horn 1990; Burton-Roberts 1999; Carston 1998 등). 그 차이를 보여주는 몇 가지 예들을 들어보도록 하겠다.

첫째, (20)과 같은 PCN에 있는 두 문장 사이의 관계와 여타 MN의 두 문장 사이의 관계가 상이하다. (20)에서 보면 두 번째 문장은 화자가 첫 문장을 발화하는 근거를 제시하는 역할을 한다. 반면 여타 MN에서의 두 번째 문장은 앞 문장에 있는 잘못된 것을 수정하는 역할을 하고 있다. 이러한 역할의 차이는 통사적 구조에서도 반영이 되는데, MN에서는 첫 문장과 두 번째 문장이 동일한 통사 구조를 지니는 것이 보통이다.

두 번째 증거는 PCN의 두 문장은 *because*나 *since* 같은 이유 접속사로 연결될 수 있으나 MN의 두 문장은 그렇지 않다는 것이다. 이 것은 앞서 언급한 두 번째 문장의 역할의 차이와 관계가 있는 듯하다.

(21) a. The king of France is not bald, *because* there is no king of France.
    b. *I'm not his daughter, *because* he's my father.
    c. *Grandma isn't feeling lousy, Johnny, *because* she's badly indisposed.
    d. *I didn't trap two mongeese, *because* I trapped two mongooses.

(Horn 1990: 499)

세 번째 차이는 3.1에서 논의한 *it is not true that* . . . 구문과의 양립성이다. 다시 말하면, PCN은 *it is not true that* . . .으로 치환이 가능하나, 다른 MN은 그렇지 못하다 (위의 (7)의 예문들 참조).

이 차이들은 어디에서 유래하는 것일까? 필자는 그 차이가 부정의 대상의 본질에 기인한다고 주장한다. MN의 부정의 대상은 *명시적으로* 표현된 발화의 개념적 내용의 일부분이다. 예를 들면, (20)의 첫 문장에 의해 명시적으로 표현된 개념적 내용은 아래와 같다.

(22) $\neg \exists x$ (King of France (x) & $\forall y$ (King of France(y) $\rightarrow$ y = x) & Bald (x))

위 표상에 있는 논리학상의 기호들은 이 논문의 논의와 큰 상관이 없으므로 다루지 않도록 하겠다. 다만 중요한 것은 이 표상에 *king of France*라는 표현이 일부를 구성하고 있다는 점이다. 이 표현이 가리키는 것의 존재가 (20)의 두 번째 문장에서 부정되고 있다.

반면, MN에서는 부정이 명시적으로 표현된 내용에 관계하지 않고 비명시적인, 우리가 맥락을 통해서 도출해내는 내용에 관여한다. (23)를 예를 들어 살펴보자.

(23) I didn't trap two mongeese. I trapped two mongooses.

(23)에서는 *mongoose*라는 단어의 잘못 사용된 복수형을 부정하고 있으므

로 MN이 된다. 그런데 우리가 어떻게 이러한 사실을 알게 되는 것일까? 그것은 우리의 언어적, 화용적 지식 등을 사용하여서 일 것이다. 즉, 문장이 사용된 맥락을 통해서 이러한 상위언어적 해석을 도출한다. (23)이 전달하는 내용은 (24)처럼 표현될 수 있다.

(24) [The correct plural form of 'mongoose']i is ¬ mongeese & [the correct plural form of 'mongoose']i is 'mongeese'.[4]

(24)는 (23)이 명시적으로 표현하는 내용과는 상당히 거리가 있다. 이 점이 바로 PCN과 MN을 구별하는 것이다.

그러면, 많은 연구자들이 PCN과 MN을 하나의 범주로 묶는 이유는 무엇일까? Burton-Roberts(1989a, 1989b, 1999)는 그것을 의미적/화용적 모순 때문이라 하고 Carston(1999: 336)은 부정문과 따라오는 문장 사이의 긴장(tension)에 기인한다고 한다. 이 두 학자의 용어는 다르지만 같은 현상을 가리키므로 편의상 긴장이라는 용어를 쓰도록 하겠다. 이 두 범주 (PCN과 MN) 모두 긴장을 포함하고는 있지만 이 긴장의 원인이 다르다고 필자는 주장한다. PCN에서 우리가 느끼는 긴장은 개념적 내용의 일부가 존재하지 않는다는 사실에서 기인한다. 이 점이 PCN을 듣는 청자로 하여금 놀라거나 의외성을 느끼게 하는 것이다. 반면, MN에서 우리가 느끼는 긴장은 3.2에서 논의한 사용과 언급의 혼합에서 기인한다.

이러한 PCN과 MN의 차이를 설명하기 위해 필자는 PCN은 개념적 내용을 부정하는 묘사적 부정과 MN 사이의 중간적인 범주에 속한다고 주장한다. PCN이 개념적 내용의 일부의 존재를 부정한다는 점에서는 묘사적 부정과 공통점을 지니고 긴장을 일으켜 수사적 효과를 불러일으키는 점에서는 MN과 공통점을 지닌다.

---

4) (24)과 같은 표상은 논리학상으로는 맞지 않는 형태이다. 논리학에서 부정 ¬은 (22)에서처럼 명제 전체에 작용하는 것으로 표기된다.

4.2 부정 하에서의 함축

앞 절에서 전제가 부정되는 경우를 다루어 보았다. 그런데, MN 중에서 함축을 부정하는 예들도 PCN과 유사한 양상을 보인다. 우선 함축에 대해 알아보기로 하겠다. 함축은 아래의 예들에서 나타난다.

(25) Some men are chauvinists.

(26) A: Can you tell me the time?
　　　B: Well, the milkman has come. (Levinson 1983: 97)

함축이란, 언어적 표현으로 개념화되어 있는 의미가 아니라, 대화의 일반적인 특성에서 우리가 추론해 낼 수 있는 내용을 말한다. 이 때의 대화의 일반적인 특성으로 협동원칙(Cooperative principle)과 격률(maxim)들이 있다. 협동 원리는 아래처럼 정의된다.

　　　Make your conversational contribution such as is required at the state at which it occurs, by the accepted purpose or direction of the talk exchange in which you are engaged. (Grice 1989: 26)

또한 격률로는 진실성(veracity), 관련성(relevance), 명확성(perspicacity), 그리고 적당한 양의 정보제공이 있다.

그러면 (25), (26)의 예들이 어떤 함축을 가지는지 살펴보자. 우선, (25)를 보면, 우리는 (25)에서 'Not all men are chauvinists'이라는 내용을 추론할 수 있다. 이러한 추론이 가능한 이유는, 우리가 대화 파트너인 상대방이 대화의 흐름에 협력적이고 (협동원칙), 또한 그 파트너가 적당한 양의 정보를 주는 것이라고 믿기 때문이다. 즉, *all*이라는 표현이 있는데, *some*이라는 약한 표현을 쓴 것은 *all*이라는 강한 표현이 적용되지 않기 때문이라는 것을 알기 때문이다. 따라서 *some*이라는 표현에서 *not all*이라는 정보를 얻어내는 것은 이러한 대화의 특성에 의해서 이며 이 때 *not all*이라는 정보는 함축에 해당된다. 이러한 종류의 함축은 발화가 이루어지는 맥락에 상관없이 도출되는 것이어서 일반화된 대화 함축(generalized conversational implicature) (GCI) (Grice 1989; Levinson 2000 등)이라 불린다.5)

다음으로 (26)의 예를 보자. (26)이 우유 배달부가 항상 6시경에 우유를 배달해 주는 상황에서 부부가 나눈 대화라고 하자. 그럴 때, B가 한 말은 '지금 6시경이다'라는 메시지를 전한다. 이러한 정보는 언어적인 의미를 토대로 해서 그 말이 발화된 맥락이나 상황이 고려되어 얻어진 것이다. 이렇게, 발화된 상황에 의거해 이해된 의미를 특별화된 대화 함축(particularized conversational implicature) (PCI)이라고 한다.

이 두 범주의 함축은 공통된 특성을 지니기도 하지만 여러 다른 점들을 가지고 있다. 그 중 가장 두드러진 것은 삭제가능성(cancellability)이다.6) 자세히 말하면, GCI는 삭제가 가능한 반면, PCI는 삭제가 부자연스럽다 (Chapman 1996). 아래의 예들이 이 차이를 보여준다.

(27)   *Some* men aren't chauvinists. *All* men are chauvinists.

(28)   A: Can you tell me the time?
        ?B: Well, the milkman has come. But I don't mean it's 6 o'clock.

(27)에서는 *some*에서 *not all*로 가는 GCI가 부정되었다. 청자에게 어떤 의외성이나 놀라움을 주긴 하지만 (27)은 괜찮은 예가 된다. 하지만 PCI

---
5) 일반화된 함축에 대한 자세한 논의는 Levinson(2000)에서 잘 다루어지고 있다. 그러나 Sperber and Wilson(1986)을 비롯한 Relevance 이론가들은 함축을 여러 범주로 나누는 것은 맞지 않다고 주장한다.
6) 이에 대해서는 Grice(1989), Levinson(2000) 등을 참조.

가 부정된 (28B)는 아주 부자연스러운 발화가 된다. 본 논문에서 MN과 연관 지어 논의하는 함축은 (27)과 같은 GCI의 예에 국한된다.

(27)처럼 함축이 부정된 경우를 함축 삭제 부정(implicature cancelling negation) (ICN) 일컫고 이는 MN의 범주로 간주된다. 더 많은 ICN의 예를 살펴보도록 하자.

(29) a. Max doesn't have THREE children- he has FOUR.
 b. Around here, we don't LIKE coffee- we LOVE it.
 c. I don't BELIEVE it- I KNOW it.   (Horn 1985: 143)

(29a)에서는 *three*라는 표현은 논리상으로 *three* 이상의 모든 수에 의해 내포되므로 Max의 아이가 5명인 경우에도 *Max has three children*이라 하여도 이 발화는 거짓이 아니다. 그러나 보통의 경우에 *three*는 *three* 이상의 모든 수를 내포하는 의미가 아닌 *exactly three*로 해석된다. 이것이 *three*에서 야기되는 함축이다. 마찬가지로 (29b)에서처럼 *like*라는 표현을 쓸 때, 선호의 정도가 *like* 이상도 이하도 아닌 것을 함축한다.

보통의 묘사적 부정에서는 우리는 *less than* 혹은 *other than*의 의미를 기대한다. 예를 들면, (29a)의 첫 문장을 접했을 때, 우리는 대게 Max가 세 명 이하의 아이를 가지고 있다고 생각한다. 비슷하게, (29b)를 들으면, 청자는 우리가 커피를 싫어하는 것으로 짐작할 것이다. 다시 말하면, (29)의 표현들은 일종의 척도(scale)을 형성하게 만드는데, (29a)로부터 야기되는 척도는 <... four, three, two, one, zero..>이고 (29b)로부터는 <love, like> 정도의 척도가 야기될 것이다 (Horn 1984, 1989).[7] 보통의 부정에서는 이 척도의 한 요소가 부정되면 그 오른쪽, 즉 더 약한

---

[7] 이러한 척도를 Hornian scale이라 부른다. Hornian scale은 두 개 이상의 구성요소로 이루어지는데, 가장 강한(strong) 요소가 왼쪽에 오고 그 다음은 강도의 순서대로 자리를 차지한다. 척도는 < >로 표기된다.

(weaker)쪽에 있는 요소에 해당하는 것이 맞다는 해석이 따라오지만, MN에서는 척도의 오른 쪽에 있는 더 강한(stronger) 표현이 맞다는 해석이 나온다.

함축이 어떤 발화의 개념적 내용의 일부를 구성한다는 증거는 많이 있다.8) (30)을 보자.

(30) a. If each side in the soccer game got *three* goals, then the game was a draw. (Levinson 2000; 205)

위 예에서 *three*에서 *exactly three*로의 함축이 이 문장의 참/위를 결정하는데, 즉, 개념적 내용을 구성하는데, 기여를 하고 있음을 알 수 있다. 만약, *three*가 *exactly three*로 해석되지 않으면 (30)은 어불성설이 될 수 있다.

따라서 (29)의 예들과 관련된 함축들이 개념적 내용에 공헌한다면, (29)에 쓰인 MN은 그 함축에 목표를 둔 것이므로 ICN이 개념적 내용에 관여한다고 할 수 있겠다. 이점에서, ICN은 PCN과 유사한 역할을 하고 있다. ICN과 PCN이 개념적 내용의 일부에 부정을 적용하기는 하나 그 부정하는 방식이 보통의 묘사적 부정과는 다른 방식으로 이루어진다. 앞 절에서 언급되었듯이 PCN에서는 개념적 내용의 일부의 존재가 부정되는데, 이는 보통의 묘사적 부정에서는 행해지는 부정은 아니다. 묘사적 부정이 부정의 default 의미라고 한다면, PCN은 이 default 의미에서 벗어난다. 또한 ICN도 개념적 내용에 부정을 하긴 하지만, 묘사적 부정에서의 부정 방식과는 다른 방식으로 부정이 이루어진다. 이러한 의외적인 방식으로 개념적 내용에 부정을 하는 까닭에 PCN과 ICN은 MN과 유사한 수사학적인 효과를 불러일으키는 것이다.

---

8) Grice(1975/1989)의 함축의 이론에 따르면 함축은 개념적 내용에 공헌하지 않는 의미라고 정의된다. 이 점은 논란의 대상이 되고 있으며, 함축의 일부는 개념적 내용에 공헌하는 것으로 증명하는 학자들이 있다 (e.g. Levinson 2000).

요약하면, 필자는 적어도 PCN과 ICN은 묘사적 부정과 MN의 중간의 위치를 차지하며, 한편으로는 묘사적 부정과 특징을 공유하고 또 다른 한편으로는 MN과 특징을 공유하고 있다고 주장한다.

4. 결론과 향후 연구방향

이 논문에서 필자는 의미/화용론의 중요한 주제 중의 하나인 부정에 대한 이전의 연구들을 비판적으로 검토해 보았다. 그리고 기존의 부정에 대한 연구들의 문제점을 지적하면서 부정에 대한 새로운 분류법을 제시하였다. 자세히 말하면, 기존의 연구들에서 MN이라 불리는 범주에 속하는 부정 중에 전제 부정과 함축 부정은 여러 언어적 현상들에 비추어 볼 때 묘사적 부정과 MN의 중간적인 위치를 차지하는 새로운 범주로 여기는 것이 바람직하다.

이 논문에서 다루어진 전제 부정은 존재 전제(existential presupposition)에 국한되어 있고 함축 부정도 (29)에서 보듯이 척도적 함축(scalar implicature)에 국한되어 있다. 필자의 이론이 여타 전제 부정과 함축 부정에는 어떻게 적용이 될 수 있을지는 앞으로 더 연구해 보아야 할 점이다. 또한 전제 부정과 함축 부정이 유사한 양상을 보인다면 이 둘의 범주를 따로 두는 것이 타당한지 아니면 하나의 범주로 보는 것이 타당한 지도 더 연구해 보아야 할 점이다.[9]

---

9) Relevance 이론가들을 위시한 여러 학자들은 전제라는 것은 존재하지 않고 전제라고 불리는 추론은 함의(entailment)이거나 함축(implicature)이라고 주장한다.

참고문헌

Atlas, J. D. 1979. "How Linguistics Matters to Philosophy: Presupposition, Truth and Meaning," in C. Oh and D. Dinneen eds., *Syntax and Semantics 11: Presupposition,* 265-281. New York: Academic Press.

Atlas, J. D. 1989. *Philosophy without Ambiguity*. Oxford: Clarendon Press.

Burton-Roberts, N. 1989a. "On Horns Dilemma: Presupposition and Negation," *Journal of Linguistics* 25, 95-125.

Burton-Roberts, N. 1989b. *The Limits to Debate: A Revised Theory of Semantic Presupposition*. Cambridge: Cambridge University Press.

Burton-Roberts, N. 1990. "Trivalence, Gapped Bivalence and Ambiguity of Negation: A Reply to Seuren," *Journal of Linguistics* 26, 455-470.

Burton-Roberts, N. 1993. "On Preservation Under Negation," *Newcastle and Durham Working Papers in Linguistics* 1, 18-41. Reprinted in *Lingua* 101, 1997, 65-88.

Burton-Roberts, N. 1999. "Presupposition-Cancellation and Metalinguistic Negation: A Reply to Carston," *Journal of Linguistics* 35, 347-364.

Carston, R. 1994. "Metalinguistic Negation and Echoic Use," *UCL Working Papers in Linguistics* 6, 321-339. Revised version in *Journal of Pragmatics* 25, 1996, 309-330.

Carston, R. 1998. "Negation, Presupposition and the Semantics/Pragmatics Distinction," *Journal of Linguistics* 34, 309-350.

Carston, R. 1999. "Negation, Presupposition and Metarepresentation: A Response to Noel Burton-Roberts," *Journal of Linguistics* 35, 365-389.

Carston, R. and E.-J. Noh. 1996. "A Truth-Functional Account of Metalinguistic Negation with Evidence in Korean," *Language Sciences* 18, 485-504.

Chapman, S. 1996. "Some Observations on Metalinguistic Negation," *Journal of Linguistics* 32, 387-402.

Grice, H. P. 1975. "Logic and Conversation," in P. Cole and J. Morgan eds., *Syntax and Semantics 3: Speech Acts*. 41-58. New York: Academic Press. Reprinted in Grice, 1989, 22-40.

Grice, H. P. 1989. *Studies in the Way of Words*. Cambridge, MA: Harvard University Press.

Horn, L. R. 1984. "Toward a New Taxonomy for Pragmatic Inference: Q- and R-based Implicature," in D. Schiffrin ed., *Meaning, Form and Use in Context: Linguistic Application,* 11-42. Washington, DC: Georgetown University Press.

Horn, L. R. 1985. "Metalinguistic Negation and Pragmatic Ambiguity," *Language* 61, 121-174.
Horn, L. R. 1989. *A Natural History of Negation*. Chicago: University of Chicago Press.
Horn, L. R. 1990. "Showdown at Truth-Value Gap: Burton-Roberts on Presupposition," *Journal of Linguistics* 26, 483-503.
Horn, L. R. 1992. "The Said and the Unsaid," *Ohio State University Working Papers in Linguistics* (*SALT II Proceedings*) 40, 163-192.
Jaszczolt, K. M. 2002. *Semantics and Pramatics*. Longman: London.
Kempson, R. 1975. *Presupposition and the Delimitation of Semantics*. Cambridge: Cambridge University Press.
Kempson, R. 1979. "Presupposition, Opacity, and Ambiguity," in C. Oh and D. Dinneen, eds., *Syntax and Semantics 11: Presupposition*, 283-297. New York: Academic Press.
Kempson, R. 1986. "Ambiguity and the Semantics-Pragmatics Distinction," in C. Travis ed., *Meaning and Interpretation*, 77-103. Oxford: Blackwell.
Levinson, S. 1983. *Pragmatics*. Cambridge: Cambridge University Press.
Levinson, S. 2000. *Presumptive Meanings*. Cambridge, MA: MIT Press.
Lyons, J. 1977. *Semantics*. Cambridge: Cambridge University Press.
Noh, E.-J. 2000. *Metarepresentation*. Oxford: Blackwell.
Russell, B. 1905. "On Denoting," *Mind* 14, 479-493.
Seuren, P. A. M. 1990. "Burton-Roberts on Presupposition and Negation," *Journal of Linguistics* 26, 425-453.
Sperber, D. and D. Wilson. 1986. *Relevance: Communication and Cognition*. Oxford: Blackwell.
Strawson, P. F. 1950. "On Referring," *Mind* 59, 320-344. Reprinted in P. F. Strawson ed., 1971. *Logico-Linguistic Papers*, 1-27. London: Methuen.
van der Sandt, R. 1991. "Denial," *Chicago Linguistic Society 27: The Parasession on Negation*, 331-344.
Wilson, D. 1975. *Presupposition and Non-Truth-Conditional Semantics*. London: Academic Press.
Wilson, D. 2000. "Linguistic Metarepresentation," in D. Sperber, ed., *Meta-Representations*, 411-448. Oxford: Oxford University Press.

의미의 합성: 개념 의미론이 생성 어휘부 이론을 만났을 때

전 종 섭*

1. 서론

　의미의 합성성(compositionality)은 현대 의미론의 근간을 이루는 중요한 가정이다. Cann(1993, p. 3)에 의하면, 모든 의미 이론은 단어처럼 작은 단위의 표현들이 구나 문장과 같은 더 큰 표현에 의미적으로 어떻게 기여하는지를 설명할 수 있어야 한다. 의미의 합성성에 대한 일반적인 견해는 단어가 통사부에서 결합하는 방식에 따라 구나 문장의 의미가 결정된다는 것이다. (1a)의 의미는 (1b)와 다른데, 이는 (1a)에서 *John*이 문장의 주어로 표현되고 *Bill*이 목적어로 표현되는 반면, (1b)에서는 *Bill*이 주어로 표현되고 *John*이 목적어로 표현되기 때문이다. 즉, (1)의 두 문장에서 *John, Bill, hit* 세 단어의 의미는 동일하지만, 이 세 단어가 통사부에서 결합하는 방식이 다르기 때문에 문장 전체의 의미도 달라진다.

---

* 서울대학교 영어영문학과 (jongsupjun@korea.com)
　의미 합성에 대한 이 논문의 제안은 2004년 2월 한국언어학회 겨울학술대회(서강대)에서 처음 논의되었고, J. S. Jun(2004)에서 한국어 자료를 중심으로 출간되었다. 여러 해 동안 필자에게 개념 의미론과 생성 어휘부 이론을 지도해 주신 Brandeis 대학교의 Ray Jackendoff, James Pustejovsky 교수께 감사한다. 아울러 본 논문을 다듬는 데에 많은 도움을 주신 홍기선, 염재일, 임홍빈, 강영세, 조성은 교수께 감사한다.

(1) a. John hit Bill.
    b. Bill hit John.

의미의 합성성에 대한 전통적 견해에서는 통사부(혹은 형태통사부)에서 가시적으로 드러나는 정보만이 의미의 합성에 기여한다. 따라서 의미 합성의 최소 단위는 (형태)통사적 구성의 최소 단위와 일치하게 되는데, 이로 인해 Montague(1973)에서 발전한 모형이론적 의미론(혹은 형식 의미론)에서는 의미 해석의 규칙을 통사적인 구구조 규칙(Phrase Structure Rules)과 병치시켜 정의해왔다. 현대 통사 이론의 근간을 이룬 X-bar 이론에 따르면 (Jackendofff 1977), X_0, 즉 단어는 통사부 구성의 최소 단위인데, 이를 의미 합성의 최소 단위로 보게 되면, 단어 내부의 의미 구조는 존재하지 않거나 (Fodor 1983, 1998) 존재하더라도 의미 합성에는 기여하는 바가 없다. Jackendoff(1997)는 의미 합성에 대한 이런 전통적인 견해를 통사적으로 투명한 의미 합성(syntactically transparent semantic composition) 혹은 단순 합성(simple composition)이라 불렀다.

단순 합성은 단어 내부의 의미 구조를 가정하는 이론들(Jackendoff 1990, Pustejovsky 1995)이나 의미부의 통사부 종속에 반대하는 입장(Jackendoff 1997, Van Valin & LaPolla 1997) 등에서 받아들이기 힘든 가정에 바탕을 두고 있다. 이에 Jackendoff(1997)는 단순 합성에 대한 대안으로 풍부 합성(enriched composition)을 제안한다. 풍부 합성에서는 통사부의 최소 단위인 단어의 의미 뿐 아니라 단어 내부의 의미까지 구/문장 전체의 의미 합성에 기여한다.

Pustejovsky(1995)의 공동 합성(co-composition)은 풍부 합성을 이해할 수 있는 좋은 본보기이다.

(2) a. John wrote a book.
    b. John began a book.

(2a)의 의미는 단순 합성에 의해 쉽게 설명할 수 있다. 통사부에서 *book*이 *write*와 결합하여 동사구를 형성함으로써 *book*은 *write*의 대상(theme)으로 해석되며, *John*이 문장의 주어 자리에 놓임으로써 책을 쓰는 사건의 행동주(actor)로 해석된다. 즉, *John, book, write* 세 단어의 의미를 알고, 이 세 단어가 통사부에서 결합하는 방식을 알면 (2a)의 의미를 단순 합성을 통해 얻을 수 있다.

그러나 단순 합성만으로는 (2b)의 의미를 유도할 수 없다. 동사 *begin*은 사건을 지시하는 명사구만을 목적어로 취한다. *book*은 사건을 지시하지 않고 개체를 지시한다. 따라서 *begin a book*과 같은 표현은 단순 합성을 통해 그 의미를 얻을 수 없으며, 결국 의미적으로 해석이 안 되는 기이한 형태일 수밖에 없다. 그럼에도 불구하고 영어의 모국어 화자들은 (2b)를 "John began to write/read a book"과 같이 이해한다. Pustejovsky(1995)는 *book*이 단순히 "책"이라는 개체를 지시하는 것으로 끝나지 않고 "작가의 쓰는 행위"와 "독자의 읽는 행위"를 포함하는 체계적인 내부 의미 구조를 가져서 *begin a book*은 "begin to write/read a book"으로 해석하게 된다고 설명한다. 즉, (2b)의 의미 해석을 위해서는 단어가 통사부에서 결합하는 방식 뿐 아니라 단어 내부의 의미 구조가 문장 전체의 의미 해석에 미치는 영향을 고려해야 하는 것이다.

이 논문의 목표는 단순 합성으로 설명하기 어려운 많은 영어 자료들이 풍부 합성에 의해 쉽게 설명됨을 보이는데 있다. 2절에서는 Pustejovsky(1995)가 지적하는 단순 합성의 문제점을 소개한다. 3절에서는 Jackendoff(2002)의 람다 추출을 Pustejovsky(1995)의 특질 구조(qualia structure)에 적용할 수 있음을 보인다. 4절에서는 유형 강제, 공동 합성, 선택 결속, 가짜-형용사 등의 자료가 단순 합성만으로는 적절한 의미 해석을 얻을 수 없고, 풍부 합성을 통해 의미 해석이 이루어짐을 보인다. 5절에서 지시 전이, 의문/의도의 보충어, 상 강제(aspectual coercion), 결속, 통제 등의 현상을 통해 풍부 합성에 대한 독립적인 근거를 제시한 뒤, 6절에서 이론적 귀결을 보인다.

2. 단순 합성의 문제점: 논리적 다형성(Logical Polysemy)

Pustejovsky(1995)는 모든 의미 이론에서 해결해야 하는 문제로 논리적 다형성(logical polysemy)을 지적했다.[1] 논리적 다형성의 대표적인 사례로는 품사를 바꾸지 않으면서 의미가 교체되는 현상이 있다. 가령, 아래 (3)에서 lamb은 품사를 명사로 유지하면서 "양 한 마리 (3a)"라는 의미와 "양 고기 (3b)"라는 의미로 쓰인다.

(3) 수량/물질 교체
 a. The *lamb* is running in the field.
 b. John ate *lamb* for breakfast.

마찬가지로 (4)는 병과 내용물의 의미 교체를 보이는데, (4a)에서는 "병"을 (4b)에서는 병 안의 "내용물"인 우유 등을 지시한다.

(4) 병/내용물 교체
 a. Mary broke the *bottle*.
 b. The baby finished the *bottle*.

(5)의 전경/배경 교체의 경우, *window*와 같은 단어는 "창틀"이나 "창의 열린 공간"이라는 의미로 사용된다.

---

[1] Pustejovsky(1995)는 논리적 다형성이 상보적 다형성(complementary polysemy)의 한 가지 형태임을 보인다. 좀 더 자세한 논의를 위해서는 Pustejovsky(1995: 27-30)를 참조하라.

(5) 전경/배경 교체
    a. The *window* is rotting.
    b. Mary crawled through the *window*.

*newspaper*의 경우, (6a)에서는 "생산물(=인쇄물)"의 의미로 (6b)에서는 "생산자"의 의미로 쓰인다.

(6) 생산물/생산자 교체
    a. John spilled coffee on the *newspaper*.
    b. The *newspaper* fired its editor.

(7)은 식물/음식물 교체를 보여주는데, *fig*와 같은 단어들은 "과일이 달리는 나무"나 "과일"을 모두 지시할 수 있다.

(7) 식물/음식물 교체
    a. Mary watched the *figs* in the garden.
    b. Mary ate a *fig* for lunch.

(8)에서 *merger*는 "과정" 혹은 "결과"를 의미한다.

(8) 과정/결과 교체
    a. The company's *merger* with Honda will begin next fall.
    b. The *merger* will produce cars.

마지막으로 *New York*과 같은 지명의 경우 "장소" 뿐 아니라 "그 장소에 사는 사람들"이라는 의미로 쓰일 수 있다.

(9) 장소/사람 교체
   a. John traveled to *New York*.
   b. *New York* kicked the mayor out of office.

(3)에서 (9)에 열거한 다의성 문제를 해결하기 위해 단순 합성을 가정하는 이론에서 생각할 수 있는 제안은 의미 나열식 어휘부(sense enumeration lexicon=SEL)이다. SEL에서는 단어 하나에 대해 가능한 여러 의미를 나열한다. 가령, (9)에서 논의한 *New York*의 경우는 "장소로서의 *New York*"이라는 의미와 "*New York*에 사는 사람들"을 모두 *New York*이라는 어휘 항목에 대해 나열하는 것이다. 이것은 Chomsky(1965)가 어휘부에 대해 가지고 있던 기본적인 입장이기도 한데, Fodor(1983, 1998)와 같이 단어 하나하나를 더 이상 분석할 수 없는 의미의 최소 단위로 보는 이론에서 매우 유용한 접근법이다.

Pustejovsky(1995)는 SEL이 어휘부에 대한 부적절한 접근법임을 다음의 세 가지 논거를 들어 주장한다. 첫째, 단어들이 새로운 문맥에서 새로운 의미를 얻는 것이 매우 체계적이며 예측 가능하다. 둘째, 어떤 단어의 한 의미가 그 단어의 다른 의미 요소 중 일부를 체계적으로 참조한다. 셋째, 어떤 단어의 의미 하나하나가 다양한 통사적 형태로 실현된다.[2] 이러한 어려움 때문에 Pustejovsky(1995)는 SEL에 대한 대안으로서 생성 어휘부(Generative Lexicon=GL) 이론을 제안했다. 생성 어휘부 내에서 각각의 어휘 항목은 단어 내부의 의미를 특질 구조(qualia structure)에 표현하게 된다. 특질 구조는 형상역(Formal), 구성역(Constitutive), 기능역(Telic), 그리고 작인역(Agentive)으로 구성된다. 형상역은 어떤 단어의 의미를 그보다 상위 영역에서 정의하는 역할을 한다. 가령, *novel*은 의미적으로 *book*의 하위 유형(type)인 관계로 *book(x)*의 형상역을 갖는다. 구성역은 어떤 개체와 그 개체의 구성 성분 간의 관계를 정의한다. 가령,

---

[2] 좀 더 자세한 내용은 Pustejovsky(1995: 39)를 참조하라.

cake은 mass 유형의 *flour*를 변형시켜 만드는 관계로 mass(x)의 구성역을 갖는다. 기능역은 어떤 단어의 지시체가 갖는 목적이나 기능, 역할 등을 나타낸다. "책"의 목적은 "읽는 것"이다. 그러므로 *book*의 기능역은 *read(e, x, y)*이다. 마지막으로 작인역은 어떤 단어의 지시체가 세상에 존재하게 된 원인을 보여준다. "책"은 "저술 활동"의 산물이다. 그러므로 *book*의 작인역은 *write(e, x, y)*이다. 단어 내부의 의미를 특질 구조를 통해 분석한 뒤, Pustejovsky는 논리적 다형성의 문제가 단어 내부의 의미 구조를 참조하는 의미 합성(즉, 풍부 합성)에 의해 훌륭하게 설명됨을 보였다. 생성 어휘부 이론에서 제안한 의미 합성의 기제로는 유형 강제(type coercion), 공동 합성(co-composition), 선택 결속(selective binding)을 들 수 있는데, 이에 대해서는 4.1과 4.2에서 논의하도록 하겠다.

3. 람다 추출

Jackendoff(2002)는 영어의 관계절 수식과 같은 명사의 후치 수식 현상을 개념 의미론(Jackendoff 1983, 1987a, 1990, 1997; Culicover & Jackendoff, to appear)의 틀 안에서 설명하기 위해 람다 추출(lambda extraction)을 제안했다. 람다 추출은 형식 의미론의 람다 추상/전환(lambda abstraction/conversion)과 개념적 유사성은 있지만 동일하지는 않다. 형식 의미론에서는 람다 연산자(lambda operator)가 공식(formula)에서 변항(variable)을 추출한 뒤, 그 공식을 술어/함수로 전환한다. Jackendoff는 사건 유형 혹은 명제에서 변항을 추출하는데 람다 연산자를 사용하지만, 사건 유형을 다시 술어/함수로 전환하는 데에는 큰 의미를 부여하지 않는다. 형식 의미론에서는 문장의 의미를 진리치로 보기 때문에 사건 유형을 공식으로 파악하고 다시 그 공식을 함수로 전환하는 것이 중요하다. 이와 달리 개념 의미론에서는 문장의 의미를 진리치로 보지 않고 사람의 머리 속에 표상되는 심리적 개념화/명제화로 보기 때문에 람다 연산자를 형식 의미론에서처럼 활용할 하등의 이유가 없다.

관계절을 포함하는 명사구 (10a)의 개념 구조를 람다 추출을 이용해 표현하면 (10b)와 같다. [Thing WOMAN] 밑에 있는 점선은 논의되는 개체 ([Thing])의 세부 의미 특성을 표현한다. 람다 연산자 λ는 개체 x를 주어진 사건 명제 [Event LIKE ([Thing Picasso], [x])]에서 추출한다. 따라서 (10b)는 "a woman such that she is definite, and that Picasso likes her" 같은 형식 논리적 해석을 받는다.

(10) a. the woman who Picasso likes
  b. [Thing WOMAN]
    ⌊DEF ⌊[Thing λx[Event LIKE ([Thing Picasso], [x])]]

Jackendoff(2002, p. 387)는 생성 어휘부 이론의 특질 구조를 개념 의미론의 틀 안에서 형식화 하는 데에 람다 추출을 활용할 수 있음을 제안했다. Jackendoff 자신은 람다 추출을 특질 구조에 적용하는 문제에 대해 구체적인 논의를 하지는 않았다.[3] 다만 Jackendoff에 따르면 특질 구조 내의 사건 기술은 관계절과 같은 명사의 후치 수식절로 간주해 의미를 기술할 수 있다. 예를 들어 book의 경우는 특질 구조에서 작인역이 write (somebody, something)인데, 이를 "an entity which somebody writes"나 "an entity such that somebody writes it"처럼 생각할 수 있다. 이와 같이 생성 어휘부 이론의 특질 구조를 람다 추출을 통해 개념 의미론에서 받아들임으로써 개체 단위 어휘들의 내부 의미 구조를 표현할 수 있게 되었다. 결국, book의 의미는 형식 의미론자들이 명시적으로 가정하는 것처럼 book'이나 BOOK이 아니다.[4] book의 작인역과 기능역은 book의 의미

---

[3] 본 논문은 람다 추출을 특질 구조에 구체적으로 적용하는 방법을 제시하고 그 경험적 포괄성을 검증했다는 점에서 개념 의미론의 발전에 중요한 공헌을 하고 있다.
[4] 초기의 개념 의미론(Jackendoff 1990)에서는 단어 내부의 의미 구조를 분해하면서

구조를 "an entity such that somebody writes it, and that other people read it"이라고 정의한다. 작인역과 기능역에서 람다 연산자를 이용하여 대상 (theme)을 추출하면 (11)을 얻는다.

(11) a. [Thing]
         └[Thing λx[Event WRITE ([Thing], [x])]]   (작인역)
    b. [Thing]
         └[Thing λx[Event READ ([Thing], [x])]]   (기능역)

다시 (11a)와 (11b)를 합치면, (12a) 혹은 (12b)와 같은 형식적 기술을 얻을 수 있다.

(12) a. [Thing]
         │[Thing λx[Event WRITE ([Thing], [x])]]
         └[Thing λx[Event READ ([Thing], [x])]]
    b. [Thing]
         └[Thing λx([Event WRITE ([Thing], [x])] ∧ [Event READ ([Thing], [x])])]

이와 같이 람다 추출을 통해 특질 구조를 [λx([Agentive Event ... x ...] ∧ [Telic Event ... x ...] ∧ [Formal Event ... x ...] ∧ [Constitutive Event ... x ...])]의 형태로 개념 구조에 표상 할 수 있다. 4 절에서는 이러한 형식적 장치가 단순 합성으로 설명하기 어려운 영어의 많은 자료들을 어떻게 설명하는지 보이도록 하겠다.

도 *book*과 같은 단어의 의미를 [Thing BOOK]으로 표현하였다. 하지만 이는 형식 의미론자들이 주장하는 것처럼 *book*이 분해할 수 없는 의미 단위라고 믿었기 때문이 아니라 편의상 그렇게 한 것이며, 다른 한 편으로는 람다 추출과 같은 구체적인 장치가 아직 마련되지 않았기 때문에 단어의 내부 구조를 생략한 것이라 보아야 한다.

4. 풍부 합성(Enriched Composition)

4.1 유형 강제와 공동 합성(Type coercion & co-composition)

Putejovsky(1995: 115)는 유형 강제(type coercion)를 어휘적 지배에 의해 어떤 의미 유형이 다른 의미 유형으로 전환되는 현상으로 정의한다. 아래 (13)에서 동사 *enjoy*는 목적어 명사구인 *beer*를 통사적/어휘적으로 지배하고 있다. 통사적 지배는 술어 동사와 목적어 간의 통사적 관할 관계에 의해 결정되며, 어휘적 지배는 동사 *enjoy*가 사건 유형의 보충어를 요구한다는 사실에 기인한다.

(13) John always enjoys beer.

그런데 (13)에서 동사의 어휘적 요구는 *beer*라는 개체 유형 명사에 의해 충족되지 않는다는 문제가 있다. 의미의 단순 합성을 따른다면 *enjoy*는 사건 유형의 보충어를 요구하는데 *beer*는 개체 유형에 해당하기 때문에 (13)은 의미 합성이 불가능한 문장일 것이다. 그럼에도 불구하고 영어의 모국어 화자들은 (13)을 "John enjoys drinking beer"와 같이 해석한다. Pustejovsky에 의하면 (13)에 대한 적절한 해석은 유형 강제를 통해 보충어 *beer*를 사건 유형으로 전환해 해석했을 때만 가능하다.

 *enjoy beer*의 적절한 의미 해석은 *beer*의 특질 구조에서 기능역에 해당하는 *drink(x, y)*에서 얻게 된다. 3절에서 제시한 람다 추출을 이용해 *beer*의 기능역을 "beer such that somebody drinks it"처럼 일종의 후치 수식으로 간주하면 (14b)와 같은 개념 구조를 얻을 수 있다.

(14) a. *beer* : [$_{Event}$ DRINK ([$_{Thing}$], [$_{Thing}$])]   (기능역)
   b. *beer* : [$_{Thing}$]
      └[$_{Thing}$ λx[$_{Event}$ DRINK ([$_{Thing}$], [x])]]

Pustejovsky가 제안하는 두 번째 의미 합성 기제는 공동 합성(co-composition)이다. 공동 합성은 의미 합성에 참여한 두 요소 — 주로 술어 동사와 보충어 — 의 내부 의미 구조를 통합하여 새로운 의미를 생산하는 장치이다. (15a)와 (15b)는 의미론적으로 중대한 차이를 가진다. (15a)에서는 감자를 구운 행위만이 의미 해석의 결과로 얻어지지만, (15b)에서는 [vp bake the cake]이라는 사건 이전에는 존재하지 않던 cake이 사건의 결과 존재하게 된다. 즉, 원래 없던 cake이 "굽는 행위"에 의해 존재하게 되었다. 통사적으로 (15a)와 (15b)가 동일하며, 보충어의 선택 — potato와 cake — 이외에는 어휘의 선택도 두 문장이 동일하기 때문에, (15b)에서 "창조"의 의미가 나온 것은 매우 놀라운 일이다.

(15) a. John baked the potato.
　　 b. John baked the cake.

Pustejovsky(1995)는 (15b)의 "창조" 의미가 bake와 cake의 의미 합성 과정에서 단어의 특질 구조 때문에 일어난 공동 합성의 결과라고 설명한다. (15b)와 관련된 공동 합성의 과정은 대략 (16)과 같다.

(16) a. 동사 bake의 작인역은 bake_act(e, w, x)이다.
　　 b. 보충어 cake의 작인역은 bake_act(e, w, x)이다.
　　 c. 동사 bake와 보충어 cake의 작인역이 일치하면서 보충어의 형상역 exist(e, x)가 전체 동사구의 형상역이 된다5).

람다 추출에 의해 cake의 개념 구조를 (17)과 같이 표상함으로써 (16)의 공동 합성이 가능해진다.6)

---

5) 이와 달리 bake the potato의 경우는 동사와 보충어의 작인역 일치가 일어나지 않는다.
6) 공동 합성에 대한 좀 더 상세한 설명과 논의는 본 논문의 범위를 벗어나는 것 같

(17) *cake* : [Thing   ]
         └[Thing λx[Event BAKE ([Thing   ], [x])]]

4.2 선택 결속(Selective binding)

형용사의 전치 수식은 많은 경우 술어의 병렬접속(predicate conjunction)으로 논리 구조를 설명할 수 있다. 가령, (18a)는 어떤 대상 x가 버스이면서(=be a bus) 동시에 노란색이라는(=be yellow) 해석에 따라 (18b)처럼 논리 구조를 기술할 수 있다. 즉, 두 개의 술어 — *be a bus* 그리고 *be yellow* —를 *and*-연산자 (=∧)로 병렬접속시킴으로써 적절한 의미 해석을 얻을 수 있다.

(18) a. a yellow bus
      b. λx((x=bus) ∧ (x=yellow))

Pustejovsky(1995)는 형용사의 전치 수식을 술어의 병렬접속으로 볼 수 없는 경우로 선택 결속(selective binding)을 지적한다. (19a)의 적절한 의미는 병렬접속을 가정한 (19b)처럼 "외형이 긴 음반"이 아니다. 좀 더 적절한 해석은 (19c)처럼 "음반에 저장된 음원 정보의 연주 시간이 길다"이다.

(19) a. a long record
      b. λx((x=record) ∧ (x=long))
      c. λx((x=record) ∧ ((contain(e, x, y)) ∧ (y=infor.physobj_lcp) ∧ (y=long)))

(19c)는 형용사가 단어의 내부 의미 성분 중 특정 요소만을 수식하는 선택 결속 현상을 기술한다. *long*은 *record* 전체가 아니라 *record*의 의미 성분 중 일부인 "y=infor.physobj_lcp"만을 수식한다. 선택 결속에 대한 생

─────────
다. 관심 있는 독자들은 Pustejovsky(1995: 7.2절)를 참조하기 바란다.

성 어휘부 이론의 제안은 람다 추출을 이용해 (20)과 같이 개념 구조로 표현할 수 있다.

(20) [Thing RECORD]
      └[Thing λx[Event CONTAIN ([x], [y])] ∧ [BE ([y], [INFORMATION])]]
                                                    └[Property LONG ([y])]

이와 같이 선택 결속은 단어 내부의 의미 구조를 고려했을 때만―즉, 풍부 합성을 통해서만―의미 해석이 가능해지는 또 하나의 좋은 사례이다.

4.3 가짜-형용사(Fake-type adjectives)

형용사의 수식을 받는 대부분의 명사는 통사적, 의미적으로 자신이 속한 명사구의 핵 성분이다. 가령, *a yellow bus*는 일종의 "버스"라는 점에서 *bus*가 의미적인 핵 성분이라고 말할 수 있다. 그런데 Jackendoff(1997)는 통사적 핵 성분과 의미적 핵 성분이 일치하지 않는 중요한 자료를 보고한다.

(21) a. a bloody gun
      b. a fake gun

(21a)와 (21b) 사이에는 중요한 차이가 있다. (21a)에서 *gun*은 통사적으로 명사구의 핵이면서 동시에 의미적으로도 핵 성분에 해당한다. *a bloody gun*은 일종의 *gun*이기 때문이다. 반면 (21b)에서 *gun*은 통사적으로는 핵 성분이지만 의미적으로는 핵 성분이 아니다. *a fake gun*은 어떤 경우에도 *gun*이 아니기 때문이다. (21b)는 "무언가 가짜 물건이 있는데, 그것이 총처럼 보인다"는 해석에 더 가깝다. Jackendoff는 이런 종류의 구문을 가짜-형용사(*fake*-type adjectives) 구문이라 칭하고, 가짜-형용사 구문의 의

미적 핵은 명사가 아니라 형용사라고 제안한다.7) 즉, *fake*가 전체 명사구의 의미적 핵 혹은 함수로서 *gun*을 논항으로 취하는 것이다. 이 경우 의미의 단순 합성을 가정하여 (22a)처럼 술어의 병렬접속을 시도하면 원하는 의미해석을 얻을 수 없지만, (22b)처럼 *fake*를 논항을 취하는 의미적 핵 성분으로 보게 되면 원하는 해석을 얻게 된다.

(22) a. λx((x=gun) ∧ (x=fake))
     b. λx(fake(x) ∧ (x=gun))

(23)은 람다 추출을 적용한 개념 구조이다.

(23) [Thing λx[Property FAKE ([Thing x])]]
                        └[BE ([Thing x], [GUN])]

(23)의 개념 구조는 가짜-형용사 구문의 의미적 핵 성분이 명사가 아니라 형용사라는 중요한 직관을 표현한다. 뿐만 아니라 (21b)의 명사구 전체는 "가짜 총"이라는 개체 유형을 지시하게 되는데, (23)에서는 [Thing λx ...]와 같이 람다 추출의 결과물이 [Thing ...]임을 보임으로써 (21b)가 궁극적으로는 개체 유형을 지시함을 보인다.

5. 경험적 귀결

이 절에서는 지금까지 제안한 이론의 다양한 경험적 귀결을 보임으로

---

7) Jackendoff(1997: 64-65)가 제안한 가짜-형용사 구문의 예로는 다음과 같은 것들이 있다 — an alleged killer, a toy horse, wooden turtle 등. 일부 형용사들은 중의적이다 — *a good/ excellent/terrific chair*와 같은 표현은 정말로 "의자"를 지시하는 표현일 수도 있지만, *This stump makes a good chair*처럼 가짜-형용사로 사용되기도 한다.

써 풍부 합성에 대한 독립적인 근거를 제시하도록 하겠다.

5.1 지시 전이

Nunberg(1979)가 처음 보고했던 지시 전이(reference transfer)의 전형적인 사례는 (24)와 같은 식당 종업원의 발화문이다 (참조: Jackendoff 1992, 1997).

(24) The ham sandwich in the corner wants some more coffee.

(24)에서 *the ham sandwich*는 원래의 "햄 샌드위치" 대신 "햄 샌드위치를 코너에서 먹고 있는 사람"을 지시한다. 비슷한 예로 Jackendoff(1992, 1997)는 시각적 표상(visual representation)의 지시 전이가 일어날 수 있음을 지적한다.

(25) Look! There's King Ogpu hanging on the wall.

(25)에서 *King Ogpu*는 "인물"이 아니라 "그 인물을 그린 초상화"를 지시한다. 지시 전이가 일어나는 또 다른 경우는 (26)처럼 지시체가 "차량"이 되는 경우이다.

(26) A truck hit Bill in thee fender when he was momentarily distracted by a motorcycle.

(26)에서 *Bill*은 "인물"이 아니라 "그 인물이 타고 있는 자동차"를 지시한다.
Jackendoff(1997)는 지시 전이의 문제를 (27)과 같은 해석 규칙으로 설명한다.

(27) a. NP를 [그 NP와 문맥상 연결된 사람]으로 해석하라.
　　　b. NP를 [그 NP의 시각적 표상]으로 해석하라.
　　　c. NP를 [그 NP에 의해 통제되는 차량]으로 해석하라.

람다 추출은 지시 전이의 문제를 자연스럽게 설명할 수 있다는 이점이 있다. 예를 들어 (25) 혹은 (27b)는 람다 추출을 사용하여 (28)과 같이 표상할 수 있다.

(28) [$_{Thing}$ $\lambda x[Visual\_Representation(x)]$]

(28)은 (25)에 대해 모국어 화자들이 적절한 해석을 얻게 되는 과정을 명시적으로 설명할 뿐 아니라, 왜 "인물 표현"이 "그 인물을 묘사한 시각적 표상"을 지시할 수는 있어도 반대의 경우는 성립할 수 없는지를 설명한다. 즉, (25)처럼 *King Ogpu*가 "*King Ogpu*를 묘사한 그림"을 지시할 수는 있지만, (29)처럼 *the statue/picture of King Ogpu*가 "*King Ogpu*라는 인물"을 지시할 수는 없다.

(29) *Do you know when the statue/picture of King Ogpu died?

(28)의 개념 구조에 따르면, Visual_Representation이 논항을 취하는 함수로 사용되어, 여기서 논항만을 람다 추출하는 것이 가능하다. 이렇게 되면 표면적으로는 논항 x가 나타나지만 그 의미는 "x의 시각적 표상"이 된다. 하지만, (29)를 정문으로 만드는 의미 해석은 어떠한 경우에도 얻어지지 않는다. 이와 같이 람다 추출은 지시 전이의 문제를 해결하는 중요한 형식적 도구로 활용될 수 있다. 지시 전이에 대해 좀 더 자세한 논

의는 Jackendoff(1997: 54-58)를 참조하라.

5.2 의문 / 의도의 보충어

Grimshaw(1979)에 따르면, (30a)에 대해 적절한 의미 해석을 얻으려면 (30b)처럼 의문사절을 재구성하는 것이 필요하다.

(30) a. John asked *the time / her name.*
    b. John asked *what time it was / what her name was.*

의미의 단순 합성을 가정하는 이론에서는 *ask*와 *time/name*이 동사구에서 결합하는 방식만으로 적절한 의미 해석이 이루어지는 것으로 분석해야할 것이다. 하지만 이러한 분석은 *time/name*과 같은 단어들이 모든 지정어/보충어 자리에서 의문사절로 재구성되어 해석되지 않기 때문에 적절한 설명이라 할 수 없다. 비슷한 경우를 *intend*와 같은 의도의 동사에서도 찾아볼 수 있다.

(31) a. John intended *to bring a camera.*
    b. John intended *that Bill bring a camera.*

(31)에서 부정사절과 *that*-절은 모두 "실현(*bring about*)"의 의미를 끼워 넣어야만(semantic interpolation) 적절한 해석을 얻을 수 있다. 즉, (31)의 두 문장은 의미적으로 (32)처럼 재구성되어야 한다.

(32) a. John intended *to bring about that* he bring a camera.
    b. John intended *to bring about that* Bill bring a camera.

Jackendoff(1997)는 의문/의도의 보충어에 대해 의미적 끼워 넣기 (semantic interpolation)가 일어나는 문제를 설명하기 위해 다음과 같은 해석 규칙을 제안하였다.

(33) a. *time, outcome, name* 등을 포함하는 NP를 [WHAT NP BE]로 해석하라.
 b. *that/to*-가정법 동사구를 [BRING ABOUT THAT S]로 해석하라.

람다 추출은 (33)과 같은 해석 규칙을 형식화하는 데에도 유용한 도구이다. 예를 들어 (30a)는 (34)와 같이 람다 추출을 두 번 적용함으로써 적절한 의미 해석을 얻을 수 있다.

(34) [$_{Thing}$ TIME/NAME/etc.]
 └[$_{Thing}$ λxλy[BE ([x], [y]) ∧ [x=TIME/NAME/etc.] ∧ [y=WH-]]]

(34)에 따르면 람다 추출은 *Wh*-변항을 추출하기 위해 한 번 사용되고, 다시 *time/name*과 같은 *x*-변항을 추출하기 위해 사용된다. 이와 같이 람다 추출을 사용한 풍부 합성의 원리는 단순 합성으로 설명하기 힘든 다양한 자료를 효율적으로 설명해 내는 장점이 있다. 5.3에서는 사건 논항을 람다 추출함으로써 상 강제(aspectual coercion)와 같은 자료까지 설명할 수 있음을 보이도록 하겠다.

5.3 사건 변항의 람다 추출

(35a)와 (35b)의 두 문장에는 의미적으로 심각한 차이가 존재한다. 표면적으로 (35b)는 (35a)에 *for two hours*라는 시간 부사구가 결합되었을 뿐이다. 하지만 (35b)에는 (35a)에 없던 "반복(repitition)"의 의미가 첨가되어 "*John*이 두 시간 동안 계단에서 뛰는 행위를 여러 차례 반복했다"

는 의미가 된다 (참조: Piñango et al. 1999).

   (35) a. John jumped from the stairs.
        b. John jumped from the stairs for two hours.

마찬가지로 (36a)는 "*John*이 길을 한 번 건넜다"는 의미이지만, (36b)처럼 *continuously*라는 부사를 첨가하면 "*John*이 길을 건너는 행위를 반복했다"는 해석이 나온다.

   (36) a. John crossed the street.
        b. John crossed the street continuously.

*for two hours*나 *continuously*와 같은 부가어가 "반복"의 의미를 어휘적으로 가지고 있다고 볼 수 없기 때문에 (35b)나 (36b)는 단순 합성으로 설명하기 어려운 자료이다. 반면 *for two hours*나 *continuously*와 같은 부가어는 어휘적으로 "진행 중인 사건(on-going event)"을 보충어로 요구한다고 보는 것이 타당하며, 결국 (35)의 *jump*나 (36)의 *cross*가 어휘적으로 가지지 못한 "진행"의 의미를 상 강제(aspectual coercion)에 의해 얻었다고 보아야 한다.

   (35b)와 (36b)에서 상 강제의 해석을 얻어내는 한 가지 방법은 (37)과 같이 사건 변항(event variable; Davidson 1969, Dowty 1979)에 대해 람다 추출을 적용한 뒤, 이 사건 변항을 시간 부사어로 선택 결속하는 것이다.

   (37) [λe[[$_{Event}$ e RUN([$_{Thing}$])] ∧ [e=e1 ∧ e2 ∧ e3 ∧ ... ∧ en]]]
                                   [$_{Property}$ TWO HOURS]

결국, 상 강제의 문제는 람다 추출 뿐 아니라 사건 변항의 존재에 대해서까지 독립적인 근거를 제공한다.

5.4 결속과 통제

Jackendoff(1990, Ch. 3)는 *buy* 동사의 의미역 구조에 대해 깊이 있는 논의를 하고 있다. (38)에서 *Sue*는 *Bill*에게 돈을 제공함과 동시에 책을 받는다. 달리 말하면 *Bill*은 *Sue*에게 돈을 받는 대신 책을 내어 준다. 결국 동사 *buy*는 필연적으로 돈에 관한 소유주의 변화와 구입한 물건에 대한 소유주의 변화를 내포한다. (39)는 *buy* 동사의 개념 구조이다.

(39) a. X bought Y from Z
b. [[GO$_{Poss}$ ([Y], [[FROM ([Z])], [TO ([X])]])],
   EXCH ([GO$_{Poss}$ ([MONEY], [[FROM ([X])], [TO ([Z])]])])]

(39b)는 X가 돈의 출처(source)이면서 Y의 표적(target)이고, 이와 동시에 Z는 Y의 출처이면서 돈의 표적임을 보여준다. X와 Z가 복수의 의미역을 갖는다는 사실은 Chomsky(1981)의 의미역 공준(theta criterion)에 대한 큰 도전이었다. 아울러 X는 통사부에서 필수 논항으로 구현되지만, Z는 의미부의 필수 논항이면서도 통사부에서는 부가어로만 구현된다. 이제 (40)의 예를 보자.

(40) 'John bought a book from each student.'

Jackendoff(1997: 69)가 지적했듯이, (40)은 "각각의 학생 *x*에 대해, 책은 *x*에서 *John*에게로 소유권이 바뀌고, 돈은 *John*에서 *x*에게로 소유권이 바뀐다". 문제는 의미 해석에 — 책과 돈의 소유권 이전에서 — 두 번 등장하는 *x*가 통사부에서는 전혀 등장하지 않는다는 것이다. Jackendoff는 이러한 종류의 자료를 다양하게 제시하면서 결속(binding)이 의미부에서 정의되어야 함을 주장한다. 즉, 결속 관계를 통해 드러나는 의미의 합성이 궁극적으로 *buy*와 같은 동사의 내부 의미 구조를 참조해야만 한다는 것이다.

통제(control) 현상 역시 풍부 합성에 대한 독립적인 근거를 제공한다. (41)과 (42)는 통사적 통제가 아닌 의미적 통제로만 설명이 가능한 자료들이다. 이 자료들에서 *get*이나 *promise*에 대해 통사적인 주어/목적어는 일관되게 통제자(controller)가 되지 못 한다. 반면, (41)에서는 의미적 수혜자(recipient)가 일관된 통제자 역할을 하고, (42)에서는 출처/근원(source)의 의미역이 일관되게 통제자 역할을 한다.

(41) a. John$_i$ got [PRO$_i$ to leave]   (통제자=주어 or 수혜자?)
     b. Bill got Johni [PROi to leave]   (통제자=목적어 or 수혜자?)

(42) a. John$_i$ promised [PRO$_i$ to leave]   (통제자=주어 or 출처/근원?)
     b. John$_i$ promised Bill [PRO$_i$ to leave]   (통제자=주어 or 출처/근원?)

(Jackendoff 1997, 70)

(42)에서 통제는 풍부 합성을 통해 주절 동사의 내부 의미 구조 — 개념 구조 상의 의미역 — 를 참조함으로써 확립된다. 결국, 통제 현상 자체가 의미적이라면, (41)과 (42)에서 통사부 내에서 X$_0$를 더 큰 단위로 합성하는 것만으로는 적절한 의미 해석을 얻을 수 없다. 통제 현상에 관한 좀 더 자세한 논의는 Culicover & Jackendoff(2001, 2003, to appear)를 참조하기 바란다.

6. 이론적 귀결

이 절에서는 풍부 합성과 람다 추출의 이론적 귀결 두 가지를 논의하도록 하겠다. 첫 번째 이론적 공헌은 풍부 합성과 람다 추출을 통해 개념 의미론의 표현력이 증대되었다는 것이다. 초기 개념 의미론에서는 몇 가지 중요한 문법 현상에 대해 개념 구조에서 처리할 마땅한 방법이 없었다. 실제로 우리는 3절에서 람다 추출을 통해 관계절의 개념 의미론적 처리가 가능해졌음을 확인했다. 람다 추출은 다양한 종류의 비교 구문에 대해서도 매우 유용한 분석 장치이다.

(43) a. John is as rich as Bill
    b. [State BE ([JOHN], [Property RICH])]
               └[Property λx[BE ([BILL], [x])]]

(44) a. John is richer than Bill
    b. [State BE ([JOHN], [Property RICH])]
               └[Degree BIGGER_THAN ([Property λx[BE ([INHO], [x])]])]

(43)과 (44)는 "as ... as 구문"이나 "more ... than 구문"을 개념 의미론에서 어떻게 처리할 수 있는지를 보여준다.

  두 번째 중요한 이론적 귀결은 외관상 달라 보이는 수많은 문법 현상들을 람다 추출이라 불리는 문법 장치로 단일화할 수 있는 가능성이 열렸다는 것이다. 지금까지 우리는 Pustejovsky(1995)의 유형 강제, 공동 합성, 선택 결속이 모두 람다 추출을 통해 개념 구조에 표현될 수 있음을 확인했다. 우리는 또한 Jackendoff(1992, 1997)의 다양한 해석 규칙들이 람다 추출로 대치될 수 있음을 보았다. 그 밖에도 람다 추출은 동사의 상적 강제, 관계절, 형용사 비교 구문 등에 유용하게 활용될 수 있다. 결국, 이제까지 논의한 많은 현상을 [λx[... x ...]]라는 단순한 도식으로 환원시킬 수 있는 것이다. 수많은 문법 현상을 람다-X로 일반화시키려는 시도는 수많은 구구조 규칙(Phrase Structure Rules)을 X-바 통사론으로 일반화시킨 시도(Jackendoff 1977)와 유사하다. 이에 대한 좀 더 깊은 논의와 평가는 앞으로 훌륭한 연구 과제가 될 수 있으리라 생각한다.

7. 결론

우리는 현대 의미 이론의 핵심 가정인 의미의 합성성에 대해 두 가지 가설 — 단순 합성과 풍부 합성 — 을 소개함으로써 의미의 합성성에 관한 논의를 시작하였다. 논리적 다형성이 단순 합성에 대해 문제를 일으킨다는 사실을 지적한 뒤, 람다 추출을 개념 구조에 적용하여 풍부 합성을 가능하게 해 주면 단순 합성만으로 설명하기 어려웠던 많은 자료들이 자연스럽게 설명될 수 있음을 보였다. 우리는 풍부 합성을 통해 얻을 수 있는 다양한 경험적, 이론적 장점들도 확인하였다. 궁극적으로 이 논문은 Fodor(1983, 1998)와 달리 단어의 의미가 더 작은 원소들에 의해 분해 가능하다는 입장을 지키면서, GB나 최소주의와 같은 Chomsky 통사론과 달리 통사부와 의미부 모두가 문법의 독립된 층위임을 주장하고, Putnam (1975)이나 형식 의미론자들과 달리 의미가 사람의 머리 속에 실재하는 심리적 대상임을 분명하게 하였다.

참고문헌

Cann, R. 1993. *Formal Semantics*. Cambridge: Cambridge University Press.
Chomsky, N. 1965. *Aspects of the Theory of Syntax*. Cambridge, MA: MIT Press.
Chomsky, N. 1981. *Lectures on Government and Binding: the Pisa Lectures*. Dordrecht: Foris.
Culicover, P. and R. Jackendoff. 2001. "Control is not Movement," *Linguistic Inquiry* 32.3, 493–512.
Culicover, P. and R. Jackendoff. to appear. *Syntax Made Simple(r)*. Oxford: Oxford Univ. Press.
Davidson, D. 1969. "The Individuation of Events," in Nicholas Rescher, ed., *Essays in*

Honor of Carl G. Hempel. Dordrecht, Holland: D. Reidel.

Dowty, D. 1979. *Word Meaning and Montague Grammar*. Dordrecht, Holland: D. Reidel.

Fodor, J. A. 1983. *Modularity of Mind*. Cambridge, MA: MIT Press.

Fodor, J. A. and E. Lepore. 1998. "The Emptiness of the Lexicon: Reflections on James Pustejovsky's *The Generative Lexicon*," *Linguistic Inquiry* 29.2, 269-288.

Grimshaw, J. 1979. "Complement Selection and the Lexicon," *Linguistic Inquiry* 10, 279-325.

Jackendoff, R. 1977. *X-bar Syntax: A Study of Phrase Structure*. Cambridge, MA: The MIT Press.

Jackendoff, R. 1983. *Semantics and Cognition*. Cambridge, MA: MIT Press.

Jackendoff, R. 1987a. "X-Bar Semantics," in James Pustejovsky ed., *Semantics and the Lexicon*, 15-26. Dordrecht: Kluwer Academic Publishers.

Jackendoff, R. 1987b. "The Status of Thematic Relations in Linguistic Theory," *Linguistic Inquiry* 18.3, 369-411.

Jackendoff, R. 1990. *Semantic Structures*. Cambridge, MA: MIT Press.

Jackendoff, R. 1992. "MME. Tussaud Meets the Binding Theory," *Natural Language and Linguistic Theory* 10, 1-31.

Jackendoff, R. 1997. *The Architecture of the Language Faculty*. Cambridge, MA: MIT Press.

Jackendoff, R. 2002. *Foundations of Language: Brain, Meaning, Grammar, Evolution*. Oxford: Oxford University Press.

Jackendoff, R and P. Culicover. 2003. "The Semantic Basis of Control in English," *Language* 79.3, 517-556.

Jun, J. S. 2004. "Enriched Composition in Conceptual Semantics and the Generative Lexicon Theory," *Korean Journal of Linguistics* 29.3, 437-460.

Lee, C. and S. Im, 2003. "How to Combine the Verb ha-'do' with an Entity Type Noun in Korean — Its Cross-linguistic Implications," in *Proceedings of the 2nd International Workshop on Generative Approaches to the Lexicon,* Geneva, Swiss.

Montague, R. 1973. "The Proper Treatment of Quantification in Ordinary English," in K. Hintikka, J. Moravcsik, and P. Suppes eds., *Approaches to Natural Language*, 221-242. Dordrecht: Kluwer.

Nunberg, G. 1979. "The Non-uniqueness of Semantic Solutions: Polysemy," *Linguistics*

and Philosophy 3, 143-184.
Piñango, M. M., E. Zurif and R. Jackendoff. 1999. "Real Time Processing Implications of Enriched Composition at the Syntax-semantics Interface," *Journal of Psycholinguistic Research* 28, 395-414.
Pinker, S. 1989. *Learnability and Cognition: The Acquisition of Argument Structure.* Cambridge, MA: MIT Press.
Pustejovsky, J. 1995. *The Generative Lexicon*. Cambridge, MA: MIT Press.
Putnam, H. 1975. "The Meaning of 'Meaning'," in *Philosophical Papers, Vol. 2: Mind Language and Reality*, 215-271. Cambridge: Cambridge University Press.
Suh, C.-S. 1996. *Korean Grammar (in Korean)*. Seoul: Hanyang University Press.

중심화이론과 정보구조

채 숙 희*

1. 중심화이론

중심화이론은 담화(discourse)상에서 대화참여자들의 관심의 대상이 어떻게 움직이는지를 모형화한 것이다. 이것은 대화참여자의 관심의 상태와, 청자 입장에서의 추론의 복잡성, 그리고 지시표현 양식 간의 상호작용으로 설명되고 있다. 이 이론에 따르면 한 발화(utterance)의 중심(center)은 그 발화를 인접한 다른 발화들과 연결해주는 담화상의 개체라고 볼 수 있으며, 이 중심이 국부적 응집성의 주요 요소가 된다는 것이다.

1.1 국부적 응집성(Local Coherence) 모형으로서의 중심화이론

중심화이론이 설명하고자 하는 바를 다음의 두 개의 담화를 비교하면서 살펴보자. 아래의 두 담화는 전체적으로 동일한 정보를 전달한다고 볼 수 있지만, 그것이 전달되는 방식은 전혀 다르다고 할 수 있다.

(1) a. John went to his favorite music store to buy a piano.
    b. He had frequented the store for many years.
    c. He was excited that he could finally buy a piano.
    d. He arrived just as the store was closing for the day.

---

* 서울디지털대학교 영어학부 (chaesh@sdu.ac.kr)

(2) a. John went to his favorite music store to buy a piano.
    b. It was a store John had frequented for many years.
    c. He was excited that he could finally buy a piano.
    d. It was closing just as John arrived.   (Grosz, Joshi and Weinstein 1995)

직관적으로 판단하여, (1)의 담화는 (2)의 담화보다 더 문맥응집성이 높다고 할 수 있다. (1)의 담화는 하나의 개체, 즉 'John'을 중심으로 그가 취한 행동이나 태도를 기술했다고 볼 수 있다. 다시 말해서 (1)의 화자는 관심의 중심이 계속해서 한 개체에 머물러 있다고 볼 수 있다. 반면 (2)의 담화는 여러 개체 ― 'John'과 'music store' ― 사이를 반복해서 선회하며 기술하고 있기 때문에 화자의 관심의 중심이 어디에 있는지를 청자의 입장에서 판단하기가 쉽지 않고 (1)보다 문맥응집성이 떨어진다고 할 수 있다. 따라서 (2)의 담화는 청자에게 더 많은 추론의 부담을 준다는 의미에서 좋은 담화라고 볼 수 없다.

이처럼 화자의 관심의 중심이 어디에 있으며, 이에 따라 담화개체의 표현양식은 어떠한 영향을 받는지, 그리고 이는 청자의 입장에서 이해의 난이도와 어떻게 연관되는지의 상호작용을 살펴봄으로써 국부적 문맥응집성의 모형을 구축하려는 시도가 중심화이론이다. 이 이론에 따르면, 화자의 관심의 중심에 놓인 개체는 일반명사구보다는 대명사형으로 표현되는 경향이 있으며 이것이 청자로 하여금 추론의 부담을 덜어준다는 것이다. 담화 (1)와 (2)에서 보여주는 문맥응집성의 차이도 이러한 관점에서 설명될 수 있는데, 담화 (1)에서는 'John'이 첫 발화를 제외한 모든 발화에서 계속해서 대명사 형태를 취함으로써 화자의 관심의 중심이 이 개체에 놓여있음을 보여준다. 반면 담화 (2)에서는 'John'을 지칭하는 'he'와 'the store'를 지칭하는 'it'이 번갈아 사용되어 화자의 관심의 중심이 옮겨 다니는 것을 보여준다고 하겠다.

아래의 담화는 일반 명사구와 대명사형이 문맥응집성에 어떠한 영향을 미치는지를 좀 더 확실하게 보여준다.

(3) a. Terry really goofs sometimes.
   b. Yesterday was a beautiful day and he was excited about trying out his new sail boat.
   c. He wanted Tony to join him on a sailing expedition.
   d. He called him at 6 AM.
   e. He was sick and furious at being woken up so early.
   e'. Tony was sick and furious at being woken up so early.
   f. He told Terry to get lost and hung up.
   g. Of course, he hadn't intended to upset Tony.
   g'. Of course, Terry hadn't intended to upset Tony.

(Grosz, Joshi and Weinstein 1995)

이 담화는 (3a)에서 (3d)에 이르기까지 Terry를 중심으로 기술이 되어있다. 따라서 (3e)의 대명사 'He'라는 표현은 청자로 하여금 그것이 지칭하는 개체가 Terry라고 가정하게 만든다. 그러나 뒤따르는 내용은 Terry에 관한 기술이 될 수 없기 때문에, 청자는 대명사가 지칭하는 대상을 Terry가 아닌 Tony로 수정하여야한다. 이것은 청자에게 불필요한 부담을 주는 것이기 때문에 (3e')처럼 일반 명사구로 표현하는 것이 훨씬 바람직하다고 하겠다. 마찬가지로 (3g) 역시 청자에게 오해를 불러일으킬 여지가 있다. 이 담화는 (3e')부터는 관심의 중심이 Tony로 옮겨졌다. 따라서 (3g)의 대명사 역시 청자에게는 Tony를 지칭하는 것으로 여겨질 것이다. 그러나 발화의 끝까지 따라가 보면 청자의 이러한 연결은 잘못된 것이기 때문에 수정되어져야만 한다.

이처럼 표현양식이 청자에게 주는 추론 부담의 정도를 결정하고, 그렇게 함으로써 국부적 문맥일관성에 영향을 주는 것을 모형화한 것이 중심화이론이다.

1.2 중심화이론의 기본 제약(Constraints) 및 규칙(Rules)

중심화이론의 모형은 아주 단순하다고 볼 수 있다. 담화는 몇 개의 담화분절(discourse segment)로 구성되어 있고, 각 담화분절이 담화모형의 일부로 표현된다. 중심은 담화분절 내에서 각 발화의 담화모형을 구성하는 담화상의 개체(semantic entity)[1]를 가리킨다.

중심화이론에 따르면 각 발화는 두 가지 방식으로 담화모형에 영향을 준다. 첫째로, 각 발화는 전향적 중심(Forward-looking Centers: {Cf})이라고 불리우는 일련의 담화 개체(혹은 파일카드)를 가진다. 둘째로는 이 중에서 가장 두드러진 개체인 후향적 중심(Backward-looking Center: Cb)을 가지는데, 이 후향적 중심은 현재의 발화를 이전의 담화와 연결시켜주는 역할을 하는 것으로, 담화분절의 맨 처음 발화는 후향적 중심을 갖지 않는다.

이 이론에서 담화상의 두드러짐(salience)은 후향적 중심의 결정과 전향적 중심 간의 순위매기기에 의하여 결정된다. 그리고 전향적 중심 중에서 가장 상위에 있는 요소를 최우선 중심(Preferred Center: Cp)이라고 하는데 이는 다음 발화의 후향적 중심이라고 예측된다. 이처럼 후향적 중심을 통하여 이전 발화와의 연결을, 그리고 최우선 중심을 통하여 이후 발화의 해석에 대한 예측을 하는 것이 중심화이론의 핵심이라고 볼 수 있다.

중심화이론의 제약은 아래와 같은 세 가지이다.

---

[1] Walker, Joshi and Prince(1998)에서는 이처럼 의미적인 개체(semantic entity)라는 표현을 사용하였지만, 이는 Prince(1981)가 지적한 discourse referent라고 볼 수 있고, 이것은 개체 및 부류, 개념 등을 포함하는 포괄적인 개념이다.

(4) 중심화이론의 제약: 담화분절 내에서 각각의 발화는
   a. 최대 한 개의 후향적 중심을 갖는다.
   b. 모든 전향적 중심은 그 발화 내에서 반드시 실현(realize)되어져야만 한다.
   c. 어떤 발화의 후향적 중심은, 해당 발화에서 실현된 개체 중에서 직전 발화의 전향적 중심의 순위 중 가장 상위에 매겨진 것이다.

(4a)에서는 한 발화 내에서 가장 주된 개체는 하나이며, 해당 발화는 전체적으로 이것에 '대한(about)' 진술이 됨을 말해준다. (4b)는 '실현'을 어떻게 정의하느냐에 따라 결정되는데, 단순히 문장에 명시적으로 나타난 경우뿐만이 아니라, 암묵적으로 나타나거나, 추론에 의해서 암시되는 것들도 포괄할 수 있는 개념으로 받아들여야 할 것이다. (4c)는 전향적 중심의 순위가 다음 발화의 후향적 중심이 어떤 것이 될지를 결정짓는다는 사실을 보여주며, 동시에 최우선 중심이 그 다음 발화에 실현되는 경우 이것이 그 발화의 후향적 중심이 됨을 보여준다.

중심화이론은 또한 아래와 같은 규칙을 설정하고 있다.

(5) 중심화이론의 규칙:
   a. 대명사 규칙(Pronoun Rule): 담화분절 내의 각 발화에 있어서, 전향적 중심의 어떤 요소가 대명사로 실현되었다면, 그 발화의 후향적 중심 역시 대명사로 실현된다.
   b. 서열 규칙(Ordering Rule): 전이 상태(Transition States)에는 서열이 있다. 지속(Continue)이 가장 선호되며, 그 다음으로는 유보(Retain), 순전이(Smooth-Shift), 과격전이(Rough-shift)의 순이다.

대명사규칙은, 위의 (1)-(3) 담화에서 언급된 바와 같이 화자의 관심의 중심에 놓인 개체는 일반명사구보다는 대명사형으로 표현되는 경향이 있다는 것을 명시적으로 표현하고 있으며, 만약 대명사가 하나라면 그것은 반드시 후향적 중심이 된다는 예측을 가능케 한다.

중심화이론에서 가정하는 또 하나의 규칙인 서열 규칙은, 한 담화분절 내에서는 화자의 관심의 중심이 변화하기보다는 유지되는 경향이 높다는 것이다. 국부적 문맥응집성을 결정하는 지표인, 인접하는 담화 사이의 연결, 즉 중심전이(Center Transition)의 유형을 크게 네 가지로 구분하고 있다. 가장 바람직한 연결은 관심의 중심이 유지되면서 동시에 다음 발화에서도 그 중심이 유지될 것으로 보이는 경우(중심의 지속: Continue)이며, 그 다음으로는, 중심이 유지되기는 하지만 다음 발화에서는 다른 중심으로 옮겨갈 것으로 보이는 경우(중심의 유보: Retain)로 보고 있다. 세 번째로 선호되는 연결은 비록 중심이 변하였지만 다음 발화에서도 그 관심의 중심은 유지될 것으로 보이는 경우(순전이: Smooth-Shift)이며 가장 선호되지 않는 경우는 중심이 변했을 뿐만 아니라, 그 중심이 계속되지도 않을 것으로 보이는 경우(과격전이: Rough-Shift)로 보았다. 실제로 마지막 유형은 거의 실제 담화에서는 나타나지 않거나, 나타나는 경우라 해도 그것은 새로운 국부적 문맥의 시작을 의미하는 것으로 보기도 한다.

이러한 제약과 규칙과 더불어 전향적 중심의 우선순위가 중심화이론에서는 중요한 역할을 한다. 언어에 따라 담화상 중요한 요소가 다르긴 하지만, 어순이나 운율(prosody), 문법기능(grammatical function) 등이 순위를 매기는 중요한 요소로 작용하여 아래와 같은 전향적 중심의 우선순위가 매겨진다.

(6) 전향적 중심의 우선순위
   a. 영어 : 주어(Subject) > 간접목적어(Object2) > 목적어(Object) > 그 외(Others)
   b. 한국어/일본어 : 화제(Topic) > 주어(Subject) > 그 외(Others)

영어에서는 주어, 목적어 등의 문법적인 기능이 우선순위를 결정하는 요소인 반면, 한국어나 일본어에서는 그보다는 화제가 담화 상으로 더 중요한 위치를 차지한다는 것을 알 수 있다.

이처럼 중심화이론은 비교적 간단한 몇 개의 제약과 규칙을 통하여 국부적 문맥응집성의 모형을 제시하고, 명사구의 표현양식이 청자의 추론복잡성과의 관계를 통하여 일정한 담화상의 기능을 담당함을 잘 설명해 주고 있다.

2. 중심화이론과 정보구조

본 절에서는 기존에 정보구조(Information Structure)라는 이름으로 다루어졌던 문제들 중에서 중심화이론과의 접맥이 가능한 몇 가지 현상에 대해서 살펴보도록 한다.

정보구조의 기본적인 가정은, 화자(speaker)가 자신이 전달하고자 하는 바를 청자(hearer)에 맞추어 재단하고 (tailor) 포장한다 (package)는 것이다. 즉, 명제적으로 동일한 내용도 전달하는 방식이 다양할 수 있는데, 이러한 다양한 방식은 화자가 가정하는 청자의 인지상태와 관련이 있으며 이런 화용론적인 요소를 무시한다면 문맥상 적절하지 못하여 의사전달에 실패하는 발화가 될 수도 있다는 것이다.

중심화이론은 기본적으로 대화참여자의 관심 상태를 설명하고자 하는 것이며, 이것을 다양한 표현양식과 그에 따른 화자 입장에서의 추론복잡성과의 연관으로 설명하는 것이기 때문에, 기존의 정보구조에서 중점적으로 다루어 오던 어순, 주어짐성(givenness), 화제(topic), 초점(focus) 등의 개념과 공유하는 바가 적지 않다고 하겠다.

2.1 중심화이론과 주어짐성(givenness)

영어에서는 어떤 개체의 주어짐성을 대체로 화자입장에서의 친숙도에 의거하여 한정/비한정(definite/indefinite)으로 구분한다.2) 즉 화자가 이미 안다고 가정하는 것은 한정적인 방식으로, 그렇지 않은 것은 비한정적인 방식으로 표현한다는 것이다.

(7) a. I bought the book.
    b. I bought a book.

(8) a. I bought a book yesterday.
    b. The cover was blue.

(7a)에서는 화자가 이미 알고 있거나 문맥상 이미 언급이 되어서 이미 화자의 파일카드에 존재하는 개체인 '책'을 가리킨다면, (7b)에서는 아직 화자의 파일카드에 존재하지 않아서 새로이 파일카드를 만들어내야 하는 개체인 '책'을 가리킨다는 차이가 있다. 한편 (8b)가 (8a)뒤에 오는 문장이라고 보면, 비록 (8a)에서 명시적으로 언급되지는 않았지만, '겉장(the cover)'은 당연히 앞에서 언급된 '책'의 겉장을 가리키는 것으로 청자가 추론 가능한 것이기 때문에 화자는 한정적인 표현인 'the cover'를 사용할 수 있는 것이다. 이러한 것을 정리하면 아래와 같은 청자입장에서의 주어짐성에 대한 정의가 된다.

---

2) 주어짐성은 여러 학자들에 의해 다양하게 정의되어져 왔다. Prince(1981)에 따르면 크게 givenness$_p$(predictability/recoverability), givenness$_s$(saliency)와 givenness$_k$ (shared knowledge)로 구분되는데, 각각은 청자가 문장 내의 특정 위치에 어떤 요소가 나타날 것이라고 예측이 가능하다고 화자가 가정하는가, 청자의 의식 속에 그 대상이 존재한다고 화자가 가정하는가, 그리고 청자가 알거나, 가정하거나, 추론가능하다고 화자가 가정하는가에 따라 구분된다.

(9) 청자입장의 알고리즘(Hearer-Status Algorithm)
화자가 이미 알고 있다고 믿거나, 그것을 추론할 수 있는 필요지식이나 사고력을 지닌다고 판단되는 개체를 담화 상에 불러낼 때는 명사구를 한정적으로 표현하라. 화자가 아직 알지 못하거나 추론할 수 없다고 믿는다면 그 개체를 비한정적으로 표현하라. (Walker and Prince 1996)

하지만 이러한 분류는 영어에서는 항상 들어맞는 것이 아님을 아래의 예에서 알 수 있다. 한정성 표현의 문법화 과정에서 불어와는 달리 영어는 형태와 기능이 완벽하게 일치하지 못한다.

(10) a. I love roses.
　　 b. I bought roses.

(11) a. J'adore les roses.
　　 b. J'ai achete des roses.

(Walker and Prince 1996)

(10a)에서 화자는 '장미'를 꽃의 종류로서 그 전체를 가리키는 말로 사용한 반면, (10b)에서는 그 중의 일부인 '장미'를 말하고 있다. 다시 말해서 (10a)에서는 청자가 '장미'가 무엇인지 알고 있고 그래서 이미 파일카드가 존재한다고 생각하지만 (10b)에서는 그 중 일부인 '장미'이기 때문에 청자에게는 아직 알려져 있지 않고 따라서 청자의 지식창고에 새로운 파일카드를 만들어야하는 상황이다. 하지만 두 가지의 표현 양식은, 부정관사가 붙지 않은 복수형으로 동일하다. 반면 (11)의 불어에서는 동일한 의미의 표현이 한정적 관사(les)와 비한정적 관사(des)로 확실하게 구분이 되고 있다.
　(9)의 청자입자에 입각한 주어짐성은 또한 아래의 예문에서 나타나는 현상을 설명할 수 없는 문제점을 지닌다.

(12) This guy$_i$'s sitting in the park, minding his$_i$ own business. After a while, he$_i$ takes out his$_i$ lunch and starts eating. Suddenly, he$_i$ notices a guy$_j$ on the next bench.
   a. He$_i$/#He$_j$ looks at #the guy$_i$/the guy$_j$, and says...
   b. #The guy$_i$/The guy$_j$ looks at him$_i$/#him$_j$ and says...
   b'. He$_i$/He$_j$ looks at him$_j$/him$_i$ and says...   (Walker and Prince 1996)

맨 처음 등장하는 남자(this guy$_i$)와 뒤에 등장하는 남자(a guy$_j$)는 (9)에 따르면 주어짐성이 동일하다. 하지만 뒤따르는 문맥(a-b/b')에서 보면 각각의 개체가 표현되는 형태에 차이가 있다. 따라서 청자입장에서의 주어짐성에만 의거해서는 대명사형이 언제 쓰일 수 있으며, 각각이 가리키는 개체가 어떤 것인지를 설명할 수 없다.

1절에서 설명된 중심화이론을 도입한다면, 위의 문맥은 맨 처음 등장하는 남자(this guy, i)를 중심으로 기술된 것이다. 다시 말해서 후향적 중심(Cb)이 그 남자(i)인 것이다. 따라서 (12a)의 '그(he)'는 뒤에 오는 다른 남자(a guy, j)라기보다는 처음의 남자를 가리킨다고 봐야할 것이다. 반면 뒤에 오는 일반명사구로 표현된 'the guy'는 후향적 중심이 아닌, 뒤에 등장한 남자를 가리키는 것으로 봐야할 것이다. (12b)에서도 역시 대명사형으로 표현된 개체는 앞의 남자를 가리킨다고 보는 것이 나을 것이다. 반면 (12b')처럼 두 가지가 모두 대명사형으로 표현될 경우도 가능하기는 하지만, 이 경우도 주어가 후향적 중심의 개체를 가리킨다고 볼 확률이 더 높다고 볼 수 있다.[3]

이처럼 중심화이론을 도입하면 기존의 청자중심의 주어짐성만으로는 해결되지 않던 문제를 좀 더 담화구조상의 문제로 받아들여서 설명할 수 있고, 더불어 대명사형과 일반명사구 표현의 차이까지를 규명할 수 있다.

---

3) Walker and Prince(1996)에 따르면, (12a)는 영어모국어사용자 11명 중 11명이 he$_i$/guy$_j$의 해석을 선호했고, (12b)는 11명 중 11명이 guy$_j$/him$_i$을 선호했다. 반면 (12b')은 11명 중 9명이 he$_i$/him$_j$을, 2명이 he$_j$/him$_i$을 선호했다.

2.2 중심화이론과 화제

화제(topic)의 개념은 정보구조이론에서 가장 많이 다루어지는 문제 중의 하나이다. 영어에서 한 문장의 화제를 결정하는 근거는 흔히 문두성(sentence initiality), 주어짐성, 대하여성(aboutness) 등으로 논의되어 왔다.

문두성에 대한 지적은 프라그학파를 통해서 꾸준히 논의되었고 Halliday에 의해 받아들여져서 문장의 제일 첫 번째 오는 요소를 그 발화의 화제로 보아야 한다는 입장이다. 화제는 '메시지로서의 출발점'이라는 의미에서 발화의 제일 앞에 온다는 것인데, 이는 언어 보편적(language universal)인 원칙에 가깝고, 적어도 이러한 경향성을 강하게 띰에는 틀림이 없다. 하지만 아래의 문장들을 보면 어느 것도 문장의 첫 요소를 화제라고 보기는 어렵다.

(13) a. Be quiet.
 b. Who broke the window?
 c. There is a fly in my tea.
 d. It is raining.

명령문인 (13a)는 문장의 첫 요소가 동사이고, 의문문인 (13b)는 첫 요소가 의문사로서 화제의 개념과는 어울리지 않는다. 또한 (13c)와 (13d)는 문장의 첫 요소가 별 의미를 갖지 않는 요소들로 구성되어 있는데, 이 문장들은 일반적인 화제-논평(Topic-Comment)구조로 구성되어 있지 않은 단일 언술 구문 혹은 제언문(thetic sentence)[4]으로 볼 수 있기 때문에, 화

---

4) 문장은 정언문(categorical sentence)과 제언문(thetic sentence)으로 구분될 수 있다. 이러한 구분은 인간의 판단의 두 가지 유형에서 온 것으로 정언적 판단이란 전통적인 주어-술부의 문장 유형에서 먼저 주어를 인식하고 그 다음으로 그 주어에 대한 술부의 내용을 긍정 혹은 부정하는 두 개의 단계로 판단을 하는 것이다. 반면 제언적 판단이란 전체적으로 하나의 내용을 인식하거나 부정하는 것을 말한다. 따라서 화제가 없는 문장은 제언문이라고 볼 수 있다.

제와는 무관한 구문이라고 할 수 있다. 이처럼 영어에서는 문두성만으로 화제를 정의하기에는 부족함이 많다.

다음으로 화제를 결정하는 요소로서 주어짐성에 대하여 생각해보자. 대부분의 화제는 이미 알려진 것이고 새로운 요소가 화제가 되는 경우는 거의 없다. 하지만 한 발화 내에 한 개 이상의 주어진(given) 요소가 있는 경우는 허다한데, 이 중 어떤 것이 화제가 되는지를 설명해줄 수 없다. 즉 주어짐성은 화제가 되기 위한 필요조건이 될 수는 있어도 충분조건이 될 수는 없다.

하지만 Reinhart(1981)은 주어짐성이 화제가 되기 위한 필요조건도 될 수 없다고 지적하고 있다. 인접하는 두 발화 사이의 연결은 개체를 통한 것일 수도 있고, 다른 연결사를 통한 것일 수도 있는데, 전자의 경우에는 주어짐성이 화제의 필요조건이 될 수 있지만 후자에선 그렇지 않다는 것이다.

(14) Rick Miranda says earnestly: "It's not just we do good, we feel good... We've learned things... we never learned from our parents."
<u>If Joan Santini</u> were listening to Rick Miranda, her blue eyes would open wide and they'd be saying, "Jeez, we never had anything like that back home."
Born and raised in Denver, 39-year-old Joan Santini is possessed of a sparkling ingenue prettiness that is the perfect reflection of her eager conversion to New York... (Reinhart 1981)

'if'라는 가정법의 접속사는 새로운 화제인 'Joan Santini'를 소개하는 역할을 하고, 이 개체는 주어진 요소라고 볼 수 없기 때문에 주어짐성은 화제를 위한 필요조건도 충분조건도 아니고, 다만 강한 경향성만을 띤다고 하겠다.

마지막으로 화제를 결정하는 요건으로서의 대하여성에 대해서 살펴보자. 어떤 발화가 전체적으로 무엇에 '대한' 진술이라고 볼 수 있을 때, 그 무엇이 바로 그 발화의 화제라는 것이다. 하지만 이러한 정의는 다소 모호할 수 있다.

(15) Mr. Morgan is a careful researcher and a knowledgeable Semicist, but his originality leaves something to be desired.　　(Reinhart 1981)

위의 문장은 전체적으로 보아 'Mr. Morgan'에 대한 진술이라고 볼 수도 있고, 'Mr. Morgan의 학문적인 능력'에 대한 진술이라고 볼 수도 있다. Reinhart(1981)는 전자는 문장화제로, 후자는 담화화제로 구분하고 전자만이 문장 내의 어떤 표현과 연관될 수 있다고 보았다.

대하여성에 의거한 화제 결정은 또한, 문장의 진위 파악에 있어 어떠한 것을 근거로 판단하느냐의 문제와 연결되어 있다.

(16) a. As for Felix, he invited Rosa to dance with him.
　　　b. As for Rosa, Felix invited her to dance with him.　　(Reinhart 1981)

as for구를 화제를 명시적으로 표현해주는 것으로 보았을 때, 두 가지 문장은 동일한 상황을 묘사하고 있지만 그 문장의 진위를 파악하는 방법이 다를 것으로 예상된다. (16a)에서는 우리는 아마도 Felix에 대한 정보를 찾아보아 그가 초대한 사람 중에 Rosa가 있는지 확인하게 될 것이다. 반면 (16b)에서는 Rosa에게 일어난 일을 중심으로 Felix에게 초대를 받았는지를 확인하게 될 것이다. 이 경우에는 어떤 식으로 판단을 하든, 동일한 판단이 나오겠지만, 아래의 예처럼 존재하지 않는 개체가 등장하는 경우에는 판단이 달라질 수 있다.

(17) a. The king of France visited the exhibition yesterday.
　　　b. The exhibition was visited yesterday by the king of France.
　　　　　　　　　　　　　　　　　　　　　　(Strawson 1964)

(17a)에서는 화제가 존재하지 않는 대상(The king of France)을 가리키기 때문에 이 문장의 진위를 파악할 수가 없다. 하지만 (17b)에서는 박람회 (exhibition)를 중심으로 거기에 방문한 사람을 조사한다면 이 문장은 명백히 거짓인 문장이 될 것이다. 이러한 의미에서 화제가 되는 개체는 최소한 화자와 청자의 공유된 지식 속에서는 존재하는 것이라야 한다.

대하여성에 의거한 화제의 정의는 문두성이나 주어짐성처럼 어떤 개체의 자질로서가 아니라, 화용론적인 관계(pragmatic relation)에 의거한 정의라는 점에서 더 설득력 있고 언어직관에도 맞다. 실제로 많은 학자들(Gundel, Reinhart, Lambrecht)도 이러한 정의를 받아들이고 있는 것이 사실이다. 하지만 대하여성은 여전히 형식화하기 어렵고 배타적으로 화제를 결정하지는 못한다. 이는 한 발화의 화제가 그 자체만으로 결정되기보다는 그 발화가 놓여있는 문맥에서 결정된다는 사실과 연관이 있다.

(18) a. The children went to school.
 b. (What did the children do next?) The children went to SCHOOL.
 c. (Who went to school?) The CHILDREN went to school.
 d. (What happened?) The CHILDREN went to SCHOOL!

(Lambrecht 1994)[5]

비록 영어에서는 주어가 무표적인(unmarked) 화제로 여겨지기는 하지만, (18a)의 문장만을 보고 이 발화의 화제가 무엇인지를 결정하는 것은 불가능하다. 구어체라면 운율이나 강세를 통하여 화제가 무엇인지를 알 수도 있겠지만 글에서라면 그것이 불가능하기 때문에, 그 문장이 속해 있는 문맥을 보지 않을 수 없다. (18b)와 같은 상황이라면 'the children'은 화제로 여겨질 수가 있고 이 문장은 그 화제에 대한 청자의 지식을 보강해주는 역할을 할 것이다. 반면 (18c)와 같은 경우에는 'the children'

---

[5] 이 예문에서 대문자로 표시된 부분은 발화의 초점(focus)을 나타낸다.

은 화제보다는 오히려 초점에 가깝다. 또한 (18d)에서도 주어가 화제라고 보기는 어렵고 이 경우에는 문장전체가 초점인 발화로 봐야할 것이다.

이처럼 화제가 해당 발화를 둘러싼 문맥의 영향을 받는다는 점을 중심화이론의 후향적 중심은 잘 표현해줄 수가 있다. 후향적 중심은 해당 발화를 이전 발화와 연결시켜주는 것이고, 이전 발화와의 관계 속에서 담화상 가장 두드러지고 (salient) 중심적인 개체이기 때문에 이는 정보구조에서의 화제의 개념과 상응될 수 있다. 무엇보다도 중심화이론의 후향적 중심은 몇 개의 제약과 규칙을 통해서 도출될 수 있기 때문에, 중심화이론은 한 발화의 화제를 찾는 조작적인(operationalizable) 정의로서 사용될 수 있는 가능성이 있다.

하지만 중심화이론의 후향적 중심과 정보구조의 화제가 완전하게 동일한 개념이라고 보기는 어렵다. 먼저 담화분절의 맨 처음 발화를 생각해보자. 첫 번째 발화는 일종의 소개문(presentational construction)으로, 뒤따르는 발화들에서 화제로서 기능하는 개체를 처음으로 도입하는 경우가 많다.

(19) Once there was a wizard. He was very wise, rich and was married to a beautiful witch....   (Lambrecht 1994)

첫 문장에서 'a wizard'는 뒤따르는 담화에서 화제로 쓰이지만, 이 문장 자체에서는 화제로 보기 힘들다. 이 문장은 'a wizard'에 대한 서술이라기보다는 전체가 하나의 제언문으로서 새로운 개체를 담화에 도입하는 역할만을 한다. 이처럼 어떤 담화분절은 화제가 없는 발화로 시작하기도 하지만, 모든 담화분절이 그런 것은 아니다. 즉 화제를 가진 발화로 시작하는 담화분절도 있다. 그러나 중심화이론에 따르면 후향적 중심은 이전 발화가 있어야 정해지는 것이기 때문에 담화분절의 첫 발화는 절대로 후향적 중심을 가질 수 없다. 따라서 화제의 개념은 적용되지만 후향적 중심은 적용되지 않는 경우가 생길 수 있다.

반면, 중심화이론에 따라 도출된 후향적 중심이 우리가 직관적으로 느끼는 화제와 일치하지 않는 경우도 있다. 앞 절에서 덜 문맥일관적인 담화로 언급된 (2)의 담화를 예로 들어보자.

(2) a. John went to his favorite music store to buy a piano.
b. It was a store John had frequented for many years.
c. He was excited that he could finally buy a piano.
d. It was closing just as John arrived.

두 번째 발화 (2b)는 언어 직관상, 대명사 'it'으로 표현된 music store에 대한 진술이다. 하지만 중심화이론의 모형을 따르면 이전 발화에서 전향적 중심의 순위에서 가장 상위에 있는 'John'이 후향적 중심이 되고, 이때 중심의 전이 유형은 지속(Continue)이 아닌 유보(Retain)이다. 전이 유형이 유보라는 점에서 나타나듯 이 담화는 응집성이 떨어지는데, 이런 경우에는 후향적 중심과 화제가 일치하지 않게 된다.

이처럼 중심화이론의 후향적 중심과 정보구조의 화제가 완전하게 일치하지는 않는 것은 후향적 중심은 어디까지나 이전 발화와의 연관성 속에서만 도출되는 것이지만 정보구조의 화제는 비록 이전 발화와 연관은 있으나 해당 발화 자체의 문제라는 차이에서 온다고 보인다. 하지만 대부분의 경우 후향적 중심과 화제는 일치한다는 점에서, 화제를 결정하는 조작적인 정의로서 중심화이론은 원용될 수 있을 것이다.

2.3 중심화이론과 어순

어순이 자유로운 언어에서는 어순을 통하여 대부분의 정보구조의 주요 개념을 표현하는 반면, 영어처럼 어순이 고정된 언어에서는 어순이라는 기제를 제한적으로만 사용할 수 있다. 영어에서 유표적으로 여겨지는 몇 개의 구문에 대한 중심화이론의 기존 연구에는 아래와 같은 것들이 있다.

Ward(1985)는 주어가 아닌 문장 요소를 주어 앞으로 내놓는 전치(preposing)를 설명하는 데에 중심화이론을 도입하여, 전치는 전치된 요소를 후향적 중심으로 만들어주는 것으로 보았다. 이 전치된 요소 중에는 정보구조상의 화제에 해당되는 것도 있고, 초점에 해당되는 것도 있지만 공통적으로 후향적 중심의 역할을 한다는 것이다.

Grosz and Ziv(1998)는 아래와 같은 우측전위(right-dislocation)를 중심화이론을 도입하여 설명하였다.

(20) a. He$_i$ is here, Jim$_i$.
    b. I don't like them$_i$ at all, the cops$_i$.   (Grosz and Ziv 1998)

우측전위란 (20)의 예처럼, 비호격인(non-vocative) 명사구가 문장의 마지막에 위치하는데 이것이 문장 내의 대명사와 동일한 개체를 가리키는 경우를 말하는 것인데, Grosz and Ziv(1998)에 따르면 우측전위는 잘못된 발화를 수정하는 것이 아닌, 지극히 계획된 언행이라는 것이다. 우측전위의 기능은 담화를 조직화하는 것이며, 이전에 중심이었던 개체를 다시 불러오거나 다시 재조명할 때 혹은 상황으로만(직접 언급되지 않고) 도입된 개체로 관심을 돌릴 때라는 것이다. 이 두 가지 경우의 공통점은 이미 그 개체가 담화맥락에 존재하기는 하지만 대명사로서 쓰일 정도로 두드러지지는 않은 경우라는 것이다.

어순과 관련된 또 하나의 현상은 도치(Inversion)인데, 이는 주어가 동사의 뒤에 오는 현상이다. Birner(1994)에 의하면 도치되어 앞으로 나간 요소는 뒤에 놓이는 요소보다 덜 친숙해서는 안 된다는 것이다. 그리고 이때의 친숙성은 단지 이전의 담화에 나타났느냐 아니냐의 문제가 아니고, 보다 연속적인 개념으로서 추론가능성과 언급의 최근성(recency of mention)을 포괄하는 것이었다. 여기에서 더 나아가 Birner(1998)는 발화에는 두드러짐(salience)의 다양한 정도가 있는데 이것이 중심화이론의 전향적 중심의 순위매기기에 의해 포착될 수 있다고 보았다. 만약 앞으로 나간 요소나 뒤에 놓인 요소 둘 다 이전의 담화에서 언급된 것이라면, 보다 최근에 언급된 것이 앞으로 나갈 수 있으며 이는 후향적 중심으로서 항상 기능한다는 것이다.

이처럼 영어의 어순과 관련된 현상들이 중심화이론과의 접목이 가능한데, 전체적으로 어순이 중심화이론상 어떤 영향을 미치는지에 대해서는 아직 정설은 없다. 다만 Grosz and Sidner(1998)에 따르면 표면상의 어순은 후향적 중심의 결정보다는 전향적 중심의 순위에 영향을 미치는 것으로 나타난다는 것이다.

2.4 중심화이론과 지시표현 양식

Gundel, Hedberg, and Zacharski(1993)(이후로는 GHZ(1993)으로 표현)는 여러 언어에서의 다양한 지시표현 양식의 분포와 해석을 설명할 수 있는 틀을 제공하였다. 이 연구의 기본적인 전제는 다양한 한정사 혹은 대명사형은 서로 다른 인지상태(cognitive status)를 표시한다는 것이고, 그렇게 함으로써 청자로 하여금 가능한 개체의 범위를 제한하게 해준다는 것이다. 이러한 입장은 실제 문맥에서 대명사형과 일반 명사구의 분포 및 해석을 설명하는 데에 있어서 중심화이론과 맥을 같이 한다. 두 개의 이론은 상호보완적으로 작용할 수 있는데, GHZ(1993)가 보다 일반적으로 다양한 형태와 수준을 포괄한다면, 중심화이론에서는 그들이 말하는 '활성화(activated)' 혹은 '관심의 초점(in focus)'이라는 단계를 개별 개체가 어떻게 획득하는지에 대한 구체적인 알고리즘을 제공할 수 있다는 것이다.

이에 따라 Gundel(1998)은 두 가지 이론을 접목하는 시도를 하여 전향적 중심은 항상 '활성화'된 것이고, 후향적 중심은 항상 '관심의 초점'이라고 결론을 지었다. 하지만 현재의 중심화이론에 따르면 모든 '활성화된' 요소가 다 전향적 중심은 아니고, 모든 '관심의 초점'이 다 후향적 중심은 아니다. 아래의 예문을 살펴보자.

(21) (Speaker hands addressee a copy of paper that he requested the previous day; addressee looks at it and nods with an appropriative smile; the speaker then says) Could you get it back to me by next week.
(Gundel 1998)

대명사에 대해서, 그것이 문맥에 도입되었든 안 되었든 간에 GHZ(1993)는 통합적인 설명이 가능하지만, (21)과 같은 예문은 이전의 발화에서 선행사를 갖지 않기 때문에 중심화이론으로는 설명이 불가능하다. 또한 대명사로 표현되었더라도 이전의 발화에서 명사구로 표현되지 않은 대상도 문제가 된다.

(22) a. And the guy$_i$ wrote little marks on his$_i$ golf club, as to where to put his$_i$ hands
b. and he$_i$ had marks as to where to put his$_i$ feet
c. and he$_i$ did it all, uh, very scientifically
d. and he$_i$ got his golf score way down, you know
e. and George$_j$ played with him$_i$ like, uh, once or twice
f. and each time he$_j$'ll just, George$_j$'ll just whack it.
g. and then in between one hole and the other, his$_j$ father$_i$ (= the guy) will, as they walk to it, proceed to tell him$_j$ what he$_j$ did wrong on the last shot
h. which is absolutely right, except that George$_j$ just ignores it.
(Frederickson tapes: Gundel(1998)에서 재인용)

위의 예문에서 인덱스 i, 또는 j로 표현된 명사 혹은 대명사를 설명하는 데 있어서는 두 가지 이론이 모두 적절하며 모순이 없다.6) 하지만 이 담화에 있는 다른 대명사(it)에 대해서는 두 이론의 설명이 일치하지 않는다. (22c)의 it은 (22a)와 (22b)에서 묘사된 행동을 합해서 가리키는 것이며 (22f)는 골프공을, (22h)는 'George의 아버지가 그가 틀린 것을 지적한 것'을 가리킨다. 이들은 모두 GHZ(1993)에는 부합하여서, 각각의 문맥에서 '관심의 초점'에 있다고 할 수 있다. 하지만 중심화이론에 의하면 이것들이 이전의 발화에서 명사구로 표현이 되지 않았기 때문에 도식화하기 어렵다. 비록 중심화이론에서 '추론가능한 개체(inferrables)'까지를 포괄한다고는 하지만 정확히 정의된 바가 없고, 이것이 가능하다고 하더라도 it이 가리키는 대상은 이전 발화에서 가장 상위의 것이 아니었기 때문에 후향적 중심이 될 수는 없다. 이처럼 대명사가 한 개 이상 나타나는 발화의 경우, 후향적 중심이 아닌 대명사에 대해서는 두 이론의 해석이 엇갈리는데, 이는 중심화이론에서 설정하는, 후향적 중심은 반드시 하나라는 사실과 밀접하게 연관되어 있다.

이처럼 중심화이론은 GHZ(1993)와 같은 접근법보다는, 어떤 개체가 언제, 어떻게, 어떠한 인지상태를 얻게 되는지를 명시적으로 보여줄 수 있기는 하지만, 보다 다양한 지시표현 양식을 설명하거나, 모든 대명사를 포괄하여 설명하려면 다른 이론과의 접맥을 통하여 보다 정교한 메카니즘을 개발할 필요가 있다고 하겠다.

---

6) (22a)의 'the guy$_i$'는 주어로 도입되어 이후의 (22b-e)까지의 발화에서 대명사형으로 표현되었다. 따라서 이는 GHZ(1993)식으로는 '관심의 초점'인 것이고, 중심화이론에서는 후향적 중심인 것이다. (22f)에서는 새로운 개체가 등장하고 이는 아직 '관심의 초점'이거나 후향적 중심은 아니지만 주어자리를 차지함으로써 중심이 바뀔 것이라는 단서를 제공하고 실제로 다음 발화부터는 대명사로(he$_j$) 표현되면서 새로운 '관심의 초점'이자 후향적 중심으로 기능하게 된다. (22g)에서 처음의 'the guy$_i$'가 his$_j$ father$_i$ 로 쓰인 것도, 이 경우에는 후향적 중심이 아니라서 대명사가 아닌 일반명사구로 쓰인 것이기 때문에 두 이론과 부합한다.

3. 기타 중심화이론의 열린 문제들

본 절에서는 중심화이론과 정보구조와의 연결 이외에 중심화이론에서 주로 다루어지는 논점을 정리하고자 한다.[7]

먼저 첫 번째로는 중심화이론 자체의 가장 본질적인 문제로서, 어떻게 구조와 발화의 양식이 중심화이론에 영향을 미치느냐는 문제에 대한 것이다. 이것은 주로 발화 수준에서의 문제로서, 실현(realization)의 정의를 어떻게 더 정교하게 할 것인가, 특정 언어에서 전향적 중심의 순위를 결정하는 요소가 무엇인가, 중심화이론을 의미적 해석과 어떻게 연관시킬 것인가, 자발적으로 행해지는 대화에서 어떻게 발화의 단위를 구분할 것인가, 혹은 중문이나 복문에서 발화의 단위를 어떻게 결정하는가 등의 문제가 여기에 해당된다.

두 번째로는 언어보편적인 원리로서 여러 언어 간의 비교를 위하여 중심화이론을 사용하는 것이다. 즉 중심화이론의 규칙이나 제약이 얼마나 언어보편적으로 의미가 있는지를 조명하는 것이다. 가장 대표적으로는 전향적 중심의 순위가 언어마다 어떻게 다른지를 비교, 대조하는 것을 들 수 있다. 영어처럼 어순이 고정되어 있고 명시적인 대명사를 사용하는 경우와, 어순이 자유롭고 명시적인 대명사뿐만 아니라 영형대명사(zero pronoun)도 사용하는 언어에 있어서 전향적 중심의 우선순위는 다를 수밖에 없을 것을 것이다. 이처럼 각 언어의 담화상의 주요 결정요인을 발견하는 것은 개별언어의 담화구조를 밝히는 데뿐만이 아니라 언어보편적인 원리를 발견하는 데에도 유용하다 하겠다.

세 번째로는 담화를 처리하는 모형으로서의 중심화이론을 연구하는 것이다. 위에서 언급된 지시표현의 양식과 관련된 GHZ(1993)와 중심화이론의 접목이나, 심리언어학적인 테스트를 통하여 중심화이론의 주장을 입증하는 연구들, 실제 담화에서 국부적 문맥응집성에 대한 중심화이론

---

[7] 본 절은 Walker, Joshi and Prince(1998)에서 언급된 내용을 정리한 것이다.

의 설명력을 검증하는 것 등이 여기에 해당된다.

  마지막으로 담화구조와 중심화이론의 관계를 연구하는 것이다. 중심화 이론은 원래 담화의 일부인 담화분절만을 취급하고 국부적 일관성만을 문제 삼으며, 보다 상위의 담화구조에 대해서는 설명하지 않는다. 하지만 실제 담화를 연구하다보면 복잡한 담화구조에 대한 이해 없이는 담화분절 자체를 결정할 수 없게 된다. 따라서 담화분절의 결정 요인이나 중심화이론과 보다 상위의 담화와의 관계를 연구하는 것도 중심화이론의 완성을 위한 중요한 분야라고 볼 수 있다.

4. 맺음말

  본 장은 대화참여자의 관심의 이동을 통하여 국부적 문맥일관성을 설명해주는 담화모형인 중심화이론을 소개하고, 기존의 정보구조에서 다루던 개념이 중심화이론과 접목되면 어떠한 설명력을 갖는지를 조명하였다. 비록 두 이론이 모든 경우에 완벽하게 조화를 이루는 것은 아니지만, 두 이론의 연결을 통하여 다소 모호하던 정보구조의 개념에 조작적인 정의들이 가능해지고, 이를 통하여 중심화이론 자체도 보다 정교화되는 효과를 갖는다고 정리할 수 있겠다.

참고문헌

Birner, B. J. 1994. "Information Status and Word Order: An Analysis of English Inversion," *Language* 70.2, 233-259.

Birner, B. J. 1998. "Recency Effects in English Inversion," in M. A. Walker, A. K. Joshi

and E. F. Prince, eds., *Centering Theory in Discourse*, 309-326. New York: Oxford University Press.
Brennan, S. E., M. W. Friedman, and C. J. Pollard. 1987. "A Centering Approach to Pronouns," *Proceedings of 25th Annual Meeting of the Association of Computational Linguistics,* 155-162. Stanford, CA.
Chae, S.-H. 2000. *A Centering Approach to Complex Sentences in English*. Ph.D. Dissertaion, Seoul National University.
Chafe, W. L. 1976. "Givenness, Contrastiveness, Definiteness, Subjects, Topics and Point of View," in Charles N. Li, ed., *Subject and Topic.* New York: Academic Press.
Grosz, B. J. and C. L. Sidner. 1986. "Attention, Intentions, and the Structure of Discourse," *Computational Linguistics* 12.3, 175-204.
Grosz, B. J. and C. L. Sidner. 1998. "Lost Intuitions and Forgotten Intentions," in M. A. Walker, A. K. Joshi and E. F. Prince, eds., *Centering Theory in Discourse*, 39-54. New York: Oxford University Press.
Grosz, B. J., A. K. Joshi, and S. Weinstein. 1995. "Centering: A Framework for Modelling the Local Coherence of Discourse," *Computational Linguistics* 21.2, 203-225.
Grosz, B. J., and Y. Ziv. 1998. "Centering, Global Focus, and Right- Dislocation," in Marilyn A. Walker, A. K. Joshi and E. F. Prince, eds., *Centering Theory in Discourse*, 293-308. New York: Oxford University Press.
Gundel, J. K. 1985. "'Shared Knowledge' and Topicality," *Journal of Pragmatics* 9, 83-107.
Gundel, J. K. 1998. "Centering Theory and the Givenness Hierarchy: Towards a Synthesis," in M. A. Walker, A. K. Joshi and E. F. Prince, eds., *Centering Theory in Discourse*, 183-198. New York: Oxford University Press.
Gundel, J. K., N. Hedberg and R. Zacharski. 1993. "Cognitive Status and the Form of Referring Expressions in Discourse," *Language* 69.2, 274-307.
Halliday, M. A. K. 1967. "Notes on Transitivity and Theme in English," *Journal of Linguistics* 3, 199-244.
Kuno, S. 1972. "Functional Sentence Perspective: A Case Study from Japanese and English," *Linguistic Inquiry* 3, 269-320.
Lambrecht, K. 1994. *Information Structure and Sentence Form*, Cambridge: Cambridge

University Press.

Prince, E. F. 1981. "Toward a Taxonomy of Given/New Information," in P. Cole, ed., *Radical Pragmatics*, 223-255. New York: Academic Press.

Prince, Ellen F. 1984. "Topicalization and Left-Disclocation: a Functional Analysis," in S. J. White and V. Teller, eds., *Discourses in Reading and Linguistics, Annals of the New York Academy of Sciences*, Vol. 433, 213-225.

Reinhart, T. 1981. "Pragmatics and Linguistics: An Analysis of Sentence Topics," *Philosophica* 27, 1-38.

Vallduvi, E. 1990. *The Informational Component*, Ph.D. dissertation, University of Pennsylvania.

Vallduvi, E. and E. Engdahl. 1996. "The Linguistic Realization of Information Packaging," *Linguistics* 34, 459-519.

Walker, M. A. and E. F. Prince. 1996. "A Bilateral Approach to Givenness: A Hearer-Status Algorithm and a Centering Algorithm," in *Reference and Referent Accessibility*, 291-306. Amsterdam/Philadelphia: John Benjamins.

Walker, M. A., A. K. Joshi and E. F. Prince, eds., 1998. *Centering Theory in Discourse*. New York: Oxford University Press.

Ward, G. L. 1985. *The Semantics and Pragmatics of Preposing*. Ph.D. dissertation, University of Pennsylvania.

Ward, G. L. and E. F. Prince. 1991. "On the Topicalization of Indefinite NPs," *Journal of Pragmatics* 16, 167-77.

Webber, B. L. 1991. "Structure and Ostension in the Interpretation of Discourse Deixis," *Language and .Cognitive Process*, 6.2, 107-35.

동사의 어휘화: 보편적 인지와 개별언어의 상호작용

홍 기 선*

1. 서론

Whorf(1956)는 언어는 세계를 다른 방식으로 범주화(categorization)하며 사용하는 언어에 따라 우리들의 사고방식이나 정신구조가 다르게 된다는 언어 상대성 가설(linguistic relativity hypothesis)을 주장하였다. 개별언어가 인간의 보편인지에 영향을 미친다는 기본적인 주장에는 이론의 여지가 없으나 그의 주장을 얼마나 강하게 해석할 것인가에 대해서는 논의가 많았다. Slobin(1967, 2003)과 Levinson(2001, 2003) 등으로 대표되는 일군의 학자들은 언어보편적 인지와 개별언어적 특성 간의 관계에 대해 특히 의미적 관점에서 연구를 계속해 왔는데 이 두 가지가 서로 상호작용을 하여 역동적(dynamic)으로 발전해 나간다는 것이 이들의 주요 주장이다. 이들의 방법론적 특성은 언어의 실제 용법에 기초한 접근방식(usage-based approach)을 취한다는 점과 다양한 언어를 비교하여 의미에 따른 유형론적(typological) 결론을 제시한다는 점으로 그 중에는 영어와 한국어를 깊이있게 비교하는 연구들도 있어 영한 대조분석이 중요한 과제 중의 하나인 우리들에게 더욱 흥미롭기도 하다. 이 글에서는 이런 관점에서 수행된 연구들 중 특히 동사의 어휘화에 초점을 맞춘 연구들을 주로 개관하고 이런 연구들을 발전시켜 나갈 수 있는 방향에 대해 살펴보겠다.

---

* 서울대학교 영어영문학과 (kshong@snu.ac.kr)

2. 연구주제와 기본 가설

　이런 연구들은 아이들의 언어습득과 성인들의 언어사용 양쪽에서 모두 연구가 활발히 이루어지고 있는데 언어습득의 문제는 인지능력의 본질을 밝혀줄 수 있는 열쇠이므로 습득의 관점에서 논의를 시작하겠다. 아이들이 짧은 시간에 복잡한 언어를 빨리 그리고 정확하게 습득하는 것을 보면 인간은 태어날 때부터 언어를 배울 수 있는 능력 또는 기본지식을 어느 정도 지니고 태어난다고 가정하게 되는데 이 때 무엇을 얼마나 지니고 태어나는가, 또한 아이들이 태어난 뒤에 접하게 되는 구체적 언어와 그들이 몸으로 겪는 실제적 경험들이 인지능력을 발전시키는 데에 어떤 역할을 하는가 등의 주제는 늘 철학, 심리학, 언어학의 흥미로운 연구주제 중 하나였다.

　Chomsky 이론에서 언어습득은 매우 중요한 문제였음에도 불구하고 그는 언어능력을 일반적인 인지능력과 구별되는 특별한 능력으로 나름대로의 독특한 발전과정과 제약을 지닌 것으로 가정하였기 때문에 위와 같은 주제는 그의 연구 대상이 아니었다. 이에 비해 Slobin 등으로 대표되는 기능주의(functionalism) 학자들은 인지능력과 언어능력은 독립적인 면도 있지만 서로서로 영향을 미쳐 발전하는 관계에 있다고 보며 언어와 언어를 습득하는 아이들에 대해 보다 적극적인 정의를 내리고 있다. 즉, 언어는 우리의 사고방식을 변화시킬 수 있는 영향력을 지니고 있으며 아이들은 언어를 이미 존재하는 개념에 사상(mapping)만 시키는 소극적인 존재가 아니라 사람들이 상호작용을 하는 복잡한 의사소통 상황에서 자기가 파악할 수 있는 모든 신호들을 이용하여 남들의 의도(intention)를 파악하려고 노력하는 적극적인 존재라는 것이다 (Tomasello 1995). 언어학의 관점에서 보다 구체적인 차이는 Chomsky 언어학은 통사론이 중심이 되는 이론이기 때문에 통사적 개념이나 제약의 보편성이란 문제가 이론 내적인 논의가 되는 면이 있었으나 Slobin 등은 의미론을 중심으로 하여 지시(reference), 공간(space), 수(number) 등의 언어보편적 개념들이 개별언어에서 어떻게 어휘화되고 습득 또는 사용되는가 등의 문제를 다루기 때문에 이런 오래된 철학적 주제에 더 가까이 접근할 수 있었다.

최근 이런 방향의 연구가 점점 활발해지고 있는데 한편으로는 언어습득 연구 방법론이 발전하여 언어 발화를 시작하기 전 단계에 아이들이 이미 갖고 있는 언어능력을 알아내는 일이 가능해졌으며 다른 한편으로는 다양한 언어들에 대한 연구가 축적되어 진정한 유형론적 비교가 가능해졌기 때문이다. 이들의 주장을 미리 요약하면 각 언어의 화자는 언어습득 이전 단계에서 이미 언어 보편적 인지능력에 의해 공간이나 이동과 같은 범주와 도식(schema)에 대해 기본적인 이해를 하고 있으며 아이들은 이런 최소한의 지식을 갖고 특정언어를 접하게 된다는 것이다. 아이들의 개념이 보다 완전하게 발전하는 데에 개별언어적 정보가 영향을 미치기 때문에 개념화 과정 초기부터 보편적 인지와 개별언어적 특성이 모두 중요하게 된다.

성인 화자의 언어사용에 대해서도 인지와 개별 언어적 특징 간의 관계가 중요한 연구 주제인데 Slobin은 개념들이 구체적인 언어를 통해 표현될 때 여러 가지 언어적 요소들에 의해 사용의 용이성이나 프로세싱(processing)의 용이성에 차이가 나게 된다고 주장한다. 이 때 모국어 화자들은 상대적으로 사용이 용이하고 프로세싱이 쉬운 개념 영역에 속하는 어휘들을 새로이 많이 만들어 내게 되고 이렇게 특정 개념 영역을 표현하는 어휘들이 많아지면 그런 개념들이 우리 마음속에 인지적으로 더 현저(salient)하게 된다는 것이다. 즉, 어떤 어휘를 자주 쉽게 사용할 수 있다는 것이 언어 사용자들로 하여금 그 어휘가 표현하는 인지적 내용에 대해 더 주의를 기울이게 한다는 것으로 이는 아이들의 언어습득 뿐만 아니라 성인 화자의 언어사용에 있어서도 개별 언어의 언어적 특징이 인간의 보편적 인지에 영향을 미치는 것을 보여준다.

3. 기존연구 개관

3.1 언어습득

 언어습득에 관한 기존 연구는 크게 두 가지 입장으로 나눠볼 수 있는데 Brown(1958)은 개별언어의 영향을 중시하는 입장으로 아이들이 자기 언어의 새로운 단어들을 특정 경험과 관련된 상황에서 반복적으로 들음으로써 개념화를 하게 된다고 주장하였다. 반면 Piaget(1954)의 영향을 받은 Rosch(1973)나 Clark(1976) 등은 아이들의 초기언어에 이동, 소유, 공간 등 몇 가지 제한된 개념들이 언어 보편적으로 나타나며 그들이 습득되는 순서와 발전 단계가 모든 언어에서 유사하게 나타난다는 논거를 통해 보편적 인지능력에 의한 개념화에 비중을 두었는데 인지언어학의 발전에 힘입어 이런 연구들이 더 활성화되었다.
 예를 들어 언어습득에서 많이 연구되는 공간 개념에 대해 두 번째 입장의 학자들은 아이들은 생후 몇 달 이내에 공간에 대한 개념을 갖게 되며 여러 언어권의 아이들이 공간과 관련된 어휘를 유사한 순서로 습득하는데 이것이 아이들이 공간에 대해 인지적으로 이해하는 순서와 일치한다고 주장한다. 또 아이들의 언어에서는 축소지시(underextension)나 확대지시(overextension)에 의한 실수들이 많이 발견되는데 아이들이 어른의 언어를 통해 언어를 습득한다면 이런 일은 일어나지 않을 것이라고 주장한다. 이에 비해 첫 번째 입장에서는 언어 보편적으로 공간이라는 개념이 아이들의 초기언어에 공통적으로 나타나는 이유를 설명하기는 상대적으로 쉽지 않으나 아이들이 축소지시 또는 확대지시의 실수를 범할 때 다양한 언어권 아이들이 모두 유사한 방식으로 실수를 만들어 내는 것이 아니라 자기 언어의 범주화와 유사한 실수를 한다는 사실로부터 언어보편성보다 개별언어의 영향이 더 크다고 주장한다.
 Bowerman and Choi(1994, 2001, 2003)는 일련의 공동 연구에서 영어와

한국어를 비교 분석하면서 이 두 가지 입장을 종합하여 보편적 인지와 개별언어의 상호작용에 의해 개념화가 이루어진다는 이론을 제시한다. Bowerman and Choi는 공간에 대한 논의를 크게 한 개체를 다른 개체와 접촉하도록 일정한 경로(path)를 통해 움직이는 동적인 행위와 두 개체가 함께 놓여져 있는 정적인 상태로 구분한다. 우선 동적인 행위에 관해 영어에서는 한 개체를 다른 개체와 접촉시키면서 놓는 행위를 표현할 때 놓여지는 개체가 다른 개체와 접촉하여 그로부터 지지(support)를 받는가 아니면 그 개체의 안에 포함(containment)되는가에 따라 구분하는 반면("on" vs. "in"), 한국어는 그런 지지와 포함이라는 자질 대신 두 개체가 서로 꼭 끼게 맞물린("interlocking, tight-fitting") 관계인지 아닌지에 의해 구분한다고 주장하였다 ("끼다" vs. 다른 동사들). 즉, 영어에서는 "on"과 "in" 그리고 전치사를 이용하지 않는 경우들로 구분되는 (1)의 다양한 상황들이 한국어에서는 많은 경우에 "끼다"라는 단독 동사로 표현된다는 것이다. 영어에서는 "on"과 "in"이 비슷한 분포를 보이는데 비해 한국어에서는 꼭 끼는 관계는 "끼다"에 의해 표현되지만 "느슨한(loose-fitting)" 관계는 한 가지 동사가 아니라 "넣다, 놓다, 쓰다, 붙이다" 등 다양한 동사로 세분되는 것도 두 언어 간의 차이점이라고 주장하였다.

(1) put cup **on** table   놓다
    put hat **on** head   쓰다
    put magnet **on** refrigerator   붙이다
    ―――――――――――
    put Lego **on** Lego stack
    put top **on** pen
    put ring **on** finger
    ―――――――――――   끼다
    put cassette in case
    put piece **in** puzzle

put book **in** fitted box-covers

put apple **in** bowl
put book **in** bag   넣다

close tightly latching drawer   끼다
button a button

(Bowerman and Choi 2001: 483)

또한 정적인 공간어휘에 대해 Bowerman and Pederson(1992)은 38개 언어에서 두 개체 간의 다양한 접촉 관계에서 쓰이는 어휘를 조사하여 각 언어마다 어휘는 다르지만 그 분포는 (2)의 5가지 유형으로 분류된다고 주장하였다.

(2)   (a)   (b)   (c)   (d)   (e)   (f)
     cup on table bandaid on leg picture on wall handle on door apple on twig apple in bowl

	(a)	(b)	(c)	(d)	(e)	(f)
English	ON				IN	
Japanese	UE					NAKA
Dutch	OP		ANN			IN
Berber	X					
				DI		
Spanish			EN			

(Bowerman and Choi 2001: 485에서 간접인용)

Bowerman and Pederson은 언어들이 이렇게 체계적인 유형화를 보이는 데에는 두 개체 간의 위치가 얼마나 전형적인 "on"의 관계를 보여주는가에 따라 (a)-(f)가 점진적으로 배열되어 있다는 사실이 중요하다고 주장한다. 즉, (a)는 아래로부터 지지를 받는 "on"의 가장 전형적인 관계를 보여주고 (c)는 측면에서 (e)는 위로부터의 지지를 보여주는데 이 배열을 오

른쪽에서 왼쪽으로 읽으면 얼마나 전형적으로 "in"으로 표현될 수 있는가를 보여준다고 할 수도 있다.

　Choi and Bowerman(1991)은 1~3살의 영어권 아이들과 한국어권 아이들의 자연발화를 관찰하여 각 언어의 아이들이 모두 자기 언어의 공간 분류에 따라 언어를 습득하며 축소지시나 확대지시의 실수도 자기 언어에서 중시하는 자질의 영향을 받음을 보여준다. Bowerman, de Leon and Choi(1995)도 Tzotzil Mayan어를 습득하는 아이들로부터 동일한 실험결과를 얻었다. Bowerman and Choi(1994) 등의 연구는 영어, 한국어, Dutch에서 2세부터 3.6세까지의 아이들 30명과 어른 10명으로부터 유도된 발화를 살펴보는 것으로 작은 물체들을 서로 접촉시키거나 분리시키는 여러 가지 상황에서 "What should I do? Tell me what to do."라는 질문을 함으로써 행동을 이름 짓게 하는 실험을 수행한 결과 각 언어권의 아이들이 같은 연령대의 다른 언어권 아이들이 아니라 자기 언어의 어른들과 유사하게 공간을 분류하는 것을 발견하였다. 예를 들어 한국어를 사용하는 아이들은 (3)의 상황을 모두 "끼다"로 확대지시하여 사용하였는데, 이는 아이들이 발화 초기단계에서부터 자신의 모국어의 특성에 따라 공간개념을 습득함을 보여준다.

(3) put towel on hook, put rubber band on box, join two magnetic train cars, hook one train car onto set of two, join Bristle-blocks, join Legos, put tight ring on pole, put piece in puzzle

　Choi, McDonough, Bowerman and Mandler(1999)의 실험은 아이들에게 TV 화면을 보여주고 그에 맞는 묘사와 틀리는 묘사를 하였을 때 묘사에 맞는 상황을 더 오래 바라본다는 데에 착안한 실험으로 대부분 아직 발화를 시작하지 않은 18~23개월의 아이들에게 "in"이나 "끼다"가 맞는 상황과 맞지 않는 상황을 동시에 TV 화면으로 보여주면서 "Where's she putting it in?" 또는 "어디에 끼어?"라고 질문을 하는 실험을 하였을 때 발화 이전 단계의 아이들도 자기 언어의 공간자질에 대해 분명히 인식하고 있음을 보여준다.

이런 연구 결과들을 종합하여 Bowerman과 Choi가 내리는 결론은 아이들은 언어습득 초기 단계에서부터 자신의 언어에 의해 훈련되어진다는 것이다 ("Children are trained by their language"). 즉, 모든 아이들은 공간범주와 도식들에 대해 일반 인지와 관련되는 이해능력을 지니고 있지만 그것이 그들의 공간언어 능력 전체가 아니라 개별 언어 자료를 접하면서 구체적으로 공간의 어떤 자질들에 주의를 기울여야 하는지를 배우게 된다는 것이다. 자신의 언어에서 어떤 자질이 중요한가를 배울 때 아이들에게 영향을 미치게 되는 요소로는 어휘의 사용 빈도, 지시 범위의 일관성, 동일한 의미 영역에 속하는 단어들의 수, 다른 단어와 지시의 중복성 등을 들 수 있는데 아이들은 자주 접하는 어휘의 의미에 당연히 더 주의를 기울이게 되며 한 단어가 여러 가지 의미를 지니고 있을 때보다 한 가지 의미만을 가지고 있을 때 훨씬 더 잘 배우고 기억하게 된다는 것이다. 다의어(polysemy)는 아이들에게 어휘의 지시 범위를 혼동하게 하여 자주 확대지시의 실수를 범하게 한다. 또한 동일한 의미 영역에 속하는 단어들의 수가 많을 수록 아이들은 각 어휘 간의 범주화를 분명히 하는 반면, 단어 수가 적으면 한 단어가 지시해야 하는 의미 범위가 넓어지므로 확대지시의 가능성이 높아지고 다른 단어들과 의미가 중복되는 부분이 적으면 적을수록 그 단어를 빨리 정확하게 습득하게 된다.

이렇게 언어보편적 인지능력과 개별언어의 구체적 특징들이 서로 지속적으로 영향을 미치면서 아이들의 언어를 발전시켜 나간다고 보는 역동적이고 용법 중심적 언어관은 다양한 학자들의 연구와 맥을 같이 한다. 우선 용법 중심적이란 면에서 보면 Saussure의 랑그(langue)와 빠롤(parole)의 구분, Chomsky의 언어능력(competence)과 언어수행(performance)의 구분에서 알 수 있듯이 언어학에서는 언어의 추상적 구조와 실제 사용을 독립적인 것으로 보고 이 중 전자를 중시하는 태도가 중요한 한 축을 이루어 왔는데 다른 한편에서는 이 두 가지를 구분하지 않고 언어의 실제 사용을 중시하며 특히 빈도라는 개념이 언어의 여러 현상을 설명한다는 이론도 계속 발전되어 왔다 (Zipf 1965[1935], Greenberg 1966). 예를 들면 단어의 불규칙형들(예: "went, blew") 중에서 빈도가 낮은 것일수록 빨리 규칙형으로 대체되고 빈도가 높은 것들은 계속 불규칙형으로 남는다던가 빈도가 높은 구(phrase)일수록 음운 축약(reduction) 현상을 겪는다는 등의 일반화는 역사적으로 증명이 된 것들이다. 1980년대부터 언어학에서는 Bybee(1985), 심리학에서는 Rumelhart and McClelland(1986)를 중심으로 이런 주장들이 창발적 문법(emergent grammar)으로 이론화되기 시작하였는데 그 기본 가설은 빈도로 드러나는 언어적 경험이 언어화자들의 내재화된 문법(인지 표상과 범주화 등)에 영향을 미친다는 것으로 이는 한 개인의 언어 직관을 중요시하는 Chomsky의 언어관과 정반대의 입장이다. 이렇게 언어에서 개인의 직관보다 실제 언어자료, 특히 자료의 양을 중요시하게 된 데에는 컴퓨터의 발전과 더불어 1990년대부터 본격적으로 이론화되기 시작한 말뭉치 언어학(corpus linguistics)의 발전이 기여한 바가 크다. 말뭉치 언어학적 방법으로 그 전에는 다룰 수 없었던 방대한 양의 언어 자료를 다양한 방법으로 분류해 보고 빈도를 살펴보는 등 언어수행 상의 특징을 쉽게 관찰할 수 있게 됨에 따라 인간 언어에서 실제 수행이 차지하는 역할이 매우 크다는 것을 알게 된 것이다.

그 전까지 언어이론들은 대체로 구조(structure)를 전체적이며 자율적인(holistic and autonomous) 체계로 파악하였는데 창발적 문법이론에서는 구조를 유동적이고 계속해서 변화하는 것으로 보기 때문에 "구조"라는 용어보다 하나의 진행 중인 과정으로서의 "구조화(structuration)"라는 용어가 그들의 주장을 매우 적확하게 표현한다 (Giddens 1984, Bybee and Hopper 2001). 따라서 심적 표상(mental representation)도 절대 불변으로 고정된 것이 아니라 잠정적이고 임시적인 것으로 언어 사용에 따라 계속 변화하는 것이며, 구조는 담화를 제대로 꾸려 나가려는 상위 목표에 의해 지속적으로 담화적 압력을 받으며 변화하는 것으로 본다. 따라서 구조를 만들고 변화시키는 데에 실제 담화를 이끌어 갈 때 관여하는 여러 요소들이 영향을 미치는데 그 중에서 빈도가 특히 중요하다는 것이 이들의 주장이다. 이런 역동적인 언어관은 인지언어학(cognitive linguistics)의 기본 가설들에 뿌리박은 것으로 Lakoff(1987)는 인지언어학의 본질은 "경험적 사실주의(experiential realism)"로 실제 세계에서 우리가 몸으로 겪는 경험들이 중요하며 그런 구체적 경험들이 개념화에 영향을 미치는 것이라고 설명한다. 이 때 경험이란 넓은 의미로 개체와 그를 둘러싸고 있는 사회의 모든 경험을 포괄하므로 인지언어학에는 기본적으로 언어적 지식과 백과사전적(encyclopaedic) 지식의 구별은 존재하지 않는다 (Langacker 1987). Bowerman and Choi의 이론과 뒤에 살펴볼 Slobin의 이론은 이런 인지언어학적 가설 위에서 창발적 문법이론과 많은 가정을 공유한다고 볼 수 있다.

3.2 언어사용

Slobin(2003)도 언어습득 학자들과 동일한 맥락에서 개별 언어적 특징이 우리의 개념화에 영향을 미친다는 가설을 지지하며 그를 뒷받침하는 증거들을 계속 제시해 왔다. Slobin의 연구는 주로 Talmy(1985, 2000)가 제안하였던 동사형 언어(verb-framed language: 앞으로 V-언어)와 위성형 언어(satellite-framed language: 앞으로 S-언어) 간의 구분에 관한 것인데 Talmy는 동사의 어휘화 방식에 따라 언어를 크게 두 그룹으로 분류하였다. 즉, 이동동사(motion verbs)와 자주 관련되는 의미 요소 중 경로(path)를 동사에 합성(incorporation)시켜 어휘화하는 언어를 V-언어, 전치사구 등으로 동사구에 종속적인 성분을 통해 표현하는 언어를 S-언어라고 불렀는데 이런 구분은 방식(manner)의 표현 방법과도 관련이 있어 V-언어에서는 방식(manner)이 주로 종속구나 종속절로 표현되고 S-언어에서는 동사에 합성된다는 사실을 발견하였다. V-언어에는 스페인어, 불어, 터키어, 한국어 등이 속하며 S-언어에는 영어, 독어, 중국어, 노어 등이 포함된다.

 그러나 어떤 언어가 한 쪽에 속한다고 하여 그 언어의 모든 동사가 그런 방법으로 어휘화되는 것이 아니라 어느 언어에나 두 가지 방법으로 어휘화된 동사들이 다 존재하지만 어떤 방법이 그 언어에서 더 많이 이용되는가가 중요한 것이다. 예를 들어 영어에서 "exit flying"은 "move out in the manner of flying"의 뜻으로 경로가 동사에 합성되고 방식이 종속절로 표현된 동사구이지만 "run over a cliff"는 "move in the manner of running over a cliff"의 뜻으로 방식이 합성되고 경로가 독립적인 전치사구로 표현된 경우이다. 그러나 영어는 대체적으로 "crawl, roll, tumble, climb, bounce" 등 후자 유형의 동사가 많기 때문에 S-언어로 분류되는 것이다. 이에 비해 한국어는 "기어 올라가다, 걸어 나가다"와 같이 방식과 경로 둘 다 접속어미에 의해 동사의 부사형으로 표현되는 경우가 많기 때문에 엄밀한 의미에서 V-언어라고 할 수는 없으나 경로가 포함된 "들어가다"는 사전에 복합동사로 등재되는 경우가 많고 방식을 의미하는 "기어"는 항상 "들어"가 먼저 동사어간과 합성된 후에 합성되며 "기어가다" 류의 동사들은 사전에 복합동사로 등재가 안 된다는 점에서 V-언어로 분류된다.

 Slobin의 이론은 언어들이 어떻게 각기 독특한 서술적 구성(narrative organization)과 문체(rhetorical style)를 지니게 되는가, 또 이런 문체는 화자들의 인지와 어떤 관계가 있는가를 설명하는 것을 목표로 하는데, Talmy가 주장하는 어휘화 패턴(lexicalization pattern)도 중요하지만 이 외에 각 언어의 형태 통사적(morphosyntactic) 요소, 심리언어학적 요소들, 화용적 요소들을 복합적으로 살펴보아야 한다고 주장한다. 즉, 한 언어의 서술 문체는 그 언어의 특징적인 어휘화 패턴, 이용 가능한 구조들

(constructions)의 유형, 프로세싱의 난이도 등 복합적인 요소들에 의해 결정되며 이는 모국어 화자들의 인지와 상호 영향을 미치는 관계에 있다는 것이다. Slobin은 다양한 언어를 비교하면서 이동동사와 관계있는 방식, 경로, 배경(grounds) 개념들을 모두 살펴보는데 본고에서는 이 중 Slobin이 가장 중요하게 다루는 방식에 대해서만 설명하겠다.

Berman and Slobin(1994) 이래 Slobin을 비롯한 여러 언어권의 학자들이 개구리의 이동과 관련되는 이야기("frog story")가 다양한 언어에서 어떻게 번역되는가를 비교하여 개별 언어의 특징이 언어사용에 미치는 영향에 대해 수행한 연구는 매우 유명하다. 이 실험은 다양한 언어의 3세부터 성인까지의 화자 그룹에게 그림책을 보여주고 그림들을 연결하여 이야기를 해 보게 하는 실험이다. 간단한 예로 미국과 칠레의 성인 화자들에게 (4)와 같은 장면이 그려져 있는 두 그림을 보고 이야기를 해 보라고 하였을 때 두 그룹의 화자들은 여러 가지 방법으로 이야기를 하지만 영어와 스페인어의 차이를 분명하게 보여주는 특징적인 문체를 골라보면 각기 (5), (6)과 같다.

(4) a. 한 소년이 나뭇가지에 걸터앉아 나무의 구멍 안을 들여다보고 있다.
    b. 부엉이가 그 구멍 안에 날개를 펴고 앉아있다; 소년은 땅에 등을 대고 누워 팔과 다리를 위로 뻗고 있다.

(5) After that he continues and *climbs* up on this tree and looks in this hole for. The frog the boy *tumbles down* from the branch because of an owl who's *popped up* from the hole.

(6) The boy continues searching in *a tree that has a hole*. Inside of this empty tree an owl appears that scares the boy and the boy falls. (스페인어의 직역)

(5)에서 영어 화자는 "climb, tumble, pop" 등의 방식동사를 많이 사용하여 서술을 한 반면, (6)과 같이 V-언어인 스페인어 화자의 이야기에서는 방식에 대한 묘사는 거의 없고 이야기의 배경에 대한 묘사가 두드러진다. 이런 차이는 여러 V-언어와 S-언어에서 공통적으로 발견되어 V-언어에서는 부엉이가 나온 것을 모두 "exit"이란 동사로 간단하게 표현하는 데 반해 S-언어에서는 다양한 방식 동사와 경로 접사를 함께 써서 풍부한 표현을 한다. 방식 동사를 사용하는 사용자의 숫적 분포를 보면 언어별로 V-언어에서는 0~2%, S-언어에서는 17~100%의 차이 — Dutch/독어(17~18%), 영어(32%), 중국어(39%), 타이어(58%), 노어(100%) — 를 보이고, 3세에서부터 성인에 이르기까지 별 차이가 없는 것으로 보아 방식에 대한 인식이 언어습득 초기에서부터 중요한 자질임을 알 수 있다.

그런데 이런 식의 차이가 존재하는 것은 두 그룹의 언어가 각기 방식 동사나 경로 동사를 가지고 있지 않아서가 아니다. 위에서 언급하였듯이 양적인 차이는 있으나 두 그룹의 언어는 두 가지 종류의 동사를 대체로 다 가지고 있으며 경로와 방식을 반드시 표현해야 하는 상황에서는 프로세싱의 부담이 있더라도 모든 언어에서 다 표현을 할 것이다. 그러나 (5)와 (6)이 보여주는 것은 동일한 상황에서 이동의 방식에 심리적으로 주의를 기울이고 명시적으로 표현하는 정도가 언어마다 다르다는 것인데 Slobin은 이런 방식 개념의 현저성(salience) 정도에 따라 언어를 구분할 수 있다고 주장한다.

이런 정도 차이는 정보 구조나 프로세싱의 부담 등에 기인하는 것으로 V-언어에도 "fly"와 같은 동사가 있으나 화자들은 "exit flying"과 같은 표현을 쓰지 않는데 이는 화자들이 방식을 전경화(foregrounding)하기를 원하지 않고 발화나 이해의 프로세싱의 부담이 증가하는 것을 피하려 하기 때문이다.[1] S-언어 중에서도 게르만어들은 방식 동사를 사용하는 사용자

---

1) 이에 대한 설명은 훨씬 복잡하다. 많은 V-언어에서 "fly"같은 동사가 완전히 쓰이지 않는 것이 아니라 "fly to/from the tree"는 쓰이고 "fly out of the hole"과 같은

의 비율이 17~32% 정도로 상대적으로 낮은데 가장 많이 사용되는 표현 중의 하나가 "come out"이라는 사실로부터 이 언어들에서 화자들은 자신의 관점에서 부엉이가 나오는 사건을 그리는 데에 중점을 둔다는 가설을 세울 수 있다. 화자들이 부엉이가 나오는 사건에 방식의 의미를 더하기 위해서는 "come out flying"이라는 복잡한 표현이 요구되는데 게르만어에는 이 대신 "fly/pop/jump out"이라는 더 간단한 표현이 존재한다. 이들과 "come out"은 표현의 구조나 프로세싱의 난이도 면에서 유사하므로 화자들은 둘 중 하나를 자유로이 골라 표현하게 되고 따라서 S-언어임에도 불구하고 방식동사를 사용하는 비율은 그다지 높지 않다. 이에 비해 러시아어는 문법적으로 "come"과 "out"을 하나의 동사로 합성할 수 없는 언어이다. 따라서 부엉이가 날아서 나오는 사건을 표현하기 위해 화자들은 "come-fly"와 "out-fly"라는 두 표현 중에 하나를 선택해야 하는데 많은 화자들이 부엉이가 밖으로 나온다는 점을 중시하여 "out-fly"를 사용하지만 어떤 표현을 선택하던 항상 "fly"가 포함되게 되어 러시아어는 방식동사의 사용률이 100%가 된다. 즉, 언어들은 대체적으로 두 가지 방법의 표현을 모두 가지고 있지만 어휘 간의 경쟁, 문법 제약 등에 의해 실제 언어수행 면에서는 그 중 한 가지 방법을 현저하게 많이 사용하게 되는 것이다.

또한 S-언어와 V-언어를 비교할 때 쉽게 예측하기로는 S-언어는 방식 표현이 풍부하고 V-언어는 경로 표현이 풍부하며 인지적으로도 전자에서는 방식이, 후자에서는 경로가 중요할 것으로 생각되지만 연구결과는 반드시 그렇지 않다. 대체로 S-언어는 기본적으로 방식을 합성한 동사들이 많이 있고 한 문장에 여러 개의 전치사구를 쓸 수 있기 때문에 경로와 방식에 대한 묘사가 모두 풍부한 반면(예: the deer threw them <u>off</u> <u>over a cliff</u> <u>into the water</u>), V-언어는 방식은 다른 동사의 부사형을 통해 표현하

표현은 쓰이지 않기 때문인데 Slobin and Hoiting(1994)는 이를 "구역횡단(boundary crossing)"이란 의미 제약으로 설명하고 있다.

고 경로는 동사 이외에 구체적인 경로를 나타내는 전치사구(또는 후치사구)를 더 요구하기 때문에 이런 의미들에 대한 묘사가 많지 않다 (예: 의 충으로 뛰어 올라갔다). V-언어에서는 오히려 개체의 위치, 배경(ground), 이동의 끝점(endstates)에 대한 묘사가 발달하였는데 Slobin은 이런 차이들을 하나의 사건을 몇 개의 하위사건으로 나누어 표현하는가에 의해 설명하고 있지만 본고에서는 다루지 않겠다.

또한 Slobin은 각 언어의 형태적 특징을 자세히 살펴본 결과 중국어와 같은 연쇄동사언어(serial verb language)는 방식과 경로가 둘 다 독립적인 동사로 표현되므로 (예: *feil chul* "fly exit") V-언어와 S-언어 사이에 등위형 언어(equipollently-framed language: 앞으로 E-언어)가 존재하며 그들도 다시 여러 종류로 세분된다고 주장하였다.

(7) a. V-언어: 경로 동사+방식 종속동사--Romance, Semitic, Turkic, Basque, 일어, 한국어
 b. E-언어:
  (i) 방식 동사+경로 동사--연쇄동사 언어들(Niger-Congo, Sino-Tibetan 등)
  (ii) [방식+경로]$_{verb}$--이분동사 언어들(bipartite verb language) (Algonquian, Hokan 등)
  (iii) 방식 선동사(preverb)+경로 선동사+동사--Jaminjungan 언어들
 c. S-언어: 방식 동사+경로 위성(전치사구 등)--Germanic, Slavic, Finno-Ugric

Oh(in progress)의 실험은 이런 언어적 특징이 화자들의 인지와 어떤 관계가 있는가를 살펴보는 심리학적 실험으로 한 실험에서 남자가 가방을 메고 문을 나서는 비디오 클립을 반복하여 성인 화자들에게 보여준 후 비디오를 끄고 아래와 같은 질문들에 답을 하게 하였다.

(8) 1. In this clip, where was the person walking?
   a. into the building   b. away from the camera   c. out of the building
   2. What was the person carrying?
   a. a backpack   b. a shopping bag   c. nothing
   3. What was the color of shirt the person was wearing?
   a. black or dark gray   b. light blue or white   c. red or orange

(9) 1. In this clip, the person was walking _____ he was in the "normal pace" clip.
   a. faster than   b. at the same speed as   c. slower than
   2. In this clip, the person's steps were _____ his steps in the "normal pace" clip.
   a. wider than   b. same as   c. narrower than
   3. In this clip, the person's arms were swinging _____ they were in the "normal pace" clip.
   a. wider than   b. to the same degree as   c. narrower than
   4. In this clip, the person was exerting _____ he was in the "normal walk" clip.
   a. more energy than   b. about the same level of energy as
   c. less energy than

실험결과는 (8)과 같이 방식이 아닌 정보에 대해서는 영어 화자와 한국어 화자가 동일한 정답률을 보였는데 (9)와 같이 방식과 관련된 정보에 대해서는 영어 화자는 83%, 한국어 화자는 60%의 정답률을 보였다. Oh는 이와 유사한 여러 가지 실험을 수행하였는데 그 결과 동일한 사건을 볼 때 영어 화자가 한국어 화자보다 사건이 행해지는 방식에 대해 훨씬 주의를 기울이고 있음을 관찰할 수 있다.

이런 실험들은 개별 언어적 특징이 우리의 언어사용과 인지구조에 지대한 영향을 미친다는 것을 보여주는데 Slobin은 결론을 내리기 전에 한 가지를 지적한다. Talmy는 동사의 어휘화가 관심주제였기 때문에 동사 형태와 동사를 수식하는 전치사구에만 주의를 기울였으나, 실제 방식과 경로라는 개념이 언어에 어떻게 표현되는가를 좀더 넓게 살펴보면 매우 다양한 방식으로 표현된다는 것이다. 동사만 살펴보았을 때에는 방식이 란 개념을 풍부하게 표현하지 않는 듯이 보이는 V-언어들이 사실은 (10) 과 같이 문장 부사, 의성/의태어, 제스춰 등을 통해 방식을 표현하고 있음을 알 수 있는데 이런 "보상(compensation)" 방법을 함께 연구해야 의미와 우리의 인지에 대해 보다 깊은 이해가 가능하다는 것이 Slobin의 주장이다.

(10) a. 방식과 관련되는 부사구를 포함한 다양한 표현 사용: 터키어의 "silently" 같은 문장부사
   b. 방식을 함축할 수 있는 다른 종류의 부사: Tzeltal어의 positional 동사
   c. 방식을 묘사하는 의성/의태어: Basque어의 "taka-taka (walk with small and short steps)"
   d. 방식의 제스춰: 일어

흥미로운 사실은 (10a)와 관련하여 영어와 터키어 화자들의 말을 분석 하였을 때 "silently"와 같은 부사를 사용하는 비율은 영어와 터키어에서 비슷하게 나타난다. 그러나 자세히 살펴보면 터키어에서는 이런 부사들 중 61%가 방식동사가 아닌 동사들에 방식의 의미를 첨가하는 보상 수단 으로서 사용되고 영어에서는 73%가 방식동사를 더 강조하기 위하여 사 용됨을 알 수 있다 (예: "Fido very very quietly *slunk* out of the water"). 이런 분포는 V-언어도 부사 등의 표현을 통해 방식의 의미를 보상 표현 하지만 S-언어가 언어 전체적인 기재를 통해 훨씬 더 방식에 주의를 기울 인다는 것을 보여준다.

이런 관찰 하에서 Slobin은 언어습득에서 발달한 이론과 유사한 용법 중심적이고 상호작용적인 이론을 제시한다. 의미개념은 언어 보편적이지

만 그들이 한 언어에서 표현될 때에는 그 언어에서 허용하는 방법으로 표현이 되는데 이 때 그 표현방법이 얼마나 쉽고 어려운가에 따라 그 개념이 이해되는 정도가 달라진다는 것이다. Slobin은 (11)과 같이 부정사보다는 정형동사, 또 빈도가 높고 간결한 언어 형태들이 사용하기도 쉽고 발화와 이해의 프로세싱도 쉬우며 이런 형태들로 표현되는 개념들이 상대적으로 이해하기 쉽다고 주장한다.

(11) a. 부정사보다는 정형동사(finite verb)로 표현되는 개념
     b. 상대적으로 자주 쓰이는 어휘로 표현되는 개념
     c. 구나 절보다는 단일 단어로 표현되는 개념

이런 개념들은 코드화(codability)가 용이하여 화자들은 그 개념 영역에 속하는 단어들을 새로이 많이 만들어내게 되는데 그 결과 그런 개념들은 더 많이 표현이 되게 되고 인지적으로 더 현저한 위치를 차지하게 된다. S-언어에서 방식은 정확히 이런 이유에 의해 인지적으로 현저한 개념이 되었는데 즉, 언어의 특성 상 방식 개념이 코드화되기 쉬운 형태로 표현되고 있었기 때문에 쉽게 자주 쓰이게 되고 그 결과 그 의미 영역에서 새로운 단어들이 많이 만들어지게 되며 서로 유사하고 연관된 단어 수가 많으므로 S-언어 사용자들이 그 개념에 더 주의를 기울이게 되어 방식이 그들의 인지 속에서 특별한 위치를 차지하게 되었다는 것이다. 즉, 어떤 형태를 자주 사용할 수 있다는 것이 화자들로 하여금 그 형태가 표현하는 인지적 내용에 대해 주의를 기울이게 한다는 것으로 (12)가 Slobin이 제시하는 모델이다. (12)는 언어 패턴, 프로세싱의 용이성 등이 영향을 미쳐 특정 개념을 나타내는 표현들의 양이 결정되고 그것이 다시 그 개념이 얼마나 자주 그리고 다양하게 표현되는지에 영향을 미치게 되며 이런 요소들이 그 개념에 대한 인지적 현저성에 영향을 미친다는 것을 보여준다. 또한 인지적 현저성 때문에 화자들은 그 개념을 더 많이 표현하게 되므로

언어와 인지는 일방적인 관계가 아니라 상호영향을 미치며 역동적으로 변화해 가는 관계에 있는 것이다.

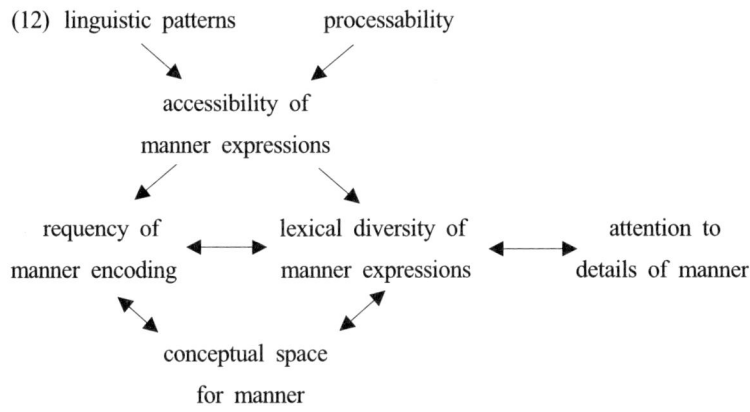

(12) linguistic patterns   processability

4. 연구의 발전방향

위의 연구들을 함께 소개한 이유는 언어습득과 사용에 관한 두 이론이 언어학적으로는 동사의 어휘화라는 구체적인 주제를 공유하고 더 나아가 철학적으로는 기능주의적 언어관을 공유하고 있기 때문이다. 언어학적인 면부터 살펴보면 Bowerman and Choi의 연구는 한국어 화자들도 잘 느끼지 못했던 "끼다"라는 의미자질의 현저성에 대한 지적이 새롭고 흥미로우나 몇 가지 의문이 제기되는데 첫째, "on/in"이 쓰이는 상황들을 더 많이 비교해 보아도 여전히 "끼다"가 가장 많이 쓰이고 인지적으로 현저한 개념일 것인가,[2] 둘째, 영어의 전치사와 한국어의 동사를 직접 비교하는

---

[2] "끼다"의 의미에 대해서도 보다 정확한 논의가 필요하다. 예를 들어 긴 막대를 세워놓고 멀리에서 둥근 고리를 던져 그 막대에 끼우는 게임이 있는데 이 때 고리는 막대에 꼭 맞지 않으나 "끼다"라고 할 수 있으며, 머리에 꼭 맞게 털로 짠 모자를

것이 적절한가, 셋째, Bowerman and Choi는 영어에서 "on/in"으로 표현되는 상황들만을 주로 고려하였는데 그들이 물론 영어에서 전형적 표현이지만 비전형적 표현(예: "at, above" 등 다른 장소 전치사를 이용하는 경우, "button a button"과 같이 전치사를 이용하지 않는 경우 등)들을 함께 고려해도 한국어에서 "끼다"가 여전히 현저한 개념인가 하는 의문들이 그것이다. 이런 의문들은 모두 "영어와 한국어에 대해 공정한 비교가 이루어졌는가?" 하는 질문을 던지고 있는 것인데 더 연구해 볼 여지가 많이 있다. 첫째, "on/in"에 의해 표현되는 상황들을 더 많이 비교해 보면 한국어에서는 "끼다"도 많이 쓰이지만 "달다, 걸다, 붙이다, 매달다, 놓다, 넣다" 등의 동사들도 자주 쓰인다. 둘째, Bowerman and Choi는 영어의 모든 예들에서 동사로 "put" 만을 사용하고 있는데 이는 아이들의 언어에서 "put"이 가장 많이 쓰이는 동사이기 때문일 것으로 생각된다. 그러나 영어도 한국어와 같이 "place, hang, hook, set up, put up, attach, suspend" 등 다양한 동사들이 가능한데 이럴 때 영어와 한국어에서 중요한 차이점은 영어는 "hang" 등의 동사가 쓰여도 장소를 반드시 "on/in"의 전치사구로 지지와 포함 관계를 분명하게 표현해야 하는 반면 한국어는 "-안에 넣다, -위에 놓다" 이외에 "-에 넣다, -에 놓다"도 자연스러우며 "-에 걸다, -에 달다, -에 붙이다" 등은 "-안에/-위에"를 쓰면 오히려 비문법적인 문장이 된다. 이런 차이가 Bowerman and Choi의 주장대로 영어에서는 전치사구가 한국어에서는 동사가 중요하다는 것을 보여줄 수도 있으나 두 언어의 전치사(한국어에서는 후치사)의 의미가 다르다는 것을 보여주는 것은 아닌지 생각해 볼 수도 있다. 한국어에서 "끼다" 뿐만 아니라 "달다, 걸다, 붙이다" 등의 동사들이 많이 쓰인다는 것이 옳은 관찰이라면[3] Bowerman and Choi가 찾아낸 것은 "끼다"라는 한 특별한 동사

머리 깊숙이 눌러 쓴다고 하여 "끼다"라고 표현하지는 않는다.
[3] 용법상 자주 나타나는 것은 사실인데 언어습득에서 어떠한가는 실험을 해 보지 않았으므로 이들이 언어습득 이론에 갖는 함축은 잘 모르겠다. 그러나 Bowerman and Choi는 "끼다"의 중요성을 성인화자들의 언어에서도 주장하였으므로 본고의

의 현저성이 아니라 방식 개념을 합성하는 동사군 전체의 인지적 현저성이 아닐까 하는 생각을 할 수 있다. 이런 면에서 저자는 Bowerman and Choi의 연구를 Talmy나 Slobin과 같은 맥락에서 재해석해 보는 것이 유용한 작업이 되리라고 생각한다.

이동동사에서도 장소 표현에 주목하면 두 언어는 유사한 차이를 보이는 듯하다. "run into the room"은 한국어에서 "방안으로 뛰어 들어가다"로 번역될 수 있지만 "방안으로" 대신에 "방으로, 방에" 등의 표현들도 가능한데 "안"이라는 의미가 이미 "들어"에 포함되어 있기 때문이다. 영어에서는 다른 부분에 그 의미가 포함되어 있지 않으므로 "into"라는 전치사가 필수적이다. 그렇다면 Bowerman and Choi의 자료와 Slobin의 자료를 놓고 볼 때 영어는 장소 개념의 표현을 전치사가 완전히 담당하고 한국어는 장소 의미는 후치사를 통해 조금만 표현하고 동사를 통해 많은 부분을 표현한다는 가설을 세울 수 있다. Talmy와 Slobin은 이동동사의 경우에만 한국어 동사가 경로를 합성하여 어휘화한다고 주장하였지만 Bowerman and Choi가 살펴본 위치동사의 경우에도 "끼다, 걸다" 등의 동사가 두 개체의 접촉 방식을 묘사함으로써 두 개체 간의 위치가 어떻게 되는가를 함축하여 위치는 "-안에/-위에"와 같은 정확한 표현 대신 "-에"로 대신하게 되는 듯하다. 따라서 이동이나 위치 묘사와 관련하여 양 언어가 보이는 동사와 전치사의 역할 분담을 깊이 있게 살펴보는 작업이 필요하다.

Slobin이 개구리 이야기 실험을 통해 발견한 것은 3.2에서 설명하였듯이 S-언어인 영어 화자는 "climb, tumble, pop" 등의 방식 동사를 많이 사용하여 서술을 하고 V-언어인 스페인어 화자의 이야기에서는 방식에 대한 묘사는 거의 없고 이야기의 배경에 대한 묘사가 두드러진다는 것이었다. V-언어에서는 경로 합성이 두드러지므로 경로에 대한 묘사가 많으리라고 예측할 수 있으나 Slobin 자신도 경로 표현이 오히려 S-언어에서 더

논의는 타당하다.

풍부하다고 지적하였는데 여기에서 여러 가지를 생각해 볼 수 있다. 우선 경로 개념이 동사에 합성될 때에는 "방, 학교, 교회" 등의 구체적인 장소를 합성하는 것이 아니므로 합성될 수 있는 개념은 "밖, 안, 위, 아래" 등 매우 제한된 경우에 한하고 이런 제한된 개념들을 이용하여 다양한 언어 표현을 만들 수는 없으므로 방식과는 매우 다르다. 실험에서 영어 화자와 스페인어 화자의 경로에 대한 묘사를 정확히 비교하지는 않았는데 (5)의 예를 보면 영어 화자가 방식에 대해 주목하고 경로에 대해서는 주의를 기울이지 않는다는 주장은 할 수 없다. "climb up, tumble down, pop up from" 등 전치사나 부사를 이용하여 방식과 더불어 경로를 정확히 묘사하고 있기 때문이다. (6)의 스페인어에서는 "appear, fall" 등이 쓰였으나 첫 번째 문장에는 경로 뿐 아니라 이동 자체에 대한 묘사가 없다. 이런 사실로부터 영어와 스페인어가 보여주는 것은 방식과 경로의 차이가 아니라 어떤 사건을 그릴 때 행위(action)를 중심으로 묘사하는가 또는 결과 상태(result state)를 중심으로 묘사하는가의 차이라는 가설을 세워볼 수 있다. 이런 관점에서 본다면 스페인어에서 나타난 "appear, fall" 등의 동사가 경로를 나타내기 위해 쓰였다기보다 비대격동사(unaccusative)로서 행위보다는 상태에 가깝기 때문에 쓰였을 가능성도 있다. 여기에서 짚고 넘어갈 것은 "climb up"이 보여주는 것처럼 영어에서 경로는 부사에 의해 자주 표현이 되는데 이들은 동사에 거의 필수적으로 요구되는 성분들로 우리가 이 주제를 연구할 때 동사에 의미가 완전히 합성이 되었는가 아닌가 뿐만 아니라 전치사, 부사 등 많은 요소들 간의 역할 분담을 살펴보아야만 한다는 것을 보여준다.

이 연구들은 여러 가지 방향으로 발전시킬 수 있는데 첫째, 모국어 습득과 외국어 교육 분야에서 이론의 적용 가능성을 볼 수 있다. 이 연구들의 기본적인 가설이 언어적 특성이 모국어 화자의 인지에 영향을 미친다는 것인데 그렇다면 두 개 이상의 언어를 동시에 모국어로 습득하고 있는 화자들이 이런 실험에 어떤 반응을 보이는지 살펴보면 흥미로울 것이다.

또한 외국어 교육, 우리에게는 특히 영어교육이 중요한 문제인데 한국어 화자들이 영어를 배울 때 양 언어의 이런 차이 때문에 특별한 어려움을 겪는가, 언어사용에서 나타나는 실수들이 이런 차이가 인지적인 의의까지 지닌다는 주장을 지지하는가, 영어와 같은 S-언어권에 속하는 제2언어 학습자들은 우리나라 학생들과 같은 실수 패턴을 보이지 않는가, 우리나라 학생들과 같은 V-언어권의 학습자들은 같은 실수를 만들어 내고 이 구문을 올바로 습득하는 데에 비슷한 정도의 어려움을 겪는가 등의 문제들을 연구해 볼 수 있다. 한국어와 같은 V-언어인 스페인어에 대해서도 이런 연구(Cadierno et al. 2003, Hohenstein et al. 2003)가 수행되고 있으므로 결과를 비교해 보면 매우 흥미로운 주장을 할 수 있을 것이다.

둘째, 이들의 이론은 개별 언어적 특성으로 인하여 어떤 개념이 쉽게 자주 표현되게 되면 그 개념이 화자들의 마음속에서 현저한 위치를 차지하게 되고 그것이 다시 언어표현을 더 활성화시킨다는 상호작용 이론인데 이런 주장은 위에서 언급한 창발적 문법 이론과 같은 맥락에서 이해할 수 있다. 창발적 문법이론은 표면적인 언어적 특징, 특히 어휘나 구문의 사용 빈도가 매우 중요한 동인(motivation)으로 작용하여 언어구조가 변화한다고 주장하는데 Bowerman이나 Slobin이 언어 수행에서의 빈도가 실제로 모국어 화자들의 인지적 현저성을 반영한다고 주장함으로써 빈도라는 개념의 의의를 밝혀준다고 할 수 있다.[4]

장소의 표현, 방식이나 경로의 동사 어휘화 등이 역사적으로 어떻게 변화하였는가를 살펴보는 것도 흥미로운 연구 주제인데 한 언어가 S-언어인지 V-언어인지는 한 번 정해지면 역사적으로 변화하지 않는 것인지, 영어나 한국어가 예전에는 구체적으로 어떤 언어적 특징(전치사, 부사, 동사의 의미 합성 등)을 지닌 언어였고 이런 구문에 대해 어떤 성격의 언어

---

[4] 실제 창발적 문법이론 틀 내에서 쓰여진 연구들은 빈도를 언어변화의 궁극적인 동인으로 설명하고 인지와 같은 더 근원적인 설명을 제시하지는 않는데 이에 대해서는 깊은 연구가 필요하다.

였는지, 시간이 흐를수록 실제 자기 언어 특징에 맞는 표현들이 더 많이 생산되었는지 등을 살펴볼 수 있다. 영어나 한국어의 역사적 자료를 모아 놓은 말뭉치 분석을 통해 이런 가설을 시험해 본다면 흥미로울 것이다.

이와 관련되는 주제로 아이들의 언어 습득과 역사적 언어 변화와의 상관관계도 언어학에서 오랫동안 연구되어 온 가설 중의 하나이다 (N. Baron 1977). 즉, 개체 발생적(ontogenetic) 발전과 계통발생적(phylogenetic) 발전 사이에 유사성(parallels)이나 의존성(dependencies)이 존재하는가 하는 질문으로 이 구문들에 대해서도 아이들이 보이는 구문 발달의 모습과 구문의 역사적인 발달 사이에 유사점이 있는가를 살펴볼 수 있다. 동사의 어휘화가 아이들의 나이에 따라 발전한다는 연구가 중국어와 타이어에서 보고된 바 있는데 중국어는 방식과 경로 두 개념을 모두 연쇄적인 독립동사로 표현하는 E-언어인데도 아이들이 3세까지는 경로 동사 하나만 쓰고 4~7세에는 22% 정도만 연쇄동사를 사용하며 9세 경에 이르러야 어른과 같은 비율로 연쇄동사를 사용하며 타이어에서도 11세에 이르러서야 어른과 같은 비율로 방식과 경로의 연쇄동사를 사용한다는 보고가 있다. 이런 구문의 발달이 역사적으로도 발견되는가를 연구해 보면 흥미로울 것이다.

5. 결론

Bowerman and Choi의 언어습득 연구와 Slobin의 언어사용 연구는 모두 언어보편적 인지능력과 개별언어의 input이 상호작용을 하여 우리가 언어를 습득하게 된다고 설명하고 있는데 두 이론 모두 개별언어에 존재하는 어휘의 형태와 사용빈도, 동일한 의미장에 속하는 다른 어휘들 간의 경쟁관계 등 언어수행과 관련되는 요소들이 우리의 인지구조에 영향을 미친다는 모델을 제시한다.

이런 주장을 언어학사적 관점에서 살펴보면 이들은 Chomsky의 관념론적이고 형식적인 언어관과 정반대인 경험주의적(empirical)이고 기능적(functional)인 언어관을 대변한다. 즉, 인간의 일반적인 인지능력과 언어능력을 구분하지 않으며 추상적 언어능력(competence)과 언어수행 모두를 중시하고 언어능력과 수행이 서로 영향을 미치는 관계에 있다고 본다. 따라서 언어적 지식은 백과사전적 지식의 일부이며 사용 빈도 등의 수행적 특성이 언어습득과 사용에서 중요한 요소로 작용한다. 지난 50년 동안 Chomsky 식의 언어관이 언어학 연구의 중심을 이루었다는 것을 부인할 사람은 아무도 없을 것이다. 앞으로 언어학이 어떤 방향으로 발전할 지는 아무도 모르지만 학문적으로는 인간의 인지에 대한 관심이 높아지고, 방법론적으로는 컴퓨터의 발전에 힘입어 언어의 양적 분석과 실제 자료의 중요성에 대한 인식이 높아졌으며 다양한 언어에 대한 연구 결과가 충분히 축적된 점등을 고려하면 이런 인지적이고 기능주의적인 접근방식이 새로운 언어학의 시대를 열 것으로 기대된다. 이런 접근 방식은 Chomsky 언어학 이전에도 있었지만 이제는 훨씬 더 이론적 형식화를 이루었으며 인지문법, 기능문법, 언어습득, 사회언어학, 역사, 언어유형론, 말뭉치 언어학 등 여러 분야가 함께 연구를 하고 있으므로 언어와 인간, 사회에 대한 총체적인 시각을 제시할 수 있을 것으로 기대된다.

참고문헌

Baron, N. 1977. *Linguistic Acquisition and Historical Change (North-Holland Linguistic Series)*. New York: North-Holland Publishing Company.

Berman, R.A. and D. Slobin. 1994. *Relating Events in Narrative: A Crosslinguistic Developmental Study*. Hillsdale: Lawrence Erlbaum Associates.

Bowerman, M. and S. Choi. 1994. "Linguistic and Nonlinguistic Determinants of Spatial Semantic Development," Paper presented at the Boston University Conference on

Language Development, Boston, MA.
Bowerman, M. and S. Choi. 2001. "Shaping Meanings for Language: Universal and Language-specific in the Acquisition of Spatial Semantic Categories," In M. Bowerman and S. Levinson, eds., *Language Aquisition and Conceptual Development (Language, Culture and Cognition 3)*, 475-511. Cambridge: Cambridge University Press.
Bowerman, M. and S. Choi. 2003. "Space Under Construction: Language Specific Spatial Categorization in First Language Acquisition," In D. Gentner and S. Goldin-Meadow, eds., *Language in Mind: Advances in the study of Language and Cognition*. Cambridge: MIT Press.
Bowerman, M., L. de Leon, and S. Choi. 1995. "Verbs, Particles, and Spatial Semantics: Learning to Talk about Spatial Actions in Typologically Different Languages," In E. Clark, ed., *The Proceedings of the 27th Annual Child Language Research Forum*. Stanford: CSLI.
Bowerman, M. and E. Pederson. 1992. "Cross-linguistic Perspectives on Topological Spatial Relationships," Paper presented at the annual meeting of the American Anthropological Association, San Francisco, CA.
Brown, R. 1958. *Words and Things*. New York: Free Press.
Bybee, J. 1985. *Morphology: A Study of the Relation between Meaning and Form*. Philadelphia: Benjamins.
Bybee, J. and P. Hopper. 2001. Introduction to Frequency and the Emergence of Linguistic Structure, In J. Bybee and P. Hopper, eds., *Frequency and the Emergence of Linguistic Structure*. Philadelphia: John Benjamins Publishing Company.
Cadierno, T. and L. Ruiz. 2003. "Motion Events in Spanish L2 Acquisition," Paper presented at the 8th International Cognitive Linguistics Conference, Spain.
Choi, S. and M. Bowerman. 1991. "Learning to Express Motion Events in English and Korean: the Influence of Language-specific Lexicalization Patterns," *Cognition* 41, 83-121.
Choi, S., L. McDonough, M. Bowerman and J. Mandler. 1999. "Early Sensitivity to Language-specific Spatial Categories in English and Korean," *Cognitive Development* 14, 241-268.
Clark, E. 1976. "Universal Categories: On the Semantics of Classifiers and Children's

Early Word Meanings," In A. Juilland ed., *Linguistic Studies offered to Joseph Greenberg on the Occasion of His Sixtieth Birthday*, vol. 3, 449-461. Saratoga: Anna Libri.

Giddens, A. 1984. *The Constitution of Society: Outline of the Theory of Structuration*. Cambridge: Polity Press.

Greenberg, J. 1966. *Language Universals*. The Hague: Mouton.

Hohenstein, J., A. Eisenberg, and L. Naigles. 2003. "Is He Floating Across or Orossing Afloat?: Verb Use In Bilingual Spanish/English speakers," Paper presented at the 8th International Cognitive Linguistics Conference, Spain.

Lakoff, G. 1987. *Women, Fire, and Dangerous Things: What Categories Reveal About the Mind*. Chicago: University of Chicago Press.

Langacker, R. 1987. *Foundations of Cognitive Grammar*. Stanford: Stanford University Press.

Levinson, S. 2001. "Covariation between Spatial Language and Cognition, and its Implications for Language Learning", In M. Bowerman and S. Levinson, eds., *Language Acquisition and Conceptual Development* (*Language, Culture and Cognition 3*), 475-511. Cambridge: Cambridge University Press.

Levinson, S. 2003. *Space in Language and Cognition: Explorations in Cognitive Diversity*. Cambridge: Cambridge University Press.

Oh, K-J. in progress. *Language, Cognition and Development: Motion Events in English and Korean*. Doctoral Disseration, UC-Berkeley.

Piaget, J. 1954. *The Construction of Reality in the Child*. New York: Basic Books.

Rosch, E. 1973. "On the Internal Structure of Perceptual and Semantic Categories," In T.E. Moore ed., *Cognitive Development and the Acquisition of Language,* 111-114 New York: Academic Press.

Rumelhart, D. and J. McClelland. 1986. "On Learning the Past Tenses of English Verbs: Implicit Rules or Parallel Distirubted Processing?" In J. McClelland, D. Rumelhart, and the PDP Research Group eds., *Parallel Distributed Processing: Explorations in the Microstructure of Cognition*. Cambridge: MIT Press.

Slobin, D. I. 1967. *A Field Manual for Cross-cultural Study of the Acquisition of Communicative Competence*. Berkeley, CA: ASUC Bookstore.

Slobin, D. 2003. "The Many Ways to Search for a Frog: Linguistic Typology and the Expression of Motion Events," In S. Stromqvist and L. Verhoeven, eds., *Relating*

Events in Narrative: Typological and Contextual Perspectives. Mahwah: Lawrence Erlbaum Associates.

Slobin, D. and N. Hoiting. 1994. "Reference to Movement in Spoken and Signed Languages: Typological Considerations," *Proceedings of the Berkeley Linguistics Society* 20, 487-505.

Talmy, L. 1985. "Lexicalization Patterns: Semantic Structure in Lexical Forms," In T. Shopen, ed., *Language Typology and Lexical Description*, vol. 3, 36-149. Cambridge: Cambridge University Press.

Talmy, L. 2000. *Toward a Cognitive Semantics*. Cambridge: MIT Press.

Tomasello, M. 1995. "Pragmatic Contexts for Early Verb Learning," In M. Tomasello and W. E. Merriman, eds., *Beyond Names for Things: Young Children's Acquisition of Verbs,* 115-146. Hillsdale: Lawrence Erlbaum.

Whorf, B. L. 1956. *Language, Thought, and Reality: Selected Writings of Benjamin Lee Whorf*. Cambridge: The MIT Press.

Zipf, G. K. 1965. *The Psycho-Biology of Language: An Introduction to Dynamic Philology*. Cambridge: The MIT Press. (first published in 1935 by Houghton Mifflin).

코퍼스 언어학과 영어 연구

권 혁 승*

1. 코퍼스란 무엇인가?

영국, 미국에서는 1950년대 말부터 현대적 의미의 코퍼스에 대한 연구가 체계적으로 시작되었다. 1980년대부터 컴퓨터의 발전과 더불어 더욱 본격화된 코퍼스 구축 및 코퍼스를 이용한 언어 연구의 성과는 그 양과 질에 있어서 매우 괄목할 수준이었다. 다양하게 구축된 각종 코퍼스의 활용은 언어 자체에 대한 연구의 질적 수준을 높였을 뿐 아니라 언어 교육, 사전 편찬, 자연 언어 처리, 문법 기술 등 다양한 분야에서의 코퍼스를 이용한 연구가 각종 언어 이론에 토대를 두며 원어민이 내재적으로 가지고 있는 언어 능력을 통한 연구보다 더 신뢰성이 높다는 연구 결과도 있다. 1990년대부터 컴퓨터의 급속한 발달과 코퍼스 구축에 대한 집중 연구 결과인 대규모 컴퓨터 코퍼스가 만들어지면서 언어 자체에 대한 연구를 비롯하여 코퍼스의 활용 방법 및 응용 기술이 급속도로 발달하였다. 그리고 각 언어권에서는 국가적인 차원에서 고유 언어의 연구를 위한 코퍼스 구축이 활발해졌다. 먼저 코퍼스 연구를 선도해온 학자들이 내린 '코퍼스', '코퍼스 언어학'의 정의를 알아보기로 하자.

---

* 서울대학교 영어영문학과 (hskwon@snu.ac.kr)

1.1 코퍼스의 정의

'코퍼스'란 일정 시기의 언어의 모습을 총체적으로 보여줄 수 있는 전산화된 언어 자료의 집합이다.[1] 이 자료는 언어를 연구하는 각 분야에서 다양하게 활용할 수 있는 연구 재료다. 1960년대 이후 영국에서 코퍼스 연구를 본격적으로 주도해온 학자로는 Geoffrey Leech와 John Sinclair를 꼽을 수 있으며, Sinclair(1991: 171)는 코퍼스를 아래와 같이 정의하고 있다.[2]

> A corpus is a collection of naturally-occurring language text, chosen to characterize a state of variety of a language.

코퍼스는 일정 상태에 있는 언어의 특성을 파악하기 위해서 자연 언어 텍스트를 뽑아 모아둔 것이다. 여기서 'chosen'이란 말은 코퍼스로서 모은 언어 자료가 그 언어를 충분히 대표하기 위해서 다양한 종류의 텍스트에서 적절한 양의 표본을 고르게 모아놓음을 내포한다. 그리고 이 정의에는 명시되어 있지 않지만 현대적 의미의 코퍼스는 컴퓨터에 저장하고 컴퓨터에서 처리할 수 있는 전자화된 형태의 텍스트로 구성된 것을 말한다.

1.2 코퍼스 언어학

'코퍼스 언어학'이란 코퍼스를 이용하여 언어를 연구하는 학문 분야이

---

[1] '코퍼스'는 영어의 corpus를 일컫는 말로 국내에서는 '말뭉치', '말모둠'으로 불리기도 한다.
[2] Geoffrey Leech는 여러 연구 기관과 공동으로 British National Corpus를 구축하는 데 참여하였고, John Sinclair는 Cobuild라는 Collins 출판사와 버밍엄 대학교(University of Birmingham)의 합작 벤처 출판사를 설립해 The Bank of English라는 코퍼스를 구축하여 각종 영어 사전과 영어 학습서를 출판하는데 활용하였다.

다. 언어 연구의 여러 분야 중 특정한 분야를 연구하는 것이 아니라, 다양한 언어 현상에 대한 답을 찾기 위해 컴퓨터를 이용하여 코퍼스를 분석하며 언어학적 연구를 수행하는 언어 연구 방법론이다. 이와 같은 정의를 염두에 두고 코퍼스 언어학에 대한 정의를 살펴보기로 하자. Leech (1992: 107)는 코퍼스 언어학을 다음과 같이 정의한다.

> The focus of study is on performance rather than competence, and on observation of language in use leading to theory rather than vice versa.

Chomsky가 언어 연구의 궁극적인 방법을 크게 언어 능력(linguistic competence)과 언어 수행(linguistic performance)이라는 두 가지로 개념으로 구분하였는데, Leech는 코퍼스 언어학이 지향하는 연구의 초점은 언어 수행에 있다는 점을 분명히 하고 있다. 이는 모국어 화자의 직관에 의해 인간의 언어 능력을 명시적으로 규명하고자 하는 대부분의 이론 언어학이 지향하는 언어학의 목표와는 전혀 다른 출발점을 가지고 있다. 코퍼스 언어학은 실제 사용한 언어를 관찰하고 분석함으로써 이론을 이끌어내는 귀납적인 연구 방법을 취하고 있는 것이다.[3]

Kennedy(1998: 7)는 코퍼스 언어학을 보다 구체적으로 다음과 같이 기술하고 있다.

> Corpus linguistics is based on bodies of text as the domain of study and as the source of evidence for linguistic description and argumentation. It has also come to embody methodologies for linguistic description in which quantification of the distribution of linguistic items is part of the research activity.

---

[3] Chomsky는 '실제 사용한 언어'는 비언어적인 요소를 많이 포함하고 있고, 한 언어를 사용하는 모든 화자의 발화를 다 모을 수 없기 때문에 인간의 언어를 규명하는 데에는 부적절한 자료라고 한다.

위의 정의에 따르면, 코퍼스 언어학은 텍스트의 모둠을 기반으로 언어학적 기술을 하는 방법론이며, 언어 현상의 분포를 계량화하는 것이 주요 연구 활동 중 하나라고 한다. 위의 두 학자의 말을 종합하면, 코퍼스 언어학은 자연 언어에 대한 분석을 계량화를 통해 이론으로 발전시켜 나가는 언어 연구 방법론이라고 볼 수 있다.

2. 코퍼스 연구의 역사

넓은 의미에서 코퍼스 활용의 역사는 길게 보면 18세기 중반에 Samuel Johnson이 영어 사전 편찬 과정에서 단어의 의미를 구하고 용례를 찾기 위해 모범적인 글을 읽으면서 자료를 정리한 것에서 시작한다고 하기도 한다.[4] 보다 근대적인 관점에서는 20세기 구조주의 언어학자들의 자료에 입각한 언어 연구 방법론을 코퍼스 연구의 전신으로 볼 수도 있겠으나 이들이 코퍼스란 말을 사용하지는 않았다. 그래서 현대적 의미의 코퍼스를 구축하여 본격적으로 언어를 연구하려는 시도는 1950년대 말부터 시작되었다고 볼 수 있다. Leech(1991)는 20세기 코퍼스 구축의 발전을 다음과 같이 크게 세 단계로 나눈다.

2.1 제 1세대 코퍼스(1960-70년대)

제 1세대 코퍼스는 1960-70년대에 만들어진 Brown 코퍼스와 LOB (London-Oslo-Bergen) 코퍼스를 들 수 있다. Brown 코퍼스는 미국에서 1961년에 출판된 500종류의 문어 텍스트에서 각각 2천 단어 정도를 표본으로 추출하여 총 100만 단어로 구성되었으며 1964년에 완성되었다.

---

[4] Johnson은 영어를 표준화하려는 목적으로 1755년에 A New English Dictionary를 편찬했다. 이에 관한 자세한 내용은 권혁승(2002) 참조.

LOB 코퍼스는 Brown 코퍼스를 모델로 1961년에 영국에서 출판된 500 종류의 문어 텍스트로 구성되었으며 1970년부터 1978년 사이에 구축되었다. Leech(1991)는 1세대 코퍼스에 대해 아래와 같이 기술한다.

> The Brown Corpus (like its British counterpart, the LOB Corpus - see Johansson et al. 1978) can be thought of as a 'first-generation' corpus; its million-word bulk seemed vast by the standards of the earlier generation of corpus linguistics.

당시 컴퓨터 기술과 이전에 수행되어왔던 코퍼스의 기준에 비하면 100만 단어의 표준화된 균형 코퍼스는 엄청난 발전이었으며, Brown 코퍼스는 코퍼스를 구축하는데 선행되어야 할 규모, 구성, 분류, 파일링 등 설계의 기준을 제시하게 되어 이후 많은 코퍼스 구축 프로젝트의 모델 역할을 해왔다.[5]

2.2 제 2세대 코퍼스(1980년대)

1980년부터 Sinclair가 주도한 Cobuild 프로젝트는 코퍼스 규모를 100만 단어에서 1,000만 단위 수준으로 향상시켰다. Leech(1991)는 2세대 코퍼스에 관해 아래와 같이 기술한다.

> But this size was massively surpassed by a 'second-generation' of the 1980s represented by John Sinclair's Birmingham Collection of English Text (Renouf 1984, Sinclair 1987)...

---

[5] Brown 코퍼스를 모델로 하여 LOB 코퍼스, Helsinki 코퍼스, Frown 코퍼스 등이 개발되었고, 이보다 규모가 훨씬 큰 British National Corpus(BNC)도 어떤 면에서는 Brown 코퍼스의 개발 이념을 따르는 20세기 코퍼스의 완성이라고 볼 수 있다.

Cobuild에서는 1980년부터 대규모 코퍼스 구축과 사전 편찬 작업을 동시에 병행하면서 1987년에는 이 코퍼스를 기반으로 기존 학습자 사전의 개념을 바꾸면서 코퍼스 자료를 철저하게 활용한 최초의 사전을 출간했다.[6] 사전을 출간할 당시 코퍼스의 규모는 1,800만 단어로 1960년부터 1985년까지 출판된 서적, 신문, 잡지, 팜플렛, 서신 등으로 구성되어 있다.[7] 그리고 이 시기에는 규모면에서는 위의 코퍼스와 비교할 수 없지만 고대 영어, 중세 영어, 근대 영어를 담아 영어의 역사를 시대적으로 연구할 수 있는 Helsinki 코퍼스 구축이 시작되어 1992년에 완성되었다.

2.3 제 3세대 코퍼스(1990년대)

90년대 대규모 코퍼스 구축은 80년대 이후 급속한 속도로 발전한 컴퓨터 기술과 90년대 인터넷의 보급으로 전성기를 맞게 된다. 1994년 여러 연구기관의 공동 연구로 완성된 British National Corpus(BNC)와 80년대부터 지속적으로 그 규모를 확장해온 Cobuild의 Bank of English가 1990년대 초에 억대 규모의 코퍼스를 갖게 되었다.[8] 두 코퍼스가 세부 구성과 규모의 지속적인 확장이라는 점에서는 다른 개념을 가지고 있지만 두 코퍼스 모두 언어를 연구하고 분석하는데 지장이 없는 대규모의 코퍼스라는 데에는 이견이 없다.[9]

---

6) Cobuild는 Collins Birmingham University International Language Database의 약자이다.
7) 이 코퍼스의 설계 및 구축에 대한 자세한 내용은 Sinclair(1987)에 자세하게 소개되어 있다.
8) 2004년에는 BNC를 모델로 1억 단어 규모의 American National Corpus(ANC)가 구축되었는데 이 코퍼스도 규모면에서는 3세대 코퍼스로 분류하는 것이 타당하겠다.
9) BNC는 1억 단어로 코퍼스의 규모가 고정되어 있는 반면, The Bank of English는 90년대 초 2억 단어에서 2004년 현재 5억 단어 이상으로 계속 확대되고 있다.

And perhaps the title 'third generation' may be given to those corpora, measured in hundreds of millions of words, ... exploiting the technologies of computer text processing (in publishing and in word-processing, for example)... Machine-readable text collections have grown from one million to almost a thousand million words in thirty years, so it would not be impossible to imagine a commensurate thousand-fold increase to one million million word corpora before 2021.

코퍼스의 규모는 60년대의 100만 단어에서 90년대에는 1억 단어로 30년 동안 천 배 이상 커졌다. 90년대 이후에는 전자 통신 매체가 급속히 발달하여 코퍼스를 구성하기 위한 전산 텍스트를 수집하는 일은 키보드에 직접 입력하거나 스캐닝을 하던 이전 시기에 비하면 아주 수월해졌다. 그래서 다른 분야의 언어학자는 물론 초기 코퍼스 언어학자들도 상상할 수 없었던 규모의 코퍼스 구축이 이루어졌고, 또 향후 20년 내에 또 다른 엄청난 규모의 코퍼스 구축이 가능하리라고 코퍼스 언어학자들은 전망한다. 그리고 최근 20여년 동안에 다양한 종류와 대규모의 코퍼스 구축이 이루어졌지만 미래의 코퍼스 구축은 보다 더 전문화, 특수화되어 갈 것으로 전망된다.

3. 코퍼스를 활용한 연구

코퍼스는 앞에서 언급하였듯이 언어 연구를 위한 방법론이기 때문에 언어 연구의 거의 모든 분야에 응용 및 활용이 가능하다고 해도 과언이 아니다. 최근에는 이론언어학에서도 연구를 위한 언어 자료를 코퍼스에서 찾으려는 경향도 있다. McEnery & Wilson(1996)은 언어 연구에서 코퍼스를 이용할 수 있는 분야를 음성, 어휘, 문법, 의미, 화용, 문체, 방언,

문화, 언어교육, 역사언어학, 사회언어학, 심리언어학 등으로 나누어 코퍼스가 각 분야에 어떻게 활용될 수 있으며, 그 동안 어떤 연구가 있었는지를 소개한다.

유럽의 코퍼스 언어학이 언어 공학과 같은 전산 언어학적 연구는 물론 언어 교육, 사전학 등과 같은 기술 언어학적인 방향으로 더 발달해 갔다고 한다면, 미국의 코퍼스 언어학은 전산 언어학적인 연구 방향으로 더 발달해 왔다. 미국과 유럽에는 다양한 코퍼스 언어학 관련 연구 센터와 학회가 있어 각종 코퍼스 관련 분야에서 선구적인 역할을 하고 있다. 구미의 코퍼스 관련 연구 동향은 강범모(2003)에 자세히 소개되어 있으며 본고 부록 1에 간략하게 정리되어 있다.

이 글에서는 코퍼스를 활용하여 연구할 수 있는 많은 분야 중 특히 어휘, 문법, 사전, 영어 교육을 예로 들어 간략하게 소개하려고 한다.

3.1 어휘

3.1.1 빈도와 기초 어휘

컴퓨터 코퍼스에서 추출한 어휘의 빈도수는 다양한 목적으로 쓰인다. 빈도수를 통하여 기본적으로 어휘 사용 실태 조사, 교육용 기본 및 중요 어휘 선정, 교과과정 개발, 사전 표제어 선정 등을 연구할 수 있다. 물론 여기에는 이런 연구 목적에 맞는 충실한 코퍼스의 사용이 전제가 되어야 한다.

영어 교육자들은 영어에서 가장 빈번하게 사용되기 때문에 기본적으로 습득해야할 기초 어휘의 중요성을 인식했다. Michael West는 1930년대부터 인도에서 영어 교육에 종사하면서 기초 영어 교육에 필요한 '최소 적절 어휘(minimum adequate vocabulary)'와 영어 어휘의 사전적 정의에 필요한 '한정 정의 어휘(a limited defining vocabulary)'에 관한 연구를 했다. 이 결과가 1953년에 사전과 비슷한 형태인 '영어 단어 일반 도움 목록(A General Service List of English Words: GSL)'으로 출판되었다. 이 목록은 코퍼스에서 선정된 2,284단어로 구성되어 있으며 영어학습자에게 가장 일반적으로 도움이 될 수 있는 단어로 선별되었다. 이 기초 어휘가 차지하는 비중이 아주 높기 때문에 언어교육 교과과정, 언어 교육용 교재, 사전 편찬 등에 매우 중요하게 사용되는 이유이기도 하다.

1960-70년대에 컴퓨터 코퍼스가 만들어진 이후의 영어의 기초 어휘 연구는 주로 컴퓨터 코퍼스 자료의 분석에 근거한 빈도를 기준으로 삼았다. Kucera & Francis(1967)는 Computational Analysis of Present-Day American English에서, Johansson & Hofland(1989)는 Frequency Analysis of English Vocabulary and Grammar: Based on the LOB Corpus에서 각각 Brown 코퍼스와 LOB 코퍼스의 빈도를 토대로 (현재와 비교하면 아주 작은 규모의 코퍼스이지만) 당시로는 획기적인 통계적 영어 어휘 분석을 제시하였다. 이보다 훨씬 더 대규모 코퍼스인 BNC 단어 빈도수 목록(BNC word frequency list)도 웹사이트에 제공되어 있어 누구나 이용할 수 있다.10)

어휘의 빈도수와 기초 어휘를 연관지어 중요하게 생각하고 영어 교육, 교재 편찬, 사전 등에 활용하는 이유는 다음과 같다. 일반적으로 영어 텍스트 전체의 80퍼센트 이상이 3,000단어 정도의 기초 어휘로 쓰여져 있다고 한다. Cobuild 코퍼스 분석에 의하면 가장 빈도가 높은 700단어가 모든 영어 텍스트의 70퍼센트, 1,500단어가 76퍼센트, 2,500단어가 80퍼센트를 구성한다고 한다. 각각의 연구가 약간의 수치는 다르지만 기초 어휘 3,000단어 정도가 영어 텍스트의 80퍼센트 이상의 비율을 차지하고 있음을 알 수 있다. 그래서 코퍼스에서 추출한 빈도수가 높은 상위 기초 어휘의 교육적 가치가 매우 높다.

---

10) BNC 단어 빈도수에 관한 정보는 아래 웹사이트를 참조 바람.
http://www.itri.brighton.ac.uk/~Adam.Kilgarriff/bnc-readme.html
http://www.comp.lancs.ac.uk/ucrel/bncfreq

빈도가 최상위에 속하는 어휘는 서로 다른 코퍼스를 분석하더라도 큰 차이가 없는 것으로 밝혀지고 있다. 여러 종류 코퍼스의 통계적 분석에 근거한 기초 또는 핵심 어휘를 가리켜 '통계적으로 일치하는 표제어군(a cluster of statistically co-occurring headwords across varieties)'으로 정의할 수 있다. 이렇게 코퍼스를 분석한 통계 자료는 가장 빈도가 높은 기초 어휘가 일반적으로 접할 수 있는 영어 텍스트의 대부분을 점유하고 있기 때문에 기초 어휘 목록이 언어 연구 및 교육에서 갖는 비중은 매우 크다고 본다.

3.1.2 어휘 형성

1960년대 이후 영어 어휘 형성과 관련된 연구의 집대성은 Marchand(1969)에서 찾을 수 있다. 어휘 형성의 유형을 세분하여 실제 사용된 언어 자료를 바탕으로 생산성의 개념을 도입하여 방대한 자료를 분석하여 정리하였다. Bauer(1983)는 보다 형태론적인(morphological) 입장에서 영어의 어휘 생성과 관련된 언어학적인 소개와 함께 1960~70년대에 상당한 생산성을 보여준 부정접두사 non-의 유형과 예를 정밀하게 분석하고 있다. 위의 두 연구는 비교적 자료를 중심으로 이를 기술하는 성격이 강하다고 볼 수 있으나, 20세기 후반기의 영어 어휘 형성과 관련된 연구는 주로 생성문법적인 관점에서 설명하려는 경향이 많았다.

영어의 부정 접두사와 관련된 연구 중 Horn(1989)은 in-, non-, un-의 의미 차이를 아래의 단어를 예로 들어 'The derived forms become gradually more descriptive and contradictory as we move from left to right.'라고 설명한다.

inhuman	unhuman	nonhuman
immoral	unmoral	nonmoral
impious	unpious	nonpious
irreligious	unreligious	nonreligious

Horn의 설명은 다분히 생성문법적인 입장에서 어형 생성과 의미 도출을 설명하기 위하여 가장 간단한 형태·의미론적 규칙을 찾기 위한 노력으로 볼 수 있으나, 코퍼스 언어학의 관점에서는 실제 언어 사용과는 거리가 있는 설명이다. 위에 제시한 단어가 실제 어떻게 사용되었는지를 확인하기 위해 The Bank of English와 BNC에서 빈도수를 조사해본 결과는 아래 표 1과 같다.

<표 1> The Bank of English와 British National Corpus에 나타난 빈도수

	The Bank of English (354m)			British National Corpus (100m)		
	in-	non-	un-	in-	non-	un-
human	354	127	8	120	94	2
moral	598	1	0	183	1	1
pious	23	0	0	12	0	0
religious	32	68	1	21	20	1

코퍼스의 관점에서 보면 표 1에 있는 단어 중 각 코퍼스에서 빈도수가 0 또는 1인 단어로 nonmoral, unmoral, nonpious, unpious, unreligious가 있다. 이 두 코퍼스에서 빈도수가 0이기 때문에 실제로 쓰지 않는 단어라고 단정할 수는 없지만, 현대 영어 자료로서 규모가 가장 큰 두 코퍼스의 빈도수는 통계적인 의미가 있다고 볼 수 있다. 빈도수가 1로 나온 단어도 어떤 상황에서 어떤 의미로 쓰였는지는 그 단어가 쓰인 문장을 코퍼스에서 찾아 쉽게 확인해 볼 수 있다. 코퍼스를 통해 일단 용례를 확인하고 주어진 자료를 바탕으로 설명을 해 나가는 것이 코퍼스 언어학이다. 그래서 위와 같은 단어들은 빈도수가 거의 없기 때문에 실제 사용되지 않은 단어의 의미를 논하는 것은 코퍼스 언어학적으로 의미를 찾기 어렵다. 코퍼스에서 빈도수가 많은 단어들도 접두사의 종류에 따라 그 단어의 의미가 Horn이 설명한대로 달라지는지에 대해서도 코퍼스에서 해당 단어의 어구색인(concordance)을 검색하여 조사할 수 있다.[11] 위에 제시

한 간단한 예만 보더라고 생성문법적인 접근 방법과 코퍼스 언어학적인 접근 방법에는 옳고 그름을 떠나서 상당한 거리가 있음을 확인할 수 있다.

위에서 살펴본 바와 같이 어휘 형성에 관한 논의에서 코퍼스를 사용하지 않은 연구 방식에는 자료의 한계라는 필연적인 제약이 따르거나 언어에 대한 추상적 접근이라는 문제를 안고 있다. 물론 코퍼스를 이용한 연구가 기존 연구 방식의 문제점을 모두 극복해내는 만병통치약이 될 수는 없지만 자료에 충실한 보다 객관적 분석 결과를 보여줄 것임에는 틀림없다.

3.2 문법

문법은 언어를 보다 체계적으로 배울 수 있도록 정리해 놓은 언어의 규칙인데 코퍼스의 등장으로 전통적인 문법 기술과 연구 방식보다 한 차원 높은 새로운 문법 기술과 연구가 가능해졌다. 문법은 크게 구분하면 기술 문법(descriptive grammar)과 규범 문법(prescriptive grammar)으로 나누어 볼 수 있으며, 코퍼스를 기반으로 하는 문법은 주로 기술 문법이라고 할 수 있다. 그러나 기술 문법을 근간으로 하면서 필요한 경우에는 교육 목적을 위한 규범 문법의 기술에 도움을 줄 수도 있다.

기술 문법의 입장에서 보면 언어 규칙은 고정되어 있는 것이 아니라 계속 변하여 왔고, 현재 이 순간에도 조금씩 변하고 있기 때문에 영문법 학자들 사이에도 일부 언어 현상에 대해서는 의견이 다른 부분이 있다. 이렇게 변하고 있는 문법 내용을 코퍼스를 활용하여 객관적으로 파악할 수 있음을 영어 단어 data의 단·복수성과 등위 명사구의 재귀대명사를 예로 들어 보여주고자 한다.

---

11) 이에 대한 자세한 분석은 권혁승(1997b) 참조.

3.2.1 Data는 단수인가 복수인가?

영어의 명사 'data'는 라틴어에서 온 단어로 단수형은 'datum'이고 복수형은 'data'라고 학교 문법에서 가르치며 대부분의 영어 학습자들은 그렇게 알고 있다.12) 그래서 'data'가 단수형인지 복수형인지 묻는 것은 아주 어리석은 질문으로 보일 수도 있으나, 자세히 코퍼스를 분석해 관찰해보면 단어의 단·복수성도 고정되어 있지 않다는 놀라운 사실을 알 수 있다. 이런 종류의 문법과 관련된 의문이 있으면 대개 문법책, 사전, 원어민 등을 통해서 궁금증을 풀 수 있으나 그 대답은 주관적이거나 명확하지 않기가 십상이다.

먼저 'data'가 각각 단수와 복수로 취급되어 쓰인 예문을 BNC에서 몇 개만 살펴보기로 하자.

1. In this chapter, data **is** presented from four of the questions,
2. Data **is** written to a floppy disk by a double set of heads that...
3. **This** data will be analysed for any patterns or trends of activity.
4. **These** data provide a plausible explanation for the French paradox.
5. To our knowledge, **these** data are the first evidence for a specific interaction...
6. Instead, data **are** provided directly and more timely to obviate this need.

위의 예문에서 볼 수 있듯이 'data'는 뚜렷한 이유 없이 1, 2, 3번의 예문과 같이 단수로 쓰일 때도 있고, 4, 5, 6번의 예문과 같이 복수로 쓰일 때도 있다. BNC가 방대한 텍스트 자료를 담고 있는 대규모 코퍼스이지만, 위와 같이 검색된 예문만을 가지고는 'data'가 단수와 복수로 쓰인 이유를 찾기가 상당히 어려울 수도 있을 수 있다. 그래서 경우에 따라서는 대규모 코퍼스만이 모든 해답을 줄 수 있는 것은 아니라고 말할 수 있다.

---

12) 이와 유사한 유형의 단어에는 *agenda, aquaria, criteria, curricula, media, memoranda, millenia, phenomena, spectra, strata* 등이 있다.

Jones는 'data'가 각각 단수와 복수로 취급되는 문제에 대해 아래 표 2와 같이 서로 다른 종류의 텍스트 분석을 통해서 그 해답을 찾고 있다.[13]

<표 2> Nature, New Scientist, The Guardian에 나타난 'data'의 단·복수성
(Source: Jones, Kibbitzer 6)

publication	total number of occurrences	plural	singular
Nature	187	175 (93.6%)	12 (6.4%)
New Scientist	123	84 (69.9%)	39 (30.1%)
The Guardian	81	32 (39.5%)	49 (60.5%)

Jones는 과학 잡지(Nature, New Scientist)와 일간지(The Guardian)에 쓰인 'data'를 찾아 각 자료에서 'data'가 단수와 복수로 쓰인 경우의 빈도수를 조사했다. Nature에서는 'data'의 총 빈도수가 187이며, 복수로 쓰인 경우가 175(93.6%)이고 단수로 쓰인 경우가 12(6.4%)이다. New Scientist에서는 'data'의 총 빈도수가 123이며, 복수로 쓰인 경우가 84(69.9%)이고 단수로 쓰인 경우가 39(30.1%)이다. The Guardian에는 복수로 쓰인 경우가 32(39.5%)이고 단수로 쓰인 경우가 49(60.5%)이다.

Jones는 이런 자료의 빈도수를 비교 분석한 결과 두 종류의 과학 잡지에서는 'data'가 복수로 많이 쓰인 반면에, 신문에서는 단수로 쓰이는 경향이 조금 더 강함을 파악하였다. 그리고 이런 분석의 결과를 교육에도 응용하여 'data'가 과학 분야에서 관찰 실험을 위한 연구 자료인 경우에는 복수로 쓰고, 일반적인 정보나 자료를 뜻하는 경우에는 단수로 쓰도록 가르칠 수 있다고 한다.

위에서 살펴본 바와 같이 코퍼스를 이용하면 영어 단어 'data'가 문법적으로 어떤 변화를 겪고 있는지에 대한 통계적 정보를 구할 수 있다. 각주 12에 제시한 바와 같이 이와 유사한 형태의 단어들이 있는데, 그 중

---

[13] Jones의 상세한 분석은 http://web.bham.ac.uk/johnstf를 참조 바람.

이미 단수로만 쓰이는 단어로는 'agenda'가 있으며, 'criteria'와 같은 경우는 단수로 쓰이는 예가 나타나기 시작한다. 즉, 'criteria'는 BNC에 총 3,935번 나오는데, 그 중 23번은 단수로 쓰여서 비록 그 비율이 0.6퍼센트로 매우 낮지만 단수화의 길을 걷기 시작하고 있는 것으로 보인다.14) 이와 같이 어떤 문법 현상이 시작되는 초기 단계가 될 수도 있고 대부분의 원어민조차도 지식과 사유만으로는 인식하기 어려운 미세한 사항을 코퍼스 분석을 통해 찾아낼 수 있다.

3.2.2 등위 명사구의 재귀대명사

둘 또는 그 이상의 명사구로 구성되어 있는 등위 명사구는 문장에서 주어, 목적어, 또는 보어 역할을 한다. 등위 명사구에는 여러 가지 유형이 있는데 여기서는 특히 고유 명사, 인칭 대명사, 재귀 대명사가 결합하여 등위 명사구를 이루는 경우를 살펴보기로 하자. 먼저 아래와 같은 대화에서 빈칸에 가장 적절한 1인칭 대명사의 형태가 무엇인지 생각해보자.

A: What are you going to do tonight?
B: Tommy and _____ are going to the movies.
    (a) I   (b) mine   (c) me   (d) myself

원칙적으로 대명사의 격은 그 대명사가 문장에서 주어의 기능을 하면 주격, 목적어의 기능을 하면 목적격으로 쓴다. 그러나 등위 명사구의 경우에는 이 명사구가 주어의 기능을 할지라도 대화체에서 주로 목적격을 쓰는 경향이 있다. 그래서 위 문제의 정답은 문법적으로는 주격 'I'가 정답이나 실제 영어 사용을 고려하면 'me'가 정답이 될 수 있다. 여기서 또 다른 문제는 등위 명사구에서 목적격뿐만 아니라 재귀대명사도 쓰일 수 있다는 사실이다. 규범 문법적 관점에서는 'I'가 정답일 수 있겠지만, 기

---

14) 자세한 내용은 Kwon(2004)를 참조 바람.

술 문법의 입장에서 보면 위 대화의 빈칸에는 'I', 'me', 'myself'가 모두 가능하다. 아래 BNC에서 추출한 예문을 보자.

1. You and **I** have something in common you know.
2. Nicole and **I** are getting married.
3. Tony and **me** have come down here again.
4. Why don't you and **me** go some place?
5. Rose and **myself** are away for the day.
6. Not only was there Mikey and **myself** but in the year above me was Gary Fraser.

등위 명사구의 두 번째 명사가 1, 2번 예문은 주격 대명사, 3, 4번 예문은 목적격 대명사, 5, 6번 예문은 재귀 대명사가 쓰인 예이다. 물론 코퍼스에 나타난 각 대명사가 쓰인 빈도가 다르고, 그 상대적 빈도에 따른 대명사 선호도 순서를 매길 수도 있다. 여기서 재귀 대명사의 상대적 빈도가 가장 낮으나 무시할 정도는 아닌 것 같다.15)

등위 명사구의 서로 다른 종류의 명사, 서로 다른 인칭의 명사의 결합 관계에는 다양한 유형이 있는데, Biber *et al.*(1999)은 각 유형의 빈도수와 함께 자세한 코퍼스 분석 자료를 제시한다.16) 코퍼스가 존재하지 않았던 20세기 초반에도 Jespersen은 문헌 자료를 근거로 영문법을 기술하였으며, 근래에도 코퍼스 자료를 분석하여 영문법을 기술하려는 시도가 1980년대부터 있었다. 코퍼스를 일부 활용하여 기술한 영문법인 Quirk *et al.*(1985)에는 문법학자의 주관이 개입된 반면, Biber *et al.*(1999)은 철저히 코퍼스에 기반을 둔 기술 문법적 입장에서 영문법을 각 주제별로 코퍼스 자료와 함께 제시하는 차이가 있다.

---

15) 더 상세한 분석은 Kwon(2004)를 참조 바람.
16) Greenbaum and Quirk(1990: 274)에 따르면, 흔히 인칭 대명사끼리 결합하여 등위 명사구를 구성할 때에는 일반적으로 2인칭, 3인칭, 1인칭의 순서로 나열하는 것이 공손하다고 한다.

3.3 연어

20세기 초에 영어학자들은 영어의 구조에서 연어 관계(collocation)의 중요성에 대한 인식을 하고 있는데, 이후 Firth(1957)는 'You shall know a word by the company it keeps!'라고 말하며 단어의 연어 관계가 언어의 본질을 규명하고 구조를 파악하는데 가장 중요한 요소의 하나임을 강조하였다.17) Sinclair(1991)는 이런 연어에 대한 인식을 실제 어휘 연구에서 코퍼스와 접목시켜 연어의 정의와 연어 관계 연구 방법을 제시하고 있다.

연어에 대한 개념과 범위는 넓은 의미에서 인접어와 공기어를 모두 포함하여 '반복되어 쓰이는 어휘적 연쇄'라고 볼 수 있다. '연어'는 기존의 '숙어' 또는 '관용어'라는 개념과 상충할 수 있으나 '어휘적 연쇄'라는 의미에서 '숙어'도 포함할 수 있다. Sinclair(1992: 170)는 'collocation'을 다음과 같이 정의한다.

> Collocation is the occurrence of two or more words within a short space of each other in a text. The usual measure of proximity is a maximum of four words intervening.

Sinclair의 정의에는 두 가지 내용이 복합적으로 담겨있다. 연어 관계를 '텍스트의 서로 좁은 공간 내에서 둘 또는 그 이상의 단어가 공기하는 것'으로 정의함으로써 잘 어울려 쓰이는 단어들의 연쇄라는 개념을 강조하고, 앞서 언급한 연어 관계에서의 '좁은 공간'에는 연어 관계를 이룰 수 있는 단어 사이에 최대 네 개의 단어가 올 수 있다고 정의함으로써 연어 관계에 있는 단어들이 반드시 서로 매우 인접한 연쇄일 필요가 없

---

17) 흔히 '연어'로 번역되는 'collocation'은 정확히 말하면 '연어 관계'이며, '연어'는 'collocate'이다.

음을 분명히 한다.

　Lewis(2000)는 영어 교육학자 7명의 글을 모아 영어 교육에서 연어 교육의 중요성, 연어 교육을 위한 자료, 연어 교육 방법, 연어와 숙어의 관계, 어휘 평가에서의 연어 등 연어와 관련된 다양한 영어 교육 주제를 다루고 있다. 연어는 최근 영어 교육에서 중요한 화두로 떠오를 정도로 영어 교육자들이 많은 관심을 가지고 있다. 현재 영어 교육 현장에서는 연어 교육의 중요성을 인식하고 교육을 강조하고 있는 시점이지만, 연어 연구에서는 이미 연어 관계보다 한 단계 더 나아가 'colligation', 즉 언어에서 '문법적 연어 관계'의 유형에 대한 연구도 하고 있다.18)

　1987년에 출간된 Cobuild English Dictionary에서는 모든 표제어의 정의를 그 단어가 가장 많이 쓰이는 구문으로 된 문장으로 제시하여, 학습자가 자연스럽게 표제어의 연어 관계를 파악할 수 있도록 새로운 표제어 정의 체제를 선보였다. 이런 정보는 코퍼스를 사용하지 않고서는 얻을 수 없다. 최근 Macmillan English Dictionary(2002)와 같은 영어 학습자 사전에서도 영어 학습에서 연어에 대한 중요성을 더욱 크게 인식하면서 표제어 항목에 별도의 난을 만들어 특정 어휘에 대한 연어 관계 정보를 상당히 많이 담고 있다.

　연어 관계에 있는 단어들은 'throw in the towel'처럼 서로 상당히 밀착된 관계로 구성되어 있을 수도 있고, 'old car'처럼 그렇지 않을 수도 있다. 영어에서 연어 관계에는 무수히 많은 다양한 유형이 존재할 수 있으며, 다음과 같은 기본적인 유형이 있다.19)

---

18) Lewis(2000)는 'collocation'과 'colligation'을 다음과 같이 구분하여 설명한다. Collocation is the way one word co-occurs with another word, colligation is the way one word regularly co-occurs with a particular (grammar) pattern, so, for example some verbs typically occur with a particular tense, or a noun might typically appear preceded by a personal pronoun, rather than an article (*pass **my/your** driving test, It's **my/your/our** responsibility to...,* but *I'll take **the** responsibility for...*).

19) 연어에 관한 구체적인 분석의 사례는 권혁승(2000, 2003a)을 참조 바람.

adjective+noun:	sheer number/luck
noun+noun:	a pocket calculator
noun+verb:	the fog closed in / disillusion set in
verb+adverb:	examine thoroughly / live dangerously
adverb+verb:	half understand
adverb+adjective:	terribly good/nice/sorry/wrong thoroughly deserved/ enjoyable/good/modern/professional
verb+noun:	take office / start work / use expertise
verb+adjective+noun:	revise the original plan / live a simple life
verb+preposition+noun:	speak through an interpreter

3.4 학습자 사전

넓은 의미에서 코퍼스를 이용한 가장 오래된 사전은 앞서 2장에서 언급했듯이 1755년에 출간한 Johnson의 사전이고, 가장 방대한 사전은 1928년 초판 발간 이후 현재 3판 개정 작업이 진행 중인 Oxford English Dictionary라고 할 수 있겠다. Leech(1997)와 Cowie(1999)에 따르면, 현대적 의미의 코퍼스인 컴퓨터 코퍼스를 전적으로 활용하여 구성과 내용이 기존 사전들과는 아주 다른 사전은 Sinclair가 편집장으로 있으면서 Cobuild에서 1987년에 출간한 Collins Cobuild English Language Dictionary (CCELD)라고 한다. 그 이후부터는 Cobuild의 사전보다 역사가 오래된 다른 영어 학습자 사전인 Oxford Advanced Learners Dictionary(OALD)와 Longman Dictionary of Contemporary English(LDOCE)도 각각 4판(1989)과 3판(1995)부터 코퍼스를 사전 편찬에 활용하기 시작했다. 그러나 처음부터 모든 내용을 코퍼스에 기반을 두고 만든 Cobuild 사전과 OALD, LDOCE 학습자 사전 사이에는 사전 편찬에 코퍼스를 활용한 범위와 방법에 있어서 큰 차이가 있다. Cobuild가 표제어 선정, 단어의 의미 정의, 예문 제시, 의미 항목 나열 순서, 문법 사항 등 사전 편찬의 전과정에서 코퍼스 자료를 충실하게 따르면서 철저하게 자료 중심의 객관적인 방법을 취한 반면, 기존의 사전들은 기존 체제에 코퍼스 자료를 부분적으로만 활용한 점에서 다르다.

1980년대부터 시작된 컴퓨터 코퍼스의 사전 편찬에의 활용은 특히 영어 학습자 사전의 편찬에 필수불가결한 요소가 되었다. Sinclair(1987)는 CCELD를 편찬하기 위한 코퍼스의 설계에서부터 편집 체계, 편집 과정, 의미 분석 등 사전 편찬에 참여한 각 분야의 전문가들의 글로 구성되어 있으며 컴퓨터 코퍼스를 이용한 사전 편찬 연구의 초석이 된다.

영어 학습자 사전은 1960년대 이후 제 1, 제 2, 제 3세대로 발전해 오면서 컴퓨터 코퍼스를 활용하여 상당히 혁신적인 발전이 이루어졌으며, 현재에도 사전마다 표제어 선정부터 예문 추출에 이르기까지 코퍼스의 역할이 점점 더 커지고 있다. 영어 학습자 사전의 발달과 혁신에 대해 권혁승(2003a)는 표제어 항목 'sheer'를 예로 들어 각 학습자 사전의 품사 분류, 동사/형용사 유형 제시, 의미갈래 분류, 유사어 제시, 예문 제시, 문법 정보, 뜻풀이, 구문 정보, 연어 정보 등에 대한 상세한 분석을 제시한다.

사전 편찬에 코퍼스를 이용하는 방법 중 연어 정보 추출, 의미 갈래 분류와 관련지어 연어 단어 'sheer'를 예로 들어보자. 사전 편찬자는 'sheer'의 연어 정보를 얻기 위한 첫 단계로 연어 관계 유형을 보여주는 프로그램을 이용한다. 출판사에서는 보다 강력한 프로그램을 사용하지만, 개인용 컴퓨터에서도 간단한 분석이 가능한 프로그램이 있다. 부록 2는 개인용 컴퓨터에서 Wordsmith라는 프로그램을 사용하여 BNC를 검색한 결과의 일부로서 'sheer'의 앞과 뒤 각각 5단어 위치 내에서 빈도수 18번 이상의 연어 관계 유형이다.[20] 여기서 특히 주목할 내용은 'sheer' 바로 뒤에 나오는 명사의 종류인데 크게 세 가지로 분류할 수 있다. 먼저 size,

---

[20] 이런 종류의 연어 관계 유형 표의 통계 수치를 읽는 방법에 대해서는 권혁승(1999)를 참조 바람.

weight, volume, number(s), scale, quantity, force 등을 수식하여 양, 수, 무게, 크기 등의 의미를 강조하는 경우, pleasure, luck, beauty, delight, joy, hell, terror, determination 등을 수식하여 감정, 상태 등의 의미를 강조하는 경우, rock, cliff(s)를 수식하여 물리적으로 '가파르다'는 의미를 갖는 경우로 크게 나누어볼 수 있다. 코퍼스의 자료를 충분히 분석하고 반영한 사전과 그렇지 않은 사전을 구별하려면 사전의 표제어 'sheer' 항목을 찾아 사전이 위의 내용과 일치하는 정보를 담고 있는지 그렇지 않은지를 비교해 보면 쉽게 알 수 있다.

3.5 영어 교육

코퍼스를 영어교육에 응용할 수 있다는 생각은 이미 50년대부터 있었고, Sinclair(1966)는 60년대에 어휘 교육과 관련된 연구를 시작했지만, 이런 연구가 활발하게 이루어지기 시작한 것은 컴퓨터의 사용이 보편화되기 시작한 1980년대 후반부터라고 볼 수 있다. Tim Johns는 버밍엄 대학에서 1980년대 말부터 코퍼스를 영어교육 현장에서 가장 철저하게 활용하고 코퍼스와 영어교육을 접목시켰다. 특히 그는 문법과 어휘 교육에 코퍼스에서 추출한 어구색인(concordance)을 현장 수업에 활용하면서 data-driven learning이라는 학습방법을 개척하고 실행하였다. 그리고 코퍼스를 영어 교육에 활용하려는 연구가 국제적으로 활성화된 것은 1994년 제1회 TALC(Teaching and Language Corpora)라는 국제 학술대회가 시작되면서부터였다.[21] 최근에는 코퍼스 연구를 전문으로 하는 학회뿐만 아니라 각종 국제 응용 언어학회, 영어 교육학회에서도 코퍼스를 활용한 언어 교육 관련 연구 논문이 많이 발표되고 있다.

코퍼스를 이용한 영어 연구 결과가 나오면서 기존 영어 교육에서 쓰이

---

21) TALC에 관한 정보는 아래 웹사이트를 참조 바람.
 http://www.comp.lancs.ac.uk/computing/research/ucrel/talc

고 있는 자료와 내용이 모국어 화자의 실제 언어 사용과는 괴리가 있음이 밝혀졌다. 전통적으로 학교에서 가르치던 어휘나 문법 내용은 주로 올바른 언어사용을 가르치기 위한 규범문법(prescriptive grammar)적인 입장을 중시하였던 반면에, 앞 절에서 언급되었듯이 코퍼스를 활용한 연구가 시작되면서부터 실제 사용되는 언어를 관찰하고 분석하여 언어현상을 객관적으로 통계 자료와 함께 보여주는 기술문법(descriptive grammar)을 구현할 수 있게 되었다.

영어 교육과 관련하여 최근 코퍼스의 역할이 더욱 커지고 있는 분야는 영어 학습자 코퍼스의 구축과 이를 활용한 오류 분석이라고 할 수 있다. 원어민의 말과 글을 모아 구축한 코퍼스의 기능과 눈부신 연구 성과에 힘입어, 최근에는 영어를 모국어로 하지 않는 세계 각국의 영어 학습자들의 말과 글을 모아 컴퓨터 코퍼스를 구축하고 있다. 이런 코퍼스를 사용하여 서로 다른 언어를 모국어로 하는 영어 학습자들이 영어를 학습하면서 범하는 오류를 학습자의 수준별로 분석하고, 오류의 유형을 찾아내서 이 결과를 교과과정 개발과 교수 내용 및 방법에 적용할 수 있다. 대표적인 영어 학습자 코퍼스로는 International Corpus of Learner English (ICLE), Cambridge Learner Corpus(CLC), Longman Learners' Corpus(LLC) 등이 있다.22)

영어 학습자에 나타나는 오류에 대한 관심은 1960년대부터 시작되었으나 실제 코퍼스를 이용한 연구는 1990년대에 컴퓨터 코퍼스의 이용이 가능해지면서 활발해졌다. Larsen-Freeman & Long(1991), de Haan(1998), Chen(1998), James(1998), Granger(1998), Granger(2002) 등은 제 2언어 습득에서 학습자 코퍼스의 연구, 오류 분석, 영어 교육을 연구하고 있다.23) 특히 Granger는 최근 10여 년 동안 ICLE의 구축을 주도하면서 학

---

22) 각 코퍼스에 관한 자세한 내용은 아래 웹사이트를 참조 바람.
    ICLE (http://www.fltr.ucl.ac.be/FLTR/GERM/ETAN/CECL/cecl.html)
    CLC (http://uk.cambridge.org/elt/corpus/clc.htm)
    LLC (http://www.longman-elt.com/dictionaries/corpus/lclearn.html)

습자 코퍼스 구축과 학습자 코퍼스를 이용한 연구 분야에서 가장 활동적인 학자에 속한다. ICLE는 현재 전 세계 19개국에서 각 언어를 모국어로 하는 영어학습자 코퍼스를 구축하였다.24) ICLE는 몇 가지 특정한 주제를 미리 정한 다음 각 언어권의 상급 대학생들이 작문한 것을 모은 200,000단어 규모의 학습자 코퍼스로서 규모가 크지 않고 특정한 주제의 작문만을 모은 코퍼스이기 때문에 균형 코퍼스라고는 할 수 없지만 각 언어권 학습자들의 오류 형태를 비교 분석할 수 있는 장점이 있다. 최근 국내에서도 상당한 규모의 한국인 영어 학습자 코퍼스 구축 프로젝트가 진행되고 있으며 2005년 하반기부터는 연구에 사용할 수 있을 것으로 전망된다.

4. 코퍼스 분석을 위한 도구

코퍼스를 분석하기 위해 필요한 기본적인 기능은 빈도수(frequency), 어구 색인(concordancing), 연어 관계 표시(collocate display), 통계(statistics) 등을 들 수 있다. 이 중 일반적으로 가장 널리 활용되는 기능은 단어의 어구 색인을 만들어서 컴퓨터 화면에 나타내는 것인데 이런 프로그램을 concordancer라고 한다. 일반적으로 많이 쓰이는 concordancer로는 LEXA, MonoConc, Wordsmith 등이 있는데, concordancer로서의 기능뿐만 아니라 코퍼스를 분석하기 위한 다른 기능을 포함하고 있다.25) 가장 대중화

---

23) 최근 국내에서는 한국어 학습자 코퍼스를 이용한 오류 분석 연구도 매우 활발하다. 고석주 외 5인(2005) 참조.
24) 아시아 언어권에서는 중국과 일본 학습자 코퍼스가 들어 있으나, 현재 체계적으로 구축된 한국인 영어 학습자 코퍼스는 없다.
25) 각 프로그램에 관한 자세한 내용은 아래 웹사이트를 참조 바람.
  Monoconc (http://www.monoconc.com)
  LEXA (http://helmer.aksis.uib.no/lexainf.html)
  Wordsmith (http://www.liv.ac.uk/~ms2928)

된 프로그램으로는 90년대 초에 개발된 Wordsmith인데, 계속 성능이 향상되어 개인용 컴퓨터에서 쉽게 사용할 수 있고 다양한 기능을 가지고 있다. Wordsmith에는 Concord, Wordlist, Keywords라는 3개의 핵심 프로그램과 코퍼스 파일을 처리하는 부수 프로그램이 들어있다. 코퍼스를 분석하는 3개의 주요 프로그램에는 연어 관계(collocation), 산포도(dispersion), 단어 연속체(cluster), 타입/토큰 비율(type/token ratio), 문장의 평균 길이(average length of sentences) 등과 같은 각종 통계를 산출하는 기능이 들어있어 언어 현상의 계량적 분석에 매우 유용하다.

코퍼스를 구축한 다음 단계로 많은 코퍼스가 전산 처리를 위해서 적절한 문법 표지를 부착하는(tagging) 가공 작업을 거친다. 코퍼스의 텍스트에 문법 표지를 부착하는 일은 엄청난 비용과 시간이 드는 작업임에도 불구하고 다른 전산 처리를 용이하게 하는 장점이 있다.[26] 그러나 문법 범주가 부착된 코퍼스를 사용하는 것은 문법 범주를 통해서 언어를 관찰하기 때문에 언어 자체를 있는 그대로 볼 수 없어 순수한 텍스트로만 구성된 코퍼스를 통해 관찰할 수 있는 언어 현상을 놓칠 수 있는 위험이 따른다고도 한다. 그래서 Sinclair(2004)는 문법 표시가 부착된 코퍼스를 이용한 코퍼스 연구를 'corpus-based linguistics', 순수한 텍스트로만 구성된 코퍼스를 이용한 코퍼스 연구를 'corpus-driven linguistics'라고 부르며 두 연구 방법에는 뚜렷한 차이가 있음을 강조한다.

---

26) 과거에는 수작업으로 문법 표지를 부착하였으나 90년대 이후부터 문법 범주 부착기(tagger)가 많이 개발되었으며 자연 언어를 완벽하게 처리하지는 못하지만 대개 95퍼센트의 정확도를 가지고 있다고 한다. BNC에 문법 표지를 부착한 tagger인 CLAWS4를 인터넷에서 이용할 수 있는 웹사이트가 있다. 다음 웹사이트 참조. (http://www.comp.lancs.ac.uk/computing/research/ucrel/claws/trial.html)

5. 코퍼스 언어학의 현재와 전망

　1950년대 말부터 시작된 근대화된 코퍼스 구축의 역사는 이제 반세기도 지나지 않았지만 다른 어떤 언어 연구 방법보다도 급속한 발전과 획기적인 혁신을 거듭해왔다. 코퍼스 연구 초기 단계 30년 동안의 밑거름을 기반으로 80년대 후반부터 90년대에 걸친 컴퓨터 기술의 발달과 인터넷 사용의 폭발적인 확대는 언어 연구의 거의 모든 분야에서 코퍼스와 코퍼스 언어학이 상당한 기여를 할 수 있게 만들었다. 그리고 코퍼스를 기반으로 하는 첨단 언어 연구 분야에서의 효용성에는 그 가치를 매길 수 없을 만큼 중요한 자리를 차지하게 되었다.

　코퍼스를 얘기할 때면 으레 규모를 가지고 코퍼스의 질을 판단하는 경향이 있었다. 코퍼스의 규모는 현재 대규모인 The Bank of English의 경우 5억 단어를 넘어섰으며 다른 코퍼스 프로젝트도 최종 10억 단어를 목표로 하고 있다. 규모가 크면 클수록 코퍼스에 대한 신뢰도가 커질 것임은 자명한 반면, 코퍼스의 종류에 따라서 적정 규모는 다를 수 있다.

　미국에서 근대적인 Brown 코퍼스가 최초로 만들어졌지만 미국은 직관을 중시하는 Chomsky의 생성 문법이라는 이론 언어학의 그늘에 갇혀 1970년대 이후 유럽에 비해 코퍼스 언어학은 상대적으로 활발하지 못했다. 그러나 미국에서는 문자와 음성의 통계적 자연언어처리 및 컴퓨터 프로그램 개발을 위한 전산언어학이 대학과 연구소에서 크게 발달하였다. 2000년대 이후에는 음성 인식을 비롯한 보다 전문적인 목적을 위한 다양한 종류의 코퍼스 구축과 함께 20세기 후반에 주로 영국 및 유럽에서 주도하던 코퍼스 구축 및 연구가 American National Corpus(ANC)의 탄생과 더불어 미국에서는 전산언어학과 결합되어 더욱 활발하고 다양한 방식으로 이루어질 전망이다.

참고문헌

강범모. 2003. "외국의 코퍼스 언어학 연구 현황: 미국의 코퍼스 관련 연구를 중심으로," *계량언어학 2집*. 서울: 도서출판 박이정.
고석주 외 5인. 2004. *한국어 학습자 말뭉치와 오류 분석*. 서울: 한국문화사.
권혁승. 2000. "사전과 코퍼스: naked eye의 연관관계(collocation)를 중심으로," *어학연구 36.1*. 서울대학교 어학연구소.
권혁승. 2003a. "영국사전학의 전통과 최근 학습자사전의 혁신," *한국사전학* 1. 한국사전학회.
권혁승. 2003b. "영어의 기초 어휘 연구," *새국어생활* 13.3. 국립국어연구원.
Aijmer K. and B. Altenberg. 1991. *English Corpus Linguistics*. Harlow: Longman.
Aston, G. and L. Burnard. 1998. *The BNC Handbook: Exploring the British National Corpus with SARA*. Edinburgh: Edinburgh University Press.
Baker, M., G. Francis and E. Tognini-Bonelli, eds. 1993. *Text and Technology: In Honour of John Sinclair*. Philadelphia: Benjamins.
Barnbrook, G. 1996. *Language and Computers: A Practical Introduction to the Computer Analysis of Language*. Edinburgh: Edinburgh University Press.
Bauer, L. 1983. *English Word-formation*. Cambridge: Cambridge University Press.
Bazell, C. E., J. C. Catford, M. A. K. Halliday and R. H. Robins, eds. 1966. *In Memory of J. R. Firth*. London: Longman.
Biber, D., S. Conrad and R. Reppen. 1998. *Corpus Linguistics: Investigating Language Structure and Use*. Cambridge: Cambridge University Press.
Biber, D. et al. 1999. *Longman Grammar of Spoken and Written English*. Essex: Pearson Education Ltd.
Chen, H.H. 1998. "Underuse, Overuse, and Misuse in Taiwanese EFL Learner Corpus," in *Proceedings of First International Symposium on Computer Learner Corpora, Second Language Acquisition and Foreign Language Teaching*.
Cowie, A.P. 1999. *English Dictionaries for Foreign Learners: A History*. Oxford: Oxford University Press.
de Haan, P. 1998. "How 'Native-like' are Advanced Learners of English?" *Explorations in Corpus Linguistics*. Amsterdam: Rodopi.
Firth, J. R. 1957. "A Synopsis of Linguistic Theory 1930-55," In F. R. Palmer, ed. (1968) *Studies in Linguistic Analysis* (Special Volume of the Philological Society,

1957).

Francis, G. 1993. "A Corpus-driven Approach to Grammar: Principles, Methods and Examples," In M. Baker, G. Francis, and E. Tognini-Bonelli, eds., *Text and Technology: In Honour of John Sinclair*. Philadelphia: Benjamins.

Granger, S., ed. 1998. *Learner English on Computer*. London: Longman.

Granger S., Hung J. and Petch-Tyson S., eds. 2002. *Computer Learner Corpora, Second Language Acquisition and Foreign Language Teaching*. Language Learning and Language Teaching 6. Philadelphia: Benjamins.

Horn, L. 1989. *A Natural History of Negation*. Chicago: University of Chicago Press.

Hunston, S. 2002. *Corpora in Applied Linguistics*. Cambridge: Cambridge University Press.

James, C. 1998. *Errors in Language Learning and Use*. New York: Longman.

Johns, T. and P. King. 1991a. "From Printout to Handout: Grammar and Vocabulary Teaching in the Context of Data-driven Learning," In T. Johns and P. King, eds., *Classroom Concordancing*. The University of Birmingham.

Johns, T. and P. King, eds. 1991b. "Classroom Concordancing," *English Language Research Journal*. The University of Birmingham.

Kennedy, G. 1998. *An Introduction to Corpus Linguistics*. London and New York: Addison Wesley Longman.

Krishnamurthy, R. 1996. "The Data is the Dictionary: Corpus at the Cutting Edge of Lexicography," In *Papers in Computational Lexicography COMPLEX '96*. Budapest: Hungarian Academy of Sciences.

Kwon, H. S. 1997a. "Negative Prefixation from 1300 to 1800: A Case Study in *in-/un-* Variation, *ICAME Journal* 21.

Kwon, H. S. 1997b. *English Negative Perfixation: Past, Present and Future*. Ph.D. Dissertation. The University of Birmingham.

Kwon, H. S. 2001. "Using Corpora for the Study of Word-formation: a Case Study in English Negative Prefixation," *English Linguistics* 1-3, KASELL.

Kwon, H. S. 2004. "Using Corpora for Studying English Grammar," *English Linguistics* 4.1. KASELL.

Larsen-Freeman, D. and M. Long. 1991. *An Introduction to Second Language Acquisition Research*. New York: Longman.

Leech, G. 1991. "The State of the Art in Corpus Linguistics," In K. Aijmer and B.

Altenberg, eds., *English Corpus Linguistics: Studies in Honour of Jan Svartvic*. London: Longman.

Leech. G. 1997. "Teaching and Language Corpora: a Convergence," In A. Wichman, S. Fliegelstone, T. McEnery and G. Knowles, eds., *Teaching and Language Corpora*. Harlow: Addison Wesley Longman.

Lewis, M., ed. 2000. *Teaching Collocation: Further Developments in the Lexical Approach*. Hove: Language Teaching Publications.

Marchand, H. 1969. *The Categories and Types of Present-Day English Word-Formation*. Munchen: Beck.

McEnery, T. and A. Wilson. 1996. *Corpus Linguistics*. Edinburgh: Edinburgh University Press.

Meyer, C. 2002. *English Corpus Linguistics*. Cambridge: Cambridge University Press.

Quirk, R., S. Greenbaum, G. Leech and J. Svartvic. 1985. *A Comprehensive Grammar of Contemporary English*, London: Longman.

Simpson, R. and J. Swales, eds. 2001. *Corpus Linguistics in North America*. Ann Arbor: The University of Michigan Press.

Sinclair, J. 1966. "Beginning the Study of Lexis," *In Memory of J. R. Firth*. London: Longman.

Sinclair, J., ed. 1987. *Looking Up: An Account of the COBUILD Project in Lexical Computing*. London: HarperCollins.

Sinclair, J. 1991. *Corpus, Concordance, Collocation*. Oxford: Oxford University Press.

Sinclair, J. 1997. "Corpus Evidence in Language Description," In A. Wichman, S. Fliegelstone, T. McEnery and G. Knowles, eds., *Teaching and Language Corpora*. Harlow: Addison Wesley Longman.

Sinclair, J. 2004. *Trust the Text: Language, Corpus and Discourse*. London: Routeledge.

Stubbs, M. 1993. "British Traditions in Text Analysis: from Firth to Sinclair," In M. Baker, G. Francis, and E. Tognini-Bonelli, eds., *Text and Technology: In Honour of John Sinclair*. Philadelphia: Benjamins.

Thomas, J. and M. Short. 1996. *Using Corpora for Language Research*. Harlow: Longman.

Wichman, A., S. Fliegelstone, T. McEnery and G. Knowles, eds. 1997. *Teaching and Language Corpora*. Harlow: Addison Wesley Longman.

<부록 1> 북미와 유럽의 코퍼스 관련 연구 기관 및 학회

- 북미의 코퍼스 연구

    Linguistic Data Consortium (http://www.ldc.upenn.edu)
    American National Corpus (http://americannationalcorpus.org)
    The Center for Language and Speech Processing
        (http://www.clsp.jhu.edu/index.shtml)
    Stanford Statistical NLP and corpus-based computational linguistics resources
        (http://www-nlp.stanford.edu/links/statnlp.html)
    NLP at Microsoft (http://research.microsoft.com/nlp)
    Association for Computational Linguistics
    Association for Computers and the Humanities
    International Conference on Computational Linguistics
    North American Symposium on Corpora in Linguistics and Language Teaching

- 유럽의 코퍼스 연구

    The Bank of English (http://titania.cobuild.collins.co.uk)
    British National Corpus (http://www.hcu.ox.ac.uk/BNC/)
    The Survey of English Usage at University College London
        (http://www.ucl.ac.uk/english-usage)
    University Centre for Computer Corpus Research on Language
        (http://www.comp.lancs.ac.uk/computing/research/ucrel)
    Oxford Text Archive
    International Computer Archive of Modern and Medieval English
        (http://nora.hd.uib.no/journal.html)
    Literary and Linguistic Computing (http://llc.oupjournals.org)
    International Journal of Corpus Linguistics
        (http://www.corpus.bham.ac.uk/ccl/ijcl.htm)
    Teaching and Language Corpora

<부록 2> 'Sheer'의 연어 관계 통계 분포: BNC에서 추출

1	THE	1498	93	114	87	8	743	___	0	13	247	86	107
2	OF	1174	68	50	26	52	162	___	2	627	46	76	65
3	AND	574	36	43	35	79	94	___	8	142	40	48	49
4	TO	310	44	42	38	38	19	___	5	45	17	28	34
5	A	295	46	27	45	3	72	___	0	7	33	30	32
6	BY	256	10	10	10	98	110	___	0	4	4	3	7
7	IT	251	19	20	49	60	2	___	0	3	59	18	21
8	IN	231	18	32	21	29	40	___	3	23	18	20	27
9	WAS	216	19	29	12	45	60	___	0	5	4	21	21
10	IS	203	26	29	12	42	35	___	0	6	7	23	23
11	FOR	176	14	17	6	52	49	___	1	11	9	5	12
12	THAT	176	19	16	15	28	4	___	0	25	13	22	34
13	BUT	123	12	12	8	48	8	___	1	5	17	3	9
14	WITH	112	11	13	1	26	20	___	1	8	10	13	9
15	HIS	111	20	9	7	2	19	___	0	0	30	13	11
16	ON	109	13	14	4	13	14	___	2	22	5	13	9
17	S	108	8	14	12	8	26	___	0	0	3	16	21
18	HE	85	13	9	8	2	1	___	0	2	21	13	16
19	I	83	16	7	5	3	0	___	0	2	21	18	11
20	FROM	82	12	6	2	21	17	___	3	7	1	5	8
21	AT	73	8	2	8	21	0	___	1	12	4	7	10
22	BE	70	9	16	8	6	15	___	0	0	3	4	9
23	HER	69	4	11	10	2	3	___	0	1	18	8	12
24	SIZE	66	0	0	1	1	0	___	61	1	1	1	0
25	THEIR	65	8	8	3	2	26	___	0	2	11	1	4
26	AS	64	11	4	5	11	4	___	0	6	6	9	8
27	OUT	63	5	2	6	37	0	___	1	0	3	6	3
28	THIS	63	8	6	9	7	0	___	0	4	14	7	8

29	WEIGHT	63	0	0	1	1	0	___	57	1	1	1	1
30	HAD	62	9	9	6	6	0	___	0	10	7	7	8
31	THROUGH	61	5	5	1	14	29	___	1	1	2	0	3
32	ITS	59	6	5	4	0	29	___	0	0	10	2	3
33	OR	58	7	11	6	4	11	___	1	7	4	2	5
34	AN	52	3	7	14	2	0	___	0	0	9	5	12
35	VOLUME	52	0	0	0	1	0	___	49	0	2	0	0
36	ARE	48	10	10	0	3	5	___	0	1	3	5	11
37	SHE	47	7	5	4	0	0	___	0	3	8	10	10
38	JUST	45	5	2	6	7	16	___	0	2	3	4	0
39	THEY	45	8	5	2	3	0	___	0	2	9	6	10
40	WHICH	45	4	2	4	7	2	___	0	4	11	4	7
41	FORCE	43	1	0	0	0	1	___	32	3	1	3	2
42	ALL	41	9	4	3	2	0	___	0	1	6	12	4
43	HAVE	41	5	7	3	4	0	___	0	1	3	4	14
44	NOT	41	2	12	7	1	2	___	0	1	7	2	7
45	NUMBERS	41	0	0	1	0	0	___	25	1	13	0	1
46	WILL	40	3	0	3	1	0	___	8	3	14	8	0
47	YOU	37	5	6	5	2	0	___	0	2	4	7	6
48	UP	36	3	9	9	6	0	___	0	0	0	4	5
49	WORK	36	2	5	2	2	0	___	1	16	5	2	1
50	PLEASURE	35	0	0	3	1	0	___	23	5	2	0	1
51	SCALE	35	0	0	1	1	4	___	28	0	0	1	0
52	LUCK	34	0	0	0	0	0	___	26	7	1	0	0
53	ONE	34	4	6	3	6	1	___	0	0	4	4	6
54	THERE	34	2	2	8	1	0	___	0	3	9	5	4
55	COULD	33	3	9	4	2	1	___	0	1	3	2	8
56	HARD	33	1	1	1	0	0	___	26	0	1	2	1
57	IF	33	9	3	2	5	0	___	0	2	7	2	3
58	THEM	33	1	4	7	2	1	___	0	0	6	6	6

59	BEAUTY	32	1	1	3	0	0	___	23	2	2	0	0
60	BEEN	32	4	6	3	4	9	___	0	0	1	1	4
61	DOWN	32	3	4	10	4	1	___	1	1	1	3	4
62	INTO	32	11	3	2	2	3	___	1	5	2	2	1
63	WOULD	32	8	3	4	4	0	___	0	3	2	5	3
64	BECAUSE	31	2	0	20	2	1	___	0	1	3	1	1
65	DELIGHT	31	0	0	0	0	0	___	29	2	0	0	0
66	HIM	31	2	6	2	3	0	___	0	0	4	4	10
67	WERE	31	7	11	0	3	3	___	0	2	0	2	3
68	POWER	30	0	0	1	4	0	___	9	11	2	2	1
69	CAN	29	2	7	4	2	0	___	0	2	3	7	2
70	PHYSICAL	29	0	3	0	0	0	___	17	3	2	3	1
71	JOY	28	0	1	0	0	0	___	27	0	0	0	0
72	NUMBER	27	0	1	0	1	0	___	23	0	0	0	2
73	OVER	27	5	7	3	5	1	___	0	0	2	2	2
74	SHEER	27	4	5	3	3	1	___	0	2	2	4	3
75	FACE	26	0	2	2	2	0	___	3	9	0	5	3
76	HELL	26	1	0	0	0	0	___	22	2	1	0	0
77	ONLY	26	2	3	5	3	4	___	0	0	1	6	2
78	ROCK	26	3	2	1	0	0	___	14	1	1	3	1
79	HAS	25	3	1	3	4	0	___	0	3	2	4	5
80	ABOUT	24	7	2	1	3	0	___	0	1	3	3	4
81	BEING	24	4	4	2	0	0	___	0	0	9	2	3
82	MORE	24	5	4	4	4	1	___	0	1	2	1	2
83	QUANTITY	24	1	0	0	0	0	___	22	1	0	0	0
84	SOME	23	4	0	3	0	2	___	0	0	9	2	3
85	THAN	23	3	6	1	3	4	___	0	1	3	0	2
86	WE	23	4	3	0	0	0	___	0	1	3	6	6
87	TERROR	22	0	0	0	0	0	___	19	3	0	0	0
88	TIME	22	3	6	3	1	0	___	0	0	6	3	0

89	WHAT	22	3	2	0	1	2	____	0	0	10	2	2
90	DROP	21	0	0	1	1	0	____	17	0	1	1	0
91	MADE	21	5	2	1	1	0	____	0	1	3	5	3
92	NO	21	1	3	3	1	1	____	0	0	3	3	6
93	SO	21	2	4	2	1	0	____	0	0	4	4	4
94	CLIFF	20	1	0	0	1	0	____	14	2	1	0	1
95	DETERMINATION	20	0	1	0	1	0	____	13	2	0	3	0
96	ALSO	19	3	1	5	0	0	____	0	0	4	3	3
97	SUCH	19	0	1	4	1	2	____	0	0	9	2	0
98	WHEN	19	2	4	0	1	1	____	0	0	4	6	1
99	WHO	19	3	6	0	0	0	____	0	0	4	4	2
100	ALMOST	18	4	1	1	0	10	____	0	1	0	0	1
101	CHANCE	18	0	0	1	0	0	____	14	1	0	0	2
102	CLIFFS	18	0	0	2	1	0	____	10	1	2	0	2

제2언어 학습 동기 이론 및 연구방법론

김 신 혜*

I. 제2언어 습득과 학습동기

제2언어 학습에 영향을 미치는 요인은 헤아릴 수 없지 많지만, 크게 언어적인 요인과 인지적인 요인, 그리고 정의적인 요인으로 구분하고 있다. 정의적인 요인(affective factors)은 학습자의 정서적, 감정적 요인이 제2언어 학습에 어떻게 영향을 미치는가에 대한 연구로[1], 학습자의 장 독립성(field-independency), 불안감(anxiety), 모험심(risk-taking), 동기(motivation), 태도(attitude) 등을 포함한다.[2] 이 중 학습동기에 대한 연구는 다른 요인들 보다 비교적 많은 연구가 진행되어 왔다. Ellis(1994)는 동기요인의 중요성을 다음과 같이 언급하고 있다.

> Language teachers readily acknowledge the importance of learners' motivation. . . second language research also views motivations as a key factor in L2 learning (p. 508)

---

* 계명대학교 영어영문학과 (shinhye6@kmu.ac.kr)
1) 제2언어 습득 이론에서는 경우에 따라 학습(learning)과 습득(acquisition)을 구분하여 전자는 의식적으로 주의를 집중하여 언어를 배우는 과정을 말하고 후자는 의식적인 노력 없이 어린 아이가 모국어를 배우게 되는 것과 같은 과정을 말한다. 그러나 두 가지 용어는 일반적으로 이러한 구분 없이 사용되고 있으며 본고에서는 제2언어 학습자의 의식적인 행동에 중점을 두어 "학습"으로 지칭한다.
2) 장 독립성이 강한 학습자는 큰 그림을 잘 볼 수 있는 사람으로 세부적인 사항보다 전체를 잘 파악한다. 반면 장 의존적인(field dependent) 학습자는 전체적인 윤곽보다는 세밀한 사항을 잘 파악하는 사람을 말한다.

이러한 중요성에 대한 인식과 더불어 동기에 대한 연구들이 다양한 각도에서 이루어졌다. 그러나 제 2 언어 학습 동기에 대한 접근법이 다양하고 그에 따른 연구방법이 다양한 반면 이를 전체적으로 조망하고 앞으로의 연구 방향을 가늠하려는 노력은 많지 않았던 것으로 보인다. 따라서 본고에서는 제 2 언어 학습 동기에 대한 주요 연구들을 살펴봄으로써 동기 연구의 이론적 배경과 방법론에 대한 이해를 돕고 앞으로의 동기연구에 방향을 제시하고자 한다.

동기란 어떤 특정 행동을 선택(choice)하고, 그 행동을 지속하기(persistence) 위한 노력(effort)을 하는 것이라고 정의할 수 있다. 즉 학습자가 어떤 행동을 왜 하는지, 얼마나 오래 지속할 수 있는지, 그 행동을 유지하기 위한 노력을 얼마나 할 수 있는지에 대한 답이라고 할 수 있다. Dörnyei and Otto(1998)는 제2언어 학습 동기를 다음과 같이 정의하고 있다.

> In a general sense, motivation can be defined as the dynamically changing cumulative arousal in a person that initiates, direct, coordinates, amplifies, terminates, and evaluates the cognitive and motor processes whereby initial wishes and desires are selected, prioritised, operationalised and (successfully or unsuccessfully) acted out. (Dörnyei and Otto, 1998, p. 65)

Dörnyei and Otto(1998)에 따르면 동기란 학습자가 본인이 원하는 바를 파악하고, 이루기 위한 중요한 행동을 결정하고, 이를 유지, 평가, 종료하는, 끊임없이 변화하는 역동적인 과정이다. 학습자가 무엇을 배우기로 결정하는 것 뿐 아니라, 목표를 이루기까지의 심리적, 행동적 과정에 영향을 미치는 포괄적인 요소라고 할 수 있다. 따라서 동기에 관한 연구들은 동기를 일으키는 요인이 무엇이며, 어떤 요인들이 동기의 강도와 지속성을 결정하는지에 집중되어 왔다. 이들 연구는 바탕이 되는 이론, 시기, 학습상황 등의 요소에 따라 다른 방법으로 분류될 수 있다. 이 중

Dörnyei(in press)는 과거의 동기에 관한 연구를 크게 세 시기로 나누고 있다.

- 사회 심리학적 시기(Social psychological period, 1959-1990) - Gardner를 중심으로 캐나다에서 이루어진 일련의 연구들
- 인지적 시기(Cognitive-situated period, 1990년대) - 주로 캐나다 밖에서 이루어진 연구, 교육심리학에서의 인지주의 이론에 근거한 연구
- 과정중심 시기(최근 5년간) - 시간적인 변화에 따른 동기의 발달 과정 연구, 주로 유럽에서 이루어짐

Dörnyei가 제시하는 이 구분은 이론적인 발달과정과 시기적 차이를 잘 반영하고 있는 동시에 가장 최근까지의 이론들을 포함하고 있다. 따라서 본고에 언급되는 연구들을 이러한 구분을 따라 살펴보도록 하겠다.

II. 제2언어 학습 동기에 관한 이론적 고찰

2.1 사회심리학적 동기이론

제2언어 습득과정이 사회, 문화적 요인들이 상호 작용하는 복잡한 과정이듯이 학습자의 동기에 영향을 미치는 요인도 다양하고, 복잡한 양상을 띠고 있다. 이는 언어습득이 단순히 문법적인 내용을 습득하는 것 뿐 아니라, 그 언어의 문화습득을 포함하기 때문이다. 따라서 제2언어 습득 동기에 대한 연구는 연구자의 이론과 접근 방법에 따라 다양한 양상을 보일 수밖에 없다.

제2언어 학습에 관한 동기 연구는 70년대 Gardner를 필두로 시작되었다고 볼 수 있다. 이후의 연구들은 그의 이론을 따르거나 수정, 보완하는

관점에서 이루어졌다고 할 수 있을 만큼 그의 이론이 미치는 영향이 크다. 그는 언어습득 과정은 해당언어의 문화를 습득하는 과정이므로 필연적으로 사회적인 측면을 나타낼 수밖에 없다고 보았다.

> . . . Furthermore, the student is not being asked to learn about them [symbolic elements of a different ethnolinguistic community] he is being asked to acquire them, to make them part of his language reservoir. The involves imposing elements of another culture into one's own lifespace. As a result, the student's harmony with his own cultural community and his willingness or ability to identify with other cultural communities become important considerations in the process of second language acquisition. (Gardner, 1979: 193-194)

즉, 학습자가 배우고자 하는 목표어 문화권과 얼마나 조화를 이룰 수 있는지, 자신을 목표어 문화에 얼마나 동일시 할 수 있는지 하는 요인이 제2언어 습득에 중요한 요소가 되어야 함을 강조하였다. 이러한 주장은 영어와 불어가 공통적으로 사용되는 캐나다의 경우를 바탕으로 한 것으로 두 언어집단의 학습자들이 상대편 언어와 사회를 어떻게 인식 하느냐에 따라 상대 언어를 배우고자 하는 동기수준이 달라짐을 관찰한데서 비롯되었다 (Gardner and Lambert, 1972). Gardner의 동기에 관한 연구는 사회문화적인 요인에 따라 학습동기가 어떻게 달라지는가에 주목하고 있으므로 사회-심리학적(social psychological)관점에서의 동기연구라고 한다. Gardner(1985)는 동기와 동기유발 요인(motivational orientation)과의 관계에 주목하면서 동기 유발 요인을 두 가지로 구분하였다. 학습자가 배우고자 하는 목표어 집단과 교류하거나 그 집단과 동일시되고자 하는 동기를 통합적 동기(integrative motivation)라고 하고, 실제적인 언어능력에 따른 보상에 관련된 요인을 도구적 동기(instrumental orientation)로 구분하였다. 이들이 동기를 유발시키거나 목표를 달성하기 위한 요인으로 작용하도록 도움을 주는 역할을 한다고 보았으며, 특히 통합적 동기요인이 강할수록 제2언어 학습에서의 성취도가 높다고 주장하였다. Dörnyei and Clément(2000) 역시 통합적 동기가 헝가리 영어학습들의 언어선택, 노력여부에 가장 크게 영향을 미치는 요인임을 보여주었다. Gardner의 통합적인 동기는 다음과 같은 세부요인을 포함한다.

- 통합성(Integrativeness) - 목표어에 대한 관심, 목표어 문화권에 대한 태도 등이 목표어 문화권 화자와 상호 작용하고자 자발적인 의사에 영향을 미침.
- 태도(Attitude toward the learning situation) - 학습상황, 목표어 교사, 커리큘럼에 대한 태도
- 학습동기(Motivation) - 학습에 대한 노력, 욕구, 그리고 태도

이를 도표화해 보면 다음과 같다.

그림 1. 〈Gardner의 통합적 동기(Dörnyei 2001, p. 50에서 재인용)〉

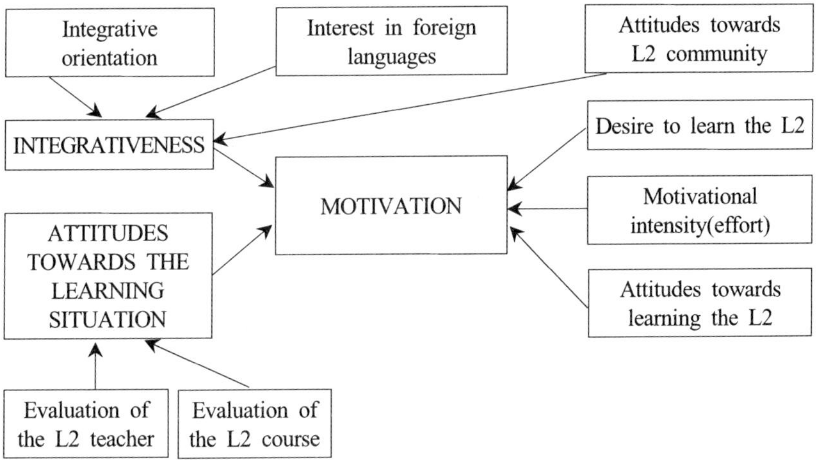

이후 Gardner and MacIntyre(1993) 역시 학습 성취도와 동기의 관련성

을 주장하였다. 그들은 제2언어 습득에 관한 사회-교육학적 모델(socio-educational model)에서 학습자의 개인 차이를 가져오는 주요 원인으로 지능, 적성, 전략, 태도, 동기, 불안감 등을 들었다. 이러한 요인들은 형식적(formal), 또는 비형식적(informal)인 학습 환경에 영향을 미치게 되어 언어적, 또는 비언어적 행동에 영향을 미친다고 주장하였다. 이러한 통합적-도구적 동기여부는 *Attitude/Motivation Test Battery*(AMTB)라는 검사도구를 사용하여 측정되었다 (Gardner, 1985). 이 검사도구는 130개의 문항으로 구성되어 있는데, 구체적인 내용은 다음과 같다.

- Attitudes towards French Canadians (Likert 척도, 10문항)
  예: "French Canadians add a distinctive flavor to the Canadian culture."
- Interest in foreign languages (Likert 척도, 10문항)
  예: "I would really like to learn a lot of foreign languages."
- Attitudes towards European French people (Likert 척도, 10문항)
  예: "I have always admired the European French people."
- Attitudes towards learning French (Likert 척도, 10문항)
  예: "I really enjoy learning French."
- Integrative orientation (Likert 척도, 4문항)
  예: "Studying French can be important for me because it will allow me to meet and converse with more and varied people."
- Instrumental orientation (Likert 척도, 4문항)
  예: "Studying French can be important for me only because I'll need it for my future career."
- French class anxiety (Likert 척도, 5문항)
  예: "It embarrasses me to volunteer answers in our French class."
- Parental encouragement (Likert 척도, 10문항)
  예: "My parents really encourage me to study French."
- Motivational intensity (선다형 10문항)
  예: "When it comes to French homework I"

a) put some effort into it, but not as much as I could.
　　　b) work very carefully, making sure I understand everything.
　　　c) Just skim over it.
• Desire to learn French (선다형 10문항)
　예: "If there were a French Club in my school, I would"
　　　a) attend meeting once in a while.
　　　b) be most interested in joining.
　　　c) definitely not join.
• Orientation index (선다형 1문항)
　예: "I am studying French because"
　　　a) Think it will some day be useful in getting a good job.
　　　b) Think it will help me to better understand French people and way of life.
　　　c) It will allow me to meet and converse with more and varied people.
　　　d) A knowledge of two languages will make me a better-educated person.
• Evaluation of the French teacher (의미구분 척도 25항목)
　예: "efficient____:____:____:____:____:____:____inefficient"
• Evaluation of the French course (의미구분 척도 25항목)
　예: "enjoyable____:____:____:____:____:____:____unenjoyble"

　위에서 보듯이 desire to learn the L2, motivational intensity, attitudes toward learning the L2 사이의 항목이 겹치고 있어 구분이 모호한 점이 있다. 이는 그의 통합성에 대한 정의 자체가 중복, 모호한 점을 가지고 있는데서 비롯된 것으로 보인다. 그러나 Gardner는 이전에 심리학에서만 논의되던 동기요인을 제2언어 학습에서의 이론으로 기초를 확립한 것과 이를 구체적으로 측정할 수 있는 동기 측정도구를 개발했다는 점에서는 누구보다 공로가 크다 할 수 있다.
　Gardner의 영향으로 Clément를 중심으로 한 일련의 연구들 역시 상황적 영향이 동기에 미치는 영향을 중요하게 살펴보았다. Cléments 외

(1997)는 서로 다른 언어를 사용하는 그룹이 모여 있는 경우, 이들 그룹 사이의 접촉(contacts)의 질과 양이 상대의 언어를 배우고자 하는 동기에 영향을 미친다고 보았다. 이는 나아가서 다른 그룹과 자신을 동일시하고자 하는 정도에도 영향을 미친다고 하였다. 즉 목표어, 목표문화, 목표어 화자와의 접촉이 잦을수록 학습자의 불안감이 낮아지고 제 2언어를 사용하는데 대한 능력도 향상되므로 결국 언어적 자신감이 증가된다는 것이다. 이들은 사회적 상황이 언어적 자신감(linguistic self-confidence)에 영향을 미침을 주장한다는 점에서 기본적으로 사회적 입장을 따른다고 볼 수 있다. Clément, Dörnyei and Noels(1994)는 이러한 자신감은 목표언어와 직접적인 접촉이 있는 상황 뿐 아니라 미디어를 통한 간접적 접촉이 가능한 학습 환경에서도 확대하여 적용할 수 있다고 주장한다.

2.2 인지적, 심리학적 동기이론

Gardner(1985)의 초기 사회-심리학적 동기이론은 캐나다라고 하는 특수한 학습 환경에 국한될 뿐 다른 언어학습 환경에서의 동기 요인을 잘 설명하지 못한다는 비판을 받게 되면서 동기에 관한 보다 다양한 시각을 종합하기 위하여 수정 모델을 제시하게 된다. Tremblay and Gardner(1995)의 수정 모델은 이러한 노력을 반영하는 것으로 심리학 분야의 기대-가치이론(expectancy-value), 목표이론(goal theories)을 수용하여 동기의 사회적인 요인 뿐 아니라 인지적인 측면을 설명하고자 하였다. 이를 요약하면 다음 그림과 같다.

그림 2. <Tremblay and Gardner(1995)의 제2언어 학습 동기 모델>

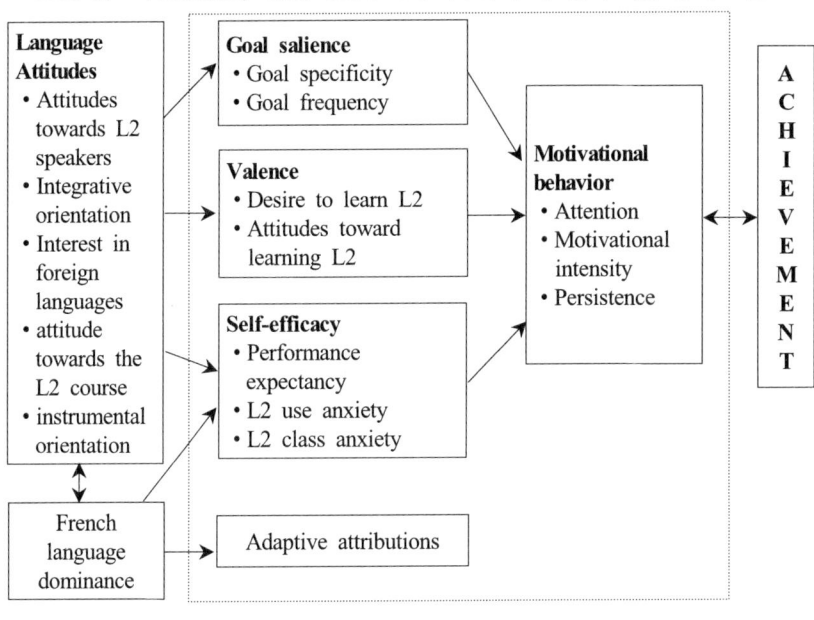

Motivation

위 그림에서 보듯이 Tremblay and Gardner는 제2언어에 대한 태도 (language attitudes)가 동기적 행동(motivational behavior)에 영향을 미치고, 이는 다시 성취도(achievement)에 직접적인 영향을 미친다 (language attitudes → motivational behavior → achievement)고 본다는 점에서는 초기의 모델과 크게 다르지 않다. 그러나 주목할 점은 태도와 행동 사이에 인지적인 요인들이 포함된다는 것이다. 이들 인지적 요소들은 학습자가 얼마나 구체적인 학습목표를 가지고 있으며 얼마나 자주 이러한 목표를 설정할 수 있는가에 관한 목표설정 요인(goal salience), 배우고자 하는 제2언어에 대한 태도, 또는 욕구에 관련된 가치(valency), 그리고 불안감과 제2언어를 얼마나 잘 수행할 것인가에 관한 기대에 관련된 자기 효율성 (self-efficacy) 등의 요인들을 포함한다. 이들 요인들은 학습자가 제 2언어에 대해 가지는 태도에 영향을 받는 동시에 구체적인 동기적 행동(주의집중, 동기의 강도, 지속정도)에 영향을 미치게 된다. 초기 동기이론 모델이 사회적인 영향만을 고려한데 비해서 이 수정 모델은 인지적 요소를 포함함으로써 제2언어 학습 동기가 행동과 인지적, 정서적인 면을 포함하는 복합적인 구성체임을 주장하고 있다.

이처럼 최근의 동기에 대한 연구는 일반적인 심리학 이론에 바탕을 둔 연구들이 증가하고 있는 추세이다. 이러한 연구들에 영향을 미친 중요한 심리학적 이론으로 자기결정 이론(self-determination)과 귀속이론(attribution theory)을 들 수 있다. 동기에 관한 많은 연구들이 내면적-외면적 동기라는 이분법으로 동기요인을 구분하고 어느 쪽이 학습에 더 효과적인가 살펴보았다. 이들에 따르면 내면적 동기(intrinsic motivation)란 일을 하게 됨으로써 얻게 되는 즐거움, 호기심, 만족감에서 비롯되는 반면 외면적 동기(extrinsic motivation)는 밖으로부터의 포상 또는 벌을 피하려는 이유에서 비롯된다고 보았다. 내면적 동기의 중요성에 대해서는 여러 학자들이 강조한 바 있는데 특히 Brown(1994)은 교실수업이 지나치게 외면적인 동기에 초점을 맞추는 점을 경계하고 있다.

> Traditionally, elementary and secondary schools are fraught with extrinsically motivated behaviour. . . schools all too often teach students to play the 'game' of pleasing teachers and authorities rather than developing an internalized thirst for knowledge and experience . . . Over the long haul, such dependency focuses students too exclusively on the material or monetary rewards of an education rather than instilling an appreciation for creativity and for satisfying some of the more basic drives for knowledge and exploration . . . The notion here is that an intrinsically oriented school can begin to transfer itself into a more positive, affirming environment . . . The result: an appreciation of love, intimacy, and respect for the wisdom of age. (Brown 1994: 39-41)

이처럼 내면적 동기의 중요성을 강조하는 학자들은 외면적인 동기는 내재적 동기를 손상시킨다고 보았다. 그러나 실제 내면적인 동기에 부정적 영향을 미침을 보여주는 확증적인 자료는 없다.

자기 결정 이론에 바탕을 둔 Deci and Ryan(1985)은 내면적-외면적 동기라는 양분법적인 구분대신 자기 결정적(self-determined)인 면과 수동적인 통제(controlled)라는 양극 사이의 연속선상에 다양한 형태의 동기가 존재한다고 보았다. 즉 동기요인이 얼마나 내재화(internalized)되어 있는가, 외부적인 요소가 내면적인 요소로 얼마나 전환되었는가에 따라 자기 스스로 결정하는 면에 기울거나 수동적 통제를 받는 쪽에 기루어질 수 있다. Deci와 Ryan은 종전의 외면적 동기는 긍정적인 영향을 미치지 못한다는 통념을 깨고 학습자가 충분히 자기 주도적이고 내재화된 상태에서는 외면적 동기가 내면적 동기와 결합되거나 혹은 내면적 동기로 이끌어 갈 수 있다고 보았다. 이들은 또한 자기결정은 학습자가 어느 정도의 자율성을 가지는가(autonomy), 어느 정도의 성취감을 느끼는가(competence), 그리고 다른 사람과 연계성을 가지는가(relatedness)에 따라 달라진다고 하였다.

자기결정이론은 제 2언어학습 상황에서의 학습자 자율성(learner autonomy)과 밀접한 연관을 가지며 최근 연구들은 이에 대한 관계를 보여 주고 있다 (Benson, 2000; Ehrman & Dörnyei, 1998; Ushioda, 1996a, 1998). 이러한 연구들은 학습자의 동기는 자율성과 비례하기 마련이라고 보고 있는데, 특히 Ushioda(1996)는 'autonomous language learners are by definition motivated learners'(p. 2)라고 주장하여 제2언어 학습 상황에서 학습자의 자율성의 중요성을 강조하였다. 이들 연구와 더불어 Noels et al.(2000)는 제2언어 학습자의 동기원인을 자기주도성 면에서 측정할 수 있는 도구를 계발하였다. 이 도구는 자기능력에 대한 인식, 선택권, 불안감, 제2언어를 계속해서 학습하고자 하는 의도 등에 관련된 질문으로 구성되어 있다. 이들의 연구는 도구적 동기요인이 외면적 동기와 일치하고, 지식, 여행, 친구관계에서 비롯되는 동기는 자기 결정적, 내면적 동기와 연관됨을 밝했다. 그러나 내면적-외면적 동기라는 구분이 통합적-도구적 동기라는 구분과 반드시 일치하는 것은 아니며 제2언어를 배우는 목적이 다양한 만큼 이를 몇 개의 단순한 동기개념으로 묶기에는 어려움이 있다.

자기 결정이론과 더불어 동기 연구에 중요한 역할을 한 이론은 Atkinson and Raynor(1974)의 성취동기 연구에서 비롯된 기대-가치이론(expectancy-value theory)인데 이는 인간은 누구나 알고자 하는 호기심과 도전하고자 하는 내적 동기를 가지고 태어나므로 동기연구의 핵심은 동기 요인이 무엇인가 하는 것 보다 내재적인 동기를 어떤 방향으로 이끌 것인가에 초점을 맞추어야 한다고 보았다. 이에 따르면 과업을 수행하는데 있어서 핵심이 되는 동기는 성공에 대한 기대(expectancies of success)와 성공에 대해 부여하는 가치(value that individual attaches to success)에 달려 있다. 즉, 학습자가 성공에 대한 기대와 그에 부여하는 가치가 클수록, 긍정적인 동기를 가지고 주어진 과업을 수행할 확률이 높은 것이다. 이처럼 학습자의 기대와 가치부여에 따라 동기를 설명하는 이론을 기대-가치이론(expectancy-valence theory)이라고 한다. 이는 학습자가 과업을 얼마나 잘 수행하고, 어느 정도의 숙련도에 도달하는가에 하는 목표달성 가치(attainment value), 내재적 가치(intrinsic value), 지금의 과업이 미래의 목표와 어떤 관련성을 가지는가에 관련된 외면적, 실용적 가치(extrinsic utility value), 그리고 과업을 수행하는데 필요한 시간적, 감정적 비용(cost) 등에 따라 동기의 정도가 달라질 수 있음을 주장한다.

성공에 대한 기대치를 결정하는 데에는 몇 가지 요인들이 영향을 미칠 수 있다. 귀속이론(attribution theory)에 따르면 학습자가 현재 언어학습의 성공이나 실패를 어떤 요인의 탓으로 인식하는지에 따라 성공에 대한 기대치도 달라진다고 본다. 본인이 영어를 잘하지 못하는 이유를 본인이 통제할 수 없는 고정적인 이유로 본다면 (예: 'I failed because I am so stupid') 성공에 대한 기대치가 낮을 수밖에 없다. 반면 실패의 이유가 본인이 통제할 수 있는 가변적인 것이라고 본다면 (예: 'I didn't pass the exam because I didn't study enough') 성공에 대한 기대치도 상대적으로 높을 수 있다.

성공에 대한 기대는 자신의 능력을 어떻게 평가하는가에 따라 달라 질 수도 있다. 자아 효능이론(self-efficacy theory)에 따르면 낮은 자아 효능감을 가진 학습자들은 주어진 과업을 개인에 대한 위협으로 인식하기 쉽고, 따라서 과업을 완성하는데 중점을 맞추기보다 본인의 약점이나 장애요인에 중점을 두게 되고 따라서 쉽게 포기할 가능성이 많다. 반면 자아 효능감이 높은 학습자들은 도전적인 과업이나 상황에서도 실패를 두려워하지 않고 노력을 기울이게 된다.

귀속이론에 따르면 학습자들이 자신이 언어학습 경험의 성공이나 실패를 어떻게 인식하는가에 따라 언어학습의 동기정도가 달라진다고 본다. 불어를 배우는 아일랜드 학습자들을 인터뷰한 Ushioda(1996b, 1998)의 연구에서는 학습자들이 다음 두 가지 유형을 보이고 있다고 하였다. 제 2 언어 학습에서의 긍정적인 결과를 개인의 능력이나 내면적 요인(노력, 완벽주의 경향)으로 생각하고, 부정적인 결과는 가변적이고 변화가능성이 있는 것(노력부족, 외국연수 기회 부족)으로 인식하고 있다. William and Burden(1999)의 연구에서도 아동들이 개인의 능력, 과업의 난이도, 주위 사람들의 영향 등을 언어학습에서의 성공과 실패의 요인으로 인식하고 있음을 보여주었다. 이는 동기의 심리학적인 연구들에서 보여준 결과와 일치하며 제 2 학습자가 자신의 학습 과정에 대해 통제가능성, 변화가능성을 믿을 때 외국어 학습에 대한 동기가 증가될 수 있음을 보여준다.

이처럼 동기의 사회적인 요인 이외에 인지적, 정서적 요인을 고려한 연구(Dörnyei, 1990; Clément et al., 1994; Tremblay and Gardner, 1995; Schmidt et al., 1996), 학습자의 성취 필요성에 의한 동기(Dörnyei, 1990), 자기 효능감, 혹은 자신감, 학습목표 설정(Tremblay and Gardner, 1995), 학습자의 통제 능력(Weiner, 1986) 등으로 제2언어 학습 동기를 설명하려는 연구들이 진행되어 왔다. 이를 요약해 보면 다음과 같다.

표 1. <제2언어 학습 동기에 관련된 연구(Kang 1999: 29)>

	Dörnyei(1990)	Clément 외(1994)	Schmidt 외(1996)	Tremblay & Gardner(1995)	Julkunen (1989)
귀속이론 (Attribution Theory)	과거의 부정적 학습경험(bad learning experience) 성취에 대한 필요(need for achievement)		자기결정 (self-determination) 실패에 대한 생각(beliefs about failure)	적응/부적응 (adaptive/ maladaptive)	무력감 (helplessness)
기대-가치이론 (Expectancy-valency Theory)		자신감 (self-confidence)		가치(valence), 수행기대 (performance expectancy)	

　　Schmidt 외(1996)의 연구는 학습자의 결정이 동기를 가장 잘 설명한다고 하였다. 이는 제2언어 학습의 성공/실패 요인을 가변적인 것으로 보는지에 관한 Weiner의 연구과 맥을 같이 하는 것으로 학습자가 학습이 성공여부를 자신의 결정여부에 있다고 생각할 때보다 동기가 높고, 우연이나 외부적인 상황에 있다고 볼 때 동기가 낮아짐을 보여 준다. Dörnyei (1990)의 과거의 부정적 경험과 Julkunen(1989)의 무력감은 제2언어를 주로 학교에서 배우게 되는 EFL 환경에서의 학습자 동기저하 원인을 설명하고 있다. Tremblay and Gardner(1995)의 연구 역시 학습자가 긍정적 혹은 부정적인 경험을 얼마나 잘 통제하는가에 따라 동기 여부가 달라진다고 하였다. 이는 높은 적응력을 보이는 학습자가 높은 자아 효능감을 가진다는 자아 효능이론을 뒷받침하고 있다. 이들은 또한 가치3)와 수행기대 역시 동기에 영향을 미친다고 보았다. 자아 효능감과 기대는 자신이 행동을 얼마나 성공적으로 할 수 있는지에 영향을 미치는데 이는 결국 학습자의 언어에 대한 태도에서 비롯된다고 보았다. Clément et al.(1994)는 '낮은 불안감, 그리고 제2언어 능력에 대한 자기인식(a low anxious

---
3) Valence란 개인이 특정한 결과와 연관하여 부여하는 주관적인 가치를 말한다.

affect and high self-perceptions of L2 competence, Clément et al., 1994, p. 422)이 동기에 영향을 미친다고 보았다. 이들은 Clément and Kruidenier (1983)의 연구를 EFL 상황에서 실험해 본 것으로 자신감이 다문화권에서 뿐 아니라 EFL 상황에서도 학습자의 언어능력에 영향을 미치는 중요한 요인임을 밝히고 있다.

2.3 학습상황에 관련된 동기 연구

이전의 이론들이 심리학적인 이론들에 근거하여 제 2학습자의 동기를 분석하고자 노력한 반면 언어학습자가 처해 있는 사회적 환경이 동기에 영향을 미치는데 주목한 학자들도 있다. Williams(1994)는 외국어 학습은 학습자의 학습 환경에 영향을 받는다는 점에서 다른 과목들과 구분되며, 언어학습은 단순히 언어기술을 습득하는 것을 넘어서 자신의 이미지를 바꾸고 새로운 사회적, 문화적 행동방식을 배우게 되므로, 학습자 전인에 영향을 미치는 과정이라고 보았다. McGroarty(1998) 역시 이처럼 사회적 상황의 중요성을 강조하면서 사회적 환경이 제2언어 학습에 어느 정도 보탬이 되는지 혹은 저해가 되는지를 밝히는 것이 필수적이라고 주장하였다. 이처럼 거시적 관점에서 사회적 영향력을 고찰한 연구가 있는가 하면 학부모, 교사, 학습자 그룹, 학교 환경과 같은 미시적인 요인들이 학습자의 동기에 영향을 미침을 밝히는 연구들도 있다.[4]

Clément and Kruidenier(1983)는 학습자의 국적(ethnicity, French vs English), 목표어(French or English vs Spanish), 그리고 문화적 여건(단일문화, 다문화)에 따라 동기유발 요인에 어떤 차이가 있는지 조사하였다. 이들의 연구에서는 모든 상황에 공통적으로 적용되는 요인 4가지 (instrumental, friendship, travel, knowledge or understanding)와 상황에 따

---

4) 학부모의 영향에 관해서는 Gardner(1985), Gardner et al.(1999); 교사요인에 관해서는 Dörnyei(1994), Noels et al.(1999); 학습자 그룹에 관해서는 Clément et al. (1994), Dörnyei(1995, 1997), Dörnyei and Kormos(2000) 등을 참고할 것.

라 다르게 영향을 미치는 요인을 밝히고 있다. 서반아어를 배우는 다문화권의 불어화자에게는 친구 관계가 동기에 큰 영향을 미치는 반면, 같은 언어를 배우는 단일문화권의 영어화자는 지식을 얻는 것이 더 큰 동기원인이 됨을 알 수 있다. Edwards and Kim(2004a)은 한국 학습자들이 영어에 대해 가지는 양립성(ambivalence)에 대한 연구에서 학습자들이 의사소통 과정에 참여하는데 영향을 미치는 요소로 모국어 청자(audience)를 들고 있다. 즉, 학습자와 청자의 나이, 언어수준에 따라 학습자가 영어로 의사소통하고자 하는 동기에 차이가 있음을 관찰하였다. Gardner의 초기 동기이론이 사회-문화라는 거시적인 입장에서 동기유발에 영향을 미치는 요인을 살펴 본 반면, 위에서 언급한 연구들은 학습자가 처해 있는 상황에 따라 동기에 영향을 미칠 수 있는 구체적인 요인들을 밝히고 있다. 이러한 연구의 결과들은 Gardner의 통합적 동기 이론이 어느 상황에서나 일반적으로 적용되는 것이 아님을 다시 한번 입증하고 있다.

　Crooks and Schmidt(1991)의 연구는 이전의 심리학적인 연구에서 방향을 전환하여 교육적인 면에 초점을 둔 최초의 연구라는 점에서 의의가 크다. 이들의 연구는 Keller(1983)의 동기이론에 바탕을 두면서 다음 네 가지 면에서 동기를 분석하고 있다.[5]

- 미시 수준(the micro level): 동기가 언어 자극을 처리하는 인지적 과정에 미치는 영향
- 교실 수준(the classroom level): 수업에서의 동기유발에 관련된 기술
- 교과과정 수준(the syllabus/curriculum level): 학습내용일 학습자들의 필요를 반영한 내용인가에 따른 동기
- 방과 후, 장기 학습(Extracurricular level, long-term learning): 교실 밖에서 지속적으로 학습을 할 수 있는 동기

---

[5] Keller(1983)의 동기이론은 Gardner(1985)의 도구적-통합적 동기이론과 달리 교실 수업에 직접적인 관련을 가진 요인들로 구성되어 있다: 관심(interest), 관련성(relevance), 기대(expectancy), 그리고 만족감(satisfaction).

Oxford and Shearin(1994)의 연구는 심리학 분야에서의 동기에 관한 새로운 연구와 제2언어 습득 분야에서의 동기 연구 사이에 격차를 지적하면서 이들 연구를 통합하여 사회심리학적인 동기이론으로 확대할 것을 주장하였다. 이들은 제2언어 습득 분야에서의 동기이론을 폭넓게 개관하면서 동기 연구에 관한 새로운 패러다임을 제시하고자 하였다. Dörnyei(1994) 역시 이전까지의 동기에 관한 연구결과를 보다 통합적으로 이해하기 위한 필요에서 언어(language level), 학습자(learner level), 학습 환경(learning situation level)이라는 틀을 제시하고 있다. 이들 요소는 다시 몇 가지의 하위요소로 구성되어 있으며 이를 요약하면 다음과 같다.

표 2. <Dörnyei의 제2언어 학습 동기모델(Dörnyei 1994: 280)>

LANGUAGE LEVEL	Integrative motivational subsytem Instrumental motivational subsystem
LEARNER LEVEL	Need for achievement Self-confidence • language use anxiety • Perceived L2 competence • Causal attributions • Self-efficacy
LEARNING SITUATION LEVEL *Course-specific motivational components*	Interest (in the course) Relevance (of the course to one's needs) Expectancy (of success) Satisfaction (one has in the outcome)
Teacher-specific motivational components	Affiliative motive (to please the teacher) Authority type (controlling vs autonomy-supporting) Direct socialisation of motivation • Modeling • Task Presentation • Feedback
Group-specific motivational components	Goal-orientedness Norm and reward system Group cohesiveness Classroom goal structure (cooperative, competitive or individualistic)

위 표에서 볼 수 있듯이 Dörnyei의 이 모델은 이전 연구들에서 관찰된 이론적인 개념들을 하나의 틀 안에 묶고 있다. 그가 이야기하는 언어수준에 관련된 동기는 Gardner가 주장하는 통합적-도구적 동기이론에 근거하고 있으며, 학습자에 관련된 동기는 자기결정이론, 귀속이론에 바탕을 둔 연구들의 결과를 보여준다. 세 번째 요소는 학습 상황에 관한 동기는 교육학적인 관점에서 동기를 관찰한 연구들과 비슷한 결과를 보이고 있다. 학습 내용 자체, 교수법, 학습의 관련성, 만족감에 따른 동기는 Crooks and Schmidt(1991)가 밝힌 상황적 요인과 일치한다. 이외에 Dörnyei는 교사의 역할에 따른 동기와 학습자간의 그룹에 따른 동기 요소들을 더하고 있다. Dörnyei의 모델은 학습자의 동기여부에 대한 설명을 크게 세 가지 요소로 구분함으로써 각각을 독립적으로 살펴 볼 수 있도록 하고 이들 요인들이 어떻게 연결되어 있는지 쉽게 파악할 수 있도록 하였다. 상황에 따라 차이를 보이는 동기유발 원인에 대한 연구들을 요약해 보면 다음과 같다

표 3. <상황에 따른 제2언어 학습 동기 연구 Kang(1999: 20)>

	Clément & Kruidenier(1983)	Dörnyei(1994)	Clément 외(1994)	Julkune (1989)	Shimidt 외(1996)	Ely (1986)
대상	고등학교 11학년	성인	고등학교	6학년, 8학년	15-18 19-22 23-35 35+	대학생
상황	Quebec, Ottawa	헝가리	헝가리	핀란드	이집트	미국
목표어	French English Spanish	English	English	English	English	Spanish

이 연구들은 Gardner가 통합적-도구적 동기라고 광범위하게 정의한 동기유발 요인을 사회적인 상황(Clément and Kruidenier 1983), 학습 상황(ESL/EFL, Dörnyei 1994), 연구 참여자에 의한 차이(Clément, et al. 1994;

Schmidt et al. 1996; Julkunen 1989) 등의 하위 구성요소로 세분하여 보여주고 있다. 이들 연구들은 Gardner의 통합적 동기를 상황에 따라 달라질 수 있는 여러 가지 요소로 분석하였다. 반면 도구적 동기는 상황에 따라서도 달라지지 않고 비교적 동일하게 적용되는 것으로 드러났다. 그러나 도구적 동기 역기 연구에 참여한 대상에 따라 조금의 차이가 있을 수 있는데 Julkunen(1989)의 연구는 도구적 동기 대신 의사소통에 대한 동기를 보이고 있다. 이는 연구에 참여한 학습자들이 자발적 참여자였다는 점에서 선택의 바이어스가 있다고 볼 수 있다. 즉 이러한 연구들에서 보여주는 도구적 동기에서의 차이는 ESL/EFL 이라는 학습 환경에 의한 차이라기보다는 연구 참여자에 의한 차이라고 볼 수 있다.

2.4 동기의 발달과정에 관한 연구

이전에 언급된 동기에 관한 연구들은 어느 특정 시점에서의 학습자들의 동기유발 원인, 종류, 영향을 관찰하였으나 이러한 요인들이 시간의 변화에 따라 어떻게 달라지는지에 대해서는 크게 연구되지 않았다. 이에 반해 William and Burden(1997)은 학습자의 동기가 시간이 지남에 따라 변화하는 역동적인 성격을 가지고 있음에 주목하고 동기를 Reasons for doing something → deciding to do something → Sustaining the effort, or persisting 과정으로 나누어 볼 수 있음을 주장하였다.

이들에 따르면 처음 두 단계에서는 학습자가 학습을 시작하려는 노력을 기울이고 (initiating motivation), 마지막 단계에서는 이미 존재하는 동기수준을 유지하는(sustaining motivation) 과정이 필요하며 이 두 과정은 명백히 다른 과정임을 강조하고 있다. Ushioda(1994, 1996b) 또한 그의 장기간의 걸친 질적 연구를 통해 학습자의 긍정적인 학습 경험이 동기에 강한 영향을 미치는 점을 보이면서 동기란 고정적인 것이 아니라 시간에 따라 변화하는 요인임을 주장하였다.

그림 3. <Dörnyei & Otto의 동기 발달과정 모델(Dörnyei & Otto 2003: 19)>

Preactional Stage	Actional Stage	Postactioanl Stage
MOTIVATIONAL RETROSPECTION **Motivational functions:** • Forming causal attributions • Elaborating standards and strategies • Dismissing intention & further planning **Main motivational influences:** • Attributional factors (e. g. attributional syles and biases) • Self-concept beliefs (e.g. self-confidence and self-worth) • Received feedback, praise, grades	**EXECUTIVE MOTIVATION** **Motivational functions:** • Generating and carrying out subtasks • Ongoing appraisal (of one's achievement) • Action control (self-regulation) **Main motivational influences:** • Quality of the learning experience (pleasantness, need significance, coping potential, self and social image) • Sense of autonomy • Teachers' and parents' influence • Classroom reward and goal structure (e. g. competitive or cooperative) • influence of the learner group • Knowledge and use of self-regulatory strategies (e. g. goal setting, learning and self-motivating strategies)	**CHOICE MOTIVATION** **Motivational functions:** • Setting goals • Forming intentions • Launching action **Main motivational influences:** • Various goal properties (e.g. goal relevance, specificity and proximity) • Values associated with the learning process itself, as well as with its outcomes and consequences • Attitudes towards the L2 and its speakers • Expectancy of success and perceived coping potential • Learner beliefs and strategies • Environmental support or hindrance

위 그림 3은 Dörynyei and Otto(1998)의 동기 발달과정 모델을 요약하여 보여주고 있다. 이들은 이제까지의 동기 연구들 간의 불일치점들은 동기의 발달적인 면을 고려하지 못한데서 비롯된 것이라고 주장하면서 학습자의 처음 욕구가 어떻게 명백한 목표로 바뀌고, 이를 실현하기 위

한 구체적인 행동을 하게 되고, 목표를 달성하는 과정에 대한 설명이 동기이론에 포함되어야 함을 주장하였다. William and Burden(1997)과 마찬가지로 이들 역시 행동이전 단계(preactional stage), 행동 단계(actional stage), 그리고 후 행동 단계(postactional stage)로 동기의 발달과정을 나누고 있다. 중요한 점은 각각의 단계마다 중요하게 작용하는 동기요인이 다르고 따라서 영향을 미치는 요인도 다르다는 것이다. 즉, 행동이전 단계에서는 선택 동기(choice motivation), 행동 단계에서는 실행동기(executive motivation), 그리고 후 행동 단계에서는 회고 동기(motivational retrospection) 등이 작용한다고 하였다.

위에서 볼 수 있듯이 어떤 행동을 하기에 앞서 동기가 먼저 생겨나야 한다. 이는 곧 학습자 개인이 성취하고자 하는 목표나 과업의 선택과 연결되므로 이를 선택에 관련된 동기라고 할 수 있다. 다음 단계에서는 학습자가 동기에 의해 행동을 취할 뿐 아니라 이러한 동기를 유지하는데 관련된 동기이다. 이는 성공적인 제2언어 학습이 되기 위해서는 학습 상황에 있을 수 있는 여러 가지 동기 저해 요인(물리적 상황, 불안감, 부정적인 피드백 등)을 극복하고 원래의 동기수준을 유지하는 것이 필요하기 때문이다. 마지막으로 학습자는 자신의 학습 과정이 어떻게 진행되었는지 점검하고 평가하는 과정에서의 동기가 필요한데 이는 학습자가 과거의 경험을 통해 앞으로 어떠한 목표를 세울 것인가에 영향을 미치게 되기 때문이다.

2.5 최근 동기이론의 방향 및 관련 주제

Gardner 이후의 제2언어 학습 동기에 관한 연구들은 그의 통합동기 이론을 재해석하거나, 수정하는 방향으로 이루어졌다. 심리학 영역에서만 중요하게 다루어지던 동기요인이 제2언어 습득 분야에서 이론적인 근거를 마련하면서 언어학습 동기에 관한 연구들도 여러 가지 방향성을 모색하고 있다. 동기를 정적인 요소로 보지 않고 시간에 따른 변화를 관찰하게 된 것은 비교적 최근의 연구 경향으로 아직 경험적인 자료가 충분하지는 않으나 동기 연구의 새로운 방향을 제시하는 중요한 주제가 되고 있다. 또한 동기유발 뿐 아니라 동기저하(demotivation)6)에 관련된 요인들에 대한 연구도 진행되고 있으며 (Dörnyei 2001c; Ushoida 2003), 뇌생물학적 측면에서의 분석(Schumann 1998)도 동기연구에 새로운 가능성을 제공하고 있다. Dörnyei(in press)는 그의 최근 연구에서 '제2언어 동기적 자아 체계'(L2 Motivational Self System)를 통해 '이상적 제2언어 자아'(Ideal L2 Self), '가능한 제2언어 자아'(Possible L2 Self), '의무적 제2언어 자아'(Ought-to L2 Self) 등의 개념을 소개하고 있다. 그의 이론에 따르면 학습자가 제2언어 학습에 높은 동기를 가지려면 자신이 도달하고자 하는 '성공적인 제2언어 학습자'에 대한 생생한 이미지가 있어야 하고, 이에 이르기 위해 구체적인 행동을 할 수 있어야 한다고 한다. 그는 가능한 자아에 대한 이미지를 실현하기 위해서는 다음 요소들이 필요하다고 주장한다 (Dörnyei in press: 102).

- The possible self needs to exist: 학습자가 자신을 긍정적이고, 능력 있고, 성공적인 학습자로서 (attractive, competent, and successful L2 learner) 자신을 인식할 수 있어야 한다.
- The possible self needs to be primed: 이상적인 L2 자아를 실현하기 위해서는 긍정적인 경험과 연결되어야 한다.
- The possible self needs to be associated with relevant procedural knowledge: 성공적인 학습자는 이상적인 L2 자아상을 가지고 있을 뿐 아니라 이에 이르기 위한 구체적인 행동이 무엇인지 알아야 한다. 즉 현재의 자아(current self)와 희망하는 자아(hoped-for self) 사이의 차이를 줄이기 위한 계획, 전

---

6) Dörnyei(2001: 143)는 'demotivation'을 "specific external forces that reduce or diminish the motivational basis of a behavioral intention or an ongoing action"으로 정의하고 있다.

략을 가지고 있다 (action plans, scripts, and strategies).
- The possible self should be offset by a countervailing possible self in the same domain: 긍정적인 자아상은 이것이 실현되지 않았을 경우에 초래하게 될 부정적인 상황을 피하고자 하는 노력이 있을 때 더욱 효과적으로 실현될 수 있다.

이러한 모델은 제2언어 학습과정에서 학습자가 능동적으로 학습 활동에 참여함으로써 가능한 자아상을 가지도록 하는 것이 필요함을 보여준다. Edwards and Kim(2004b)은 한국 대학생들을 대상으로 한 인터뷰 결과, 성공적이고 적극적인 학습자들은 자신감과 관심을 가지도록 격려해 준 중요한 사람(significant someone)이 있고 이들은 대부분 처음 영어를 배울 때의 교사이거나 친구로 학습자가 자신감을 가지고, 영어학습을 하는데 매우 큰 역할을 하는 것으로 드러났다. 또한 성공적인 학습자 역시 실수에 대한 두려움이 없는 것은 아니나, 이에 대해 지나치게 염려하지 않는 반면 소극적인 학습자들은 완벽하지 못한 영어에 대해 수치스럽게 생각하고 절대적으로 필요한 경우가 아니면 영어사용을 기피하는 현상을 보였다. 성공적인 학습자들은 영어학습의 목표를 원어민 수준으로 영어를 구사하는 것이 아니라 의사소통에 필요한 능력을 가지는 것을 목표로 하고 있었고, 실제로 영어동아리 활동을 한다든가, 매일 듣기나 읽기를 하고 있다거나 하는 구체적인 학습활동을 하고 있었다. 따라서 이들은 자신이 희망하는 자아와 현재 자아 사이의 차이가 적으며 이는 다음 단계로 나아갈 수 있도록 하는 동기요인이 됨을 보여 주었다. 반면 소극적인 학습자들은 도달하고자 하는 이상적 자아는 있지만 이에 대한 구체적 계획이나 행동이 없고 따라서 현재 자아와의 차이가 클 수밖에 없고, 이는 동기저하로 이어지고 있음을 보여 주었다. 이 연구의 결과는 적은 수의 학습자를 대상으로 이루어졌기 때문에 일반화기에는 어려움이 있으나, Dörnyei의 주장을 검증하기 위한 연구로서의 의의가 있다. 이 분야에 대한 실제적인 연구가 더 필요하다.

2.6 동기에 관련된 국내 연구

　동기에 관련된 국내의 연구는 다수가 있으나 최근 연구들을 중심으로 연구 경향을 살펴보고자 한다. 다른 동기 연구와 마찬가지로 국내 연구들은 Gardner의 이론을 다양한 상황에서 실험해 본 경우가 주를 이룬다. Cha(1998)는 Oxford and Shearin(1994)의 모델과 Dörnyei(1994, 1998)의 모델을 비교하면서, EFL 상황에서는 언어, 학습자, 학습 상황을 축으로 하는 Dörnyei의 동기 모델이 적절함을 지적하였다. 박숙희(1996) 역시 Gardner의 모델과 Oxford and Shearin의 모델을 비교하면서, 제2언어 동기를 설명하기 위해서는 심리학적 측면, 인지적 측면, 교육적인 측면이 모두 고려되어야 함을 주장하였다. 이신유와 황병희(2002)는 한국 고등학생을 대상으로 설문을 실시한 결과, 통합적 동기보다는 도구적 동기, 내재적-외재적 동기요인이 더 중요함을 보여 주었다. 학생들의 자신감은 도구적, 내재적 동기와 높은 상관을 보이고 있어 EFL 상황이 ESL 상황과 다른 점을 주장하였다. Kang, D. H.(2001)는 한국 중학생들과 고등학생들을 대상으로 설문을 실시하여 내면적-외면적 동기요인이 동기에 변화에 큰 영향을 미친다고 보았으며, 시간이 지남에 따라 학습자의 동기는 외면적인데서 내면적인 것으로 발달해 간다고 하였다. 이 연구 역시 통합적-도구적 동기모델보다 보다 내재적-외재적 동기모델이 EFL 상황을 잘 설명할 수 있음을 보여 준다. Kim, H. D. and Kim, K. H.(2002)은 1428명의 대학생들을 대상으로 동기유발 요인과, 학습자들의 관심도, 영어교재의 실용성에 대한 설문을 실시하였다. 그러나 이들의 연구는 학생들의 관심도와 영어교재의 실용성 사이에 중간 정도의 상관관계를 보여 주는데 그쳐 학습자의 관심이나 교재가 동기에 어떤 영향을 미치는지는 밝히지 못하고 있다.

동기와 책략 사용의 상관성에 대한 연구도 비교적 활발히 진행되었다. 이일연(2002)은 206명의 대학생을 대상으로 책략설문(Strategy Inventory for Language Learners: SILL)과 AMTB 설문을 실시하여 학습자의 동기와 전략 사이에 어떤 관계가 있는지 살펴보았다. 연구 결과, 학생들은 실용적인 목적을 위해 영어를 배우려는 동기가 강하고 동기의 강도면에서나 전략면에서 쉬운 것만을 택하려는 경향을 보이고 있음을 보여 주었다. 이효웅(2002)은 학습자의 태도, 동기, 책략이 상호 어떤 연관성을 가지고 있는지 살펴보았다. 그는 학생들의 영어에 대한 태도가 교사나, 동료, 영어교과서 등에 영향을 받으며, 내면적인 동기를 가진 학습자일수록 자기 향상에 대한 욕구가 강하고, 더 많은 책략을 사용함을 보여 주었다. 즉, 태도와 동기, 책략 간에 의미 있는 상호관련성이 있음을 보여 줌으로써 초기 Gardner의 주장처럼 태도가 동기에 영향을 미친다는 점을 지지하고 있다. 그러나 Gardner와 달리 학습에 관련된 동기는 통합적 동기가 아니라 내면적 동기라는 점에서 차이가 있다.

대부분의 동기 연구들이 대학생, 성인들을 대상으로 하여 이루어졌기 때문에 초등학생의 영어학습 동기에 대해서는 연구가 비교적 많지 않다. 임상봉(2001)은 초등학교 6학년을 대상으로 동기유발 요인과 이를 지속하기 위한 교수학습 전략에 대한 설문을 실시하였다. 연구의 결과는 도구적 동기, 의사소통에 관련된 동기가 중요하며 남녀간 차이는 없는 반면, 도시에 있는 학생들은 의사소통에 대한 동기가 강하고, 시골에 있는 학생들은 도구적 동기가 강함을 보여 주었다. 이는 학습자의 상황에 따라 학습에 동기를 미치는 영향도 다르게 나타남을 보여 주고 있다. 김영미와 김아영(1998)은 초등학교 아동의 학원 수강과 학습동기 그리고 학업 성취도와의 상관관계를 연구하였다. 이들은 초등학생 267명을 대상으로 한 연구에서 학원수강, 학습 동기, 성취도간에 정적인 상관이 있고, 학원 수강 기간이 길수록 자기조절 효능감이 높고 과제도전 수준이 높음이 나타났다. 그러나 학원수강이 학업성취도에 직접적인 영향을 미치지는 않으며 오히려 학업동기가 성취도를 더 잘 예측할 수 있는 요인으로 나타났다.

위에서 알 수 있듯이 국내의 동기 연구는 Gardner를 바탕으로 하는 초기 동기이론의 틀을 크게 벗어나지 못하고 있어 인지적, 심리학적 이론에 바탕을 둔 논의들을 다루고 있지 못하고 있다. 따라서 통합적-도구적 동기, 내면적-외면적 동기뿐 아니라 상황에 따라 다르게 영향을 미칠 수 있는 동기요인에 대한 연구가 절실히 필요하다. 또한 동기 연구의 대상을 확대하여 성인 뿐 아니라 초, 중, 고등학생에 따른 동기 요인들을 살필 필요가 있다. Song, S. H.(2002)이 주장하는 것처럼 국내의 연구들은 1990-2002년대의 동기 이론들을 포괄적으로 정리하면서 이들의 주장을 뒷받침할 수 있는 현장연구를 할 필요가 있다. 또한 Kang, D. H.(2001)의 지적처럼 현재까지의 동기에 대한 연구들이 발달적인 면에 관심을 가지지 못한 점을 고려하여 EFL 상황에서 학습자들의 동기가 시간적으로 어떻게 변화해 가는지 관찰하는 것도 동기 연구의 중요한 주제가 되어야 할 것이다.

III. 제2언어 학습 동기 연구방법론

3.1 주요 연구 방법

제2언어 습득 분야의 다른 연구와 마찬가지로 동기요인은 양적인 방법 혹은 질적인 방법론으로 접근 할 수 있다. 양적 연구와 질적 연구는 각각의 방법론에 전제된 가정부터 상당한 차이가 있다. 양적인 연구는 이전 연구들에서 명확히 규정된 변인들을 포함하는 모델을 바탕으로 하여 가정을 세우고, 이를 수적인 과정을 통해 보여 주는 연구 방법이다. 대부분의 제2언어 학습 동기는 이러한 양적인 연구 방법론에 의존하여 이루어졌다. 따라서 수학적으로 처리할 수 있는 측정도구인 설문지를 작성하고 얻어진 자료를 기술통계(descriptive statistics)나, 추론적 통계(inferential statistics)를 사용하여 분석하는 것이 전형적인 방법이다. 이러한 실증적 접근법(positivist approach)은 자료 수집이나 결과분석 과정에서 주관성이 배제됨으로 보다 정확하고 객관적인 결과를 얻을 수 있다는 장점이 있다. 다른 연구자가 동일한 연구를 반복하였을 때에도 유사한 연구 결과를 얻을 수 있다는 점에서 신뢰도를 어느 정도 보장할 수 있으며, 자료를 통해 얻어진 결과는 보다 큰 그룹으로 일반화할 수 있다. 반면 이러한 양적 연구는 설문 응답을 전제적으로 평균하는 것이기 때문에 개별 학습자가 가지는 주관적인 특징은 관찰 할 수 없다. 또한 언어학습 과정에서 끊임없이 변화하는 동기요인의 역동성을 밝히는데도 어려움이 있다.

양적인 연구가 연구자의 분석에 초점을 맞춘다면 질적인 연구는 연구 참여자에 초점을 두는 연구 방법이라고 할 수 있다. 질적 연구와 달리 연구 이전에 미리 가정을 세우지 않고 연구가 진행되는 동안 관련된 변인들이 어떠한 체계적인 양상을 보이는지 관찰하도록 한다. 이러한 발견적인(exploratory) 성격의 연구는 관찰 연구라든가, 저널, 일기 등을 바탕으로 한 관찰, 인터뷰 자료, 학습자 언어(구어 또는 문어자료) 등의 방법으로 자료를 수집한다. 질적인 연구는 풍부한 자료를 통하여 새로운 질문을 제시하거나 이전 연구들의 관점을 다른 시각으로 볼 수 있도록 하는데 도움이 된다[7]. 그러나 질적인 연구의 결과는 연구 참여자를 넘어 일반적으로 합리화 하는데 어려움이 있고, 신뢰도 역시 객관적으로 증명할 수 없다는 약점이 있다. 최근 동기연구에 질적인 연구들이 증가하고 있는 추세이며, 보다 바람직한 것은 질적 연구와 양적 연구를 병행하는 것이다.

---

[7] Studies conducted in this vein typically yield rich sources of data conducive to raising 'new questions' and new slants on old questions that often are missed by traditional methods(Pintrich & Schunk 1996: 12).

3.2 장기적 연구와 교차적 연구

장기적 연구(longitudinal study)는 장기간에 걸쳐 생물학적, 환경적 영향으로 인한 학습 과정의 변화를 추적하고 특정한 변화의 양상을 밝히는 것을 목표로 한다. 반면 교차적 연구는 어떤 특정한 시점에서 학습자의 생각, 감정, 정서적 상태를 기술하는 것을 목표로 한다. 동일한 학습자를 대상으로 시간 간격을 두고, 한 번 이상 자료를 수집하여 결과를 비교하거나, 비슷한 그룹끼리 비교하는 연구를 한다. 장기적인 연구는 많은 시간과 노력을 요구하는 방법이기 때문에 상대적으로 시간이 적게 걸리는 교차적 연구방법을 택하는 경우가 많다. 그러나 학습자의 동기가 시간적인 차이에 따라 어떻게 변화하는지 살펴보기 위해서는 장기적 연구가 필수적으로 요구된다. 장기적 연구를 통해 관찰할 수 있는 내용은 다음과 같다.

- 동기요인들과 언어프로그램 과정에서의 상호작용 - 프로그램 시작, 중간, 마친 뒤의 동기의 변화
- 여행, 시험, 숙제 등이 동기에 미치는 영향
- 학습자의 동기에 영향을 미치는 교사 요인
- 학습자의 연령(사춘기 이전과 후)에 따른 동기의 변화
- 제2언어 습득 과정에서 동기의 역할변화
- 해당 언어국가에서 장기간 체류하는 경우(어학연수, 교환학생 프로그램 등) 동기의 변화
- 과제를 수행하는데 있어서의 동기요인

동기에 관한 대부분의 양적인 연구는 동기와 성취도 간의 관계를 규명하는데 집중하였다. 그러나 동기와 성취도와의 관계는 흔히 생각하는 것처럼 그렇게 직접적이지는 않으며, 어떠한 기준으로 성취도를 측정하는가에 따라 상당히 다른 결과를 가져오기 십상이다. 동기가 높은 학생들

이 보다 오랜 시간 동안 끈기를 가지고 노력하게 되고 이러한 행동이 높은 성취도로 이어진다고 할 수 있지만 동기와 결과의 관계는 간접적이다. 왜냐하면 성취도는 동기 뿐 아니라 학습자의 능력, 학습 기회, 학습 환경, 과제의 종류 등의 여러 가지 요인에 영향을 받기 때문이다. 예를 들어 학습자가 어떠한 과제를 수행하는데 대단히 깊은 관심과 열의를 가지고 참여할 수 있지만 그것 자체가 좋은 결과를 보장하지는 않는다. 이런 경우에 학습의 결과가 좋지 않은 이유를 단순히 동기의 부족이라고 단정할 수는 없다.

3.3 양적 연구

학습자의 동기정도와 이것이 다른 요인들과 어떤 관계를 가지는지 보이기 위해서는 설문지가 주된 연구 도구로 사용되었다. 이는 70년대 이후 사회 심리학 분야에서 태도에 관련된 여러 가지 요인들을 과학적으로 측정할 수 있도록 개발한데서 비롯한 것으로 이후의 학습자 태도요인에 관련된 연구에 폭넓게 사용되었다. 학습자에게 단순히 '영어 학습에 관심이 있느냐, 동기가 있느냐?'라고 묻는다면 이는 응답자가 질문을 어떻게 이해하느냐에 따라 상당히 다른 답을 얻게 될 것이다. 연구자와 응답자가 '동기'에 대해 가지고 있는 개념이 상이할 경우 유의미한 자료를 모으기 힘든 점이 있다. 따라서 응답자의 응답을 끌어내기 위한 질문을 작성하는 것이 매우 중요하다. 만들어진 질문지가 어느 정도의 타당성과 신뢰성을 가지도록 하기 위해서는 먼저 동기라고 하는 개념을 하위 요인으로 나눌 수 있어야 한다. 그리고 각각에 해당하는 유사한 질문을 작성하고 (예를 들면 통합적 동기에 대한 질문 5개, 도구적 동기에 대한 질문 5개 등) 본 연구에 앞서 예비연구를 통해 적합성 여부를 시험해 보아야 한다.

3.3.1 설문지 척도

제2언어 동기를 측정하는 데는 사회심리학에서 널리 사용되는 Likert 척도나 의미구분 척도(semantic differential scales)를 사용한다. Likert 척도는 응답자로 하여금 해당 질문에 어느 정도로 동의, 혹은 반대하는지를 묻는 방법이다. 예를 들면,

> *Motivation research offers numerous sources of physical and intellectual enjoyment.*
> Strongly agree   Agree   Neither agree nor disagree   Disagree   Strongly disagree

응답내용은 숫자로 전환하여 (예: strongly agree = 5) 통계적인 절차에 의해 분석한다. Likert 척도는 긍정적-부정적인 태도에 관한 질문들로 구성되나, 측정하고자 하는 내용에 따라 관심영역(예: I love reading manuals)이나 가치판단(예: we should help the poor)에 관련된 항목을 포함할 수 있다.

의미구분 척도는 응답자들이 자유형 질문에 대답하는 대신 자신의 생각과 가장 일치한다고 생각하는 부분에 표시하도록 하는 방법이다. 예를 들면,

> Sheep are
> intelligent ___:___:___:___:___:___ stupid

이러한 척도는 의미적으로 상반된 관계에 있는 형용사를 사용하여 응답지를 구성할 때 효과적인 방법이다. 그러나 이 방법은 Likert 척도보다 물을 수 있는 질문이 제한되어 있으며 민감한 문제를 다룰 때에는 부정적인 형용사 사용에 각별한 주의가 필요하다.

3.3.2 설문항목 작성

한 가지 요인에 대해 한 개의 질문만을 작성한다면 이에 대한 올바른 응답을 하지 못할 확률이 높아지므로(fallibility) 각각의 하위 개념에 대해 조금씩 다른 질문을 여러 개 포함하는 것이 필요하다. Gardner의 AMTB 설문지에는 한 가지 요인에 대해 대개 4~6개의 유사한 질문들을 포함하고 있다. 설문을 구성하기 위해서는 먼저 연구하고자 하는 주제, 개념을 잘 대표할 수 있는 특징적인 문장(characteristic statement)을 생각해야 한다. 이 때 응답의 정확성을 높이기 위해서는 긍정적, 부정적인 항목이 적절히 섞여 있어야 한다. Oppenheim(1992)은 설문을 구성하는데 있어 가장 중요한 것은 설문지의 질문이 학습자에게 "meaningful and interesting" 해야 한다고 한다. 설문의 내용의 지나치세 딱딱하거나 응답자의 상황과 거리가 있는 경우, 응답자는 흥미를 잃게 되고, 따라서 정확한 결과를 얻을 가능성이 그만큼 낮아지기 때문이다. 흥미로운 설문 항목을 쓰기 위해서는 인터뷰 등의 자료를 활용, 실제적인 문장을 사용하는 것도 방법이 될 수 있다. 설문 항목을 만들 때 주의해야 할 내용을 요약하면 다음과 같다 (Dörnyei 2001: 203-204):

- Devise characteristic statements; avoid neutral or extreme formulations
- Avoid statements that may be interpreted in more than one way.
- Avoid statement that are likely to be endorsed by almost everyone or almost on one.
- Select items that are believed to cover the entire range of the affective scale of interest in a balanced manner.
- Include both positively and negatively worded items.
- Keep the language of the items simple, rear and direct; items should be short, rarely exceeding 20 words; they should preferably be in the form of simple rather than compound/complex sentences and should contain only one complete thought each.

- Use simple words, avoid acronyms, abbreviations, colloquialisms, provers, jargon, and technical terms; beware of loaded words (e.g. democratic, modern, natural, free, etc)
- Items containing universals such as all, always, none an never often introduce ambiguity and should be avoided; similarly, words such as only, just, merely should be used with care and moderation
- Avoid the use of double negatives because the disagree response to these is likely to create difficulty

3.3.3 항목 분석

위의 절차를 거쳐 항목을 구성한 뒤에는 이들이 과연 동일한 개념에 대한 질문인지 확인해 볼 필요가 있다. 즉 설문지 자체의 내부적 일관성(internal consistency)을 살펴보는 것이 필요하다. 이는 크론바하 알파 신뢰도 계수(cronbach alpha reliability coefficient)로 표시되며 이 계수는 항목간의 상관관계와 항목의 숫자에 따라 결정된다. 크론바하 계수는 0에서 1 사이의 숫자로 표시되며 1에 가까울수록 신뢰도가 높은 설문이라고 할 수 있다. 이 계수가 0.6 이하일 경우에는 항목들 간의 상관관계가 적거나, 항목이 부족하다고 할 수 있으며, 따라서 내용을 수정할 필요가 있다.

설문지를 구성하는데 있어 또 한 가지 생각해 보아야 할 것은 어떠한 형식으로 설문을 구성하는가 하는 것이다. 설문의 내용만 좋으면 형식은 별로 문제가 되지 않는다고 생각할지 모르나 사실은 이 형식이 응답자의 태도에 상당한 영향을 미친다. 무엇보다도 설문지가 너무 길어지지 않도록 되도록 적은 페이지에 포함시키도록 하는 것이 응답자로 하여금 부담을 덜 느끼게 한다. 지시문의 내용은 명확하고 분명해야 하며, 필요하면 예를 제시하여 응답자가 혼동을 일으켜 원래 의도대로 응답을 표시하지 못할 수 있다. 나이가 어린 응답자를 위한 설문일수록 친근감이 가는 글자 모양, 다양한 색, 필요하다면 간단한 그림을 삽입하여 설문을 흥미 있는 형태로 제시하는 것도 고려되어야 한다.

3.3.4 설문실시

설문을 실시하는 과정에서는 누구를 설문의 대상으로 선택할 것인가 하는 문제와, 응답자가 정확한 답을 하도록 하기 위한 방법, 응답의 내용에 대한 비밀보장을 약속하는 문제 등을 고려해야 한다.

설문 대상은 보통 연구에 자발적으로 참여하는 사람들을 선택하기 쉬운데, 이 때 자원자들이 원래 의도했던 그룹과 얼마나 유사한지 판단해야 한다. 설문에 참여한 사람들이 연구자가 의도한 그룹을 대표하지 않는 경우, 결과를 일반화하기 어려운 점이 있으므로 응답자 선정에 상당한 주의를 기울여야 한다. 응답자를 확보하기 위하여 때로는 응답자에게 금전적인 보상을 약속하는 경우도 있다. 설문을 실시하기에 앞서 진행자(교사)가 어떤 식으로 지시를 하는가 하는 것이 응답자의 응답에 영향을 미칠 수 있다. 응답자는 설문의 지시사항을 자세히 읽지 않는 경향이 있으므로 중요한 사항은 반드시 진행자가 알려주는 것이 필요하다. 설문의 목적과 내용의 어떠한 것인지에 대한 간단한 소개와 연구자의 배경을 알리는 것도 응답자로 하여금 "과학적인 연구"에 참여한다는 느낌을 불러일으킬 수 있고, 이것이 응답과정에서 보다 성실한 답을 얻는데 도움이 된다. 학교나, 기관을 방문하여 연구를 실시하는 경우 연구자는 사전에 해당 기관의 허가를 받는 것이 중요하다. 이는 연구자가 설문에 참여하는 대상을 잘 알지 못하는 경우 더욱 중요하며, 설문에 참여하는 대상을 잘 알고 있는 사람(교사, 혹은 관련기관 담당자)의 협조를 통해, 응답자의 응답이 매우 중요한 의의가 있음을 알리는 것이 필요하다. 짧은 시간 동안이지만 연구자와 응답자간에 유대감을 형성할 수 있도록 하는 것이 필요하며, 연구자는 권위적이기보다 친근하고 쉽게 다가갈 수 있는 이미지를 전달하는 것이 효과적이다. 많은 사람을 대상으로 하는 설문조사의 경우, 무기명으로 하는 경우가 대부분이나, 이 경우에도 응답자에게 응답의 내용은 절대적으로 비공개이며, 개인에 관련된 정보를 허락 없이 유출하지 않겠다는 약속을 해두는 것이 필요하다[8]. 또한 참여자들에게 연구의 결과에 대해 문의할 수 있도록 연구자의 연락처를 알리는 것도 중요하다.

3.3.5 결과 분석

위와 같은 과정을 거쳐 수집한 자료는 통계적인 분석을 통하여 결과를 제시하게 된다. 자세한 통계분석은 이에 관련된 자료를 참고로 하도록 하고, 본 장에서는 동기연구의 대표적인 분석법들을 간단히 살펴 보고자 한다[9].

동기연구에 관련된 양적 연구들은 크게 다음과 같은 분석 방법을 택하여 왔다.

- 기술분석 연구(survey, descriptive studies)
- 상관분석 연구(correlational studies)
- 요인분석 연구(factor analytical studies)
- 실험연구(experimental studies)

기술분석 연구는 '외국어 학습 동기가 무엇인가'라든지, '통합적, 도구적, 혹은 내면적, 외부적 종기요인이 각각 어떠한 정도로 영향을 미치는지' 등에 관련된 주제를 다룬다. 그러나 단순한 기술적인 통계(각 항목의 평균, 또는 빈도)만을 내용으로 하는 것은 큰 의의가 없을 수도 있기 때문에 연구의 결과를 나이, 성별, 국가, 학습경험 등이 다른 그룹과 비교

---

8) 미국의 경우 Human Research Committee에 어떤 내용의 설문을 누구를 대상으로 하겠다는 연구계획을 미리 알리고, 이 안이 위원회의 승인을 얻은 후에야 연구를 실시할 수 있다. 또한 설문에 앞서 개개인에게 연구에 참여할 것에 동의하는 동의서에 연구자와 참여자 모두가 날인을 하여, 한 부씩 보관하도록 되어있다.
9) 기본적인 통계의 이해를 위해서는 다음과 같은 자료를 참조할 수 있다:
강병서, 김계수. 2001. 사회학 통계분석. 서울: SPSS 아카데미.
우수명. 2001. 마우스로 잡는 SPSS 10.0. 서울: 인간과 복지.
원태연, 정성원. 2001. 통계조사분석. 서울: SPSS 아카데미.
이학식, 김영, 2001. SPSS 10.0 매뉴얼 - 통계분석 방법 및 해설. 서울: 법문사.

하거나, 목표어가 다른 그룹을 비교한다든지 하는 것이 필요하다. 이때 그룹 간에 다른 점이 있다면 그에 대한 이유와 영향을 미칠 수 있는 변인들을 설명하는 것이 필요하다.

상관분석은 연구하고자 하는 변인들 간의 상관관계 정도가 얼마나 되는지 알아보는 분석 방법으로 제2언어 동기관련 연구에 가장 널리 쓰이는 분석 방법 중 한 가지이다. 이 방법은 통계적인 조작과 결과 해석이 간단할 뿐 아니라, 회귀분석(regression analysis)이나 요인분석의 기본의 되므로 변인들간의 관계를 살펴보는 연구들에서 널리 사용된다. 상관관계의 정도는 상관계수(correlation coefficients)로 표시되며 이는 -1에서 +1 사이의 숫자로 나타난다. 절대값이 1에 가까울수록 상관관계가 높다고 할 수 있으며, -가 붙는 경우 부적인 상관관계가 있다고 하고, +인 경우, 양적인 상관관계가 있다고 한다. 상관계수가 0인 경우에는 두 변인 사이에 아무런 상관이 없는 경우이다. 동기 관련된 연구들에 보고 된 상관관계는 보통 0.30-0.50 사이에 있다.

상관관계를 바탕으로 한 연구는 동기요인과 노력여부, 외국어 학습에 투자하는 시간 정도, 학습전략, 성취도와의 상관 정도를 연구 주제로 다루기도 하고, 학습자의 개별적인 특성, 즉 제 2언어 숙달도, 성격, 학습유형, 목표와의 접촉 정도와의 관련성을 주제로 연구하기도 한다. 또한 부모의 영향이나, 학습자 자신이 결단 정도, 과제에 대한 태도, 교사에 대한 태도간의 복합적인 관계를 보기도 한다. 각 변인들 간의 상관관계의 강도를 알아보기 위해, 회귀분석을 이용하기도 한다.

요인분석은 설문응답을 바탕으로 하여 설문의 내용을 몇 가지의 중요한 요인(factors)으로 줄이는 자료 분석 방법이다. 이는 개별적인 설문 항목들을 주요한 개념을 중심으로 그룹핑하는 과정으로 초기의 동기관련 연구들의 대부분은 이 방법에 근거하여 동기에 관련된 주요 개념들을 정의하였다. 예를 들면 Gardner and Lambert(1959)가 주장하는 통합적 동기 요인은 'willingness to be like valued members of the language community'(p. 271)라고 하는 요인을 추출해 냄으로써 생겨난 개념이다. 따라서 이 분석 방법은 설문의 내용을 몇 가지 주요한 개념을 중심으로 축소하고자 하는 경우, 또한 이후의 설문을 위한 점검과정에서 유용하게 사용될 수 있는 분석 방법이다.

상관관계나 요인 분석은 선행 연구를 통해 알려진 변인들을 대상으로 이들의 관계를 연구하는데 비해, 변수요인을 변화 시켰을 때 어떤 변화가 일어나는지 보고자 하는 것이 실험 연구이다. 이는 일정한 조건을 변화시켰을 때 어떠한 변화가 일어나는지 관찰함으로써 학습자의 행동의 변화를 줄 수 있는 요인이 무엇인지 밝히고자 하는데 목적을 둔다. 제2언어 학습 동기에 관한 분야에서는 실험 연구가 많지 않은 편인데 이는 동기에 영향을 미친다고 생각되는 변인들(나이, 성격, 국가 등)이 실험 연구를 위해 필요한 어떤 처리(treatment)나 중재(intervention)를 할 수 없다는 것이 큰 이유였다. 또한 실험 연구를 위해서는 한, 두 가지 변인에만 초점을 맞추어야 하는데 이는 제2언어 학습 동기와 같이 여러 가지 요인이 복합적으로, 동시에 작용하는 과정을 살펴보기에는 부적합하다는 이유 때문이기도 하다. 실제 실험 연구를 실시한 연구들의 경우도, 실험 연구를 위해 전제되어야 하는 실험대상의 무작위적 산출(random assignment)이라는 조건을 만족시키지는 못하고, 유사한 조건이 만족되는 수준에서 진행할 수밖에 없다. 또한 실험에 참여하는 참여자들이 실험이라고 하는 인위적 조건을 인식하기 때문에 평소와는 다소 차이가 있는 행동을 보여줄 수 있기 때문에 결과를 해석하는데 있어 주의를 요한다. 실험 연구에는 다음과 같은 주제를 다룰 수 있다.

- 학습 방법에 따른 학습자의 동기변화
- 제2언어 환경에의 노출이 동기에 미치는 변화
- 과제에 따른 동기의 변화
- 다양한 피드백이 동기에 미치는 영향
- 동기전략(motivational strategies)의 사용이 동기에 미치는 영향(Reilly, 1994)

3.4 질적 연구

대부분의 제2언어 학습 동기에 관한 연구가 많은 수의 참여자를 대상으로 한 양적 연구 방법을 사용하고 있으나 최근 질적 연구 방법에 대한 관심이 높아지면서 인터뷰나 관찰은 통한 사례 연구도 증가하고 있는 추세이다. 인터뷰는 질적 연구의 대표적인 방법인데, 연구의 목적이나 참여자의 특징에 따라 조금씩 다른 방법으로 진행될 수 있다. 인터뷰 연구의 중요성에 대해 Ushioda(1994)는 다음과 같이 역설하고 있다.

> . . . the generally positive impact of high levels of motivation on levels of L2 achievement has been extensively documented in the existing quantitative research tradition. A more introspective approach to the perceived dynamic interplay between learning experience and individual motivational thought processes may offer a better understanding of how these high levels of processes may offer a better understanding of how these high levels of motivation might be effectively promoted and sustained. (Ushioda 1994: 83)

구조적 인터뷰(structured interview)는 인터뷰를 하는 사람이 미리 준비한 질문을 가지고 모든 인터뷰 대상자에게 동일한 질문을 하는 방법이다. 이는 연구자가 원하는 부분에 초점을 맞추어 자료를 수집할 수 있고, 참여자들의 응답을 비교하기 쉬운 점이 있다. 그러나 응답자의 자유로운 발표기회를 제한하기 때문에 질적 연구의 장점인 풍부한 자료(rich data)를 얻는데 효과적이지 못할 수 있다.

반면 비구조적 인터뷰(unstructured interview)는 응답자에게 주제에 관해 최대한의 표현을 할 수 있도록 융통성을 허용하는 방법이다. 이 때 응답자가 충분한 자료를 제공하기 위해서는 편안한 상태에서 할 수 있도록 배려하는 것이 필요하다. 위의 두 가지 방법을 어느 정도 절충하여(semi structured interview) 연구자가 미리 질문을 준비하되 응답자가 질문에 대해 되도록 상세히 응답할 수 있도록 할 수 있다. 개개인을 대상으로 하는 인터뷰도 가능하지만 한꺼번에 6~12명을 모아 연구자가 사회자가 되고, 주어진 주제에 대해 자유롭게 토론하는 방식을 취할 수도 있다.

인터뷰 자료는 대부분 녹음하게 되고, 이를 녹취한 자료를 분석의 대상으로 한다. 사례연구의 경우 인터뷰뿐 아니라 관찰일지, 연구 대상자의 자료 등 여러 가지 자료를 복합적으로 다루게 된다. 이처럼 다양한 종류의 자료와 방대한 분량 때문에 한 가지 정해진 틀 안에서 자료를 분석하는 것은 불가능하다. 수집한 자료가 어떠한 중요한 유형을 보이는지 관찰하기 위해서 보통 다음과 같은 절차를 따른다 (Dörnyei 2001: 239).

- 초기 코딩(initial coding): 모든 녹음된 자료를 살펴보는 과정
- 광범위한 범주 찾기: 자료에 나타나는 핵심 아이디어, 가설 등을 찾아 비슷한 것끼리 범주화 한다.
- 유형 비교: 응답의 내용에 따라 중심주제(themes)와 논지(arguments)를 찾는다. 가상의 유형을 찾는다.
- 인터뷰의 주제 결정: 가장 중심이 되는 주제를 선택하고 이에 따른 이론적, 현실적 의의를 찾는다.

초기 제2언어 동기 연구가 사회 심리학 분야의 질적 연구에 영향을 받은 탓에 최근까지 질적 연구 방법을 택하는 연구자는 극히 드물었다. 그러나 동기에 관한 연구가 진행될수록 이 주제가 가지는 다양성과 복합성을 절감하게 되고, 따라서 동기 연구에 새로운 면을 관찰하고, 이전 연구를 새로운 시각으로 보기 위해서는 연구 방법 면에 있어서도 변화가 필요하다. Ushioda(1994), Dörnyei(1998), Williams and Burden(1999) 등은 비교적 적은 수의 학습자들을 대상으로 이전의 양적 연구들에서 논의된 개념들이 실제 개별 학습자에게 어떻게 적용되는지 살펴본 대표적 연구들이다.

3.5 통합적 연구방법

제2언어 습득에 관한 연구가 협동연구(collaborative research)의 성격을 띠게 되면서 이전에 대립적으로 이해되던 연구방법을 통합하고자 하는 노력이 많아지게 되었다. 이러한 연구는 몇 가지 다른 방법으로 진행될 수 있다.

- Two-phase designs: 양적인 연구와 질적인 연구를 각각 독립적으로 진행하는 방법이다. 예를 들어 인터뷰를 통하여 찾아낸 주제를 설문연구를 통해 확인하는 방법이 이에 해당한다.
- Dominant-less dominant design: 두 가지 방법 중 한 가지 방법을 주된 연구방법으로 사용하는 것이다. 예를 들어 인터뷰를 통해 얻은 질적 자료를 사용하여 양적연구를 이용한 설문을 만드는 것이다.
- Mixed-methodology designs: 두 가지 방법 모두를 통합하는 경우를 말한다. 인터뷰, 관찰일지, 학습자의 구어언어 자료 등의 여러 가지 가능한 방법을 동원하여 현상을 관찰하는 경우를 말한다.

4. 요약 및 결론

제2언어 학습 동기에 관한 연구는 70년대 Gardner를 시작으로 개인의 기대, 가치, 목적의 설정이 어떠한 사회적인 요인에 영향을 받는지에 집중되었다. 초기의 동기 연구는 사회-심리학적인 요인이 제2언어 학습 성취도에 어떠한 영향을 미치는지 살펴보았다. 이들 연구들은 학습자의 목표어에 대한 태도가 동기에 영향을 미친다는 점에 주목하여 통합적 동기를 중요시 하였다. 그러나 통합적인 동기가 매우 제한된 ESL 학습 상황을 바탕으로 한다는 점에서 모든 상황에 동일하게 적용될 수 없음이 지적되었다. 따라서 1990년대 이후의 연구들은 일반 심리학적인 이론에 근거하여 상황에 따라 다른 동기 요인들을 밝히고자 하였다. 이런 점에서 자기 결정이론이나 귀속이론 등은 제2언어 학습 동기이론을 설명하는데 유용한 틀을 제공하였다고 할 수 있다. 최근에는 동기가 어떤 수준에서 고정된 채로 있는 것이 아니라 결정을 내리는 단계, 이후 학습을 유지하는 단계에서 계속해서 평가하고 유지하는 역동적인 과정임을 주장하는 연구들이 새롭게 대두되고 있다. 이러한 변화는 Eccles 외(1998)의 주장에서도 잘 볼 수 있다.

> The view of motivation has changed dramatically over the last half of the 20th century, going from a biologically based drive perspective to a behavioral-mechanistic perspective, and then to a cognitive-mediational/constructivist perspective. *The conception of the individuals as a purposeful goal-directed actor who must coordinate multiple goals and desires across multiple context within both short- and long-range time frames currently is prominent.* As we approach the 21st century, the role of affect and less conscious processes is reemerging as a central theme. Complementing this more complex view of the psychology of motivation, researchers interested in the contextual influences on motivation are also adopting more complex and multicontextual frameworks. (Eccles et al. 1998: 1074)

이처럼 동기의 발달과정에 관심을 둔 연구들이 진행되기 위해서는 설문에 의한 양적 연구보다 장기간에 걸친 질적 연구 방법이 고려되어야 한다. 이제까지의 설문 중심의 연구에서 탈피하여 연구 대상자를 성인 뿐 아니라 초등학생을 포함하는 어린 학습자들에게까지 확대하는 노력이 필요하다. 이러한 노력과 함께 이제까지의 동기 이론을 포괄적으로 묶을 수 있는 새로운 이론적 틀이 필요하다. 몇 가지 모델이 제시되었으나 아직 현장 연구에 의한 자료가 부족함으로 다양한 상황에서의 실험을 통해 가설을 수정하고 보완하려는 노력이 필요하다. 연구 방법 면에서의 새로운 시도와 이를 통해 얻어진 결과를 바탕으로 새로운 이론을 탐구하는 것이 제2언어 학습자 동기연구의 중요한 과제라고 생각된다.

참고문헌

강병서, 김계수. 2001. *사회학 통계분석*. 서울: SPSS 아카데미.
김영미, 김아영. 1998. "초등학교 아동의 학원 수강과 학습동기 및 학업 성취도 간의 관계," *교과교육학연구* 2.1, 240-254.
박숙희. 1996. "L2학습 동기이론에 대한 고찰," *동아영어영문학* 12, 137-153.
우수명. 2001. *마우스로 잡는 SPSS 10.0*. 서울: 인간과 복지.
원태연, 정성원. 2001. *통계조사분석*. 서울: SPSS 아카데미.
이신유, 황병희. 2002. "흥미 있는 영어수업을 위한 학습동기 방안 연구," *교육연구논집* 19, 45-77.
이일연. 2002. "동기와 전략으로 본 영어 학습자들의 성향 분석," *영어어문교육* 8.2, 151-176.
이학식, 김영, 2001. *SPSS 10.0 매뉴얼-통계분석 방법 및 해설*. 서울: 법문사.
이효웅. 2002. "영어 학습 태도, 동기 및 책략의 상관관계," *부산영어교육* 14.1, 189-211.
임상봉. 2001. "초등 영어 학습자들의 학습 동기 유발과 지속을 위한 효과적인 교수전략 연구," *초등영어교육* 7.2, 121-163.
Atkinson, J. W. and J. O. Raynor, eds. 1974. *Motivation and Achievement*. Washington DC: Winston and Sons.
Benson, P. 2000. *Teaching and Researching Autonomy in Language Learning*. London: Longman.
Brown, H. D. 1994. *Teaching by Principles*. Englewood Cliffs, NJ: Prentice Hall.
Cha, J. G. 1998. "Motivation in Second/Foreign Language Learning and Teaching," *Pusan English Education* 9.1, 207-229.
Clément, R. and B. G. Kruidenier. 1983. "Orientations in Second Language Acquisition:

The Effect of Ethnicity, Milieu, and Target Language on their Emergence," *Language Learning* 33, 273-291.
Clément R., R. C. Gardner and P. C. Smythe. 1997. "Motivational Variables in Second Language Acquisition: A Study of Francophones Learning English," *Canadian Journal of Behavioral Science* 9, 123-133.
Clément, R., Z. Dörnyei, and A. K. Noels. 1994. "Motivation, Self-confidence, and Group Cohesion in the Foreign Language Classroom," *Language Learning* 44.3, 417-448.
Crooks, G. and R. W. Schmidt. 1991. "Motivation: Reopening the Research Agenda," *Language Learning* 41, 469-512.
Deci, E. L. and R. M. Ryan. 1985. *Intrinsic Motivation and Self-determination in Human Behavior*. New York: Plenum.
Dörnyei, Z. 1990. "Conceptualizing Motivation in Foreign Language Learning," *Language Learning* 40, 45-78.
Dörnyei, Z. 1994. "Motivation and Motivating in the Foreign Language Classroom," *Modern Language Journal* 78, 273-284.
Dörnyei, Z. 1995. "On the Teachability of Communication Strategies," *TESOL Quarterly* 29, 55-85.
Dörnyei, Z. 1997. "Psychological Processes in Cooperative Language Learning: Group Dynamics and Motivation," *Modern Language Journal* 81, 482-493.
Dörnyei, Z. 1998. "Demotivation in Foreign Language Learning," Paper presented at the TESOL '98 Congress, Seattle, WA.
Dörnyei, Z. 2001. *Teaching and Researching Motivation*. London: Longman.
Dörnyei, Z. 2003. "Attitudes, Orientations, and Motivations in Language Learning: Advances in Theory, Research, and Applications." In Z. Zoltan, ed., *Attitudes, Orientations, and Motivations in Language Learning*, 3-32. Oxford: Blackwell.
Dörnyei, Z. (in press). *The Psychology of the Language Learner: Individual Differences in Second Language Acquisition*. Mahwah, NJ: Lawrence Erlbaum.
Dörnyei, Z. and I. Otto. 1998. "Motivation in Action: A Process Model of L2 Motivation," *Working Papers in Applied Linguistics* 4, 43-69.
Dörnyei, Z. and R. Clément. 2000. "Motivational Characteristics of Learning Different Target Languages: Results of a Nationwide Survey," Paper presented at the AAAL Convention, Vancouver, Canada.

Dörnyei, Z. and J. Kormos. 2000. "The Role of Individual and Social Variables in Oral Task Performance," *Language Teaching Research* 4, 275-300.

Eccles, J. S., A. Wigfiled, and A. Schiefele. 1998. "Motivation to Succeed," In W. Damon and N. Eisenberg, eds., *Handbook of Child Psychology* (5th edition). vol. 3: *Social, Emotional, and Personality Development.* 1017-1095. New York: John Wiley & Sons.

Ehrman, M. E. and Z. Dörnyei. 1998. *Interpersonal Dynamics in Second Language Education: The Visible and Invisible Classroom.* Thousand Oaks, CA: Sage.

Ely, C. M. 1986. "Language Learning Motivation: A Descriptive and Causal Analysis," *Modern Language Journal* 79.1, 67-89.

Edwards, P. and S. H. Kim. 2004a. "Willingness to Communicate in English among 4000 Korean University Students," Paper presented at the AAAL Convention, Portland, Oregon.

Edwards, P. and S. H. Kim. 2004b. "Motivational Self among Korean Learners: Understanding Ambivalence toward English," Paper presented at the Asia TEFL Conference, Seoul, Korea.

Ellis, R. 1994. *The Study of Second Language Acquisition.* Oxford: Oxford University Press.

Gardner, R. C. 1979. "Social Psychological Aspects of Second Language Acquisition," In H. Giles and St. Clair R. eds., *Language and Social Psychology*, 193-220. Oxford: Backwell.

Gardner, R. C. 1985. *Social Psychology and Second Language Learning: The Role of Attitudes and Motivation.* London: Edward Arnold.

Gardner, R. C., A-M. Masgoret and P. F. Tremblay. 1999. "Home Background Characteristics and Second Language Learning," *Journal of Language and Social Psychology* 18, 419-437.

Gardner, R. C. and P. D. MacIntyre 1993. "On the Measurement of Affective Variables in Second Language Learning," *Language Learning* 43.2, 157-194.

Gardner, R. C. and W. E. Lambert. 1959. "Motivational Variables in Second Language Acquisition," *Canadian Journal of Psychology* 13, 266-272.

Gardner, R. C. and W. E. Lambert. 1972. *Attitudes and Motivation in Second Language Learning.* Rowley, MA: Newbury House.

Julkunen, K. 1989. *Situation-and Task-specific Motivation in Foreign-Language Learning*

and Teaching. Joensuu: University of Joensuu.
Kang, D. H. 1999. *Motivation and its Change in EFL Contexts (Foreign Language Learning Motivation)*. Doctoral Dissertation, Indiana University.
Kang, D. H. 2001. "Foreign Language Learning (EFL) Motivation Revisited," *Foreign Languages Education*, 8.2, 223-244.
Keller, J. M. 1983. "Motivational Design of Instruction," In C. M. Reigelruth ed., *Instructional Design Theories and Models: An Overview of Their Current Status*, 383-434. Hillsdale, NJ: Erlbaum.
Kim, H. D. and K. H. Kim. 2002. "English Learners' Motivational Orientation and Perception of Interest and Usefulness," *Applied Linguistics* 18.1, 151-174.
Krashen, S. and T. Terrell. 1983. *The Natural Approach: Language Acquisition in the Classroom*. Oxford: Pergamon.
McGroarty, M. 1998. "Constructive and Constructivist Challenges for Applied Linguistics," *Language Learning* 48, 591-622.
Noels, K. A., R. Clément, and L. G. Pelletier. 1999. Perceptions of Teachers' Communicative Style and Students' Intrinsic and Extrinsic Motivation. *Modern Language Journal* 83, 23-34.
Noels, K. A., L. G. Pelletier, R. Clément, and R. J. Vallerand. 2000. "Why Are You Learning a Second Language? Motivational Orientations and Self-determination Theory," *Language Learning* 50, 57-85.
Oppenheim A. N. 1992. *Questionnaire Design, Interviewing and Attitude Measurement*. London: Pinter.
Oxford, R. L. and J. Shearin, 1994. "Language Learning Motivation: Expanding the Theoretical Framework," *Modern Language Journal* 78, 12-28.
Pintrich P. R. and D. H. Schunk. 1996. *Motivation in Education: Theory, Research, and Applications*. Englewood Cliffs, NJ: Prentice Hall.
Reilly, P. J. 1994. "The Effect of Teacher Strategies on Student's Motivation Levels in English Language Classroom," MA thesis. The University of the Americas, Mexico City.
Schmidt, R., D. Borai and O. Kassabgy. 1996. "Foreign Language Motivation: Internal Structure and External Connections," In R. Oxford. ed., *Language Learning Motivation: Pathways to the New Century*, vol. 11, 9-70. Honolulu, HI: University of Hawaii Press.

Schumann, J. 1998. *The Neurobiology of Affect in Language*. Oxford: Blackwell.
Song, S. H. 2002. "Motivation in L2 Learning," *Primary English Education* 8.1, 295-322.
Tremblay, P. F. and R. C. Gardner. 1995. "Expanding the Motivation Construct in Language Learning," *Modern Language Journal* 79. 4, 505-518.
Ushioda, E. 1994. "L2 Motivation as a Qualitative Construct," *Teanga* 14, 76-84.
Ushioda, E. 1996a. *Learner Autonomy 5: The Role of Motivation*. Dublin: Authentik.
Ushioda, E. 1996b. "Developing a Dynamic Concept of Motivation," In T. Hickey and J. Williams, eds., *Language, Education and Society in a Changing World*, 239-245. Clevedon: Multilingual Matters.
Ushioda, E. 1998. "Effective Motivational Thinking: A Cognitive Theoretical Approach to the Study of Language Learning Motivation," In E. A. Soler and V. C. Espurz, eds., *Current Issues in English Language Methodology*, 77-89. Castell de la Plana, Spain: Universitat Jaume.
Ushioda, E. 2003. "Motivation as a Socially Mediated Process," In D. Little, J. Ridley and E. Ushioda. eds., *Learner Autonomy in the Foreign Language Classroom: Teacher, Learner, Curriculum, Assessment*, 90-102. Dublin: Authentik.
Weiner, B. 1986. *An Attributional Theory of Motivation and Emotion*. New York: Springer-Verlag.
Williams, M. 1994. "Motivation in Foreign and Second Language Learning: An Interactive Perspective," *Educational and Child Psychology* 11, 77-84.
Williams, M. and R. Burden. 1997. *Psychology for Language Teachers*. Cambridge: Cambridge University Press.
Williams, M. and R. Burden. 1999. "Students' Developing Conceptions of Themselves as Language Learners," *Modern Language Journal* 83, 193-201.

부 록

동기연구에 관한 자료를 탐색하기 위해서는 다음과 같은 출처를 이용할 수 있다. 이들 중에는 온라인으로 논문을 볼 수 있는 경우도 있고 그렇지 않은 경우에는 대학도서관의 정기 간행물실을 이용하여 구할 수 있다.

주요 저널
- Modern Language Journal
- Language Learning
- Studies in Second Language Acquisition
- Foreign Language Annals
- Canadian Modern Language Review
- System

검색엔진
최근에 발간된 책이나 논문을 빨리 구하기 위해서는 온라인을 통해 자료를 검색하는 것이 효과적이다. 다음은 참고할 만한 검색엔진이다.

- Books in Print
- The MLA International Bibliography - Modern Language Association of America의 검색엔진으로 3000여 저널의 문학, 언어학, 언어 등의 걸친 자료를 보유하고 있다.
- ERIC - 미국 교육부(The US Department of education)가장 광범위한 자료를 보유하고 있음.
- Linguistics and Language Behavior Abstracts - 25,000권의 책, 편집된 책의 장, 논문 등을 검색할 수 있음.
- Social Sciences Citation Index
- Arts and Humanities Citation Index
- 한국교육학술 정보원 사이트(http://www.riss4u.net/)

대화분석과 영어교육

박 용 예*

1. 서론

일상생활에서 우리가 대화를 할 때 우리는 어떻게 상대방의 말이 끝나서 내가 말을 시작해도 된다는 것을 알 수 있는가? 우리는 어떻게 말겹침(overlap)이 별로 없이 대화를 유지해나갈 수 있는가? 우리는 어떻게 대화를 시작하고 연결해가고 끝내는가? 대화에서 우리는 규칙성을 발견할 수 있는가? 우리는 대화를 통하여 무엇을 성취하고 이는 구체적으로 어떻게 성취되는가?

이런 질문들에 대해 대화분석자들은, 대화에는 질서가 항상 존재하고 (order at all time) (cf., Sacks 1992), 매우 체계적으로 구성되어있으며, 대화를 통하여 우리는 언어 자체뿐 아니라 끊임없이 어떤 행위[1]를 함께 이루어간다고 답한다 (Heritage 1984b; Hutchby & Wooffitt 1998; Levinson 1983; Sacks, Schegloff, & Jefferson 1974; ten Have 1999 등). 아울러 이들은 대화중의 상호작용과 거기에 사용되는 언어가 어떻게 각각의 형성에 서로 영향을 미치는가에 주목하는데, 이 장에서는 먼저 이러한 대화분석이 어떤 것인지를 소개하고 영어교육 분야와 관련하여 대화분석은

---

* 서울대학교 영어영문학과 (parky@snu.ac.kr)
1) 이 때의 행위는 Austin(1962)이나 Searle(1965) 등이 제시한 화행(speech act)과는 좀 다른 개념이다. 화행이 상황 맥락을 고려하지 않은 (decontextualized), 주로 직관에 의존하는 개념이라면, 대화분석에서의 행위(action)는 실제 상화에서의 실제 발화가 수반하는 구체적인 행위를 의미한다 (cf., Hutchby & Wooffitt 1998; Schegloff 1992, 1996; Schegloff, Koshik, Jacoby, & Olsher 2002).

어떤 식으로 공헌할 수 있는가에 대해 살펴보기로 하겠다.

이를 위해, 2절에서는 대화분석이 어떻게 구성되는가, 또는 대화분석에서 설명하는 대화의 구조나 기본적 대화의 특성은 무엇인가에 대해 살펴보고, 3절에서는 실제 대화분석을 하는 과정을 간단하게 보도록 하겠다. 그 다음으로 4절에서는 대화분석을 이용한 다양한 연구들을 통하여 대화분석이 언어학과 응용언어학 연구에 어떻게 공헌하여왔는가를 간략하게 보고 마지막으로 5절에서는 특히 영어교육학과 관련하여 대화분석이 어떻게 사용되고 공헌할 수 있는가를 제시하려고 한다. 이러한 구성은, 대화분석이 최근 영어교육 분야 연구에 사용될 수 있는 정성적(qualitative) 분석 방법론으로 주목받게 되었으나(e.g., Lazarton 1995, 2000), 아직 영어교육이나 제이언어습득론에서 널리 다루어지는 것은 아니어서 좀더 포괄적인 소개가 필요하다고 보기 때문이다.

그럼 먼저, 대화분석(conversation analysis)이 무엇인가부터 간단하게 살펴보겠다. Hutchby and Wooffitt(1998:14)에서는 대화분석이 "자연스럽게 일어나는 언어상호작용을 녹음하여 연구하는 것 (the study of recorded, naturally occurring talk-in-interaction)"이라고 정의한다. 이때 "언어상호작용(talk-in-interaction)"이라는 말은 대화분석의 대상으로 "대화(conversation)"보다 좀더 일반적으로 사용되고 있는데, 이는 대화분석이 분석 대상으로 삼는 언어 현상이 일상 대화(mundane conversation)에 국한되는 것이 아니라, 뉴스 인터뷰나 병원, 법정에서의 언어, 언어 개인지도(tutoring) 상황 등 매우 다양한 장르에 걸쳐 있어서(cf., Schegloff, Koshik, Jacoby, & Olsher 2002) 이를 모두 포괄하는 용어를 쓰는 것이 중요하기 때문이다.

그럼 대화분석이 이러한 언어상호작용에서 연구하고자 하는 것은 무엇인가? 이는 2절에서 대화분석이라는 방법론이 지금까지 관심있게 분석해 온 영역들을 보면 좀더 설명이 되겠지만, 일단 언어상호작용이 어떻게 이루어지는가를 보면서, 언어상호작용을 구성하는 규칙성(orderliness)을 규명해내는 것이라 볼 수 있을 것이다. 이때 대화분석자들의 분석에 있어서 특징적인 것은, 이들이 분석자의 관점에서가 아니라 철저하게 대화 참여자들의 관점에서 참여자들 스스로가 바로 앞의 말차례(turn)를 어떻게 분석하고 이해하는가, 그리고 그 이해의 결과로 그들은 다시 어떻게 자신들의 말차례를 구성하는가를 보려고 한다는 것이다. 즉, 말차례 단계마다(turn-by-turn) 대화참여자들 스스로가 보이는 방향성(orientation)에 따라 무엇이 진행되는가('what is going on')를 "왜 이것이 지금(일어나는가)(why-this-now)"의 문제로 생각하며 접근하는 것이다.

이러한 대화분석은 사실 대화 자료에 접근하는 방법론에 따라 몇 가지로 나뉠 수 있는데, 이 장에서 언급하는 것은 특히 1960년대 후반과 1970년대부터 Sacks, Schegloff나 Jefferson 등의 학자들이 시작한 분석 방법론(cf., Schegloff et al. 2002)을 의미함을 밝혀둔다. 이러한 방법론은, 실제 대화나 담화 자료를 다루지만 접근 방법이나 관심 주제에서 차이가 있는, Gumperz, Tannen 등의 연구나, Sinclair and Coulthard(1976) 이래로 주로 교실 수업 자료를 중심으로 이루어지기 시작한 담화분석 등과도 많은 차이가 있다. 여기서는 Sacks, Schegloff, and Jefferson(1974)에서 제시되고 발전되어온 방식을 따르도록 하겠다.

아울러, 이 장에서 소개하는 대화분석은 지면상 매우 제한적인 정도밖에 언급할 수 없기 때문에 좀더 포괄적인 이해를 위해서는 김해연(2000), Sacks, Schelgoff, and Jefferson(1974)나 Levinson(1983)에서의 대화분석 개요, 또는 Heritage(1984b), Hutchby and Wooffitt(1998), ten Have(1999) 등을 참고할 수 있을 것이다.

2. 대화분석의 구성

대화분석에는 대화분석을 구성하는 몇 가지 중요 조직들(organizations)

이나 연속체 구성 등이 있다. 이들은 대화가 어떻게 구성되고 조직되어 있는가를 설명하는 대화분석의 세부 연구 영역들이라고 할 수 있으며 이 각각의 영역을 바탕으로 여러 연구들이 수행되고 발전되어왔다. 이 가운데 본고에서 언급하려고 하는 것은 말차례 맡기 구조, 연속체 구조, 수정 구조, 그리고 전화대화 시작 연속체이다.

2.1 말차례 맡기 구조 (Turn-taking Organization)

말차례 맡기에 대한 것은 Sacks, Schegloff, and Jefferson(1974)의 논문이 가장 기본적이라고 할 수 있는데 이 논문에서 강조하는 것은 대화에서 말차례 맡기는, 철저하게 대화 참여자들 스스로에 의해 행해지고 (participant administered), 말차례 한 단계마다(turn-by-turn) 그때 그때 조절이 되며 (locally managed), 상호작용에 의해 통제되고(interactionally controlled), 철저하게 청자지향적인 구조를 지닌다는 것(recipient design) 이다. 즉, 일반적인 대화에 참여하는 수나 참여자의 말차례 길이나 양은 미리 정해지거나 누가 지정하는 것이 아니라 순간순간의 말차례 맡기 조직에 의해 결정되는 것이다.

말차례 맡기 조직을 좀더 자세히 보면 크게 두 가지로 어떻게 각자의 말차례가 구성되는가와 이러한 말차례가 어떻게 배분되는가로 나뉘어진다. 먼저 말차례의 구성에 대해 살펴보기로 하자. 언어학에서의 기본 단위를 문장으로 본다면 일반 대화에서의 기본 단위는 말차례(turn)라고 할 수 있는데, 이 말차례는 다시 단어, 구, 절, 문장 단위의 네 가지 말차례 구성 단위(turn construction unit 또는 TCU)로 나뉜다.

이러한 말차례 구성 단위는 일반적인 대화에서 한 사람의 말차례에 기본적으로 하나씩이 주어진다고 본다. 이제 이러한 말차례의 배분에 대해 살펴보기로 하자. 말차례맡기에서 말차례의 배분은 앞에서 언급되었듯이 상호작용적으로, 참여자들 스스로에 의해 수행된다. 그리고 그 메카니즘

은 다음과 같다: 하나의 말차례 구성 단위의 끝 부분에 가면 전이 적합 지점(transition relevance place 또는 줄여서 TRP), 즉 다음 사람이 말차례를 맡기 위한 전이에 적합한 지점이 된다. 여기에서 말차례의 전이는 다음과 같은 규칙에 의해 결정이 된다 (Sacks et al. 1974):

규칙 1. a. 말차례 구성 단위를 마친 현재의 화자가 다음 화자를 지정한다. 이 경우 지정된 다음 화자가 말차례를 받는다.
b. 현재의 화자가 다음 화자를 지정하지 않는 경우는 그 대화에 참여하고 있는 어떤 참여자들이든 스스로 말차례를 맡을 수 있(으나 꼭 맡지 않아도 무관하)다. 첫 번째 참여자가 말차례를 맡게 된다.
c. 아무도 말차례를 맡지 않을 경우 현재의 화자가 다시 말차례를 맡을 수도 있다.

규칙 2. 다음 번의 말차례 구성 단위에서는 다시 위의 a-c까지의 규칙이 반복하여 적용되게 된다.

말차례는 이러한 방식으로 구성되고 배분되게 되는데 여기에서 중요한 것은 말차례 배분에 있어서의 투사 가능성(projectability)이다. 즉, 대화 참여자들은 전이 적합 지점에 이르면 문법과 억양, 그리고 화용론적 완결성에 근거하여 (cf. Ford and Thompson 1996) 그 지점까지 발화된 것이 말차례 맡기 단위(TCU)의 완결된 단위인가 아닌가를 모니터할 수 있고 이에 따라 다음 말차례로의 전이가 가능하다는 것을 미리 알 수 있게 된다는 것이다. 결국 말차례의 전이는 이런 메카니즘에 의해 어느 누가 지정을 하지 않아도 매우 체계적이고 규칙성있게 일어나게 된다고 할 수 있다.

2.2 연속체 구조 (Sequence Organization)

앞에서 살펴본 것처럼 말차례 맡기 조직에 의해 기본적인 말차례 단위의 구성과 배분에 대해 설명할 수 있지만, 대화의 상호 작용 속에서 이루어지는 것은 단순한 말차례의 교환만은 아니다. 대화 참여자들이 대화를 통하여 상호 작용을 할 때 각각의 발화는 어떤 행위(action)를 수반하게 된다. 그리고 이러한 행위는 대화의 전개와 구성에서 중요한 역할을 하게 된다. 예를 들면, "Is John there?"라는 말은 John"에 대한(about)" 말이기도 하지만 전화대화에서 John을 바꿔달라는 "요청"이라는 "행위"를 수반하는 것이고 그렇게 이해되어야만 그 적절한 응답으로 "Hold on."과 같이 수락을 하거나 "No, can I take your message?"와 같이 거절과 그에 따른 제의가 올 수 있게 되는 것이다. 이같이 발화에 수반되는 행위(action)가 연속적으로 상호 연관성을 가지고 일어나는 것에 대해 이해하는 것 또한 대화의 구조를 이해하는데 중요한 영역이 되는데, 이 영역을 연속체[2] 구조(sequence organization)라고 한다.

말차례 맡기 구조의 기본 단위를 말차례 구성 단위(TCU)라고 한다면, 대화의 연속체 구조에서 가장 기본적인 단위는 인접쌍(adjacency pair)이라고 할 수 있다. 인접쌍은 말 그대로 두 개의 발화가 인접해 있고, 두

---

[2] "sequence"에 대해 Schegloff(in press)는 "대화를 통해 벌어지는 일련의 행위들로 일관성있고 규칙적이고 의미있는 연속체(courses of action enacted through talk--coherent, orderly, meaningful successions (p. 2)"라고 정의하고 있다. 이러한 "sequence"라는 용어의 번역은 쉽지 않은데, 지금까지 순차, 연쇄, 연속, 연속체 등이 사용되었으나 여기서는 "연속체"라는 말을 쓰기로 하였다. 이와 관련하여 언급할 또 다른 것은 sequential organization과 sequence organization의 구별이다. Schegloff(in press)는 이에 대해 "발화나 행위의 상대적 순서 배열과 관련한 구조면 어떤 것이든지(any kind of organization which concerns the relative positioning of utterances or actions)" sequential organization이 되며, 화자들의 말차례 맡기 구조 같은 것도 여기에 들만큼 좀더 일반적 개념이 된다고 설명한다. 반면 sequence organization은 sequential organization의 하나의 유형으로, 일련의 행위의 연속체 구성을 보는 것이라고 볼 수 있겠다.

부분이 서로 다른 화자에 의해 제공되며, 질문에는 대답, 인사에는 인사와 같이 첫 번째 부분(first pair part 혹은 FPP)에 맞는 두 번째 부분(second pair part 혹은 SPP)의 타잎이 정해져 있는 특성을 지닌다. 이 가운데 두 부분이 인접해 있다는 특성에 대해서는 그것이 바로 앞과 뒤에 실제적으로 붙어있다는 물리적 인접성보다는 인접쌍의 첫 번째 부분이 일단 오게 되면 두 번째 부분이 반드시 와야한다는 규범적 성격이 있는 것으로 여겨진다. 흔히 조건적 상관성(conditional relevance)으로 설명하는 이 특성은, 인접쌍의 첫 번째 부분이 놓여지면 반드시 바로 뒤는 아니더라도 이에 맞는 두 번째 부분이 오는 것이 기대되고 (expected), 오지 않을 경우에는 있어야할 것인데 빠진 것(missing)으로 인식될 수 있다는 것이다. 아래의 예를 통해서 이를 좀더 살펴보도록 하자.

(1) (Levinson (1983: 304, also shown in Hutchby & Wooffitt 1998)
 1 A: Can I have a bottle of Mich?
 2 B: Are you over twenty-one?
 3 A: No.
 4 B: No.

1행에서 인접쌍의 첫 번째 부분이 왔는데 ("Can I have a bottle of Mich?") 이 경우, 맥주를 한 병 달라는 이 요청에 대한 수락이나 거절이 오는 것이 필요하다 (relevant). 그러나 그것이 물리적으로 인접한 바로 다음에서 와야 하는 것은 아니며, 실제로 2행에서는 또 다른 첫 번째 부분의 질문이 오는 것을 볼 수 있다 ("Are you over twenty-one?"). 2행의 이 질문은 또 다른 인접쌍의 시작이고 이 인접쌍은 3행에서 주어진 답으로 바로 완결이 된다. 결국 1행의 첫 번째 인접쌍의 답은 조금 지연되었지만 4행에서 오게 되는데, 이때 2행과 3행의 인접쌍은 1행의 요청에 대한 답을 하기 위하여 화자 B가 알아야하는 부분을 위해, 1행과 4행 사이에 삽입된 것이다 (insert expansion). B는 자신이 A의 요청에 대한 답을 하는데 먼저 알아야하는 답을 얻자마자 바로 지연되었던 그의 답, 인접쌍의 두 번째 부분을 제공한다. 여기에서 볼 수 있듯이, 인접쌍에서 중요한 것은 첫 번째 부분이 옴으로 해서 시작되는 조건적 상관성이, 와야 할, 적절한 두 번째 부분으로 완결되는 것이다.

인접쌍 개념에서 중요한 또 하나의 개념은 선호성(preference)에 대한 것이다. 이 것은 인접쌍의 첫 번째 부분과 두 번째 부분의 유형과 관련이 있는데, 인사-인사와 같이 첫 번째와 두 번째 쌍이 같은 종류가 오는 것이 있지만, 요청이나 초대의 경우에서 볼 수 있는 것처럼 수락 또는 거절의 두 유형으로 나뉘는 것도 있다는 것이다. 이 경우 두 유형은 상반된 유형만이 아니라, 대개 한 가지는 직접적이고 지연되지 않은 모습을 띠는 반면 다른 한 가지는 지연이 되고 설명하거나 이유를 제공하는 등 매우 다른 모습을 띠게 된다. 이러한 특성에 대해 전자에 대해서는 선호(preferred) 유형으로 보고 후자에 대해서는 비선호(dispreferred) 유형으로 부르는데(Heritage 1984b; Levinson 1983; Pomerantz 1984; Schegloff in press), 이러한 선호/비선호 유형은 심리적인 개념이 아닌, 말차례의 구조나 형태상의 특성으로 분류되는 것임을 알아둘 필요가 있다. 예를 들어, Pomerantz(1984)에서는 반대는 심리적으로 비선호같아 보이지만 자기 비하(self-deprecation)에 대한 반응으로 반대가 올 때는 선호유형이 됨을 보여주는데 이는 자기 비하에 대한 반대는 그 말차례가 형성되는 모습이 다른 선호 유형들, 즉, 동의나 수락과 같이 즉각적이며 매우 직접적인 형태로 오기 때문이다.

또한, 수락, 동의 등의 선호 유형은 무표적(unmarked), 거절, 반대 등의 비선호 유형은 유표적(marked)이라고 설명할 수 있는데, 무표적인 선호 유형과는 달리 유표적인 비선호 유형에서는 여러 가지 특성이 나타난다. 이런 특성들로는 휴지(pause)라든지, "um," "I don't know," "well"과 같은, 말차례 앞부분의 지연(delay) 표현들, "yeah but"과 같이 바로 반대가 따라오는, 약한 동의 형태(weak agreement 또는 pro forma agreement), 칭찬(e.g., 'you're so sweet'), 이유 설명(accounts) 등이 있는데, 이들은 인접쌍에서 첫 번째 부분과 두 번째 부분 사이에 오면서 그 두 부분의 "인접성(contiguity)"(Sacks 1973)을 깨는 역할을 하게 된다 (Schegloff in press).

연속체의 기본 단위인 인접쌍에서 대화 연속체는 여러 가지 형태로 확장이 가능한데, 확장의 위치는 기본적인 인접쌍의 첫째 부분이 시작되기 전(pre expansion), 기본 인접쌍의 첫째부분과 둘째부분 사이(insert expansion), 또한 둘째 부분이 오고 나서 기본 인접쌍이 완료된 후(post expansion)의 세 가지 위치가 있다. 이들의 상호작용적인 의미나 구체적 형태, 기능에 대해서는 지면 관계상 여기에서 다룰 수는 없으니 Schegloff(in press)를 참조하도록 한다. 다만, 이후에도 다룰 것이기 때문에 사전 연속체(pre sequences)만을 간단하게 언급하겠는데, 사전 연속체는 요청이나 초대 등의 기본 인접쌍 첫째 부분을 전달하기 전에 화자들이 대개 이러한 행위들의 상호작용상의 민감성(delicacy)을 고려하여 그보다 앞에 pre expansion의 하나로 사용하는 것을 말한다. 예를 들어, 초대를 할 경우 기본 인접쌍의 첫 번째 부분은 "Will you go see a movie with me tomorrow night?"이라고 하겠지만, 이 것이 초래할 수도 있는 비선호 유형의 응답(즉, 거절)을 미리 예방하기 위하여, 화자들은 간혹 "Are you doing anything tomorrow night?"과 같은 질문을 먼저 한다는 것이다. 이것은 초대를 수락/거절하는데 가장 큰 요인이 될 수 있는 상대방의 시간 가능성 여부를 먼저 물어서 만약 어려울 것 같다면 부담이 될 수도 있는 실제의 인접쌍 첫째부분을 전달하지 않게 해준다. 이러한 사전 연속체들은 말 그대로 사전적인(preliminary) 것들이고 이후 기본 인접쌍에서 전달할 행위를 예측 내지는 투사(project)할 수 있게 해주는 기능을 한다.

2.3 수정 구조 (Repair Organization)

지금까지 살펴본 말차례 맡기 구조, 연속체 구조와 더불어 많이 언급되는 구조로는 수정[3] 구조(repair organization)가 있다. 대화분석에서 수정 구조(Schegloff 1979a; Schegloff, Jefferson, and Sacks 1977)는, 이전의 언어학에서 불규칙적이라 생각되어 배제했던 실제 언어의 수행(performance) 부분의 규칙적이고 조직적인 측면을 보여주는 중요한 부분이며 이에 대한 이해는 언어의 상호작용적인 측면을 이해하는데 매우 중요한 바탕이 된다.

먼저 수정이라는 것은 크게 수정할 부분(흔히 문제 지점(trouble source))을 발화자가 스스로 수정하는 것(self-repair)과 타자가 수정(other- repair)하는 것으로 나뉘는데, 이 두 유형은 상호작용상의 의미나, 오는 순서 등에 있어 매우 큰 차이가 있다. 여기에 또 한 가지 중요한 구분이 있는데 이는 수정의 시작 내지는 처음으로 주도하는 것(initiation)과 실제 수정의 두 가지이다. 이후에서도 언급되겠지만 수정은 반드시 수정을 시작하거나 주도한 사람이 하는 것은 아니다. 그래서 수정을 주도한 사람이 실제 수정을 하기도 하지만 주도만 하고 자기 수정을 유도하거나, 문제 지점에서 수정을 시작하지만 타자가 수정을 하도록 하는 경우도 있다. 이렇게 볼 때, 자기(self)와 타자(other), 그리고 수정 주도와 실제 수정이라는 두 축의 조합은 아래의 네 가지 유형을 가능하게 한다.

1) 자기 주도 자기 수정 (self-initiated, self repair)
   이는 가장 일반적이고 흔하게 일어나며 상호작용적으로 선호되는 형태의 수정이다. 이러한 자기 수정은 문제 지점(trouble source) 바로 직후에 일어나기도 하고 문제 지점을 지나 현재 자기 말차례의 전이적절 지점에서

---

[3] 여기서 수정(repair)은 반드시 어떤 잘못된 것을 정정(correction)하는 것뿐만 아니라 좀더 나은 표현이나 새로운 표현의 추가 등 화자의 필요에 의해 이미 발화된 것을 바꾼다는 의미로 이해할 수 있다 (Schegloff, Jefferson, and Sacks 1977).

일어나기도 한다. 혹은 그 자리를 놓치는 경우, 다음 화자의 말차례가 온 후에, 그 다음 말차례(third turn)에서 수정을 하는 것도 가능하다. 특히 문제 지점과 같은 말차례(same turn)에서의 자기 수정은 대개 말을 끊거나 (cutoff) 반복, 혹은 "uh" 등을 삽입하거나 하는 등 발화상의 동요(speech perturbation)가 특징적으로 나타난다.

2) 타자 주도 자기 수정 (other-initiated, self repair)

이 유형은 타인이 수정을 주도하여 문제를 지적하면 문제 지점에 대해 발화자 스스로가 수정을 하게 되는 것이다. 이렇게 타인이 문제 지점을 지정할 수 있는 가장 빠른 위치는 문제 지점의 바로 다음 말차례(T2)에서이며 이 지점에서 이전 말차례에서의 문제점을 지적하고 수정을 주도하는 것을 next turn repair initiator(줄여서 NTRI)[4]라고 한다. 이 NTRI는 구체적으로 문제를 지정하지 않는 "Pardon?"이나 "Huh?"와 같은 표현도 있을 수 있고 "What?" 또는 "You went where?" 같은 부분적 혹은 전체적 의문사 사용도 가능하다. 이러한 NTRI의 사용은 비록 수정의 주도는 타자가 하게 되지만 수정은 문제 지점의 발화자 스스로 하도록 한다는 점에서 아직까지 자기 수정을 가능하게 하는 상호작용상의 잇점이 있다. 이러한 NTRI가 문제 지점이 있는 말차례보다 구조적으로 뒤에 나온다는 것 또한 상호작용상의 선호성과 관련이 있다. 즉, 대화상에서의 수정은 최대한 자기 수정을 선호하는 구조로 이루어진다는 것이다.

3) 자기 주도 타자 수정 (self-initiated, other repair)

이 유형은 문제 지점에서 발화자 스스로가 수정을 주도하지만 끝내지 못하여 타자가 결국 수정을 하게 되는 것이다.

4) 타자 주도 타자 수정 (other-initiated, other-repair)

이 유형은 수정을 주도하고 수행하는 것이 모두 타자가 되며, 상대적으로 빈도나 선호성에 있어 자기 수정보다 낮다.

---
[4] NTRI의 유형을 좀더 포괄적으로 연구한 Schegloff (2000)는 다양한 NTRI 개념을 보다 잘 수용하는 용어로 "other-initiated repair" 혹은 OI를 쓸 것을 제안한다.

이러한 수정 구조에 대해서는 여러 가지 연구가 있었고, 뒤에 가서 다시 언급이 되겠지만 수정의 성격상 빈도나 특성이 여러 가지로 관찰되는 제이언어 자료를 이용한 연구들도 활발한 편이다 (Gaskill 1980; Hosoda 2000; Kasper 1985; Schwartz 1980; Kurhila 2001 등).

2.4 기타: 전화대화의 시작 연속체 (Telephone Opening Sequence)

앞에서 설명한 부분들 외에도 대화의 시작과 마침 구조(opening and closing)(cf., Schegloff and Sacks 1973), 말겹침(overlap)(c.f., Jefferson 1983) 등 대화 구조의 다양한 측면들에 대한 많은 논문들이 있다. 특히 시작 연속체와 관련해서는 전화대화의 시작 연속체(telephone conversation opening)에 대한 연구들이 특히 활발한데, Schegloff의 일련의 연구들(1968, 1979b, 1986)로 시작된 이 분야는 이후 여러 언어들의 예로 이어져서 비교 연구도 활발하게 이루어졌고 (e.g., Lindstrom 1994; Houtkoop-Steenstra 1991; Park 2002 등), 이후 뒤에서도 언급되겠지만 Wong(2002)의 연구와 같이 교재 분석에도 활용되었다.

전화대화의 시작 연속체와 관련하여 중요한 것은 보통 우리가 일상적이고 거의 무의식적 또는 자동적으로 한다고 생각하는 전화대화 역시 규칙적이고 상호작용적인 원칙이 적용되어 일어난다는 것이다. 처음 전화벨이 울릴 때부터 전화를 한 사람이 대개 가지고 있는 전화한 목적을 이야기하게 될 때까지를 시작 연속체라고 볼 때, 전화 대화에 참여하는 사람들은 여러 가지 상호작용적인 과업을 이루게 된다. 그 가운데 한 가지는 전화를 건 사람과 받은 사람의 아이덴티티를 확립하는 일이다. 서로 상대방이 보이지 않는 가운데 펼쳐지는 전화 대화에서 상대방을 인식하고 자기가 누구인가를 알게 하는 일은 무엇보다 중요하다. 이런 점들을 반영하여 전화대화의 시작에서 일어난다고 관찰된 연속체들의 구성요소는 다음의 네 가지이다.

1) 호출/응답 (summonses/answer)
2) 상대방 인식 및 자기 소개 (identification & recognition)
3) 시작 인사 (greetings)
4) 안부 (exchange of how-are-you's)

　　Schegloff는 전화 대화 시작에 대한 자신의 일련의 연구에서, 먼저 말을 하는 사람은 전화를 받은 사람(answerer)이며, 이때 말하는 "Hello"는 전화대화의 시작이 아니라 이미 전화벨로 자신을 부르는 것에 대한 응답이라고 본다. 진정한 의미의 전화 대화의 시작은 전화벨부터가 되는 것이다. 이는 사실 우리가 전화벨이 울리고도 바로 받지 않는다든가 벨이 울리자마자 전화를 받는 경우 이런 것들에 대해 대화를 나누게 된다는 것에서도 이해될 만하다. 전화를 받은 사람의 "Hello"는 또한 전화를 건 사람에게 자신을 인식할 수 있도록 하는 첫 번째 목소리 샘플의 역할을 한다는 점도 중요하다. 즉, 전화를 건 사람은 이 목소리를 통해 자신이 통화하고자 한 사람인지, 아는 사람인지, 잘못 건 전화인지 등에 대해 첫 번째로 판단할 수 있게 된다. 이런 판단에 따라 전화를 건 사람은 자신의 첫 번째 말차례를 시작하게 된다. 전화시작에서 이 두 번째 말차례는 이제 전화를 건 사람이 상대방이 누구라는 것을 안다는 것을 보여줄 수도 있고, 자신이 누구라는 것을 밝힐 수도 있는 중요한 지점이 된다. 전화를 받은 사람은 이제 자신의 그 다음 말차례에서 전화를 건 사람의 목소리 샘플과 내용을 통해 자신도 그 사람을 인식했는지 아닌지를 보이게 된다. 이 과정에서 Schegloff는 적어도 미국에서 모여진 자료를 통해서는 상대방을 먼저 인식하는 것이 자기를 소개하는 것보다 선호된다고 밝힌다. 즉, 전화 통화자들은 서로를 인식할 수 있을 때는 바로 인식한다는 것을 보이고 그렇지 못할 경우에만 자기를 소개한다는 것이다.

　　이러한 전화대화의 시작은 그야말로 순간순간마다, 그리고 각각의 말차례마다 대화 참여자들이 얼마나 상호작용적인 동기(orientation)을 가지고 바로 앞의 말차례에 반응하여 대화를 이어가는가를 보여준다. 그야말로 하나의 연속체가 전개된다는 것이 얼마나 순간순간 체계적이고 질서있게 이루어지는가를 보여주는 것이다.

이후에 다시 언급되겠지만 이러한 질서와 규칙성에 대한 이해는 우리가 언어를 소개하고 가르칠 때도 고려되어야할 중요한 요소이다. 언어교육에서 상황별 언어 사용에 대한 것은 매우 중요한 부분으로 자리잡고 있는데, 각각의 상황에서 실제 대화 참여자들이 무엇을 이루기 위해 어떻게 말하고 행동하는가에 대한 이해가 없다면 교재 개발이나 실제 수업에서의 교육이 제대로 이루어지기는 어려울 것이다. 전화대화라는 상황을 볼 때도 전화대화에서 쓰이는 표현 정도를 그냥 모아서 소개하는 정도도 물론 도움이 되기는 하겠지만 우리가 추구하는 것이 실제 의사소통 능력을 길러주는 것이라면 실제 의사소통을 위해 원어민들이 전화대화에서 어떤 것들을 하는가를 적절하게 소개하는 것이 무엇보다 중요할 것이다.

이상과 같이 살펴본 말차례맡기 조직, 연쇄 조직, 그리고 수정 조직 및 기타 연속체들은 대화분석에 있어서 가장 중요한 분야들이다. 이들은 대화가 어떻게 구성되고 전개되는가를 이해하는데 중요한 기초가 되며 이들을 바탕으로하여 대화 자료를 분석하는 것이 가능해진다. 이제 다음에서는 실제 분석의 예들을 살펴보면서 대화분석이 어떻게 영어 사용에 대한 이해와 영어교육에의 응용에 기여할 수 있는가를 알아보기로 하겠다.

3. 대화분석의 실제

이제 대화분석을 실제로 하는 과정은 어떻게 되는지를 살펴보자. 대화분석의 자료들은 실제 상황에서 얻어진 발화 자료이므로 자료를 제대로 수집하고 전사하여 분석을 위한 준비를 하는 것이 무엇보다도 중요하다.

먼저, 자료 수집부터 보자면, 자료를 수집할 대상과 상황을 정하고 반드시 자료 수집에 참여하는 대화참석자들에게 동의를 구한다. 이때 자료를 연구나 교육의 목적에 사용하도록 허가한다는 내용의 허가서를 받아두는 것도 필요하다. 실제 자료를 수집할 때는 적어도 수집하려는 대화 상황이 시작하기 전에 녹음기나 캠코더를 켜놓고 상황이 끝난 것을 확인한 후에 이들 기기를 끄도록 한다. 또한 녹음이나 녹화기기들은 반드시 음성이 잘 녹음되고 있는지를 확인하도록 하고 녹음기가 전체의 목소리를 제대로 잡지 못할 때는 별도의 마이크를 사용하도록 한다. 녹음기의 경우는 테잎의 길이를 60분이나 90분짜리를 많이 사용하며, 녹취가 끝나면 반드시 원래 테잎의 복사본을 만들어두도록 한다. 요즘은 녹음기의 경우도 디지털 녹음기를 많이 쓰는데 음질이 맑고 장기간 보관이 가능할 수 있는 것이 장점이다.

모아진 자료는 전사를 하게 된다. 전사는 마치 악보와 같이, 녹음된 소리를 앞으로의 분석을 위해 모두 눈에 보이는 형태로 바꾸어놓는 작업이라고 할 수 있다. 다시 말하자면, 이 작업을 통해 전사자는 자신이 듣는 모든 소리와 침묵을 여러 가지 기호들을 이용하여 지면위로 옮겨 놓는 것이다. 이를 위하여 대화분석에서 많이 사용되는 전사 표기 방법이 있는데 이는 논문 마지막에도 일부 소개했지만 Atkinson and Heritage(1984)나 Hutchiby and Wooffitt(1998) 등을 참고하면 된다. 특히 Hutchiby and Wooffitt(1998: 86-87)에서는 소리만을 받아적은 형태와 기호를 이용하여 상세하게 전사한 자료를 대조하고 이를 통해 분석이 어떻게 달라질 수 있는가를 설명하는데, 영점 일초의 침묵조차 상호작용적으로 중요한 역할을 하는 대화분석에서 전사의 중요성은 아무리 강조해도 지나치지 않다.

전사를 할 때는 일단 처음부터 끝까지 자료를 한 번 다 들으라고 권한다. 이는 전체적인 내용에 대한 이해를 돕고 대화참여자들의 목소리에 익숙해질 수도 있다. 그 다음엔 몇 번씩을 들으면서 대화참여자들의 말뿐만 아니라, 휴지(pause)의 유무와 침묵의 길이, 말겹침, 억양 표시 등을 상세하게 표시하도록 한다. 이 과정은 사실 이후의 분석에도 많은 영향을 미치게 되는데 가급적 자료를 직접 전사하면서, 관찰하게 되는 현상을 함께 기록해두면 이후의 분석에 많은 도움을 줄 수 있다.

이렇게 자료의 전사를 마치면 먼저 자료에 대한 심층적인 분석을 거치고 나서, 보이는 현상에 따라, 유사해 보이는 현상에 대한 예들을 모아가면서 (collection-building) 각각의 예들의 유사점과 차이점을 분류하고 설명할 수도 있고, 아니면 하나의 좀 긴 자료를 아주 심층적으로 분석할 수도 있다 (a single case analysis)(Schegloff 1988 참고).

4. 대화분석과 언어학

이 장에서는 대화분석을 언어의 기능을 설명하려는 목적에 맞추어 살펴본 연구들을 간단하게 보도록 하겠다. 이러한 연구들에 대해서는 김규현(2000)에서 상세히 언급하고 있으므로 여기에서는 주로 이런 선행연구들이 영어교육에 이용될 수 있는 가능성에 대해 언급하고자 한다. 그러나 우선 언어의 기능을 보는데 있어서의 대화분석의 역할을 논할 필요가 있는데, 이는 대화분석을 이용한 문법이나 언어 기능 연구가, 기존에 연구자들이 주로 자신의 직관(intuition)에 의존하여 분석자의 시각을 중심으로 연구하던 것에서 벗어나 자연스러운 상황에서 실제 일어난 자료를 가지고 대화 참여자들 스스로가 어떻게 이해하고 반응해가는가를 말차례 하나 하나마다 따라가면서 보는 것을 가능하게 한다는 점에서 의의가 있다.

언어 기능에 대한 연구 가운데 Ford(1993)의 연구 같은 경우는 주목할 만 한데, 이 것은 영어의 부사절이 실제 대화 자료에 어떻게 나타나는가를 분석한 것이다. Ford는 여기서 조건, 양보, 시간, 그리고 이유를 나타내는 부사절이 대화자료 안에서 어떤 빈도로 일어나는가를 먼저 조사하고 각각의 유형이 어떤 기능으로 쓰이는가를 대화분석을 이용하여 분석하였다. 이 가운데 특히 이유 부사절의 경우는 대화자료에서, 종속절+주절이라는 일반적인 부사절의 위치에서 전혀 일어나지 않고 있고, 반대로 주절+종속절의 어순으로만 나타남에 주목하고 이러한 위치에서 이유 부사절의 기능을 살펴보기도 했는데, 이러한 기능들은 대화자들의 상호 작용에 영향을 받는 것들로 다음과 같은 예가 있다.

(2) (Ford 1993: 108)
1   A: .hhh Well do ya think it's: umm (0.2) ahm (0.2) stress?
2   (.)
3→A: 'Cause a lot of back- I know back pain, (0.2) comes with stress.
4   R: .hhh We:ll I'm thinking it might be uhh (0.2) I um: (0.5) I haven't ever had-
5   ahh directly related physical symptoms of stress before, and it could easily
6   be that,

1행에서 화자 A는 친구 R에게 그의 허리 통증이 스트레스로부터 오는 것이 아니냐고 묻는다. 여기에서 주목할 것은 2행의 영점 일초도 안 되는 휴지(pause, 특히 micro pause라고 부름)이다. 1행에서 문장의 문법적인 측면이나 억양이나 행위면에서 완결된 말차례 단위가 온 다음인 2행은 R이 앞에서 A가 한 질문에 답을 해야 할 자리이다. 그러나 대답 대신 침묵이 있고 이 것은 앞서 언급되었던 비선호응답, 즉 그 의견에 대한 반대의 시작이라고 볼 수 있다. 이에 3행에서 A는 다시 이유 종속절을 덧붙여서 자신이 1행에서 제시한 통증의 원인에 대해 부연설명을 하고 있다. 이런 설명에 대해 R은 4-6행에서 자신의 반대 의견을 완화시켜가면서 제시하게 된다. 여기서 이유 부사절은 1행에 나타난 주절과 억양상으로도 완전히 분리된 상태이고 그 사이에 마이크로 포즈(micropause)라고 불리는 짧은 침묵까지 온 다음에 쓰였는데, 이 부사절의 위치나 쓰임은, 2행에서 보여주는 R의 대답의 부재 내지는 비선호 응답의 시작이라는 상호작용적인 동기가 설명해 줄 수 있는 것이다. 이렇게 볼 때, 위의 예가 보여주는 또 다른 점은 전사된 자료에서 영점 일초도 안 되는 침묵(micropause)이 표시되어 있어야하는 이유이다. 즉, 분석을 위해 이러한 상세한 전사가 되어있지 않다면 대화 참석자들 스스로에게 영향을 미친 대화상의 중요한 특성을 놓칠 수 밖에 없다는 것이다.

이 밖에도 Kim(1990, 1995)의 *wh-clefts* 구문에 대한 연구, Beach(1993)의 *okay*, Heritage(1984a)의 "change-of-state" 표시로서의 *oh*의 사용이나, Clift(2001)의 *actually*의 사용에 대한 연구, 전반적으로 CA를 활용한 문법 연구들을 모아서 낸 Ochs, Schegloff, & Thompson(1996) (보다 포괄적인 설명으로는 김규현 2000, Schegloff, et al. 2002 참고) 등은 모두 대화분석을 이용하여 영어의 문법 구문 및 담화 표지 등의 사용을 분석한 연구들이다. 이러한 분석들은 그 자체가 구어 대화 자료에 나타난 원어민들의 구체적 영어 표현들의 사용에 대해 설명해주는 것이므로 영어교육에 시사하는 바가 매우 크다고 본다. 학습자들에게 문법 구문이나 많이 사용되는 구어적 표현을 적절하게 설명하기 위해서는, 원어민들이 실제 어떻게 이들을 사용하는가를 보는 것이 우선 되어야하며, 그 결과를 바탕으로 교재나 교실 수업 자료가 마련될 수 있기 때문이다.

5. 대화분석과 영어교육

최근 영어교육 내지는 언어교육과 제이언어 습득 연구에 대화분석을 이용하는 경향이 많이 보이는데 (e.g., Markee and Kasper 2004; Seedhouse 2004; Wagner 1996; Wong 2000a/2000b, 2002 등) 여기에서는 이를 1) 교

재 분석 연구와 2) 제이언어 사용자 담화 내지는 원어민/비원어민 상호작용 연구, 그리고 3) 제이언어 습득 연구의 세 가지 측면으로 나누어 살펴보겠다.

5.1 교재 분석

　영어 원어민의 대화 자료를 분석하여 얻은 연구들은 그 자체로 원어민들이 실제 어떻게 특정 언어 표현을 사용하거나 연속체(sequence)를 구성하는가 등을 보여주는 매우 유용한 자료가 된다. 이에 따라 대개 저자들의 직관(intuition)에 의거하여 씌여진 교재들을 살펴볼 때 매우 중요한 기준을 제시해줄 수 있게 된다. 최근 들어서 대화분석자들 가운데는 이렇게 기존의 대화분석 연구 자료를 이용하여 교재분석을 하는 경우가 늘고 있는데 이러한 분야는 앞으로 우리의 영어교육에서도 행해볼 수 있는 중요한 분야가 되리라고 생각한다. 특히 EFL 상황에서 영어를 배우는 우리의 학습자들에게 교재에 사용된 많은 대화 자료들이야말로 학습에 필요한 모델이 되어야함을 생각하면, 자연스럽고 적절하게 씌여진 대화를 제공하는 것은 무엇보다 교재 저자들이 중시해야하는 것이 될 것이고, 대화분석을 통한 적절한 비판이야말로 교재의 질을 향상시키는데 중요한 역할을 할 것이다.

　교재 분석의 대상으로 살펴질 수 있는 대화의 특성 가운데는 연속체 구조(Sequence organization)와 관련한 것들이 있을 것이다. 즉, 인접쌍을 기본 단위로 하여 전개되는 연속체의 구조가 있는데, 이런 연속체 구조 가운데 요청(request)이나 초대(invitation), 제공(offer) 등은 특히 학습자의 화용론적 기능 향상을 위하여 다른 이론이나 연구들, 특히 중간언어 화용론(interlanguage pragmatics)(e.g., Blum-Kulka, House, and Kasper 1989; Kasper and Blum-Kulka 1993; Wolfson 1989; Wolfson and Judd 1983 등)에서도 많은 연구가 있었던 분야이다. 1980년대 이래 활발하게 연구된 중간언어 화용론은 잘 알려져 있다시피, 사실상 대화분석에서 처음 제시된 인접쌍 개념을 가지고 화행 실행 자료를 수집했다. 예를 들면 요청의 화행에 대한 중간언어 화용론 연구 자료는 DCT(Discourse Completion Test)라 불리는 설문지에서 다음과 같이 상황이 주어지면 인접쌍의 첫 번째 부분을 채워 넣도록 하면서 여기에 설문 참여자들이 사용한 화행 구성 전략들을 분석하는 것이다.

(3)
　　Situation: You have not finished your term paper yet. Ask your professor for an extension of the deadline.
　　You: _____
　　Professor: Okay, only this time, though.

위의 상황을 제시한 설문지에 설문 참여자들은 "Can I turn in my paper next week?"라든가 "I'm terribly sorry, but I had my family visiting from Texas and I couldn't finish my term paper yet. Could you extend the deadline a little bit?" 등 여러 형태의 답안을 쓰게 될 것이다. 이러한 답안들은 대규모로 수집하는 것이 가능하며, 또한 상황이나 대화자들의 관계 (지위 차이라든가 사회적 거리 등) 등 여러 가지를 고려하여 분석 목적에 따라 다양한 설문을 만드는 것도 용이하다. 이렇게 만들어진 설문의 결과에 따라 학자들은 상황이나 대화자들의 관계 등 다양한 사회언어학적 변인이 어떻게 반영되는지를 고려하여 학습자들이 쓸 수 있는 적절하고 공손한(polite) 표현들을 제시했고 이에 따라 많은 교재들이 실제로 위와 같은 구성으로 나오게 되었다.

그러나 Scott(1987), Schegloff(in press)는 요청이라는 화행(speech act) 또는 행위(action)는 위에서보여주는 것처럼 인접쌍 A와 B의 간단한 형태로 이루어지지 않는 경우가 많음을 보여준다. 예를 들어 다음의 남편과 아내가 주고 받는 전화 대화에서 전개되는 요청행위는 (3)의 예에서 본 것과는 그 실행에 있어 매우 다르다는 것을 볼 수 있다.

```
(4) (Stalled)
    1   D: Guess what .hh
    2   M: What.
    3   D: hh My ca:r is sta::lled.
    4      (.2)
    5   D: ('n) I'm up here in the Glen?
    6   M: Oh::.
    7      {(.4)}
    8   D: {hhh}
    9   D: A:nd .hh
    10     (.2)
    11  D: I don' know if it's possible, but {(hhh}/(.2)} see I haveta open up the
    12     ba:nk.hh
    13     (.3)
    14  D: a:t uh: (.) in Brentwood? hh=
    15  M: =Yeah: - en I know you want- (.) en I whoa- (.) en I would, but-
    16     except I've gotta leave in aybout five min(h)utes. [(hheh)
    17  D:                                                    [Okay then I gotta
    18     call somebody else. right away.
```

여기서 남편인 Donny는 일종의 소식 전달(news-telling)과 같이 3행부터 자기 차에 대한 상황 설명을 시작한다. 여기서 주목할 것은 그의 이 상황 설명이 아내 Marcia의 반응에 따라 단계적으로 이루어지며 아내 Marcia 는 남편의 말차례가 끝날 때마다 적극적으로 도움을 제공하겠다거나 하 는 반응을 보이지 않고 침묵하거나(4행) 최소한의 반응을 보인다는 것이다 (6행. 'oh'에 대해서는 Heritage 1984 참고). 결국 11행에서 요청을 시도하기 위해 일종의 사전적 작업("I don't know if it's possible but")까지 말하지만 실제 요청은 결국 표현되지도 않고 끝나고 Marcia는 15-16행에서 거절을 하게 된다. 이런 예는 실제 요청이라는 것이 얼마나 참여자들에 의해 조심스럽게, 그리고 말차례 단계에서마다의 모니터링을 통하여 일어나는가를 보여준다. 중간언어 화용론 연구들이 설문을 사용함으로 해서 놓치게 되는 것도 이 부분이다. 즉, 인접쌍이라는 개념만을 가지고 A와 B의 말차례 두개를 표시하면 되리라고 믿었던 요청과 거절의 화행은 실제로 위의 예가 보여주는 것처럼 여러 개의 말차례에 걸친 협상(negotiation)과 상호작용을 통해 이루어진다는 것이다.

Scott(1987)에서는 이를 좀더 구체적으로 연구하여 원어민들의 전화 대화에 나타난 요청 연속체의 특성을 살펴보고 실제로 교재에 사용된 요청 연속체도 함께 분석하는데, 이를 보면 요청이라는 행위가 특히 전화 대화라는 맥락에서 어떻게 나타나는지, 그리고 교재에서는 어떤 차이가 나는지를 알 수 있다. 이 연구에서 밝혀낸 요청 연속체의 특징은, 일종의 비선호 구조로서의 요청은 거의 모든 경우에, 앞에서 언급되었던 사전 연속체(pre sequence/pre expansion)의 하나인 사전 요청(pre-request)이 선행된다는 것이다. 즉, 많은 화자들이 지연(delay)시키는 여러 표현들과 함께 먼저 요청이 들어질지의 가능성을 알아보는 사전 요청을 쓰게 되고, 상대방은 이것이 가능한 것이면 실제 요청을 하기 전에 제공(offer)을 먼저 함으로써 실제 요청이 안 일어나도록 한다는 것이다. 또한 요청을 수행하기 위해 사용되는 언어형태도 if절을 사용하는 것이 많음(e.g., "if you could phone through this time tomorrow")을 보여주었는데 Scott은 이 것이 요청이 가지고 있는 부담(imposition)을 약화시킬 수 있다고 보았다. 실제로 직접적으로 바로 요청에 들어가는 경우는, 그 성격상 거절이 거의 일어나지 않는, 예를 들면 상점 등에 전화를 하는 경우(service encounters)로 나타났다. 즉, 물건이나 음식을 사는 것 등과 관련되는 서

비스 상황에서는 당연히 거절이 드물 것이고 이런 상황에서는 사전 요청이 없이 바로 요청을 하기도 한다는 것이다. 이러한 발견에 이어 Scott은 ESL 교재들이 이러한 점들을 제대로 반영하지 못 하고 있음을 지적하면서 "A: 사전 요청(pre-request)→B: 제공(offer)→A: 감사(thanking)" 또는 "A: 사전 요청(pre-request)→B: 제공 없음(no offer)→A: 요청(request)"과 같은 식으로 연속체 개념을 도입하는 것이 필요함을 강조한다. 이러한 연구는 대화분석이 원어민들의 실제 대화 자료를 분석한 결과를 가지고 영어 교육에 유용하게 적용할 수 있는 가능성을 보여준 중요한 연구로 주목할 만하다.

Bernsten(2002)의 경우도, 실제 상황에서 수집한 대화 자료를 직접 이용하여 만든 교재(Barraja-Rohan and Pritchard 1997)를 포함한 여러 영어 교재들에서 소개하는 요청, 초대 등의 행위들이 대화분석에서 연구된 바(e.g., Schegloff in press)와 어떤 차이가 있는지, 상호작용의 민감성을 고려하여 요청이나 초대와 같은 첫 번째 인접쌍을 제시하기 전에 먼저 사용된다고 밝혀진 사전 연속체(pre-sequence)들이 교재에서도 실제로 제시되고 있는지 등을 살펴보았다. 이에 따르면 많은 교재들이 상호작용적인 민감함 같은 것은 거의 고려되지 않은 기본 인접쌍만을 제시하고 있어, 학습자들에게 올바른 모델을 제공하지 못하고 있는 것으로 나타났다. 그러나 실제 자료를 이용한 Barraja-Rohan and Pritchard(1997)과 같은 교재에서는 이런 것들이 모두 나타나고 있고, 또한 이를 구체적으로 언급하고 학습에 이용할 수 있게 하여 긍정적인 모델이 될 수 있음을 밝혔다. 사실 비원어민들에게 화용론적으로 적절한 방법으로 요청이나 초대 등의 행위를 발화로 옮기는 것은 쉽지 않은 일인데, 대화분석에서 연구된 대로, 원어민들은 실제로 요청을 하기 전에 "Can I ask you a favor?" 등과 같은 "pre-pre[5]"(Schegloff 1980)나 "Are you using that dictionary now?"

---

[5] "pre-pre"는 "preliminaries to preliminaries"의 준말이다. 여기에 속하는 "Can I ask you a question?"이나 "Can I ask you a favor?"와 같은 표현들은 질문이나 부탁을

와 같은 사전 연속체(pre-sequences)를 사용한다는 것을 제시하고 교재 개발에 이용한다면 학습자들에게는 매우 유용한 지식이 될 수 있을 것이다. 마찬가지로 초대와 같은 행위도 사실 "Are you doing anything this Saturday?"와 같은 사전 연속체가 사용되는 것이 보편적인데, 이런 것이 없이 "Will you see a movie with me this Saturday?"와 같은 초대가 바로 나오는 경우가 왜 적절한 방법이 아닌지, 그리고 이미 이런 경우에 사전 연속체의 표현을 쓰는 것에 대해서는 알고 있는 학습자라도 그런 경우에 사용할 수 있는 실제 사전연속체의 표현을 알려주는 것들이 대화분석을 교재 개발이나 실제 교실 수업에 응용하는 방법이 될 것이다.

또다른 교재분석 연구로는 Wong(2002)의, 영어 교재에서의 전화 대화 분석연구가 있다. Wong은 이 연구에서 대화분석에서 활발하게 이루어진 전화대화 시작 연속체에 대한 연구(Schegloff 1968, 1979, 1986)들을 바탕으로 ESL 교재들에 나온 전화대화 시작 연속체를 분석했는데, 여기에서 ESL 교재에 나오는 많은 대화들이 자연스럽지 못한 대화가 되고 있음을 지적했다. 즉, 앞에서 살펴본 전화 대화의 구성이나 특징과는 달리, 전화를 건 사람이 먼저 말을 꺼내거나, 심지어는 전화를 받은 사람이 아무 말도 하지 않았는데 전화를 건 사람이 상대방을 인식하는 말을 하면서 대화가 시작이 되는 등 실제 전화대화에서는 도저히 있을 수 없는 구성들이 나오는 예들이 많이 있었던 것이다. 이러한 예들은 교실 상황에서 이런 대화를 모델로 하여 학습자들이 연습을 하는 상황에서도 문제가 많이 될 수 있으므로, 흔히 직관에 의존하여 쓰여지는 대화가 얼마나 부적절한 것이 될 수 있는가를 보여준다.

지금까지 살펴보았듯이 대화분석은 교재분석 분야에 상당히 유용하게

한다고 하면서도, 사실 바로 뒤에 질문(question)이나 부탁(favor)이 오지는 않고 그 질문이나 부탁을 하기 위한 사전 설명들이 따라오게 된다. 이런 점에서 이 표현들은 질문이나 부탁 자체보다 그것을 하기 위한 사전 설명(preliminaries)을 하기 전에 그에 대한 사전작업을 하는 셈이 되어 "pre-pre"라는 이름이 붙었다 (Schegloff 1980).

활용될 수 있다고 본다. 그러나 한 가지 유의해야 할 것은 교재분석에 앞서, 다양한 연속체 구조에 대한 원어민들의 자료를 확보하여 분석하거나, 이미 되어있는 연속체 연구를 철저히 검토하는 것이 반드시 선행되어야 한다는 것이다. 즉, 분석의 기준이 되는 연구를 충분히 이해하고 제대로 적용하여야한다는 것인데, 이런 점만 지켜진다면 이 분야의 연구들은 좀 더 학습자에게 도움이 되는 대화 자료를 제공하는 교재를 선별하거나 개발하는데 공헌할 수 있을 것이다.

5.2 제이언어 사용자 담화

최근 들어 대화분석이 많이 쓰이고 있는 또 다른 영역은 제이언어 사용자들의 담화에 대한 연구 분야이다. 원어민/비원어민 담화(native/nonnative discourse) 또는 제일언어/제이언어 담화(first language/second language discourse)로 불리는 이런 자료들은 교실 학습 상황이나 그룹 토론 상황, 혹은 자유로이 대화를 연습하는 상황이나 실제 사무실이나 직장에서 목표 언어를 사용하는 상황 등 다양한 상황 맥락에서 수집될 수 있다. 이러한 분야의 연구에 대해 대화분석이 사용된 것은 비교적 최근의 일인데, 이는 비원어민 화자들의 언어능력이 아직 완전한 상태가 아니라서 이들의 언어 사용에 대해 대화분석을 제대로 적용할 수 있을 것인가 등의 문제에 대한 우려 때문이었다 (cf., Wagner 1996; Wong and Olsher 2000). 그러나 최근의 많은 연구들(Brouwer 2003; Hosoda 2000; Kurhila 2001, 2004; Wong 2000a, 2000b 등)에서 이러한 담화 장르가 가지고 있는 규칙성과 질서(orderliness)를 보여주고 있고, 독립된 담화 장르로서의 언어 사용에 대한 연구나 제이 언어 습득에 대한 연구에 대화분석이 하나의 방법론을 제공할 수 있음을 보여주고 있다.

이러한 제이언어 사용자들의 담화가 가지고 있는 특성은 여러 가지가 있겠으나 다음과 같이 Wong(2000b: 40)이 기술하는 이중성을 먼저 고려할 수 있겠다.

> Second-language learners often have a double agenda in social interaction. They are both talkers and learners of the language, thereby creating and re-creating social life in which the processes of "knowing" and "using" a language come together and are unseparable. (Wong, 2000b: 40)

즉, 제이언어학습자들의 담화에서 많은 경우, 대화참여자(talker)와 학습자(learner)의 이중 아이덴티티가 동시에 관련이 되며 (relevant), 이러한 특성은 제이언어 학습자 담화 자료에 여러 형태로 반영이 된다. 이러한 연구들 가운데 먼저 Wong(2000a, 2000b)의 연구들을 살펴보기로 하겠다. Wong(2000a, 2000b)의 연구는 학습자 언어의 지연된 성격("delayed nature")을 보여준다고 볼 수 있으나 이러한 지연은 단순히 말이 늦춰지거나 천천히 발화되는 것 같은 현상은 아니다. 학습자의 지연된 NTRI의 사용을 보여주는 Wong(2000a)의 예를 통하여 이를 좀더 살펴보기로 하자.

(5) (Wong 2000a: 251)
  1   Beth: so they were gonna go all the way to Montreal in nine days
  2   Lin: Oh::
  3   (0.2)
  4→ Lin: **Nine days?**
  5   Beth: Yeah
  6   Lin: Jeesus

위의 예에서, 캘리포니아에서 몬트리올까지 어린 아기를 데리고 차로 9일 동안 운전해서 가겠다는 부부의 다소 충격적인 이야기를 하는 Beth에게 중국인인 Lin은 2행에서 단지 "oh"(Heritage 1984a)라고 반응할 뿐이다. 원어민들이 사용하는 "oh"의 기능 가운데 하나는 타자 수정을 유도

하는 NTRI가 나오고 나서 이해가 되었다는 표지이고 이로써 그 연속체를 마감하는 경우가 많은데, 여기서 Lin은 오히려 "oh"를 쓰고 나서 4행에서 NTRI를 하여 반대의 경우를 보여준다. 결국 "oh"를 써서 일단 상대방의 말에 대해 아주 간단한 형태로나마 반응하기는 하지만, 적절한 반응이라고 볼 수는 없다는 것이다. 그리고 영점 이초의 휴지(pause) 뒤에야 Lin은 "Nine days?"라는 NTRI를 사용하면서 비로소 자신이 이해에 문제가 있었음을 보인다. 그리고 이렇게 지연된 NTRI 뒤에 6행에 가서야, 처음 들었던 1행의 소식에 좀더 적절한 반응("Jeesus")을 보이게 된다. 여기서 쓰인 NTRI 형태나 위치는 영어 원어민의 경우, 지연이 되더라도 같은 말차례 안에서 스스로의 말을 급하게 끊으면서 나타나는 모습 정도라서 매우 다르고, 혹 이렇게 쓴다고 하더라도 빈도상으로 훨씬 드물다고 할 수 있다 (Schegloff 2000). 이 예를 통해서 Wong이 보여주는 비원어민 담화의 특성은, 비원어민의 지연된 NTRI에 대한 것인데, 원어민이라면 자신이 듣는 것이나 이해에 문제가 있을 경우 바로 NTRI를 쓰는 반면, 위의 예에서 볼 수 있다시피, 비원어민은 일단 부적절하긴 하지만 "oh"나 "yeah"와 같이 반응을 하기는 하고 그 다음에 약간의 휴지가 있은 후 이해가 안 가는 부분에 대한 NTRI를 제시하여 차이가 있다는 것이다.

　이러한 비원어민 NTRI의 특성은, 심리언어학적으로는 언어의 인지나 발화 등의 프로세싱(processing)에 있어서 지연(delay)이 되는 모습의 반영이라고도 볼 수 있을 것이다. 즉, 제 때에 대화 상대자의 말을 인식하거나 발화할 시기를 놓침으로 해서 나타나는 특성이라는 것이다. 그러나 동시에 이러한 특성은, 비원어민 학습자들이 비원어민이면서 대화 상대자라는 이중의 정체성을 가지고서 비록 완전하지는 않은 언어능력을 가지고 있지만, 얼마나 대화를 잘 유지하고 진행(progress)해가는지를 보여주는 좋은 예들이기도 하다. 다시 말해서, 발화중에 대화상대자의 말을 제대로 이해하지 못한 경우, 학습자들은 상호작용을 완전히 멈추거나 끝내는 것이 아니라, 대화상대자로서의 그들의 정체성을 유지하면서 일단 계속 대화를 진행하려고 노력한다는 것이다. 이는 학습자들의 의사소통 전략과도 밀접한 관련이 있는 현상이기도 하다.

이와 유사하게, Wong(2000b)의 또다른 연구에서는 중국인 영어 학습자들이 자기 말차례 안에서 자기 수정을 하는 경우 간혹, 그렇지만 매우 규칙적으로, *yeah*를 삽입하는 것을 보여주는데 (e.g., It's not- (h) **yeah it's a long time**) 이에 대해서도 같은 설명이 적용될 수 있을 것이다. 즉, 비원어민 발화의 "지연"이라는 현상이 단순히 말을 늦게하거나 천천히 하는 문제가 아니라 상호작용을 계속하면서 그 사이에 어떤 비원어민 특유의 언어 사용을 한다는 것이다. 이런 비원어민적 특성들을 Wong은 "nonnativeness" 내지는 "doing being nonnative"라고 설명하기도 하는데, Wong의 이러한 연구들은 결국 학습자 담화에서 기술하거나 초점을 맞출 부분이 단순히 학습자의 언어적 불완전성만이 아니라, 이들이 능동적인 대화참여자로서 상호작용을 유지시켜 나가는 과정이며 비원어민 담화의 상호작용적인 관례(interactional practice)가 되어야함을 시사한다.

Park의 연구(2003, 2004)도 이러한 맥락에서 살펴볼 수 있는데, 여기에서는 영어 학습자들과 영어 수업 강사와의 기말 구술 시험 인터뷰 자료에 나타난 학습자 담화의 특성을 몇 가지 살펴보기로 하겠다. 먼저, 학습자들이 말차례 맡기에서 하나의 말차례 구성단위(TCU)를 끝내고나서 계속하려고 할 때, 어떻게 자기 말차례를 유지하는지를 보면 다음과 같다.

(6) (Park 2003: 47)
1   T: um but then the number of people who died was about twenty out of one
2   hundred thousand. So some other people were actually saying that it's really a
3   small number of people. So maybe the risk is not that, that big. What do you

```
4         think  about that?
5    C:  um (5.7) um (3.2) uh I- (.2) I thought that:,
6    T:  mhm,
7→   C:  many people's life is, **important**＜**but**, (.8) um °sss (1.2) Yes hhhh
8    T:  Okay. So you think that even just one person dies, that still counts.
```

위의 예에서 장기 이식을 하는 경우의 위험에 대해 묻는 강사에게, 학습자(C)는 5행에서 7행에 걸쳐 여러 번의 휴지(pause)와 "um"과 같은 filler를 쓰면서 하나의 말차례 단위(TCU), 즉 "I thought that many people's life is important"라는 문장을 완성해낸다. 문제는 이 말차례 단위가 완결된 다음 학습자가 말을 계속하고 싶을 경우 어떻게 그것을 수행하는가이다. 보통 원어민이라면 말차례 단위 사이에는 한 박자 정도의 자연스러운 휴지가 있고 말이 계속 이어지게 되지만(cf. Schegloff 2002), 그런 것에 익숙하지 않은 비원어민 학습자 C가 선택하는 방법은 한 문장의 발화가 끝나자마자 급하게 들어가서("＜" 표시 사용) 다음 말의 첫 부분(but)을 먼저 말해놓는 것이다. 이런 급한 시작은 이 학습자의 발화 대부분이 길고 잦은 휴지(pause)와 말늘림(":"으로 표시), "um"과 같은 말들로 차있는 것과는 대조를 이룬다. 즉, 발화에 어려움을 많이 겪으면서 단어를 생각해내거나 문장을 완성하고 있는 이 학습자가 갑자기 상대적으로 발화의 속도가 빨라지는 부분이 생기는데 이 것이 바로 하나의 말차례 단위 다음에 계속 말을 하겠다는 것을 보일 때라는 점이다. 이렇게 자기 말차례를 유지하는 것과 같은, 언어상호작용에서의 필수적인 기능에 익숙하지 않은 학습자가 나름의 방법을 전략적으로 사용하면서 대화참여자로서의 역할을 수행하고 있는 점이 바로 위의 예가 보여주는 비원어민 담화의 특성이라고 할 수 있다.

제이언어 사용자 담화 연구에 있어서의 또다른 연구 동향으로는 주로 교실 상황을 중심으로 수집되던 제이언어 학습자 담화 자료를, 이제 제2

언어로 이루어지는 기관적 상황(institutional setting) (언어 교육 학교 사무실이나 호텔의 리셉션 데스크 등)에서의 대화 자료로 확대하게 되었다는 것이다. 이러한 연구에서는 실제 기관적인 목적(institutional goal)과 개인의 원어민/비원어민이라는 아이덴티티가 어떻게 서로 연관이 있고 이러한 것들이 어떻게 원어민과 비원어민의 언어사용에 영향을 미치는가를 보여주기도 한다. 이러한 연구의 하나로 Kurhila(2001, 2004)의 연구를 들 수 있는데 여기에서는, 우리가 일반적으로 생각할 수 있는 원어민의 비원어민 언어 사용에 대한 교정(corrrection)이 다른 형태로 진행되는 것을 볼 수 있다. 즉, 일반적 학습 상황에서 원어민은 대개 진행중이던 상호작용을 일단 멈추고 비원어민의 잘못된 언어 사용을 고쳐주는 것과는 달리, Kurhila가 살펴본 사무실 등의 상황에서 원어민 교정은 이렇게 명백한(explicit) 교정으로 나타나지 않고 상호작용중에 자연스럽게 삽입된(embedded) 형태로 일어나거나 아니면 원어민들이 교정을 하지 않는다는 것이다. 이러한 경향들은 기존의 제이언어습득에서와는 다른 특성들을 보여주면서. 실제 의사소통 상황에서의 자료가 어떻게 기존의 제이언어습득에서 사용된 자료들과 차이가 날 수 있는지에 대해서도 생각하게 한다. Kurhila의 이러한 연구들은 또한 최근 북부 유럽을 중심으로 활발하게 진행되는 lingua franca talk(Firth 1996)이나 실제 특정 기관에서의 담화 자료(institutional talk) 연구 경향을 반영한다고도 할 수 있다 (e.g., Firth 1996; Gardner and Wagner 2004; Wagner 1996 등). 이러한 연구에서 주목할만한 것은 이제 제이언어 담화 연구가 실험실이나 교실 상황, 교육적인 맥락을 벗어나 실제 목적으로 언어가 사용되는 맥락으로 확장되어 진행되고 있고, 이런 기관적 담화(institutional talk)의 특성을 원어민들에 대한 것(Clayman and Heritage 2002; Drew and Heritage 1992)과 관련하여 더 확장시켜 볼 수 있게 되었다는 것이다.

이밖에 또 언급할 수 있는 것은, 이 분야의 연구 가운데서도 특히 활발하게 이루어지고 있는 수정(repair) 구조에 대한 것으로, Gaskill(1980),

Schwartz(1980) 등의 타자 수정 연구와 같이 상당히 오래전부터 시작된 수정(repair)에 대한 연구는 최근에 와서 더 많은 관심을 끌고 있다 (e.g., Brouwer 2003; Hosoda 2000; Houser 2003, Kasper 1985). 이러한 연구들은 자연스러운 대화 상황도 있지만, 비원어민들이 회화 연습을 하는 상황이나 교실 상황, 개인 교습(tutoring) 상황같이 다소 교육적인 상황 맥락에서 이루어지는 것들도 있어, 여러 가지 상황 맥락과의 관계나, 다음에서 다룰 제이언어 습득과도 연관시켜 다루어 볼 수 있는 주제라고 생각한다.

5.3 제이언어습득과 대화분석

마지막으로 이 부분에서는 대화분석과 제이언어습득(second language acquisition) 연구 분야에 대해 살펴보겠는데, 여기에서 먼저 주목할 연구는 Wagner(1996)의 논문이다. Wagner는 이 논문에서 먼저, 기존의 제이언어습득 연구들이 주로 다루고 있는 제한된 자료들 ― 주로 랩 상황에서 실험 디자인에 의해서 미리 계획된 형태로 수집되었다는 면에서 ― 과 자연스러운 상황에서 수집된 원어민/비원어민 자료가 얼마나 차이날 수 있는가를 보여주면서 기존의 제이언어습득연구의 문제점 및 제한점을 지적한다. 이에 따르면, 실험 상황에서 모여진 자료들은 대개 서로 잘 모르는 원어민과 비원어민이 쌍을 이루어 서로간의 특정한 공동 화제가 없는 상태에서 원어민이 주로 질문을 하고 대화를 이끌어가는 형식으로 진행되고, 원어민이 비원어민의 언어 능력에 맞추어 말을 쉽게 바꾸어 주게 되며, 비원어민이 말이 막히는 상태가 되면 곧 주제를 바꾸어 주제 변경도 자주, 쉽게 일어난다는 것이다. 반면 Wagner가 자료로 쓴 실제 상황의 원어민/비원어민 대화에서는, 유럽의 무역회사에 납품을 하는 비원어민 직원이 뭔가를 확인하기 위하여 전화를 건 상황에서 납품을 받는 회사측의 원어민 직원과 대화를 하게 되는데, 여기에서는 원어민 직원이 자기 말을 이해하기 쉽게 바꾸는 특성(foreigner talk)을 보이지 않았으며 동등한 대화 상대자로서 상호작용을 하는 가운데 대화의 주도권도 비원어민이 이끌어가고 있는 것으로 나타났다. 이러한 차이를 통하여 Wagner는 흔히 제이언어습득을 보기 위해 정해진 시간동안 서로 만난 적도 없는 원어민과 비원어민을 짝을 지어주고 실험실에서 대화를 시킴으로써 얻게 되는 자료나 분석 방법의 문제점을 지적하면서 좀더 자연스러운 상황에서 일어나는 대화 자료와 방법론으로서의 대화분석 사용의 필요성을 강력하게 촉구한다.

여기서 좀더 나아가서 Firth and Wagner(1997)는 *Modern Language Journal* 학술지에 실린 논문에서, 이전까지의 제이언어습득 연구가 언어 분석에 있어 주로 인지적인 연구 성향을 띄었음을 지적하고 좀더 사회적이고 맥락적인 방향으로 전환될 필요가 있음을 제안한다. 또한 항상 원어민의 표준 자료(baseline data)를 중심으로 학습자가 얼마나 이런 표준에서 벗어나있고 이들의 언어 능력이 결여되어 있는 점이 무엇인가에 초점을 맞추는 것에서 벗어나, 실제 상황에서의 자료를 중심으로 학습자들이 어떻게 실제의 의사소통을 진행시키는가를 본다면 얼마나 다른 측면의 습득을 관찰할 수 있는가를 제시하기도 한다. 이러한 이들의 지적은 이후 같은 학술지에서 Gass나 Kasper, Long 등 저명한 제이언어습득 전문가들이 자신들의 견해를 다시 답하는 글이 실리기도 해서 큰 화제가 되기도 하였다. 중요한 것은 이러한 문제제기가 있은 후 점차 대화분석적 연구방법론이 이 분야에 있어서의 정성적(qualitative) 연구 방법론의 하나로 자리매김을 해가고 있다는 것이고, 본 논문에서 언급된 많은 논문들과 책들이 이런 경향을 확인시켜준다고 할 수 있다.

최근 제이언어습득연구와 관련하여 주목해볼만한 것은 교실 담화 분석에도 대화분석의 적용이 많이 시도되고 있다는 것이다. 교실 담화에 대해서는 Markee(2000), Willey(2001), Hauser(2003) 등의 연구가 있는데, 이 가운데 Willey(2001)는 회화수업에서 사용되는 "도움 요청(appeal for assistance)"이 연속체 구조에 따라, 새로운 연속체를 시작하는데 쓰이는 것과 이야기 연속체 등 원래 연속체에 그냥 삽입되어 쓰이는 것이 되기도 하는가를 보여준다. Hauser(2003)는 어학원의 회화 클럽에서 원어민과 비원어민들간의 상호작용에서 타자 수정/교정(other-correction) 형태 내지는 "corrective recasting"의 패턴이 어떻게 되는가를 보여주는데, 이러한 연구들은 학습과 관련이 있다고 여겨지는 학습자나 원어민의 말차례를 연속체 안에서 이해하려는 것들이라고 볼 수 있다.

그러나 대화분석이 제이언어학습자의 언어 사용을 볼 수 있을 뿐이고, 제이언어습득을 설명하기에는 학습이론을 갖추지 않은 것이라는 비판도 있는데, 이에 대해 Brouwer and Wagner(2004)에서는 개인적이고 인지적인 학습의 개념에서 벗어나 사회문화 이론(sociocultural theory)을 도입하면서, 학습을 특정 상황 맥락 속에서 초보자가 전문가에게 참여를 통하여 배워나가는 과정(from Legitimate Peripheral Participation(LPP) to full participation)(cf. Lave and Wenger 1991)으로 보아야한다는 입장을 취하면서, 이런 학습 이론하에서 대화분석이 설명할 수 있는 습득과정이 더 의미가 있게 됨을 보인다. 아울러 Brouwer and Wagner는 대화 자료들을 시간을 두고 수집하고 연구할 때(longitudinal study) 그 가운데 변화해가는 것이 발견된다면 이 것이 학습을 증명할 수 있는 것이기도 함을 피력하면서, 자신들이 본 전화대화 시작 연속체에서 시간적인 변화에 따라 학습자들이 어떻게 이런 기능적인 면을 습득하는가를 보여주기도 했다. 이러한 연구는 제이언어 학습자의 자료 수집 및 분석도 좀더 장기적인 (longitudinal study) 것이 될 수도 있음을 제기했다는 점에서 의의가 있다.

마지막으로 언급하려는 것은, 2004년 *Modern Language Journal*과 *Language Learning*이라는, 제이언어습득 분야의 저명한 두 학술지에서 발행한 교실담화와 대화분석에 대한 특별호에 대한 것인데, 이런 사실 역시 대화분석을 언어교육이나 습득적인 연구와 연결시키려는 관심과 무관하지 않다고 할 것이다. *Modern Language Journal*의 특별호(2004년,

88권 (4)호)에 포함된 논문에는 Kasper(2004), He(2004), Markee(2004), Young and Miller(2004) 등이 있고 Gass, Larsen-Freeman, Wagner 등이 쓴 논문 비평(commentaries)도 함께 실려 있다. *Language Learning*의 monograph로 나온 Seedhouse(2004)는 앞에서 제시된 대화분석의 여러 구조들, 즉 말차례맡기 구조나 수정 구조 등이 교실 담화에서 어떻게 적용되는가를 보여주어서, 하나의 장르로서의 교실담화가 어떻게 대화분석을 써서 분석될 수 있는가를 보여주고 있다.

 이러한 교실 담화 분석은 Wagner(2004)가 언급하듯이, Sinclair and Coulthard(1975) 이래로 주로 Initiation-Response-Feedback과 같은 구조로 교사와 학생간의 상호작용만을 중심으로 설명되었던 교실담화가 이제 과업위주 학습 등 좀더 여러 가지 형태를 띄게 되면서 이를 대화분석적으로 반영하고 분석하게 되었다는 것을 보여준다. 또한 Markee and Kasper (2004)가 쓴 서론에서 언급하듯이, 이전에 대개 추출로 얻어진(elicitation) 자료를 주로 코딩(coding) 작업을 통하여 분석자의 시각(etic perspective)으로 보았던 연구방법에서 실제 상황에서 수집된 자료를 참여자 스스로의 방향성(orientation)을 고려하는 시각(emic perspective)으로 분석하는 이 연구방향이 필요하다는 것을 보여주기도 한다.

6. 마치면서

 대화분석은 대화상호작용(talk-in-interaction)을 분석하는 하나의 방법론이다. 이 분석 방법론은 언어학과 인류학, 교육학 등의 분야를 연구하는 학자들 사이에 널리 쓰이고 있으며 이제 영어교육 분야에서도 유용한 도구가 될 수 있다고 본다. 대화분석이 영어교육 분야에 적용되고 공헌할 수 있는 분야를 다시 요약하여보면, 먼저 대화 자료를 비롯한 여러 구어 자료에 나타난 원어민들의 언어 사용에 대한 연구를 들 수 있을 것이다. 이는 담화 표지(discourse markers)나 기타 구어적 특성이 강한 언어 사용 특성 자체에 대한 분석을 하는데 대화 분석은 매우 유용한 도구가 될 수 있기 때문이다. 또한 이런 연구를 통하여 얻어진 결과들은 좀더 정확하고 적절한 언어 사용의 이해를 돕기 때문에 이후 교재 개발이라든가 교육 방법론 개발에 활용도가 높아진다고 볼 수 있다.

다음으로 대화 분석이 영어교육 연구에 사용될 수 있는 분야는 앞의 연구와도 연결되는 것이지만 교재 분석 및 개발 분야이다. Wong(2002)의 논문에서 볼 수 있듯이 대화분석에서 이미 이루어진 연구 결과들을 토대로 한 교재 분석 및 비평은 자연스러운 대화 상황의 재현이 필수적인 구어 학습 교재 개발을 위해 반드시 필요한 과정이므로 이러한 응용 또한 영어교육과 관련하여 중요한 부분이라고 보겠다.

마지막으로 생각해볼 수 있는 것은 학습자 언어를 이해하고 원어민-비원어민 간의 상호작용 자체를 이해하기 위해 대화분석의 활용이다. Wagner(1996)에서도 제시되었듯이 대화분석은 자연스러운 상황에서 원어민과 또는 비원어민들끼리 상호작용하면서 목표언어를 사용하는 관례(practice)에 대한 이해에 필수적이다. 이러한 것은 어떤 식으로 학습자들이 영어를 사용하는지, 그리고 상호작용상의 어려움을 해결하는 전략들을 이용하는지를 실제로 보도록 도와줄 수 있다. 이러한 것은 연속체나 말차례맡기, 자기 수정 및 타자 수정 등 대화분석의 모든 분야에 걸쳐서 관찰해 볼 수 있을 것이다. 또한 Brouwer and Wagner(2004)의 논문에서도 보여주고 있듯이 특정 학습자의 학습 과정을 장기적으로 추적하면서 상호작용과 관련한 언어 능력의 개발을 연구하는 것 또한 중요한 분야가 되리라고 생각한다.

물론 학습 이론이 아닌 대화분석이 제이언어습득에 대해 어떤 함축을 지니는지에 대해서는 좀더 연구가 필요하다고 생각하지만, 이 또한 사회문화이론(sociocultural theory) 등과의 연계적 설명이 가능하다고 보고 이에 바탕을 둔 연구들도 많이 진행중이므로, 학습을 보는 시각에 따라 더 발전될 수 있는 부분이라고 생각한다 (e.g., Brouwer and Wagner 2003; Markee and Kasper 2004).

여기서 앞으로 이 분야의 연구를 위해 한 가지 고려되고 해결되어야 할 문제가 있는데 이것은 전사 방법의 문제이다. 대화분석에서 전사란 앞에서도 언급이 되었지만, 청각자료를 시각자료로 옮겨놓고 그것을 바탕으로 분석을 하게 되는 만큼 무엇보다도 중요한 작업이다. 그래서 여러 가지 전사 부호들을 고안하여 억양이나 소리의 장단, 휴지(pause), 중복 등 대화자들이 발화하는 소리나 침묵을 모두 표시하도록 하고, 언어적인 측면도 영어 전사의 경우 가급적 소리나는대로 전사를 하게 되는데 예를 들면 "dunno(don't know)"나 "yih know(you know)" 등과 같고 이런 표기는 실제의 구어적 발음을 대표하게 된다. 그런데 학습자 언어를 살펴볼 경우는 간혹 학습자들의 발음이 정확하지 않거나 심한 액센트가 있는 경우 등 전사에 어려움이 많이 있을 수 있다. 학습자 개인의 독특한 억양이나 특정 발음의 습관적 왜곡 같은 경우를 일관성있게 제대로 표기하는 일이나 공통된 전사 기호를 만드는 일은 아직까지 과제로 남아있다고 본다.

학습자의 의사소통 능력을 규명하는데 있어 의사소통 능력을 구성하는 많은 부분들에 대한 연구가 더 많이 필요한데, 대화분석은 이런 측면들을 자연스러운 환경에서 수집된 자료를 대화 참여자들 스스로의 시각에서 분석함으로 해서 접근할 수 있다고 본다. 최근 Lazaraton(1995, 2000, 20003)과 같은 학자들이 역설하는 것처럼, 응용언어학이나 언어교육 면에서 많은 학술지들이 대화분석이나 민족지학(ethnomethodology)과 같은 정성적 분석 방법에 대해서 점차 그 인지도를 높이고 실제 정성적 연구에 대한 평가 기준들을 세분화하고 있는 것을 고려할 때, 대화분석은 점차 응용언어학과 영어교육 연구에 있어 유용한 방법론으로 인식되고 있으며, 실제로 이를 통한 연구들이 우리의 학습자 언어 이해와 영어교육 분야에 많은 공헌을 할 수 있으리라고 생각한다.

참고문헌

김규현. 2000. "담화와 문법: 대화분석적 시각을 중심으로," 담화와 인지 7.1, 155-184.
김해연. 2000. "대화분석과 영어교육," 황적륜(편). 현대영어교육의 이해와 전망, 432-469. 서울대학교 출판부.
Atkinson, M. J. and J. Heritage. eds., 1984. *Structures of Social Action*. Cambridge: Cambridge University Press.
Barraja-Rohan, A.-M. and C. R. Pritchard. 1997. *Beyond Talk: A Course in Communication and Conversation for Intermediate Adult Learners of English*. Melbourne: Western Melbourne Institute of TAFE Publishing Service.
Beach, W. A. 1993. "Transitional Regularities for 'Casual' "Okay" Usages," *Journal of Pragmatics* 19, 325-352.
Bernsten, S. G. 2002. *Using Conversation Analysis to Evaluate Pre-sequences in Invitation, Offer, and Request Dialogues in ESL Textbooks*. MA thesis, The University of Illinois, Urbana-Champaign.
Blum-Kulka, S., J. House and G. Kasper. eds., 1989. *Cross-cultural Pragmatics: Requests and Apologies*. Norwood, NJ: Ablex.
Brouwer, C. E. 2003. "Word Searches in NNS-NS Interaction: Opportunities for Language Learning?" *The Modern Language Journal* 87.4, 532-545.
Brouwer, C. E. and J. Wagner. 2004. "Developmental Issues in Second Language Conversation," *Journal of Applied Linguistics* 1.1, 29-47.
Clayman, S. and J. Heritage. 2002. *The News Interview*. Cambridge: Cambridge University Press.
Clift, R. 2001. "Meaning in Interaction: The Case of 'Actually'," *Language* 77, 245-291.
Drew, P. and J. Heritage. 1992. *Talk at Work*. Cambridge: Cambridge University Press.
Firth, A. 1996. "The Discursive Accomplishment of Normality: On 'Lingua Franca' English and Conversation Analysis," *Journal of Pragmatics* 26, 237-259.
Firth, A. and J. Wagner. 1997. "On Discourse, Communication, and (Some) Fndamental Concepts in SLA Research," *The Modern Language Journal* 81.3, 285-300.
Ford, C. E. 1993. *Grammar in Interaction*. Cambridge: Cambridge University Press.
Ford, C. E., and S. A. Thompson. 1996. "Interactional Units in Conversation: Syntactic, Intonational, and Pragmatic Resources for the Management of Turns," in E. Ochs, E. A. Schegloff, and S. A. Thompson, eds., *Interaction and Grammar*,

134-184. Cambridge: Cambridge University Press.
Gardner, R. and J. Wagner. 2004. *Second Language Conversations*. London: Continuum.
Gaskill, W. 1980. "Correction in NS-NNS Conversation," in D. Larsen-Freeman, ed., *Discourse Analysis in Second Language Acquisition Research*, 125-137. Rowley, MA: Newbury House.
Givon, T. ed. 1979. *Syntax and Semantics (Vol. 12): Discourse and Syntax*. New York: Academic Press.
Hauser, E. K. 2003. *'Corrective Recasts' and Other-correction of Language Form in Interaction among Native and Non-native Speakers of English: The Application of Conversation Analysis to Second Language Acquisition*. Ph.D. Dissertation at University of Hawaii.
He, A. W. 2004. "CA for SLA: Arguments from the Chinese Language Classroom," *The Modern Language Journal* 88.4, 568-582.
Heritage, J. 1984a. "A Change-of-state Token and Aspects of its Sequential Placement," in M. Atkinson and J. Heritage, eds., *Structures of Social Action*, 299-345. Cambridge: Cambridge University Press.
Heritage, J. 1984b. *Garfinkel and Ethnomethodology*. Cambridge: Polity Press.
Hosoda, Y. 2000. "Other-repair in Japanese Conversation between Nonnative and Native Speakers," *Issues in Applied Linguistics* 11.1, 39-63.
Hourkoop-Steenstra, H. 1991. "Opening Sequences in Dutch Telephone Conversations," in D. Boden and D. Zimmerman, eds., *Talk and Social Structure*, 232-250. Berkeley: University of California Press.
Hutchby, I. and R. Wooffitt. 1998. *Conversation Analysis*. Oxford: Polity Press.
Jefferson. G. 1983. "Notes on Some Orderliness of Overlap Onset," *Tilburg Papers in Language and Literature 28*, Tilburg University.
Kasper, G. 1985. "Repair in Foreign Language Teaching," *Studies in Second Language Teaching* 7, 200-215.
Kasper, G. 2004. "Participant Orientations in German Conversation-for-Learning," *The Modern Language Learning*, 88.4, 551-567.
Kasper, G. and S. Blum-Kulka. eds., 1993. *Interlanguage Pragmatics*. New York: Oxford University Press.
Kim, K.-H. 1990. "*WH*-clefts in English Conversation: An Interactional Perspective," *Language Research* 26.4, 721-743.

Kim, K.-H. 1995. "*WH*-clefts and Left-dislocation in English Conversation: Cases of Topicalization," in P. Downing and M. Noonan, eds., *Word Order in Discourse*, 247-296. Amsterdam: John Benjamins.

Kurhila, S. 2001. "Correction in Talk between Native and Non-native Speaker," *Journal of Pragmatics* 33, 1083-1110.

Kurhila, S. 2004. "Clients or Language Learners—Being a Second Language Speaker in Institutional Interaction," in R. Gardner and J. Wagner, eds., *Second Language Conversations*, 58-74. London: Continuum.

Larsen-Freeman, D. ed. 1980. *Discourse Analysis in Second Language Acquisition Research*. Rowley, MA: Newbury House.

Lave, J. and E. Wenger. 1991. *Situated Learning: Legitimate Peripheral Participation*. Cambridge: Cambridge University Press.

Lazaraton, A. 1995. "Qualitative Research in Applied Linguistics: A Progress Report," *TESOL Quarterly* 29, 455-472.

Lazaraton, A. 2000. "Current Trends in Research Methodology and Statistics in Applied Linguistics," *TESOL Quarterly* 34, 175-181.

Lazaraton, A. 2003. "Evaluative Criteria for Qualitative Research in Applied Linguistics: Whose Criteria and Whose Research?" *The Modern Language Journal* 87.1, 1-12.

Levinson, S. 1983. *Pragmatics*. Cambridge: Cambridge University Press.

Lindstrom, A. 1994. "Identification and Recognition in Swedish Telephone Conversation Openings," *Language in Society* 23, 231-252.

Markee, N. 2000. *Conversation Analysis*. Mahwah. NJ: Lawrence Erlbaum Associates.

Markee, N. 2004. "Zones of Interactional Transition in ESL Classes," *The Modern Language Journal* 88.4, 583-596.

Markee, N. and G. Kasper. 2004. "Classroom Talks: An Introduction," *The Modern Language Journal* 88.4, 491-500.

Ochs, E., E. A. Schegloff, and S. A. Thompson. eds., 1996. *Interaction and Grammar*. Cambridge: Cambridge University Press.

Park, Y.-Y. 2002. "Recognition and Identification in Japanese and Korean Telephone Conversation Openings," in K. K. Luke and T. Pavilidou, eds., *Telephone Calls*. 25-47. Amsterdam: John Benjamins.

Park, Y.-Y. 2003. "Characteristics of NNS Talk in Oral Interview," *English Teaching* 58.3, 41-68.

Park, Y.-Y. 2004. "Nonnative Speakers' Use of *Yeah* in English Spoken Discourse," *Discourse and Cognition* 11.3, 85-105.

Pomerantz, A. 1984. "Agreeing and Disagreeing with Assessments: Some Features of Preferred/Dispreferred Turn Shapes," in M. J. Atkinson and J. Heritage, eds., *Structures of Social Action*, 57-101. Cambridge: Cambridge University Press.

Sacks, H. 1973. "On the Preferences for Agreement and Contiguity in Sequences in Conversation," in G. Button and J. Lee, eds., *Talk and Social Organization*, 54-69. Clevedon: Multilingual Matters.

Sacks, H. 1992. *Lectures on Conversation.* in G. Jefferson, ed., 2 vols. Oxford: Blackwell.

Sacks, H., E. A. Schegloff and G. Jefferson. 1974. "A Simplest Systematics for the Organization of Turn-taking in Conversation," *Language* 50, 696-735.

Schegloff, E. A. 1968. "Sequencing in Conversational Openings," *American Anthropologist* 70, 1975-1095.

Schegloff, E. A. 1979a. "The Relevance of Repair to a Syntax-for-conversation," in T. Givon, ed., *Syntax and Semantics (Vol. 12): Discourse and Syntax*, 261-286. New York: Academic Press.

Schegloff. E. A. 1979b. "Identification and Recognition in Telephone Conversation Openings," in G. Psathas, ed., *Everyday Language Studies in Ethnomethodology*, 23-78. New York: Irvington.

Schegloff, E. A. 1980. "Preliminaries to Preliminaries: 'Can I Ask You a Question,'" *Sociological Inquiry* 50, 104-152.

Schegloff, E. A. 1986. "The Routine as Achievement," *Human Studies* 9, 111-151.

Schegloff, E. A. 1988. "On an Actual Virtual Servo-mechanism for Guessing Bad News: A Single Case Conjecture," *Social Problems* 32, 442-457.

Schegloff, E. A. 1992. "To Searle on Conversation," in H. Parret and J. Verschueren, eds., *(On) Searle on Conversation*, 113-128. Amsterdam: John Benjamins.

Schegloff, E. A. 1996. "Confirming Allusions: Toward an Empirical Account of Action," *American Journal of Sociology* 102, 161-216.

Schegloff, E. A. 2000. "When "Others" Initiate Repair," *Applied Linguistics* 21.2, 205-243.

Schegloff, E. A. in press. *Sequence Organization*. Cambridge: Cambridge University Press.

Schegloff, E. A. and H. Sacks. 1973. "Opening up Closings," *Semiotica* 8, 289-327.

Schegloff, E. A., G. Jefferson and H. Sacks. 1977. "The Preference for Self-correction in the Organization of Repair in Conversation," *Language* 53, 361-382.
Schegloff, E. A., I. Koshik, S. Jacoby and D. Olsher. 2002. "Conversation Analysis and Applied Linguistics," *Annual Review of Applied Linguistics* 22, 3-31.
Schwartz, J. 1980. "The Negotiation for Meaning: Repair in Conversations between Second Language Learners of English," in D. Larsen-Freeman, ed., *Discourse Analysis in Second Language Acquisition*, 138-153. Rowley, MA: Newbury House.
Scott, P. J. 1987. *The Implications of a Conversation Analysis Approach to Request Sequences for English Language Teaching*. Master's Thesis, University of York.
Seedhouse, P. 2004. *The Interactional Architecture of the Language Classroom: A CA Perspective*. Blackwell.
Sinclair, J. and M. Coulthard. 1975. *Towards an Analysis of Discourse: the English Teachers and Pupils*. London: Oxford University Press.
ten Have, P. 1999. *Doing Conversation Analysis*. London: Sage.
Wagner, J. 1996. "Foreign Language Acquisition through Interaction: A Critical Review of Research on Conversation Adjustments," *Journal of Pragmatics* 23, 215-235.
Wagner, J. 2004. "The Classroom and Beyond," *The Modern Language Journal* 88.4, 612-616.
Willey, B. T. 2001. *Examining a "Communication Strategy" from a Conversation Analytic Perspective: Eliciting Help from Native Speakers Inside and Outside Word Search Sequences*. Master's thesis, University of Illinois at Urbana-Champaign.
Wolfson, N. 1989. *Perspectives: Sociolinguistics and TESOL*. New York: Newbury House.
Wolfson, N. and E. Judd. eds., 1983. *Sociolinguitics and Language Acquisition*. Rowley, MA: Newbury House.
Wong, J. 2000a. "Delayed Next Turn Repair Initiation in Native/Nonnative Speaker English Conversation," *Applied Linguistics* 21, 274-297.
Wong, J. 2000b. "The Token *"Yeah"* in Nonnative Speaker English Conversation," *Research on Language and Social Interaction* 33.1, 39-67.
Wong, J. 2002. "Applying Conversation Analysis in Applied Linguistics: Evaluating Dialogue in English as a Second Language Textbooks," *IRAL* 40, 37-60.
Wong, J. and D. Olsher. 2000. "Reflections on Conversation Analysis and Nonnative Speaker Talk: An Interview with Emanuel A. Schegloff," *Issues in Applied Linguistics*

11.1, 111-128.

Young, R. F. and E. R. Miller. 2004. "Learning as Changing Participation: Discourse Roles in ESL Writing Conferences," *The Modern Language Journal* 88.4, 519-535.

전사 표기

[　　　말겹침 표시
= 　　　두 화자의 말이 이어질 때 잠시의 침묵도 없이 바로 말이 연결되는 경우에 쓰인다. 혹은 아래에 나타난 것처럼 표기상의 편의를 위해 한 화자의 말이 이어진다는 뜻으로 쓰이기도 한다. 즉 "=" 표시는 A의 말이 계속 이어진다는 의미이다.

    A: I went to see a movie last night and it was so bor[ing. I couldn't stand=

    B: [Yeah?

    A: =it. went there with Bonny and she couldn't stand it either.

° 　　　이 표시는 그 부분의 말이 다른 부분보다 조용하게 나오거나 무성음화되어 발음되는 것이다.
(.5) 　　괄호 표시 안의 숫자는 침묵의 길이를 나타낸다.
(.) 　　　마이크로포즈(micro pause)로 영점일초도 안 되는, 매우 짧은 침묵이다.
? 　　　끝이 질문할 때 같이 올라가는 것을 의미하는 억양 표시이다. 그러나 질문이라도 억양이 올라가지 않으면 쓰지 않는다.
, 　　　쉼표는 어떤 것을 나열할 때와 같이 약간 올라가는 억양을 표시할 때 쓴다.
¿ 　　　거꾸로 해놓은 의문부호는 물음표 억양과 쉼표 억양의 중간 정도 표시로 아주 급하게 올라가지는 않는 억양을 나타낼 때 쓴다.
: 　　　소리를 길게 늘여서 발음하는 것
XXX 　강조하여 말하는 부분
- 　　　중간에 자기 말을 갑자기 끊은 경우(cut-off)에 쓴다.

<	이 표시는 갑자기 말이 빨라지는 경우에 사용한다.
hhh	"h"는 숨을 내쉬는 것에 쓴다. 길이가 길수록 "h"의 수가 늘어난다.
.hhh	숨을 들이쉬는 것에 사용한다. 길이가 길수록 "h"의 수가 늘어난다.
(())	겹괄호는 비언어적 활동을 기술할 때 쓴다.
()	괄호 안에 아무 것도 쓰여 있지 않을 때는 테잎의 그 부분이 분명하지 않다는 표시이고 괄호 안에 어떤 말을 쓰는 경우는 전사를 한 사람이, 그렇게 들리는 듯하지만 확실하지는 않다는 것을 나타내려고 할 때이다.

결정적 시기 가설과 제2언어 습득

송 미 정*

I. 서론

언어 습득의 '결정적 시기'라는 개념은 일반적으로 언어 습득이 비교적 많은 노력 없이 쉽게 성공적으로 이루어지는 기간을 지칭한다. 이러한 개념을 처음으로 도입한 Penfield and Roberts(1959)는 언어 습득에 있어서는 어린이들이 성인에 비해 생물학적 신경학적인 우위를 가지고 있다고 말하면서 그 근거를 어린이들의 뇌의 유연성(plasticity)에서 찾았다. 그들의 견해에 따르면, 인간의 뇌는 9세를 전후로 해서 유연성이 없어지기 때문에 9세 이전에 언어 습득이 이루어져야 가장 효율적이라는 것이다. 또한 Lenneberg(1967)는 약 2세부터 감성적, 정서적, 사회적 기능을 담당하는 뇌 세포는 뇌의 우측으로, 또 언어나 분석적인 기능을 담당하는 뇌 세포는 뇌의 좌측으로 서서히 이동을 하기 시작해서 사춘기[1]를 기점으로 해서 뇌의 기능 분화(lateralization)가 완료되기 때문에, 이러한 변화 이전에 언어 습득을 하는 것이 그 후에 하는 것 보다 훨씬 더 유리하다고 주장했다.

Penfield and Robert(1959)는 그들의 주장에 대해 실증적인 증거를 제시하지 못한 반면, Lenneberg(1967)는 뇌수술을 받은 환자들의 회복 상태

---

* 서울대학교 영어영문학과 (mjs@snu.ac.kr)
1) 사춘기에 대한 시기는 개인 차이가 있으나, Woolfolk(1998)에 따르면, 남자의 경우에는 일반적으로 12세에 시작해서 18세 경에 끝나고, 여자의 경우에는 9세에 시작해서 16세 경에 끝난다고 한다.

를 그의 주장의 근거로 들었다. 그는 뇌손상을 입은 환자들의 수술 결과, 어린이가 좌뇌에 손상을 입었을 경우에는 언어 능력을 거의 잃어버리지 않은 반면에, 성인이 좌뇌에 손상을 입은 경우에는 언어 능력을 완전히 상실했다는 임상 증거를 제시하였다. 그의 설명에 따르면, 아동의 경우에는 뇌의 기능 분화가 완전히 이루어지지 않아 언어 기능을 담당하는 세포가 뇌의 우측 좌측에 골고루 퍼져있기 때문에 좌뇌가 손상된 후에도 언어 기능이 회복되었지만, 성인의 경우에는 좌뇌에 언어 기능을 담당하는 세포가 집중되어 있기 때문에 좌뇌가 손상되었을 경우 치명적인 언어 기능의 상실을 가져온다는 것이었다. 이러한 간접적인 증거를 바탕으로 Lenneberg는 언어 습득은 뇌의 기능분화(lateralization)가 완성이 되는 사춘기 이전에 반드시 이루어져야한다고 주장하였다.

언어 습득에 있어서 결정적인 시기가 존재하는가에 대한 보다 직접적인 증거는 Genie(Curtiss 1977)에 관한 연구 결과였다. Genie는 출생한 후 20개월경부터 약 13년 동안 독방에 격리되어 생활해오다가 발견이 되었는데 발견 당시 영어를 전혀 할 수 없는 상태였다. 그 후 상당 기간 동안 영어를 교육시킨 결과 어휘나 의미적인 영역에서는 어느 정도 습득이 이루어졌으나 통사적인 측면에서는 어순이나, 통사 표지 등에 있어서 습득이 제대로 이루어지지 않았다. 이러한 사실은 언어 습득에 있어서 결정적 시기가 존재하며 그 시기는 13세 전이라는 주장을 뒷받침해주고 있다.

Genie의 예와 더불어 모국어 습득의 결정적 시기에 관한 또 다른 증거는 Chelsea(Curtiss 1989)의 경우다. Chelsea는 청각 장애를 가지고 태어났으나, 잘못된 진단으로 인해 31세까지 정신 장애아 취급을 받았다. 31세가 되어 청각 보조기를 착용한 후에 정상적으로 들을 수 있었지만, 언어를 전혀 배우지 못했다.

이외에 Newport and Supalla(1990)의 연구 결과도 결정적 시기가 존재함을 입증하는 증거로 자주 인용된다. Newport와 Supalla는 선천적인 청각장애자들을 대상으로 수화를 시작한 나이가 수화의 습득 정도에 미치는 영향을 조사하였다. 청각 장애자들은 인지적 사회적 능력이 비정상적이었던 Genie의 경우와 달리 청각장애만 있을 뿐 모두 정상이기 때문에 모국어 습득에 있어서 결정적 시기가 존재하는지의 여부를 밝히는데 있어서 더 신뢰할 수 있는 조사대상이라고 할 수 있다. 연구 결과, 수화를 배우기 시작한 나이와 수화 능력 간에는 역 상관관계가 있음이 밝혀졌다. 다시 말해, 출생 직후부터 수화를 배우기 시작한 사람들의 수화능력이 4세에서 6세 사이에 시작한 사람들의 수화능력보다 높았고, 12세에 수화를 배우기 시작한 사람들의 수화 능력이 가장 낮았다. Newport와 Supalla는 수화 습득의 결정적 시기를 4세에서 6세로 규정하고 이 시기 이전에 습득이 이루어져한다고 주장하였다.

앞서 살펴보았듯이, '결정적 시기' 개념은 원래 모국어 습득의 최적 시기를 설명하는 가설로 출발하였으나, Lenneberg(1967)가 그의 논문에서 제2언어 습득에 있어서도 결정적 시기라는 것이 있을 수 있다는 가능성에 대해 짧게 언급한 이래로 사실 모국어 습득 분야에서 보다는 외국어 습득 분야에서 더 활발히 논의되고 연구되어왔다. 그 이유는 모국어 습득이란 아주 특수한 경우를 제외하고는 태어나는 순간부터 이루어지고 대부분 정상적인 경우에 있어서는 학습자의 동기, 환경, 등 외적인 요소에 관계없이 비교적 짧은 기간 내에 100%의 성공률이 보장되지만, 외국어 습득은 시작되는 시기가 개인마다 다르고 최종적으로 도달하는 수준(ultimate level of attainment)에 있어서도 천차만별이어서 외국어 습득에 있어서 '결정적 시기'라는 것이 존재하는지의 여부를 밝히는 것은 이론적인 측면에서 뿐 아니라 실질적인 측면에서도 상당히 의미 있고 흥미로운 주제이기 때문이다.

Larsen-Freeman and Long(1991)이 지적하듯이, 제2언어 습득에 있어서의 결정적 시기의 존재 여부를 밝히는 것은 제2언어 습득에 관한 새로운 이론을 만드는데 있어서 뿐 아니라, 기존의 이론들을 수정 보완하는데 있어서도 상당히 중요하다. 만약 연구 결과로부터 제2언어 습득에 있어서 결정적 시기는 분명히 존재하며, 그 시기가 지나면 제2언어 습득을 성공적으로 할 수 없다는 주장에 대한 근거가 충분하다는 점이 밝혀진다면, 예를 들어, 보편 문법(Universal Grammar)으로 제2언어 습득을 설명하려는 여러 가지 견해 중에서, 성인 학습자도 모국어 학습자나 제2언어를 습득하는 아동 학습자처럼 제2언어를 습득하는데 있어서 보편 문법을 충분히 활용할 수 있다는 이론적인 주장(complete access to UG position)은 설득력을 잃을지도 모른다. 그에 반해, 성인 학습자들은 보편문법을 부분적으로 활용할 수 있다는 입장(partial access position)과 전혀 활용할 수 없다는 입장(no access position)은 어느 정도의 실증적 근거를 얻게 될지도 모른다. 또한 제2언어 습득에 있어서 결정적 시기라는 것은 존재하지 않으며 단지 나이가 증가할수록 학습자들의 궁극적 성취도가 지속적으로 감소한다는 결과가 나온다면, 언어 습득 장치(Language Acquisition Device)나 뇌의 유연성, 두뇌 편중화 등 생물학적, 신경학적인 요인으로만 제2언어 습득 현상을 설명하려고 하는 것 보다는 다른 인지적인 요인이나 사회 심리적 요인 등으로도 이러한 현상을 보다 체계적으로 설명해 낼 수 있을지도 모른다.

또한 연구 결과 제2언어 습득이 성공적으로 이루어지는 결정적 시기라는 존재하기 때문에 그 이후에 외국어를 배우기 시작하면 성공적인 습득을 하기가 어렵다는 점이 밝혀진다면, 조기 외국어 교육의 타당성을 주장하는 쪽이 더 힘을 받게 될 것이다. 또한 성인 학습자는 아동 학습자와 다른 방식으로 외국어를 습득한다는 점이 연구 결과 입증된다면, 외국어 교육 방식도 두 종류의 학습자에 따라 달리 이루어져야 할 것이다 (Ellis 1994). 그러나 제2언어 습득에 있어서 결정적 시기라는 것은 존재하지 않으며, 생물학적 내지 생득적인 요소보다는 학습자의 인지 능력, 학습동기, 심리 정서적 요인 등 기타의 요소가 오히려 제2언어 습득 능력의 궁극적 수준을 결정하는데 있어서 더 중요하다는 것이 밝혀진다면, 효과적인 외국어 교육을 위해 이러한 요인들을 보다 더 집중적으로 연구해야할 것이다.

제2언어 습득에 있어서 결정적 시기라는 주제는 앞서 언급했듯이 그 주제가 가지는 이론적 실질적 중요성으로 인해 상당히 오랜 기간 동안 많은 연구가들의 관심을 끌어왔다. 그러나 현재까지 이루어진 수많은 연구에도 불구하고 이 문제와 관련된 핵심적인 부분은 여전히 쟁점으로 남아있다 (Park 2000).

결정적 시기와 관련된 통념 중에서 '일반적으로 아동 학습자가 성인 학습자에 비해 궁극적으로는 외국어 습득 성취도가 더 높다'는 점과 '나이가 증가할수록 외국어 습득 능력이 감소한다'는 점은 더 이상 논란거리가 아니다 (Bialystok and Hakuta 1999). 이 문제에 있어서 핵심 쟁점은 생물학적 신경학적 근거를 가지고 있는 '결정적 시기'라는 것이 과연 존재하는가의 여부이며 이러한 현상을 반드시 생물학적인 요인으로 설명해야하는지의 문제이다. 다시 말해, 생득적으로 결정된 어떤 특정한 시기가 지나면 제2언어 습득 능력이 '급격히' 감퇴할 뿐 아니라 성공적인 습득은 불가능하다는 가설에 대한 실증적인 증거가 확실히 있느냐라는 것이다. 현재 이 문제에 대해서는 확실한 증거가 있다는 쪽과 그렇지 않다는 쪽 사이의 팽팽한 줄다리기가 아직도 진행 중이다.

따라서 본 논문에서는 그 동안 진행되어 온 제2언어 습득에 있어서의 결정적 시기에 관련된 주요 연구들을 비평적으로 개관함으로써 이 분야의 핵심 쟁점에 대해서 소개하고, 앞으로 이 분야 연구에서 해결해야할 문제점과 향후 연구 방향을 제시하고자 한다. 이러한 목적을 달성하기 위해, 우선 앞에서 잠시 소개한 뇌신경학적 요인 외에 나이가 증가함에 따라 언어 습득 능력이 감퇴하는 원인, 다시 말해 아동 학습자들이 성인 학습자들에 비해 일반적으로 언어 습득 성취도가 높은 원인에 대한 여러 학자들의 견해 들을 소개하고, 그 동안 진행되어 온 연구 결과 들을 보다 객관적으로 평가하기 위해 '결정적 시기'라는 개념을 보다 구체적이고 명확하게 정의하고자한다. 그 다음으로는 형태 통사 부분에 있어서 결정적 시기 가설을 지지하는 연구들과 그 존재를 부정하는 연구들을 제시하여 현재 이 분야의 연구 결과를 종합적으로 보여주고자 한다. 마지막 장에서는 그 동안의 진행되어 온 결정적 시기에 관련된 연구들의 일반적인 한계와 문제점을 포괄적으로 논의하고 향후 연구 방향에 대한 제안을 하고자 한다.

II. 언어 습득에 있어서 아동학습자의 우월성에 관한 다양한 견해

앞 장에서 잠시 지적하였듯이, 일반적으로 아동 학습자가 성인 학습자에 비해 언어 습득에 있어서 더 우월하다는 점과 나이가 증가함에 따라 언어 습득 능력이 점차적으로 감소한다는 점은 더 이상 논란거리가 아니다 (Bialystok and Hakuta 1999). 그러나 이러한 현상의 원인에 대해서는 다양한 견해가 존재한다. 본 장에서는 여러 학자들의 견해 중에서 몇 가지 중요한 견해를 소개하고자한다.

1. 뇌 신경학적 설명

나이가 증가함에 따라 언어 습득 능력이 떨어지는 현상에 대한 원인으로써 가장 빈번하게 언급되는 것이 뇌신경적 요인이다. 결정적 시기 가설의 중요한 근간이 되는 이 설명은 Chomsky가 주장한 언어 습득 장치와 같이 언어 습득 능력의 주요 근간을 인간에게 선천적으로 주어진 생물학적인 요인에서 찾는 것이다. Penfield and Roberts(1959)는 인간의 두뇌 편중화(lateralization)로 인한 뇌의 유연성 저하와 브로카(Broca)지역의 수초형성(myelination)을 가장 큰 요인으로 들고 있다. 그들의 이러한 생각은 그 후 Lenneberg(1967)에 의해 더욱더 구체화되었으며 Seliger(1978)

와 Long(1990)에 의해서도 주장되었다.

 도입부에서 잠시 언급했듯이, 두뇌 편중화란 두뇌가 성장하면서 인지적, 감각적 기능을 두뇌의 특별한 영역에 할당하는 현상을 의미한다. 두뇌 편중화가 발생하면 좌뇌에서는 언어, 수학 등의 분석적 사고를 담당하게 되고, 우뇌에서는 소리의 인식, 음악, 감정 등의 종합적인 사고를 담당하게 된다. 비록 언어 습득은 주로 좌뇌에서 담당하지만 우뇌의 역할도 필요하므로 언어를 완전하게 습득하기 위해서는 두뇌편중화가 끝나기 전에 습득해야 한다 (Park 2000). 다시 말해 언어 습득은 두뇌가 유연성을 가질 때 이루어져야한다는 것이다. 그들의 견해에 따르면, 두뇌 편중화는 사춘기 무렵에 완성이 되기 때문에 언어 습득의 결정적 시기는 사춘기이라고 할 수 있다. 그러나 이러한 가설의 문제점은 두뇌의 편중화로 인한 두뇌 유연성의 저하가 어떤 방식으로 발음 및 형태 통사 영역에 있어서의 습득 능력의 감소를 가져오는지에 대해서는 구체적인 설명이 부족하다는 것이다 (Abuhamdia 1987).

2. 언어 습득 장치(Language Acquisition Device)에 기반을 둔 설명

 언어 습득 장치에 기반을 둔 이 설명은 뇌 신경학적인 요인과 함께 언어 습득 능력을 생득적인 능력이라고 보는 입장으로 Chomsky(1981)에 의해 주장되었다. Chomsky는 정상적인 어린이들이 환경, 지능, 학습동기 등 외부 환경에 관계없이 모국어를 습득할 수 있는 원인을 언어습득 장치 내에 있는 보편문법에 관한 지식 때문이라고 하면서 이러한 지식은 생득적인 지식이라고 주장했다. Chomsky에 따르면, 어린이들이 습득하는 언어 지식에 비해 그들에게 노출된 언어 입력의 양은 턱없이 부족하기 때문에 보편문법이라는 지식이 선천적으로 주어졌다는 점을 상정하지 않고는 추상적이고 복잡한 언어 습득을 설명할 수 없다고 한다. 보편 문법이란 모든 언어가 가지고 있는 문법을 의미하며 언어 습득은 학습자가 받게 되는 언어 입력을 가지고 습득하고자하는 언어의 매개변수를 정하는 과정이다.

보편 문법 이론으로 성인학습자가 아동학습자에 비해 언어 습득에 있어서 어려움을 갖는 이유를 다양한 각도에서 설명해보려는 시도가 있어왔다. 우선 결정적 시기가 끝나는 시점과 함께 생득적인 언어 습득 장치가 완전히 소멸되기 때문에 성인의 경우에는 아동학습자와 같은 언어 습득이 불가능하다는 입장이 있다 (Schachter 1988). 또 다른 입장은 보편문법이 우리의 심상에 계속적으로 표상되어 있지만 여러 가지 이유로 인해 성인학습자들이 제대로 사용하지 못한다는 것이다. Felix(1985)는 경쟁 모델(Competition Model)을 제시하면서, 성인학습자들도 보편문법에 관한 지식을 가지고 있고, 그 지식을 활용할 수도 있지만 일반적인 인지 문제를 해결하는 모듈이 추상적이고 복잡한 언어를 습득할 때 방해를 하기 때문에 원어민에 가까운 언어 습득은 불가능하다고 주장하였다. Towell and Hawkins(1994)는 Felix와 같이 보편문법의 원칙들은 소멸되지 않고 계속 존재하지만 문제는 결정적 시기가 끝나게 되면 이미 모국어에 맞추어진 매개변수를 목표어에 맞게 다시 조정하기가 어려워진다는 견해를 표명하였다. 이러한 견해와 달리, 성인학습자들은 보편문법원칙을 전혀 사용할 수 없다라는 견해도 존재한다 (Bley-Vroman 1989; Clahsen and Muysken 1986). 이들의 견해에 따르면, 어린이 언어 습득은 보편문법의 도움으로 습득이 되지만, 성인의 경우에는 보편 문법으로의 접근이 불가능해지고, 대신 일반적인 문제 해결 전략이 언어 습득에 사용된다는 것이다. 따라서 성인의 경우에는 아동과 다른 경로를 통해서 제2언어 습득이 이루어지게 되고 결과적으로 지능, 동기, 전략, 등 학습자의 외적인 요인이 더 중요해진다는 설명이다. 아동학습자가 언어 습득에 있어서 가지는 우위를 보편문법 이론으로 설명하려는 이와 같은 시도는 형태 통사적인 능력에 있어서의 아동 학습자의 우위를 설명할 수는 있으나, 발음에 있어서의 아동 학습자의 우위를 설명하는데 있어서는 한계를 가진다 (Park 2000).

3. 인지적인 처리 능력의 차이에 기반을 둔 설명

Newport(1990, cited in Birdsong 1999)는 어린이가 성인에 비해 인지적 성숙도가 떨어지는 것이 오히려 언어 습득에는 더 유리하게 작용한다는 주장을 하였다. 그의 주장에 따르면, 어린이들은 단기기억 용량이 크지 않기 때문에 처음 언어 습득을 할 때는 언어 입력으로부터 단지 몇 개의 형태소만을 추출하여 처리하게 되는데, 이러한 상황이 오히려 더 성공적인 언어습득을 가능하게 하는 주요한 원인이라는 것이다. 그에 반해, 성인의 경우에는 단기 기억 용량이 상대적으로 크기 때문에 주어진 입력으로부터 많은 언어적 요소를 추출할 수는 있지만, 문제는 추출한 형태소들을 모두 한꺼번에 분석해서 처리해야하는 어려움에 직면하게 된다는 것이다. 이렇게 언어를 습득할 때 작게 시작하는 것이 유리하다는 주장은 영어 형태소의 습득에 관한 Goldowsky and Newport(1993)의 연구 결과 및 Elman(1993)의 연결 모델(connectionist model)의 설계 과정에서도 살펴볼 수 있다. 예를 들어, Elman의 연결 모델은 우선 제한된 기억(limited memory)으로부터 시작해서 기억용량을 점진적으로 증가시키는 방향으로 구성되어 있다. 이러한 조건에서 네트워크를 반복해서 가동시키면 점차 복잡한 문장도 성공적으로 처리할 수 있게 된다는 것이 이 모델의 주요한 가정이다.

Meier(1995)는 어린이가 4세에서 5세가 지나면서 인지적 능력이 점점 향상됨에 따라, 언어 습득 장치의 기능이 점점 약화된다고 주장했다. 이와 같은 일련의 생각은 앞서 잠시 언급한 Felix(1985)의 경쟁 모델(competition model)에서도 표출되었다. Felix는 보편 문법과 일반 인지 모듈이 공존하는 상황을 상정하고 두 시스템이 경쟁을 하다가 결국은 일반적인 문제 해결을 담당하는 성숙된 인지 모듈이 승리하게 된다고 주장을 하였다. 그러나 성숙한 일반 인지 모듈은 언어 습득이라는 아주 한정적이며 추상적인 과업을 성공적으로 수행하기에는 적절하지 않기 때문에 인지적 성숙도가 높은 성인 학습자는 인지적 성숙도가 낮은 아동학습자에 비해 제2언어 습득의 성공률이 낮다는 것이다. Birdsong(1994)이나 Bley-Vroman(1989)도 성인 학습자들의 성숙된 인지 능력이 오히려 제2언어습득에는 방해가 될 수 있다는 주장을 하였다.

Rosansky(1975)는 위에서 언급한 학자들과는 다소 다른 시각에서 출발하였지만 기본적인 입장에서는 비슷한 생각을 표명하였다. 그는 Piaget의 인지 발달 모델에서 사춘기 경에 나타나는 형식적 조작기(formal operation)가 성공적인 언어 습득을 방해하는 요인이 될 수 있다는 주장을 하였다. 형식적 조작기가 도래하게 되면 분석적 논리적 추상적 사고력이 발달하게 되면서 언어도 다른 인지적인 과업과 함께 논리적인 분석의 대상으로 생각하게 되면 한꺼번에 많은 언어 자료를 분석적으로 처리하고자 하는 경향이 강해지게 된다는 것이다. 반면, 형식적 조작기 이전에 어린이들은 사고가 자기중심적이기 때문에 어떤 문제에 봉착하면 여러 부분을 한꺼번에 처리하기 보다는 한번에 한 가지씩만 집중하게 되기 때문에 오히려 언어 습득에 유리하다는 것이다.

4. 진화적인 시각에서의 설명

Pinker(1994)는 현대 진화론적인 입장에서 이 문제를 접근하고 있다. 그의 설명에 따르면, 언어 습득이 아동기에 완성이 되면, 그 동안 언어 습득 기관의 기저를 형성하고 있던 신경 회로는 자연적으로 소멸된다는 것이다. 만약 언어 습득이 완료된 후에도 주요 기능을 이미 상실해버린 불필요한 신경 세포가 우리의 뇌 속에 남아있게 되면 신진대사라는 측면에서 잉여 비용이 발생한다는 것이다. 다시 말해 언어 습득 장치를 언어가 습득된 후에도 그대로 유지하고 있는 것은 진화적인 측면에서는 상당히 '비경제적'이라고 할 수 있다. 이러한 시각에서 보면, 언어 습득은 언어적인 소통의 혜택을 인생의 오랜 기간 동안 누릴 수 있도록 인생의 초반기에 이루어져야하고 그 과업이 완성이 되면 그 것을 담당하던 기관이나 신경회로는 진화론적으로 자연 도태되어야한다는 것이다.

Hurford(1991)도 Pinker(1994)와 같이 진화적인 모델에 근거해서 언어 습득 장치가 왜 인생의 초반기에 소멸될 수밖에 없는지를 설명하였다. 그는 "사춘기 경에 결정적 시기가 끝나는 것은 언어 습득 장치의 기저에 있는 신경 회로가 더 이상 선택의 자극을 받지 못하는 시점이다. 그 것을 계속 유지하기에는 신경회로의 자극이 너무 부족하기 때문에 전구의 불이 나가는 것과 같은 것이다" (p. 193)라고 언급하였다.

III. 결정적 시기에 관한 구체적 정의

서론에서 잠시 언급했듯이, 언어 습득의 '결정적 시기'라는 개념은 일반적으로 언어 습득이 비교적 많은 노력 없이 쉽게 성공적으로 이루어지는 생물학적으로 결정된 기간을 지칭한다. 그러나 이러한 일반적인 정의만으로는 제2언어 습득의 결정적 시기에 관련된 연구 결과를 제대로 해석하고 이해하는데 어려움을 갖게 된다. 따라서 보다 구체적이고 명확한 정의가 필요하다.

결정적 시기라는 용어는 언어 습득뿐 아니라 인간과 동물의 행동 발달 과정을 설명하기 위해 언어학뿐 아니라 심리학이나 동물학에서도 사용되어왔다 (Park 2000). 심리학이나 동물학에서 사용되는 결정적 시기의 의미는 어떤 행동의 시작과 끝이 갑자기 진행되고 결정적 시기 동안에 발생하는 행동은 환경이나 기타 외부 요소에 관계없이 생물학적으로 결정된 일정한 발달 과정과 상태를 보여준다고 한다 (Colombo 1982, cited in

Park 2000). Park(2000)은 이러한 결정적 시기의 의미를 언어습득에 적용시키면 다음과 같은 세 가지의 의미로 해석할 수 있다고 주장한다. 첫째, 언어 습득의 결정적 시기는 '갑자기' 종료된다. 둘째, 언어 습득의 결정적 시기가 종료된 후에는 언어 습득이 불완전하거나 불가능하다. 셋째, 결정적 시기가 지나기 전에 언어를 습득할 때에는 교육, 지능 등 환경적 요인이 언어 습득에 중요한 영향을 미치지 못하고 생물학적으로 결정된 일정한 발달 과정을 거쳐 최종 능력에 도달하게 된다.

Bialystok and Hakuta(1999)는 제2언어 습득에 있어서의 결정적 시기가 존재한다는 주장을 하기 위해서는 우선 결정적 시기가 언제 종료되는지에 대한 구체적인 언급과 함께 결정적 시기가 종료되는 시점을 경계로 해서 언어 능력의 '급격한' 저하(rapid decline)가 있었는지를 보여주어야 한다고 주장하였다. 만약 결정적 시기를 중심으로 언어 능력이 급격히 하락하기 보다는 점진적으로 하락(general monotonic decline)하는 양상을 보인다면 이는 결정적 시기가 존재하지 않는 증거라는 것이다. 왜냐하면, 결정적 시기 가설은 어떤 특정 시기가 지나면 우리에게 선천적으로 주어진 언어 습득을 담당하는 기관과 그 기저의 신경회로가 더 이상 작동을 하지 않는다는 가정에 바탕을 두고 있기 때문이다. 또한 결정적 시기 이전에는 환경이나 지능 등으로 인한 학습자간의 능력 차이가 거의 없고, 결정적 시기 이후에는 학습자 간의 능력 차이가 다양한 양상을 나타내야 하며 결정적 시기의 종료 시점 이 전과 이 후는 언어 습득 과정에 있어서 질적 차이가 나타나야한다는 것이다. 다시 말해 아동 학습자는 생득적인 언어 습득 장치나 선천적인 생물학적 근거에 의해 언어 습득이 이루어지고, 성인 학습자는 결정적 시기가 지나면 그러한 기저들을 활용할 수 없기 때문에 다른 모듈에 의존을 해야 한다면, 언어 습득의 패턴이나, 실수의 유형 등에서 차이를 보일 것이라는 것이다. 따라서 이러한 실증적 근거가 제시된다면 결정적 시기 가설이 타당성을 가지게 된다고 하였다.

IV. 형태 통사적인 영역에 있어서의 결정적 시기를 지지하는 연구들

본 장에서는 형태 통사적인 영역에 있어서 결정적 시기를 지지해주는 기존 연구를 개관하고 평가해 보고자 한다.

Patkowski(1980)는 67명의 영어 학습자를 대상으로 하여 자료를 녹음한 후 원어민 평가자로 하여금 녹취한 자료의 문법적 정확성을 평가하도록 하였다. 연구 결과를 보면, 15세 이전에 미국에 도착한 학습자들이 그 이후에 도착한 학습자 보다 훨씬 더 높은 점수를 받았으며 이들 중 다수는 원어민 수준에 근접하였으나, 15세 이후에 미국에 도착한 학습자들의 점수는 다양하게 분포되어 있었다. 미국에 도착한 나이와 문법 능력과의 상관관계는 -.74로 높았다. 또한 통계 분석 결과, 미국에 도착한 나이만이 문법 능력을 예측하는 가장 중요한 변수였고, 거주 기간, 교육 정도 같은 변수들은 문법 능력에 영향을 미치지 못했다.

Johnson and Newport(1991)는 4세에서 38세 사이에 영어에 처음 노출되기 시작한 21명의 중국 영어학습자를 대상으로 근저원리(subjacency principle)에 관련된 구두 문법성 판단 검사를 했는데, 미국에 도착한 나이와 문법성 판단 시험 점수와의 상관관계가 -.63으로 상당히 높다는 점을 밝혀냈다. 다시 말해 미국에 도착한 나이가 어리면 어릴수록 의문사 이동 규칙에 관련된 근저원리에 관한 지식이 더 원어민에 가까웠다.

Schachter(1990)도 12세 이후에 영어에 처음으로 노출되기 시작한 79명의 한국, 중국, 인도, 네덜란드 영어 학습자를 대상으로 영어의 근저원리를 조사했다. 연구 결과를 보면, 한국, 중국, 인도 영어 학습자의 경우에는 근저원리에 관한 제약을 잘 습득하지 못했으며, 특히 모국어에 근저원리에 관한 규칙이 없는 한국 영어 학습자의 경우에는 시험 점수가 아주 낮았다. 그러나 모국어에 영어의 근저원리와 같은 현상이 있는 네

덜란드 영어 학습자의 경우에는 원어민 통제 집단에 버금가는 높은 점수를 얻었다. 이 연구를 통해 Schachter는 문법 습득에 있어서 시작 나이뿐 아니라 학습자의 모국어도 중요한 역할을 한다는 점을 보여주었다.

　Schachter(1990)의 연구 결과와 달리, 모국어와 목표어가 가까운 언어일 경우에도 문법 항목의 습득에 있어서 시작 나이가 상당히 중요한 영향을 미친다는 점을 보여준 연구 결과도 있었다. Coppieters(1987)는 보통 결정적 시기가 지났다고 생각되는 18세 이후에 불어를 습득하기 시작하였으나, 불어 능숙도가 원어민에 가까운 21명의 불어 학습자들에게 몇 가지 불어 문법에 관한 문법 판단성 실험을 하였다. 피험자들이 프랑스에 거주한 기간은 적어도 5년이 넘었으며 평균 거주 기간은 약 17년이었다. 실험 결과 통제 집단인 원어민의 문법성 판단 시험 점수와 학습자들의 평균 시험 점수는 통계적으로 유의미한 차이가 있었다. 다시 말해 불어 학습자들의 평균 점수가 원어민의 점수보다 낮았다. 이러한 결과는 결정적 시기가 지나면 원어민 수준의 문법 능력을 가지는 데 한계가 있다는 점과 문법 능력의 결정적 시기는 대략 18세라는 것을 보여주었다.

　Sorace(1993)는 Coppieters(1987)의 연구 방법론에 근거하여 18세 이전에 이태리어에 노출된 경험이 없는 영어가 모국어인 24명의 이태리어 학습자와 불어가 모국어인 20명의 이태리어 학습자를 대상으로 조동사 선택에 초점을 맞추어 연구를 하였다. 이 연구의 피험자들은 모두 원어민에 가까운 능숙도를 가지고 있었는데, 이들의 조동사 선택에 관한 통찰력은 36명의 원어민 화자의 통찰력과는 통계적으로 유의미한 차이가 있었다.

　결정적 시기 가설을 입증해주는 연구로써 가장 빈번하게 인용되는 연구는 Johnson and Newport(1989)의 연구이다. 그들은 3세에서 39세에 미국에 이민 온 46명의 중국인 한국인을 대상으로 다양한 기본 영어 문법 구조에 관해서 문법성 판단 테스트를 하였다. 피험자에게 문법적인 오류가 섞여있는 276개의 문장들을 테이프로 들려준 후 각 문장에 대한 문법성 판단을 하도록 하였다. 연구 결과를 보면, 6~7세에서 16~17세에 걸쳐 능숙도가 점점 감소하는데 17세 이후에 미국에 도착한 성인 학습자의 경우에 있어서는 능숙도에 있어서 개인차가 많았으며 뚜렷한 나이의 영향을 찾아볼 수 없었다. 원어민의 수준의 능력을 보여준 피험자들은 모두 7세 이전에 미국에 이민 온 경우였다. 전체 피험자를 대상으로 했을 때, 도착 나이와 시험 성적간의 상관관계는 -.77이었고, 17세 이전에 미국에 도착한 피험자만을 대상으로 했을 경우에는 두 변수간의 상관관계가 -.87로 더 높았다. 17세 이후에 미국에 도착한 집단의 상관관계는 -.16이었다. 테스트한 12개의 문법 영역을 모두 함께 조사했을 때는 도착 나이와 전체 점수의 상관관계가 통계적으로 유의미했지만, 12개의 각각의 문법 영역 점수와 도착 나이와의 상관관계는 각기 달랐다.

  1년 후에 Johnson(1992)은 Johnson and Newport(1989)의 연구를 재실험하였다. 1989년의 연구에서 테이프로 문장을 들려주고 문법성 판단을 하도록 한 것을 1992년의 연구에서는 문장을 글로 보고 문법성을 판단하는 것으로 바꾸어서 실험을 하였다. 전반적인 연구 결과는 1989년도의 연구 결과와 모두 비슷하였으나 도착 나이와 시험 성적의 상관관계가 더 낮았다.

  DeKeyser(2000)는 Johnson and Newport(1989)의 연구의 방법론적인 문제를 개선하여 문법 습득에 있어서의 나이의 영향이라는 주제를 미국에 이민 온 57명의 헝가리인을 대상으로 다시 연구하였다. 그 간 Johnson and Newport(1989)의 연구 방법론에 대해 제기된 여러 가지 비판 중에서, 우선 Johnson과 Newport(1989)가 연구 대상을 미국에 거주한 기간이 최소 5년인 사람들을 선정했던데 반해, DeKeyser(2000)는 거주 기간을 최소 10년으로 늘렸다. 그 이유는 5년이라는 기간은 학습자들이 궁극적인 성취 수준(ultimate attainment levels)에 도달하기에는 너무 짧다는 것이다. 다시 말해, 최소 거주 기간이 너무 짧으면 그 것은 성취의 속도를 측정하는 것이지 성취의 궁극적인 수준을 측정하는 것은 아니라는 것이다 (Bialystok and Hakuta 1994). 또한 Johnson and Newport(1989)가 사용했던 문법성 판단의 시험 문항은 276문항으로 구성되어 있었는데, DeKeyser(2000)는 시험의 길이가 너무 길어 집중력을 떨어뜨릴 수 있다는 비판을 수용해 200문항으로 줄였다. 또한 Johnson and Newport(1989)와는 달리 시험을 치룰 당시의 피험자의 나이를 통계적으로 통제함으로써 그 영향을 배제하였다. DeKeyser(2000) 연구의 또 다른 목적은 '근본적 차이 가설'(Fundamental Difference Hypothesis)을 테스트하는 것이었다.

DeKeyser(2000)는 Johnson and Newport(1989)의 연구 결과와 비슷한 결과를 얻었다. 피험자들의 도착한 나이와 문법성 판단 시험 점수 간에는 강한 부정적 상관관계가 있었으며 (-.63), 16세 이전에 미국에 도착한 피험자들의 점수 분포와 16세 이후에 도착한 피험자들의 점수 분포는 상당히 달랐다. 또한 16세 이전에 미국에 도착한 피험자들의 문법적 성취도와 언어 적성 검사 점수 간에는 상관관계가 없었으나, 16세 이후에 도착한 피험자들에게 있어서는 두 변수 간의 상관관계가 높았다. 그리고 원어민 수준에 해당하는 점수를 얻은 16세 이후에 미국에 도착한 피험자들의 언어 적성 검사 점수는 모두 상당히 높았다. 이러한 결과를 근거로 DeKeyser(2000)는 문법 습득에 있어서 결정적 시기는 존재하며, 결정적 시기를 넘어서도 원어민 수준의 문법 지식을 습득하는 예외적인 성인들의 경우에는 모두 높은 분석적 언어 능력을 가지고 있다는 '근본적 차이 가설'을 입증하였다.

DeKeyser(2000)의 연구는 Johnson and Newport(1989)의 연구의 문제점을 보완하여 이루어졌지만, 언어 적성 검사를 실시하는데 있어서, 피험자의 상당수가 헝거리 말보다는 영어가 더 편하다고 응답을 하였음에도 불구하고, 헝거리 말로 시험을 보게 함으로써 언어 적성 검사 결과의 신뢰성에 의구심을 갖도록 하였다. 또한 성인이 되어 영어에 노출된 학습자 중에서 원어민의 수준에 도달한 4명의 피험자 중 한명의 언어 적성 검사 점수가 낮았기 때문에 근본적 차이 가설을 입증하는 강한 증거를 제시하지는 못했다.

V. 형태 통사적인 영역에 있어서의 결정적 시기를 부정하는 연구들

결정적 시기 가설을 부정하는 연구의 대부분은 결정적 시기가 지나서 외국어에 노출이 되기 시작했어도 원어민과 같은 수준의 언어 능력을 가진 학습자를 찾아내는데 집중되었다.

결정적 시기 가설을 부정하는 연구 결과로써 가장 많이 인용되는 연구는 Birdsong(1992)이다. Birdsong(1992)은 결정적 시기가 존재한다는 점을 주장한 Coppieters(1987)의 연구를 재 실험하였다. 그는 프랑스에 거주하면서 불어 능력이 불어 원어민에 버금가는 20명의 영어 원어민을 대상으로 하였는데 이들은 모두 11세 이후에 불어를 습득하기 시작하였다. 이들이 프랑스에 거주한 평균 기간은 12년이었고 불어 능력은 문법 판단 시험을 통하여 측정하였다. 연구 결과 20명 중 15명이 원어민의 수준과 같은 범위의 성취도를 보여주었다. 이러한 연구 결과는 Coppieters(1987)의 연구 결과와는 상반되는 것이었다. 그는 또한 피험자들의 프랑스 도착 나이와 문법 판단 시험 성적 간에 높은 상관관계가 있다는 점도 밝혀냈다. 이러한 결과는 결정적 시기가 지난 후에 제2언어를 습득하기 시작한 경우에는 언어 습득 시작 나이와 성취도간에 상관관계가 없어야한다는 결정적 시기 가설의 중요한 가정에 어긋나는 것으로 Birdsong은 이러한 결과를 결정적 시기 가설을 반박할 수 있는 근거로 제시하였다.

Ioup et al.(1994)은 성인이 되어 아랍어를 배우기 시작한 영어 모국어 화자 두 명을 연구 대상으로 하였는데, 이 중 한명은 대학에 다닐 때 고전 아라비아어 교육을 받은 경험이 있었으며 실험 당시 10년 동안 이집트에 살고 있었고, 다른 한 명은 이집트에 21세에 이민 온 후 아랍어를 자연스러운 환경에서 습득하기 시작하였고 이집트 사람과 결혼해서 이집트에서 26년 동안 살면서 아랍어를 습득한 경우였다. 아랍어 능력은 아랍어 방언의 억양 인식, 아랍어의 사용, 문법적 직관력 등을 통하여 측정하였다. 연구 결과 13명의 이집트 원어민 화자 중 8명이 두 피험자를 모두 원어민으로 판정하였으며 억양 인식 테스트에서는 두 피험자 모두 100%의 정확도를 보여주었다. 그 외의 영역에서도 통제 집단의 원어민과 비교했을 때 차이가 없는 것으로 밝혀졌다. 따라서 Ioup 등은 이 연구를 통해서 결정적 시기가 지난 후에 제2언어를 습득해도 원어민 수준의 언어 능력을 가질 수 있다는 점을 보여주었다. 그러나 DeKeyser (2000)는 이들이 제시한 점수는 원어민의 수준에는 훨씬 못 미치는 것이었다는 점을 지적하는 한편, 연구의 목적도 결정적 시기 가설을 테스트하는 것이라기보다는 외국어 습득에 있어서 교실 수업이나 동기의 역할을 조사하는 것이었다고 주장하였다.

  Bialystok(1997)은 외국어 습득 시작 나이와 관련된 두 연구 결과를 보고하였다. 한 연구는 다양한 나이에 불어를 배우기 시작한 영어 독어를 모국어로 하는 학습자를 대상으로 했고, 또 다른 연구는 각각 다른 나이에 캐나다에 이민 와서 영어를 배우기 시작한 중국어를 모국어로 하는 학습자를 대상으로 하였다. Bialystok은 두 연구 모두에서 15세 이후에 외국어를 배우기 시작한 학습자들이 그 이전에 외국어를 배우기 시작한 학습자들 보다 문법에 있어서 훨씬 더 높은 성취도를 보여주었다는 연구 결과를 제시하였다. 그러나 이 연구는 연구 대상자들의 궁극적인 외국어 문법 성취도를 측정했다기보다는 성취 속도를 측정했을 가능성이 있다는 점으로 인해 많은 비판을 받아왔다. Bialystok은 연구에서 실험 대상자들의 목표 문화권에서의 최소 거주 기간이 얼마였는지를 언급하고 있지 않기 때문에, 실험 당시 연구대상자들이 그들이 도달할 수 있는 궁극적인 성취 수준에 이를 수 있을 만큼 충분한 입력을 받았는지를 알 수 없다.

  White and Genesee(1996)는 19명의 영어 원어민, 44명의 영어 원어민

에 가까운 화자, 45명의 비원어민 화자를 대상으로 wh-movement에 관한 제약을 테스트하였는데, 연구로부터 원어민에 가까운 영어 지식을 가진 화자들은 원어민과 비교할 때 성취도에 있어서 차이가 없었다는 점을 밝혀냈다. 이들은 이러한 연구 결과를 바탕으로 보편 문법에 해당하는 특정 문법 구조의 습득은 결정적 시기의 영향을 받지 않는다고 주장하였다. 그러나 그들은 원어민에 가까운 화자 중 대부분이 독일어가 모국이었기 때문에 이와 같은 결과는 실험 대상자의 모국어와 목표어가 상당히 유사한데서 기인했을 수도 있다는 점을 인정했다. Eubank and Gregg(1999)는 결정론적 시기 가설은 어떤 시기가 지나면 많은 구조를 습득하기가 어렵다는 것이지 모든 구조를 다 습득하기 어렵다는 것이 아니라는 점을 고려할 때, White와 Genesee(1996)의 연구 결과가 반드시 결정론적 시기 가설이 옳지 않음을 입증하는 것으로는 볼 수 없을지도 모른다는 언급을 하였다.

Birdsong and Molis(2001)는 실험대상자를 스페인어 모국어 화자로 바꾸어서 Johnson and Newport(1989)의 연구를 재실험 하였는데, 결정적 시기라고 판단되는 16세 지점을 지나서도 외국어 습득력은 지속적으로 하향선을 그린다는 점을 제시하면서, 결정적 시기라고 보여지는 지점을 지나서도 계속해서 연령 효과가 나타나는 것을 볼 때 결정적 시기라는 것은 존재하지 않는다고 주장하였다. 이와 같은 주장은 Birdsong(1992)의 주장과 맥을 같이 한다.

VI. 결정적 시기에 관한 연구의 쟁점 및 향후 연구 방향

문헌 조사 결과, 최근에 들어 결정적 시기 가설을 부정하는 몇몇 연구 결과들이 제시되기 전까지는 결정적 시기가 존재한다는 점에 대해서는 별 이견이 없었던 것처럼 보인다. 그러나 90년대 초반에 Birdsong이

Coppieters(1987) 연구의 재 실험을 통해서 보여준 두 가지의 연구 결과 ― 결정적 시기가 지나서도 원어민 수준에 버금가는 외국어 능력을 가질 수 있다는 점과 결정적 시기가 지나면 외국어 능력이 급격히 감소하는 것이 아니라 점진적으로 감소한다는 점 ― 은 그 동안 어느 정도 사실로 써 받아들여진 결정적 시기 가설에 대해 강한 의구심을 불러일으키는 역할을 하였다.

사전 연구 개관에서 지적하였듯이, 결정적 시기 가설을 지지하는 연구나 그 반대의 연구 모두 나름대로의 한계점을 지니고 있다. 그러나 결정적 시기에 관련된 연구들의 공통된 문제점은 대부분의 연구들이 결정적 시기 가설이 내포하고 있는 중요한 가정을 제대로 이해하고 있지 못한 경우가 많다는 점이다 (Hyltenstam and Abrahamsson 2003). Lenneberg (1967)는 결정적 시기 가설을 정의하면서 다음과 같이 말하고 있다. "automatic acquisition from mere exposure to a given language seems to disappear [after puberty]"(p. 176). Hyltenstam and Abrahamsson(2003)에 따르면, 결정적 시기 가설은 특정 나이 이전에 언어 입력에 "단지 노출되기만 하면" 언어가 습득된다는 일종의 암시적 언어 습득(implicit language learning)에 관한 가설이라는 것이다. 따라서 결정적 시기 가설을 제대로 테스트하기 위해서는 어린이의 경우처럼 결정적 시기 이 후에 단지 언어 입력에 노출됨으로써 언어를 습득한 성인학습자를 대상으로해야한다는 것이다. 그러나 그러한 조건을 가진 성인 학습자만을 대상으로 한 연구는 없었다.

따라서 결정적 시기 가설을 반박하기 위한 예로 제시되는 원어민의 언어 능력과 유사한 능력을 소유한 성인 학습자의 경우는 단지 언어 입력에 노출됨으로써 원어민의 수준에 가까운 능력을 소유한 경우라고 볼 수 없다는 것이다. 다시 말해, 원어민 수준의 능력을 소유한 성인 학습자들은 아동들처럼 암시적인 방법으로 언어를 습득하기 보다는 교실 수업이나 의식적이며 명시적인 학습을 통해 그러한 능력을 배양했을 수도 있기 때문에 이러한 예가 결정적 시기 가설을 반박하기 위한 강력한 증거는 될 수 없다고 주장한다.

또한 Hyltenstam and Abrahamsson(2003)은 결정적 시기 가설에 관한 연구들의 또 다른 공통된 문제점은 "원어민과 같은 수준의 언어 능력(nativelike language proficiency)"이 과연 정확히 어떤 능력을 의미하는지에 대한 합의가 없다는 점임을 지적하고 있다. 우선, 결정적 시기 가설을 반박하는 증거로 제시되는 원어민과 같은 수준의 실력을 가진 성인학습자의 외국어 능력이 엄밀하게 측정하면 원어민과 같지 않은 경우가 대부분이라는 점을 지적한다. 그들의 주장에 따르면, 원어민의 수준에 버금가는 능력을 입증하기 위해 사용된 많은 테스트들이 단편적인 단어나 문장 읽기, 난이도가 낮은 문법성 판단에 관련된 문항 등으로 이루어져 있기 때문에 이러한 시험으로부터 얻은 결과가 과연 피험자들이 원어민과 같은 능력을 소유했다고 주장할 수 있는 강력한 증거가 될 수 있는지가 의심스럽다는 것이다. 다시 말해, "nativelike proficiency"라는 것이 과연 어느 정도의 수준을 의미하는 것인지에 대한 논의와 또 그러한 능력을 어떻게 측정할 것인지에 관한 보다 심층적인 논의가 있어야 한다는 점을 지적하고 있다. 예를 들어 '원어민과 같은 수준'이라는 것이 일반 사람들의 귀에 원어민처럼 들리는 수준을 의미하는 것인지, 아니면 진정으로 통사, 형태, 음운, 의미, 화용 등 언어의 여러 가지 측면에 있어서 원어민의 수준과 거의 동일한 수준을 의미하는 것인지에 대한 합의가 있어야한다는 것이다.

"원어민과 같은 수준"에 관한 정의를 어떻게 내릴 것인가에 관한 문제는 결정적 시기 가설을 지지하는 연구들로부터 도출된 결과를 해석하는데도 영향을 미친다. 결정적 시기 가설에 따르면, 결정적 시기라고 추정되는 시기 이전에 언어를 습득하는 경우에는 원어민 수준의 언어 능력을 가질 수 있다. 그러나 결정적 시기 가설에 관한 몇몇 최근 연구의 결과를 보면, 외국어 습득을 결정적 시기 이전인 아주 어린 나이에 시작한 경우에도 원어민 수준과 동일한 언어 능력은 가질 수 없다고 한다 (Butler 2000; Hyltenstam 1992; Ruben 1997; Morford and Mayberry 2000). 예를 들어, Ruben(1997)은 생후 1년이 채 안 되었을 때 귀의 염증을 앓아 청력에 문제가 생긴 아이들은 그 후에 바로 청력을 회복을 한다하더라도 9세가 되어 언어적 기억이나 음성적 인식에 관한 테스트를 했을 때, 그러한 병을 앓지 않은 아이들에 비해서 상대적으로 낮은 성취도를 보였다는 실험 결과를 제시하면서, 원어민과 같은 수준에 도달하기 위해서는 1세 이전에 습득이 이루어져야 한다고 주장하기도 하였다.

이러한 결과를 바탕으로 Hyltenstam and Abrahamsson(2003)은 결정적 시기 이전에 언어를 습득하면 원어민 수준의 언어 능력을 가질 수 있다는 결정적 시기 가설의 주요 가정에 대해 반박을 하면서, 일반인의 귀에는 원어민 같이 들리지는 모르지만, 엄격한 의미의 원어민과 동일한 수준의 언어 능력은 태어나는 순간부터 언어 입력에 노출되지 않는 한 가능하지 않다는 주장을 하였다. 다시 말해 이와 같은 최근 연구 결과는 결정적 시기 가설을 또 다른 측면에서 반박하고 있다.

이와 같은 문제점 외에 결정적 시기 가설의 또 하나의 쟁점은 외국어에 노출되기 시작한 시기와 궁극적인 언어 능력간의 상관관계에 관한 것이다. 결정적 시기 가설 모형은 결정적 시기가 시작하기 이전에는 두 변수 간에 상관관계가 존재하지 않다가 결정적 시기가 시작된 후에는 두 변수간의 상관관계가 존재하다가 결정적 시기가 완료되었다고 보이는 어느 특정 나이를 지나면 상관관계가 다시 사라지는 패턴을 보여주어야 한다. 결정적 시기 가설의 가장 전형적인 상관관계 패턴은 Johnson and Newport(1989)의 연구에서 찾아 볼 수 있다. 그들의 연구에서는 두 변수가 결정적 시기가 시작되기 이전인 6-7세 이전에는 상관관계가 미약하고, 그 후부터 17세 이전에는 강한 부정적 상관관계를 보이다가, 결정적 시기가 완료되었다고 보여지는 17세가 지나면 상관관계가 없어지는 패턴을 보여준다. Johnson and Newport는 17세를 전후로 해서 언어 습득과 관련된 신체 부분, 특히 뇌신경 부분의 성장이 완료되는 것으로 보고, 성장이 완료된 후에는 시작 나이는 최종적인 언어 습득 수준을 예측 하는데 있어서 더 이상 중요한 변수가 될 수 없다고 주장하였다. Bialystok and Hakuta(1994)는 Johnson and Newport(1989)의 연구 결과를 다시 분석하였는데, 성장적 시기가 종료되는 시점을 16~17세로 잡지 않고 20세로 잡았을 경우에는 20세 이후에도 시작 나이와 최종적인 외국어 수준 간에는 부정적인 상관관계가 계속 존재한다는 점을 밝혀냈다. 그들은 이러한 결과를 바탕으로 결정적 시기 가설이 옳지 않음을 주장하면서, 나이가 들어감에 따라 지속적으로 언어 습득 능력이 감퇴되는 현상의 원인을 뇌신경의 변화와 같은 생물학적인 근거에서 찾는 것 보다는 언어 입력의 양과 질, 언어 학습 환경, 교육, 동기의 차이 등과 같은 사회 문화적인 요소에서 찾는 것이 더 바람직하다는 견해를 표명하였다. Bilaystok and Hakuta(1994)뿐 아니라, Birdsong(1992), Birdsong and Molis(2001)도 나이가 들어감에 따라 외국어 습득 능력은 지속적으로 하향선을 그린다는 점을 제시하면서, 성장이 완료되었다고 생각되는 지점을 지나서도 계속해서 연령 효과가 나타나는 것을 볼 때 결정적 시기 가설은 옳지 않다고 주장하였다. 그러나 DeKeyser(2000)는 16세~17세 이후에도 외국어 습득 능력이 어느 정도의 하향 곡선을 그리는 것이 사실이지만, 16세 이전에 노출된 피험자들의 상당수가 어느 정도의 높은 수준에 도달하는데 반해서 그 이후에 속한 피험자들의 언어 성취도는 그렇지 못하다는 점을 지적하면서, 이러한 결과는 어느 정도 결정적 시기가 존재한다는 결과로도 해석될 수 있다는 점을 언급하였다. 다시 말해 16세 이전에 외국어를 습득하기 시작한 피험자들은 그 이후에 배우기 시작한 피험자들과는 습득 성취도에 있어서 확연히 구별되는 차이가 있다는 점은 부인할 수 없다는 것이다.

  위에서 논의하였듯이, 결정적 시기 가설에 관해 상반된 견해가 존재하는 이유는 같은 개념이나 같은 자료를 다르게 해석하기 때문이라고도 볼 수 있다. 다시 말해, "원어민과 같은 수준의 언어 능력"이라는 개념에 대한 정의가 연구가 마다 다르고, 또 시작 나이와 최종 언어 능력 성취도간의 상관관계를 해석하는 방법도 다르다.

따라서 앞으로의 연구 방향은 우선 결정적 시기 이전에 시작한 아동 학습자와 결정적 시기가 끝난 이후에 시작한 성인 학습자들 중에서 원어민 수준과 거의 동일한 수준에 도달한 학습자들이 있는지의 여부를 보다 심층적으로 밝히는 것이어야 하고, 그러기 위해서는 연구의 피험자들을 선정할 때 원어민 화자처럼 보이는 사람들을 연구의 대상으로 삼아야 한다 (Hyltenstam and Abrahamsson 2003). 또한 지금까지는 문법적인 능력의 측정만으로 피험자의 능력이 원어민과 유사하다는 결론을 도출했었는데, 앞으로의 연구는 문법적 측면 뿐 아니라, 음운, 의미, 화용 등 언어의 다른 측면도 측정을 하는 것이 바람직하며, 언어 그 자체에 대한 지식 뿐 아니라 그 지식을 활용하는 능력도 측정해야 한다. 다시 말해, 언어 능력이라는 것을 너무 좁게 해석하기 보다는 좀 더 넓게 해석하여 그에 합당한 정확하고 다양한 측정 도구나 방법을 개발하는 것이 필요하다. 또한 원어민 수준에 진정으로 도달했는지의 여부를 밝히기 위해 보다 심층적인 지식을 요구하는 어려운 유형의 과제나 문항을 활용하여 측정해야한다 (Hyltenstam and Abrahamsson 2003). 다시 말해, 가장 기본적인 문형 구조를 테스트하기보다는 특이한 유형의 문형구조나, 어려운 숙어, 은유에 관한 것 등을 테스트함으로써 피험자들이 진정으로 원어민 수준에 도달했는지의 여부를 보다 심층적으로 평가할 필요가 있다.

참고문헌

Abuhamdia, Z. 1987. "Neurobiological Foundations for Foreign Language," *International Review of Applied Linguistics* 25, 203-211.

Bialystok, E. 1997. "The Structure of Age: In Search of Barriers to Second Language Acquisition," *Second Language Research* 13, 116-137.

Bialystok, E. and K. Hakuta. 1994. *In Other Words: The Science and Psychology of Second Language Acquisition*. New York: BasicBooks.

Bialystok, E. and K. Hakuta.. 1999. "Confounded Age: Linguistic and Cognitive Factors in Age Differences for Second Language Acquisition," in D. Birdsong, ed., *Second Language Acquisition and the Critical period Hypothesis*, 161-181. Mah-wah, NJ: Erlbaum.

Birdsong, D. 1992. "Ultimate Attainment in Second Language Acquisition," *Language* 68, 706-755.

Birdsong, D. 1994. "Decision Making in Second Language Acquisition," *Studies in Second Language Acquisition* 16, 169-182.

Birdsong, D. 1999. "Introduction: Whys and Why nots of the Critical Period Hypothesis for Second Language Acquisition," in D. Birdsong, ed., *Second Language Acquisition and the Critical Period Hypothesis*, 1-22. Mahwah, NJ: Erlbaum.

Birdsong, D. and M. Molis. 2001. "On the Evidence for Maturational Constraints in Second Language Acquisition," *IDEAL*.

Bley-Vroman, R. 1989. "The Logical Problem of Second Language Learning," in S. Gass and Schachter, eds., *Linguistic Perspectives on Second Language Acquisition*, 41-68. Cambridge: Cambridge University Press.

Butler, Y. G. 2000. "The Age Effect in Second Language Acquisition: Is it too late to Acquire Native-Level Competence in a Second Language After the Age of Seven?" in Y. Oshima-Takane, Y. Shirai and H. Sirai, eds., *Studies in Language Sciences 1*, 159-169. Tokyo: Japanese Society for Language Sciences.

Chomsky, N. 1981. "Principles and Parameters in Syntactic Theory," in N. Hornstein and D. Lightfoot, eds., *Explanation in Linguistics: The Logical Problem of Language Acquisition*. London: Longman.

Clahsen, H. and P. Muysken. 1986. "The Availability of Universal Grammar to Adult and Child learners-the Study of the Acquisition of German Word Order," *Second

Language Research 2, 93-119.

Colombo, J. 1982. "The Critical Period Concept: Research, Methodology, and Theoretical Issues," *Psychological Bulletin* 91, 260-275.

Coppieters, R. 1987. "Competence Differences between Native and Near-native Speakers," *Language* 63, 544-573.

Curtiss, S. 1977. *Genie: A Psycholinguistic Study of a Modern Day "Wild-child"*. New York: Academic Press.

Curtiss, S. 1989. *The Case of Chelsea: A New Test Case of the Critical Period for Language Acquisition*. University of California, Los Angeles.

DeKeyser, R. 2000. "The Robustness of Critical Period Effects in Second Language Acquisition," *Studies in Second Language Acquisition* 22, 499-533.

Ellis, R. 1994. *The Study of Second Language Acquisition*. Oxford: Oxford University Press.

Elman, J. L. 1993. "Learning and Development in Neural Networks: The Importance of Starting Small," *Cognition* 48, 71-99.

Eubank, L. and K. Gregg. 1999. "Critical Periods and (Second) Language Acquisition: Divide et Impera," in D. Birdsong, ed., *Second Language Acquisition and the Critical Period Hypothesis*, 65-99. Mahwah, NJ: Erlbaum.

Felix, S. 1985. "More Evidence on Competing Cognitive System," *Second Language Research* 1, 47-72.

Goldowsky, B. N. and E. L. Newport. 1993. "Modeling the Effects of Processing limitations on the Aquisition of Morphology: The Less is More Hypothesis," in E. Clark, ed., *The Proceedings of the 24th Annual Child Language Research Forum*, 124-138. Stanford, CA: CSLI Publications.

Hurford, J. R. 1991. "The Evolution of the Critical Period for Language Acquisition," *Cognition* 40, 159-201.

Hyltenstam, K. and N. Abrahamsson. 2003. "Maturational Constrains in SLA," in C. Doughty and M. Long, eds., *The Handbook of Second Language Acquisition*. Malden: Blackwell Publishing Ltd.

Hyltenstam, K. 1992. "Non-native Features of Near-native Speakers: On the Ultimate Attainment of Childhood L2 Learners," in R. J. Harris, ed., *Cognitive Processing in Bilinguals*, 351-368. Amsterdam: Elsevier Science.

Ioup, G., E. Boustagui, M. El Tigi and M. Moselle. 1994. "Reexamining the Critical

Period Hypothesis: A Case Study of Successful Adult SLA in a Naturalistic Environment," *Studies in Second Language Acquisition* 16, 73-98.
Johnson, J. S. 1992. "Critical Period Effects in Second Language Acquisition: The Effect of Written versus Auditory Materials on the Assessment of Grammatical Competence," *Language Learning* 42, 217-248.
Johnson, J. S. and E. L. Newport. 1989. "Critical Period Effects in Second Language Learning: The Influence of Maturational State on the Acquisition of English as a Second language," *Cognitive Psychology* 21, 60-99.
Johnson, J. S. and E. L. Newport. 1991. "Critical Period Effects on Universal Properties of Language: The Status of Subjacency in the Acquisition of a Second Language," *Cognition* 39, 215-258.
Larsen-Freeman, D. and M. Long. 1991. *An Introduction to Second language Acquisition Research*. London: Longman.
Lenneberg, E. 1967. *Biological Foundations of Language*. New York: Wiley.
Long, M. 1990. "Maturational Constraints on Language Development," *Studies in Second Language Acquisition* 12, 251-285.
Meier, R. P. 1995. "Review of S. Pinker, The Language Instinct: How the Mind Creates Language," *Language* 71, 610-614.
Morford, J. P. and R. I. Mayberry. 2000. "A Reexamination of "Early Exposure" and Its Implications for Language Acquisition by Eye," in C. Chamberlain, J. P. Morford and R. I. Mayberry, eds., *Language Acquisition by Eye,* 111-127. Mahwah, NJ: Lawrence Erlbaum Associates.
Newport, E. L. 1990. "Maturational Constraints on Language Learning," *Cognitive Science* 14, 11-28.
Newport, E. and T. Supalla. 1990. "A Possible Critical Period Effect in the Acquisition of a Primary Language," ms., University of Rochester.
Park, G.-P. 2000. "The Critical Period Hypothesis in Language Acquisition," *English Teaching* 55.2, 179-200.
Patkowski, M. 1980. "The Sensitive Period for the Acquisition of Syntax in a Second Language," *Language Learning* 30, 449-472.
Penfield, W. and L. Roberts. 1959. *Speech and Brain-mechanism*. Princeton, NJ: Princeton University Press.
Pinker, S. 1994. *The Language Instinct: How the Mind creates Language*. New York:

Morrow.

Rosansky, E. 1975. "The Critical Period for the Acquisition of Language: Some Cognitive Developmental Considerations," *Working Papers on Bilingualism* 6, 92-102.

Ruben, R. J. 1997. "A Time Frame of Critical/Sensitive Periods of Language Development," *Acta Otolaryngologica* 117, 202-205.

Schachter, J. 1988. "Second Language Acquisition and Its Relationship to Universal Grammar," *Applied Linguistics* 9, 219-235.

Schachter, J. 1990. "On the Issue of Completeness in Second Language Acquisition," *Second Language Research* 6, 93-124.

Seliger, H. 1978. "Implications of a Multiple Critical Periods Hypothesis for Second Language Learning," in W. Ritchie, ed., *Second Language Acquisition Research*, 11-19. New York: Academic Press.

Sorace, A. 1993. "Incomplete vs. Divergent Representations of Unaccusativity in Non-native Grammars of Italian," *Second Language Research* 9, 22-47.

Towell, R. and R. Hawkins. 1994. *Approaches to Second Language Acquisition*. Clevedon, England: Multilingual Matters.

White, L. and F. Genesee. 1996. "How Native is Near-native? The Issue of Ultimate Attainment in Adult Second Language Acquisition," *Second Language Research* 12, 233-265.

Woolfolk. 1998. *Educational Psychology*. Massachusetts: Allyn and Bacon.

저자 및 편자 소개

권혁승
서울대학교 영어영문학과 학사, 석사
The University of Birmingham 영어영문학과 박사
현 서울대학교 영어영문학과 교수

김신혜
이화여자대학교 영어교육과 학사
서울대학교 영어영문학과 석사
The University of Texas at Austin 외국어교육학과 박사
현 계명대학교 영어영문학과 교수

노은주
서울대학교 영어교육과 학사
서울대학교 영어영문학과 석사
University College London 언어학과 석사, 박사
현 인하대학교 영어영문학과 교수

박용예
서울대학교 영어영문학과 학사
서울대학교 영어교육과 석사
UCLA 응용언어학/영어교육학과 박사
현 서울대학교 영어영문학과 교수

송미정
  서울대학교 영어영문학과 학사
  The State University of New York at Buffalo 영어교육학과 석사, 박사
  현 서울대학교 영어영문학과 교수

양혜순
  이화여자대학교 영어교육과 학사
  이화여자대학교 영어영문학과 석사
  서울대학교 영어영문학과 박사
  현 이화여자대학교 영어교육과 교수

이성범
  서울대학교 영어영문학과 학사
  서울대학교 언어학과 석사
  Yale University 언어학과 박사
  현 서강대학교 영어영문학과 교수

이창봉
  서울대학교 영어영문학과 학사, 석사
  University of Pennsylvania 언어학과 박사
  현 가톨릭대학교 언어문화학부 교수

이혜경
  서울대학교 영어영문학과 학사, 석사
  The University of Cambridge 언어학과 박사
  현 아주대학교 영어영문학과 교수

전종섭
　서강대학교 영어영문학과 학사
　서울대학교 영어영문학과 석사
　Brandeis University 언어학/인지과학과 박사
　현 서울대학교 영어영문학과 초빙교수

채숙희
　서울대학교 영어영문학과 학사, 석사, 박사
　현 서울디지털대학교 영어학부 교수

홍기선
　서울대학교 영어영문학과 학사, 석사
　Stanford University 언어학과 박사
　현 서울대학교 영어영문학과 교수

찾아보기

한국어 찾아보기

ㄱ

가정된 익숙함(assumed familiarity) 113
간접 허가 103
강조하기 94
강한 부정 극어(strong NPIs) 69
강한 한정사(strong determiners) 118
격률(maxim) 156
결속(binding) 184
결속 이론(Binding Theory) 72
결정적 시기 365
공동 합성(co-composition) 172
공유되는 지식(shared knowledge) 113
관련성 25
관심 189
관심의 중심 190
교실 담화 분석 352
교재 분석 339
교차적 연구방법 302
구조화(structuration) 221
국부적 문맥응집성 190

국부적 문맥일관성 191
국부적 응집성(Local Coherence) 189
궁극적 성취도 368
극성 민감 표현 52
극성 민감어(polarity sensitive items: PSIs) 51
극성 중립어(polarity neutral items: PNIs) 51
극성(polarity) 50
극성민감성(polarity sensitivity) 51
극어의 분포 62
급작스러운 깨달음(Sudden Realization) 128
긍정(affirmation) 50
긍정 극성(affirmative polarity) 51
긍정 극어(affirmative polarity items: APIs) 51
기술적 용법(descriptive use) 23
기초 어휘 248

ㄴ

내면적 동기(intrinsic motivation) 284
논리적 다형성(Logical Polysemy) 166

뇌의 기능 분화(lateralization) 365

ㄷ

다의어(polysemy) 220
단순 합성(simple composition) 164
단언성(assertiveness) 104
단조감소(monotone-decreasing) 77
단조 감소적 함수 70
단조성, 단조감소성(monotonicity) 73, 103
담화(discourse) 189
담화 모델(discourse model) 113
담화분절(discourse segment) 192
담화상 새 정보(discourse-new) 114
담화-화제(discourse-topic) 110
대강 말하기(understating) 94
대강의 표상 22
대강의 해석(loose, less-than-literal interpretation) 21
대명사 규칙(Pronoun Rule) 193
대조성 화제(contrastive topic) 112
대조적 대립(contrary opposition) 60
대하여성(aboutness) 199
대화분석 321
대화상 함축(conversational implicature) 133
도구적 동기(instrumental orientation) 278
도식(schema) 215
도치(inversion) 205

동기유발 요인(motivational orientation) 278
동사형 언어(verb-framed language) 222
두드러짐(salience) 192
등급(scale) 94
등급 역전(scale reversal) 72

ㄹ

람다 추출 169

ㅁ

말차례(turn) 323
말차례 구성 단위(turn construction unit: TCU) 324
말차례 맡기 구조(Turn-taking Organization) 324
매개변수(parameter) 74
명시적인 부정 65
명제 142
모국어 습득 366
모순적 대립(contradictory opposition) 60, 65
묘사적 부정(descriptive negation) 139
문두성(sentence initiality) 199
문맥응집성 190
문자적 해석(literal interpretation) 21
문장-화제(sentence-topic) 110

ㅂ

반배증적 함수 70

반부가적   101
반부가적 함수   70
반영(echo)   150
반진언적 연산자(averidical operator)
    98
반향용법(echoic use)   41
반향의문문   38
반형태적 함수   70
발화   141
보편문법(Universal Grammar)   73
복원성 화제(resumptive topic)   112
부가적   100
부분적으로 정렬된 집합 관계(partially
    ordered set or poset relation)   115
부정(negation)   50
부정 극성(negative polarity)   51
부정 극어(negative polarity items)   51
부정 함축(Negative Implicature)   72
비단조적   103
비선호 구조   342
비정치구문(non-canonical)   117
비진언성   73
비진언적 맥락   97
비진언적 연산자(nonveridical operator)
    98
비한정적인(indefinite)   118

사상(mapping)   216
사실성(factiveness)   104

사전 연속체(pre sequences)   329
사전 요청(pre-request)   342
상관분석   309
상위언어부정문(metalinguistic
    negation)   65, 139
상위언어적 용법(metalinguistic use)   24
상위표상   19, 152
상위표상의 능력   19
상위표상적 용법(metarepresentational
    use)   23
상향 함의   67
상호작용   321
새로 알게 된 정보 맥락(newly learned
    context)   128
생성 어휘부(Generative Lexicon)   168
서열 규칙(Ordering Rule)   193
선택 결속(selective binding)   174
선호성(preference)   328
성인 학습자   370
수정 구조(Repair Organization)   330
실현(realize)   193
쌍대(dual)   59

아동 학습자   368
아이러니(irony)   43, 44
암시적인 부정   65
약한 부정 극어(weak NPIs)   69
약한 한정사(weak determiners)   118
양적 연구   300

어구색인(concordance) 251
어휘화 패턴(lexicalization pattern) 223
언급(mention) 29, 150
언어 능력(linguistic competence) 243
언어 상대성 가설(linguistic relativity hypothesis) 213
언어 수행(linguistic performance) 243
언어 습득 장치(Language Acquisition Device) 368
언어교차적(cross-linguistic) 137
언어상호작용(talk-in-interaction) 322
연속체 구조(Sequence Organization) 326
연어 257
영어교육 321
예측가능성(predictability) 113
외면적 동기(extrinsic motivation) 284
요인분석 309
요청 339
우측전위(right-dislocation) 205
위성형 언어(satellite-framed language) 222
유사성 21
유형 강제(type coercion) 172
은유(metaphor) 22
의도 145
의미 표상(semantic representation) 59
의미적 영향권(scope) 74
이중 부정 구문 61
인접쌍(adjacency pair) 326

자기 효율성(self-efficacy) 283
자아 효능감 287
자연 언어 241
장기적 연구(longitudinal study) 302
재귀대명사화(Reflexivization) 81
전달문 29
전산 텍스트 247
전이 상태(Transition States) 193
전제 34, 139
전치(preposing) 205
전향적 중심(Forward-looking Centers) 192
전화 대화 332
접사 부정(affixal negation) 65
정보구조(Information Structure) 195
제2언어 습득 275, 365
제언문(thetic sentence) 199
제이언어 사용자 담화 345
제한된 하향 함의(limited downward entailment) 73
조건문 39
주어진 정보-새 정보 분류층(Given-New Taxonomy) 112
주어진 정보 혹은 구정보(given or old information) 111
주어짐성(givenness) 195
주제화 구문(Topicalization) 121
중심(center) 189
중심전이(Center Transition) 194

찾아보기 401

중심화이론(Centering) 189
중의성(ambiguity) 142
직접 영향권(Immediate Scope) 72
직접 영향권 제약(Immediate Scope Constraint) 84
진리조건적 의미(truth-conditional content) 27
진리조건적 의미론 82
진언성(veridicality) 96
진언적 맥락 95
진언적 연산자(veridical operator) 98
질적 연구 300

ᄎ.

창발적 문법(emergent grammar) 221
척도(scale) 158
청자에게 주어진(hearer-old) 114
초강 부정 극어(superstrong NPIs) 69
총칭적 조건문(Generic Conditionals) 130
최우선 중심(Preferred Center) 192
추론가능한 정보(inferable information) 132
축 또는 극(pole) 49

ᄏ.

코퍼스 241
코퍼스 언어학 241

통제(control) 183
통합적 동기(integrative motivation) 278
특정성 제약(Specificity Constraint) 67
특질 구조(qualia structure) 165

ᄑ.

풍부 합성(enriched composition) 164

하향 함의(downward-entailment) 72
학습동기 275
학습자 사전 259
학습자 코퍼스 262
한정/비한정(definite/indefinite) 196
한정사(determiner) 118
한정적(definite) 118
함의(entail) 62
함의 역전(reversing entailment) 77
함축 139
합성성(compositionality) 163
해석적 용법 23
핵을 뒤에 위치시키는(head-final) 언어 135
핵을 앞으로 하는 언어(head-initial language) 136
허가자(licensor, trigger) 54
현저한 집합관계(salient set relation) 123

협동원칙(Cooperative principle) 156
협동의 원리(Co-operative Principle) 20
혼합인용(mixed quotation) 28
화용적 등급(pragmatic scale) 72
화용적 보강(pragmatic enrichment) 27
화용적 의미 보강 38
화용적 이해전략 24
화용적 제약 82
화용적 중의성(pragmatic ambiguity) 36
화용적 함의(pragmatic entailment) 95
화제(topic) 110, 195
화제-논평(Topic-Comment) 199
화행 조건문(Speech Act Conditionals) 129
후치구문(postposing) 117, 136
후향적 중심(Backward-looking Center) 192

affixal negation(접사 부정) 65
ambiguity(중의성) 142
assertiveness(단언성) 102
assumed familiarity(가정된 익숙함) 113
averidical operator(반진언적 연산자) 98

B.

Backward-looking Center(후향적 중심) 192
binding(결속) 184
Binding Theory(결속 이론) 72

C.

center(중심) 189
Centering(중심화이론) 189
Center Transition(중심전이) 194
co-composition(공동 합성) 172
compositionality(합성성) 165
concordance(어구색인) 251
contradictory opposition(모순적 대립) 60, 65
contrary opposition(대조적 대립) 60
contrastive topic(대조성 화제) 112
control(통제) 183
conversational implicature(대화상 함축) 133
Cooperative principle(협동의 원리, 협동원칙) 20, 156

영어찾아보기

A.

aboutness(대하여성) 199
adjacency pair(인접쌍) 326
affirmation(긍정) 50
affirmative polarity items: APIs(긍정 극어) 51
affirmative polarity(긍정 극성) 51

cross-linguistic(언어교차적) 137

D.

definite(한정적) 118
definite/indefinite(한정/비한정) 196
descriptive negation(묘사적 부정) 139
descriptive use(기술적 용법) 23
determiner(한정사) 118
discourse(담화) 189
discourse model(담화 모델) 113
discourse-new(담화상 새 정보) 114
discourse segment(담화분절) 192
discourse-topic(담화-화제) 110
downward-entailment(하향 함의) 72
dual(쌍대) 59

E.

echo(반영) 150
echoic use(반향용법) 41
emergent grammar(창발적 문법) 221
enriched composition(풍부 합성) 164
entail(함의) 60
extrinsic motivation(외면적 동기) 284

F.

factiveness(사실성) 104
Forward-looking Centers(전향적 중심) 192

G.

Generative Lexicon(생성 어휘부) 168
Generic Conditionals(총칭적 조건문) 130
givenness(주어짐성) 195
Given-New Taxonomy(주어진 정보-새 정보 분류층) 112
given or old information(주어진 정보 혹은 구정보) 111

H.

head-final(핵을 뒤에 위치시키는) 135
head-initial language(핵을 앞으로 하는 언어) 136
hearer-old(청자에게 주어진) 114

I.

Immediate Scope(직접 영향권) 72
Immediate Scope Constraint(직접 영향권 제약) 84
indefinite(비한정적인) 118
inferable information(추론가능한 정보) 132
Information Structure(정보구조) 195
instrumental orientation(도구적 동기) 278
integrative motivation(통합적 동기) 278
intrinsic motivation(내면적 동기) 284

Inversion(도치) 205
irony(아이러니) 43, 44

L.

Language Acquisition Device(언어 습득 장치) 368
lateralization(뇌의 기능 분화) 365
lexicalization pattern(어휘화 패턴) 223
licensor(허가자) 54
limited downward entailment(제한된 하향 함의) 72
linguistic competence(언어 능력) 243
linguistic performance(언어 수행) 243
linguistic relativity hypothesis(언어 상대성 가설) 213
literal interpretation(문자적 해석) 21
Local Coherence(국부적 응집성) 190
Logical Polysemy(논리적 다형성) 166
longitudinal study(장기적 연구) 302
loose, less-than-literal interpretation(대강의 해석) 21

M.

mapping(사상) 216
maxim(격률) 156
mention(언급) 29, 150
metalinguistic negation(상위언어부정문) 65, 139
metalinguistic use(상위언어적 용법) 24

metaphor(은유) 22
metarepresentational use(상위표상적 용법) 23
mixed quotation(혼합인용) 28
monotone-decreasing(단조감소) 77
monotonicity(단조성, 단조감소성) 73, 103
motivational orientation(동기유발 요인) 278

N.

negation(부정) 50
Negative Implicature(부정 함축) 72
negative polarity(부정 극성) 51
negative polarity item(부정극어) 51
newly learned context(새로 알게 된 정보 맥락) 128
non-canonical(비정치구문) 117
nonveridical operator(비진언적 연산자) 98

O.

Ordering Rule(서열 규칙) 193

P.

parameter(매개변수) 74
partially ordered set or poset relation(부분적으로 정렬된 집합 관계) 115

polarity(극성) 50
polarity neutral items: PNIs(극성 중립어) 51
polarity sensitive items: PSIs(극성 민감어) 51
polarity sensitivity(극성민감성) 51
pole(축 또는 극) 49
polysemy(다의어) 220
postposing(후치구문) 117, 136
pragmatic ambiguity(화용적 중의성) 36
pragmatic enrichment(화용적 보강) 27
pragmatic entailment(화용적 함의) 95
pragmatic scale(화용적 등급) 72
predictability(예측가능성) 113
preference(선호성) 328
Preferred Center(최우선 중심) 192
preposing(전치) 205
pre-request(사전 요청) 342
pre sequences(사전 연속체) 329
Pronoun Rule(대명사 규칙) 193

qualia structure(특질 구조) 165

realize(실현) 193
Reflexivization(재귀대명사화) 81
Repair Organization(수정 구조) 330
resumptive topic(복원성 화제) 112

reversing entailment(함의 역전) 77
right-dislocation(우측전위) 205

salience(두드러짐) 192
salient set relation(현저한 집합관계) 123
satellite-framed language(위성형 언어) 222
scale(등급, 척도) 94, 158
scale reversal(등급 역전) 72
schema(도식) 215
scope(의미적 영향권) 74
selective binding(선택 결속) 174
self-efficacy(자기 효율성) 283
semantic representation(의미 표상) 59
sentence initiality(문두성) 199
sentence-topic(문장-화제) 110
Sequence Organization(연속체 구조) 326
shared knowledge(공유되는 지식) 113
simple composition(단순 합성) 164
Specificity Constraint(특정성 제약) 67
Speech Act Conditionals(화행 조건문) 129
strong determiners(강한 한정사) 118
strong NPIs(강한 부정 극어) 69
structuration(구조화) 221
Sudden Realization(급작스러운 깨달음) 128

superstrong NPIs(초강 부정 극어) 69
type coercion(유형 강제) 172

T.

talk-in-interaction(언어상호작용) 322
theory of mind 19
there-구문 117
thetic sentence(제언문) 199
topic(화제) 110, 195
Topicalization(주제화 구문) 121
Topic-Comment(화제-논평) 199
Transition States(전이 상태) 193
trigger(허가자) 54
truth-conditional content(진리조건적 의미) 27, 82
turn(말차례) 323
turn construction unit: TCU(말차례 구성 단위) 324
Turn-taking Organization(말차례 맡기 구조) 324

U.

understating(대강 말하기) 94
Universal Grammar(보편문법) 73

V.

verb-framed language(동사형 언어) 222
veridicality(진언성) 96
veridical operator(진언적 연산자) 98

W.

weak determiners(약한 한정사) 118
weak NPIs(약한 부정 극어) 69

X.

X-bar 이론 164